これはなんの病気？ 症状別・病気チェックシート

※ここにあげた症状は、それぞれの病気の主なもの、特徴的なものです。異なる症状が出る場合もあります。

病名の下の数字は掲載ページです。

熱が出た

せきが出ている
- コンコンとしたせき　鼻水、鼻詰まり → かぜ症候群 36
- 熱が高い　機嫌が悪い　鼻水、鼻詰まり → インフルエンザ 38
- 鼻水、鼻詰まり、ゼーゼーというせき → RSウイルス感染症 60

せきが出て呼吸が苦しそう
- ゴホンゴホンというせき → 気管支炎 63
- ケンケン、アォンアォンというせき　声がかすれる　声が出ない → クループ症候群 64
- ヒューヒュー、ゼーゼーというせき → 細気管支炎 66
- 呼吸が速く、浅い → 肺炎 71
- コンコンコン→ヒューッと息が止まりそうなせき → 百日ぜき 73

嘔吐、下痢症状がある
- 水っぽい便、白っぽい便が出る → ウイルス性胃腸炎 40
- 粘液便、血便が出る → 細菌性胃腸炎 41
- 意識がはっきりしない、けいれんを起こす → 髄膜炎・脳炎 67

けいれんを起こす
- けいれんを繰り返す　吐く　意識がはっきりしない → 髄膜炎・脳炎 67
- 高熱　5分以内におさまる　左右対称にけいれんする → 熱性けいれん 80

耳を痛がる、耳に手をやる
- 耳だれが出ることも → 急性中耳炎 42
- 耳の下がはれる → おたふくかぜ 62

のどが痛む、目が充血する
- のどのはれ、のどの奥が白っぽい　目が赤い → 咽頭結膜熱 61
- 手、足、のどに水疱 → 手足口病 68
- のどに水疱 → ヘルパンギーナ 75
- 全身に赤く細かい発疹　のどが真っ赤 → 溶連菌感染症 77

発熱以外の症状がない
- → 尿路感染症 70

飲み込んだものにより対応が違う 誤飲

誤飲は、ほぼすべての赤ちゃんが体験します。そのワースト1位はタバコ。危険なものが赤ちゃんの手の届くところにないように気をつけるのはもちろんですが、いざというときの対処法も覚えておきましょう。

泣く、顔色が悪くなる、せき込む、吐く、などの様子が
突然起こったら誤飲の疑いあり

1 口の中を確認する

口の中や周囲を見て、飲み込んだものを確認しましょう。あわてて吐かせると危険なものもあるので注意して。

大至急病院へ

★ 処置をしても飲み込んだものを吐き出さない

★ 毒性の強いものを飲み込んだ
医薬品、タバコ、ホウ酸だんご、防虫剤など

★ 吐かせてはいけないものを飲み込んだ
- エタノール主成分のもの／香水、ヘアトニック
- 揮発性の高いもの／マニキュア、除光液、灯油、ガソリン
- 強酸性、強アルカリ性のもの／漂白剤、排水パイプ剤、カビ取り剤、トイレ・風呂用洗剤
- 電気が流れるもの、とがったもの／ボタン電池、くぎ、針、画びょう、ガラス　など

2 口の中のものを取り除く

口内に残っていたら指でかき出し、飲み込んでいたら吐かせていいものは吐かせます。人さし指で舌のつけ根を強く押し下げて。

吐き出さないなら 1才未満

吐き出さないなら 1才以上

※誤飲については p182 に詳しい解説があります

優先的にとらせるものは？ 病気のときの食事

具合が悪いと不安になりますが、何よりも大切なのは水分補給。食欲があるようなら少しずつ離乳食を食べさせましょう。熱のピーク時には、ビタミンやミネラルが補給できる野菜スープや果汁などを少しずつとらせるのもいいですね。

1 最も大切なのは水分補給

赤ちゃんが体の水分を保つ働きは未熟で脱水を起こしやすく、体力が消耗して病気が重くなる原因にも。水分補給を第一に考えて。

湯冷ましや麦茶、ベビー用イオン飲料、果汁などを。母乳やミルクも欲しがるだけ与えて OK。大人用のイオン飲料は飲ませないこと。

2 無理に食べさせない

病気との闘いで精いっぱいの間は、消化吸収にまでエネルギーが使えないため、食欲が落ちます。体力をつけさせようと無理に食べさせず、食欲が回復するまで待ちましょう。

3 食欲が出てきたら栄養補給を

症状が軽くなれば、自然に食欲が出てきます。病気との闘いで消耗した栄養を補給し、体力を回復させましょう。

弱った胃腸には油脂や繊維の多い食べ物は負担が大きいもの。やわらかいおかゆなど、デンプン質を中心に食べさせましょう。

発熱時の全身が

6カ月～5才く
乳幼児に

1 衣服を横向き

特に首のま
す。吐いた
まらせるこ
にします。

2 けいれ時間

熱性けいれん
分、長くて
おさまりま
をはかりまし

3 けいれ様子

ポイントは、
方や黒目の
どうか。て
気によるけい
称になるこ

け

1

視線が合うか
どうかを確認す

けいれん後の意識がはっき
いるかどうか、視線を合わ
ます。疲れてぐっすり眠っ
う場合もあります。

※熱性けいれんに

こ 硬直 熱性けいれん

発熱がきっかけで起こる全身のけいれん。赤ちゃんは脳の神経発達が未熟なために起こるのではないかといわれ、3～8％の乳幼児が経験します。単純な熱性けいれんなら心配いりませんが、けいれん後には受診を。

らいまでの 多い

熱の上がり始めに起こりやすい

全身が硬直して歯を食いしばり、泡を吹いたり白目をむいたりすることも

をゆるめて きに寝かせる

っりはゆるめにしま
のをのどや気管に詰
があるので、体を横

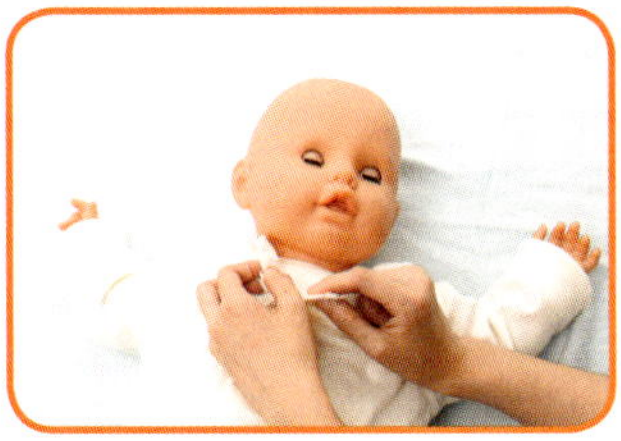

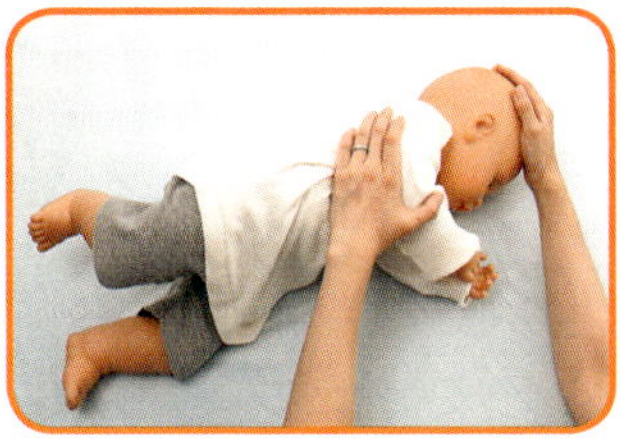

なるべく体ごとそっと横向きにします。

れんしている をはかる

は、短ければ1～2
5分ほどでたいてい
。あわてずに、時間
ょう。

落ち着いて時計をチェックします。けいれんが5分以上続く場合は、急いで病院を受診しましょう。

5分以上続く

大至急救急車を

れんの を見る

両手両足のふるわせ
きなどが左右対称か
かんなど、ほかの病
れんは、動きが非対
があります。

左右対称なら熱性けいれんの可能性大

左右非対称 熱がないのにけいれんする

けいれんが落ち着いたら

る
りして
せてみ
てしま

2

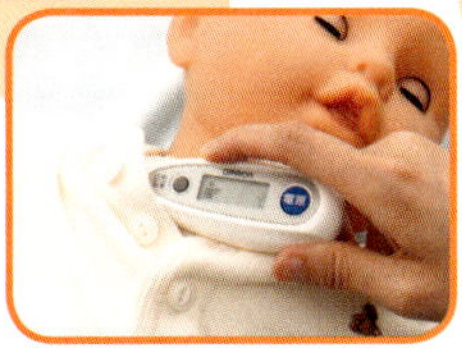

熱をはかる

何度ぐらいでけいれんを起こしたのか、けいれんがおさまってからでいいので、体温計で熱をはかっておきましょう

3

病院へ連絡して受診する

けいれんがおさまったからと、そのままにしておかないこと。落ち着いてから病院に連絡して、必ず受診しましょう。

ついては p80 に詳しい解説があります

けいれん中にしてはいけない！

口の中にものを入れる

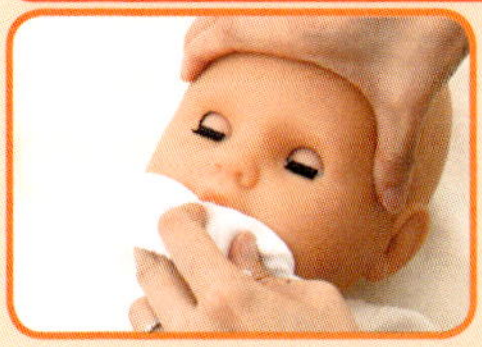

舌をかむことはまずないので、タオルやスプーンを口に入れないこと。窒息や口内の傷の原因になるほか、歯を折る危険性もあります。

体をゆさぶる

けいれん中にゆすると、それが刺激になってけいれんが止まりにくくなってしまうおそれがあります。決してゆさぶらないこと。

吐く、下痢をする

熱はない

- 泣いたりおさまったりを繰り返す　いちごジャム状の血便が出る → 腸重積症 96
- ミルクを飲むたびに下痢をする → 乳糖不耐症 98
- ミルクを噴水のように吐く → 肥厚性幽門狭窄症 100
- 特定の食べ物で下痢・嘔吐する　発疹が出る → 食物アレルギー 116

熱がある

- コンコンとしたせき　鼻水、鼻詰まり → かぜ症候群 36
- 熱が高い　機嫌が悪い　鼻水、鼻詰まり → インフルエンザ 38
- 水っぽい便、白っぽい便が出る → ウイルス性胃腸炎 40
- 粘液便、血便が出る → 細菌性胃腸炎 41
- 耳を痛がる、耳に手をやる → 急性中耳炎 42
- けいれんを起こす　意識がはっきりしない → 髄膜炎・脳炎 67

発疹が出た

熱はない

かゆみのない発疹

- ひじ、ひざ、わきの下などにいぼ → 水いぼ 124

かゆみがあったりなかったりする発疹

- カサカサ、べたべたした湿疹 → 乳児脂漏性湿疹 120
- 赤いかぶれ → 接触性皮膚炎 124

かゆみのある発疹

- 頭、ひたい、首などに赤いブツブツ　皮膚がカサつく → アトピー性皮膚炎 114
- 盛り上がった発疹が急に現れる → じんましん 117
- 頭、ひたい、首などに赤いブツブツ → あせも 121
- 水疱がつぶれてまわりに広がる → とびひ 123

熱がある

発熱した後に発疹が出た

- 熱が下がってから全身に発疹 → 突発性発疹 69
- 発熱から4～5日後に全身に発疹 → はしか 72
- 発熱数日後に発疹　目が充血　手のひらや足の裏が赤い → 川崎病 79

発熱とほぼ同時に発疹が出た

- 手、足、のどに水疱 → 手足口病 68
- 全身に赤く細かい発疹 → 風疹 74
- のどに水疱 → ヘルパンギーナ 75
- 全身に水疱 → 水ぼうそう 76
- 全身に赤く細かい発疹　のどが真っ赤 → 溶連菌感染症 77

はじめてママ&パパの

0~6才 病気とホームケア

監修:渋谷紀子
総合母子保健センター愛育クリニック
院長

主婦の友社

小さくて、かよわくて。でも、赤ちゃんは生命力にあふれています

はじめての育児はドキドキしたりヒヤヒヤしたり。
特に、食欲がなかったり熱が出たりと、
病気になるとあわててしまいますね。

でも、赤ちゃんは病気をするものです。
いろいろな病気をしながら少しずつ免疫力をつけ、
元気に丈夫になっていくのです。
だから、病気になってもあわてないで。
適切なケアをして安静に過ごしていれば
多くの病気は赤ちゃん自身の力で乗り越えることができます。

総合母子保健センター
愛育クリニック
院長
渋谷紀子先生

インターネットで情報を得ることが多くなったせいでしょうか、
「今!」「すぐに!」解決したがるご両親が増えているように感じます。
でも、育児は手間と時間がかかるもの。
病気の場合も、
サッと治る魔法の薬はありません。
毎日赤ちゃんと接しているママやパパの
「何だかおかしいな?」というカンを大切にしながら
ゆっくりじっくり、
赤ちゃんの「育つ力」をはぐくんであげてください。

子ども自身の、病気と闘う力を養ってあげて

規則正しい生活をする、適度な運動をする、こわい・痛いなどのストレスを溜めさせない――穏やかで安心できる環境の中で、病気と闘える体力をつけていきましょう。

大人にくらべると急変しやすいのが子どもの病気の特徴です

朝は元気だったのに昼過ぎからいきなり高熱が出る、グズグズしているなと思ったら意識がもうろうとしてきたなど、小さな子どもは症状が急変しやすいもの。体調が悪いときには様子をよく観察し、早めの対処を心がけましょう。

数字にとらわれず、「何かおかしい」というカンを大事に

熱が何度か、1日に何回下痢をするかなど、数字のデータも大切ですが、それ以上に重要なのは日ごろ赤ちゃんと接しているママやパパの「おかしいな」というカンです。たとえ熱が低くても「変だ」と感じたら早めにかかりつけ医を受診しましょう。

＼はじめてママ＆パパの／
0〜6才 病気とホームケア CONTENTS

PART 1 ホームケアと薬

PART 2 0〜6才 かかりやすい病気

巻頭特別添付
これはなんの病気？
症状別・病気チェックシート
赤ちゃん＆子どもSOS
困ったときの行動マニュアル

写真で確認 目で見る病気図鑑

うつる病気（50音順）

注意したい病気

目の病気

耳・鼻・口の病気

腹部・性器・お尻回りの病気（50音順）

PART 3 心と体 気になる「知りたい！」トピックス

ご協力いただいた先生方（各章五十音順・敬称略）

Part1
木津純子（慶應義塾大学 薬学部教授）
山田奈生子（水天宮前小児科院長）

Part2
石川功治（たんぽぽこどもクリニック院長）
岩瀬美保（HITO病院 整形外科・リハビリテーション科）
川上理子（聖母病院　皮膚科前部長）
篠崎和美（東京女子医科大学病院 眼科講師）
鈴木葉子（東京女子医科大学東医療センター 小児科准教授）
世川 修（東京女子医科大学 小児外科臨床教授）
家後理枝（東京女子医科大学 泌尿器科准講師）
山村幸江（東京女子医科大学 耳鼻咽喉科講師）

Part3
枝川 宏（えだがわ眼科クリニック理事長）
大野粛英（大野矯正クリニック）
倉治ななえ（クラジ歯科院長）
黒澤礼子（順天堂大学医学部附属病院小児科　臨床心理士）
額田 成（ぬかたクリニック院長）

Part5
山中龍宏（緑園こどもクリニック院長）

ずに受診する3カ条

1 普段の様子をよく観察しましょう

病気の兆候や、赤ちゃんの異変に気づいてあげられるのは、日常的に接しているママやパパです。普段から、赤ちゃんの調子や様子をよく観察しておきましょう。

たとえば平熱。一般に「子どもの平熱は大人にくらべると高め」といわれますが、「高め」というのは37度でしょうか、37・5度でしょうか。それらは子どもによって幅があるはずです。わが子の機嫌のいいとき、普段の熱が何度ぐらいかを知っていますか？

気になって熱をはかったら37・5度あった場合。いつもこのくらいの体温なら、あまり心配することはないでしょう。でも、普段は36度台後半の子なら、これはやはり病気の前兆かもしれません。

赤ちゃんの病気の診断をする際に必要な情報のうち、診察や検査で得られる情報は2割ぐらい、残りの8割は親御さんからの情報をもとにしています、と言う医師もいます。それぐらい、いつも赤ちゃんを見ている人からの情報は重要なものだということです。少なくとも平熱、食欲、機嫌——この3点が普段はどんな様子なのか、しっかり把握しておきましょう。

この3つを含め、日常的にチェックしておきたいのは下にあげた9項目です。これらの「いつもの、問題がないときの様子」を確認しておくことで、赤ちゃんの身に何か異変が起きたときに早めに気づいてあげることができるのです。

かかりつけ医といい関係を

赤ちゃんの病気は、ある日突然始まることも多いもの。すぐに頼れる近所の開業医をぜひ見つけましょう。予防接種のスケジュールも相談します。専門医の受診が必要な場合は、紹介状を書いてもらいましょう。相性もあるでしょうが、「話をよく聞いてくれるかどうか」が、かかりつけ医選びのポイントです。

普段からよく見ておきたい9項目

便の様子
便の色に注目。赤（内臓出血、腸重積、食中毒などの可能性）、黒（内臓出血の可能性）、白（胆道閉鎖症、ロタウイルス性胃腸炎などの可能性）の便は、スマホなどで撮影して至急受診を。

吐きけ
冬に流行するロタウイルスやノロウイルスによる急性胃腸炎は、たいてい嘔吐から始まります。嘔吐が長く続くときは、髄膜炎の可能性もあるので至急受診。

機嫌
しゃべれない赤ちゃんは、ご機嫌かどうかが健康状態を知る重要な要素です。機嫌が悪い、なんとなく様子がおかしいのは要注意。熱や食欲の様子も観察しながら早めに受診を。

熱
医学的には38度以上熱がある状態を「発熱」とします。健康なときの平熱をはかっておきましょう。生後3カ月未満の発熱は重病の可能性があるので、すぐに病院へ。

口の中
赤ちゃんがかかる病気の中には口内炎やのどが痛むものも。低月齢ならよだれの量が増える、離乳食が進んでいる子は固形物が飲み込めないようなら、のどが痛い可能性が。

皮膚の状態
湿疹、発疹がないかどうかを普段からよく見て、異変があったら受診を。皮膚がシワっぽくなり、つまめるほどになったときは、脱水の可能性があるので至急受診します。

眠りの様子
必要な睡眠が取れているかどうかは、寝起きの機嫌で判断します。しっかり眠れているかどうかをよく観察し、足りないようなら生活リズムを見直すなどの対応を。

食欲
発熱、口内炎、のどの痛み、腹痛など、あらゆる病気の症状が食欲に影響します。普段より明らかに食欲が落ちて元気がない様子なら、早めに受診しましょう。

おしっこの様子
日ごろから、量と回数を把握しておきましょう。これらが明らかに普段より減っているときは、脱水を起こしかけている可能性があります。飲めるものをこまめに与えて。

\子どもは急変することも/

早めに気づいてじょう

2 「いつもと違う」感じを見逃さない

この本の中では、さまざまな病気を紹介し、そのケアの方法も説明しています。でも、どんな解説書も、いつも赤ちゃんに日常的に接しているママやパパの観察力、注意力にはかないません。たとえ明らかな異変がなくても、「なんとなくおかしい」「いつもと様子が違う」という感覚が、重大な病気の早期発見につながることもあります。

「○○という病気にかかると××という症状が出る」というのは、あくまでも一般的な、典型的な解説です。実際には赤ちゃんの体質、周囲の環境、ストレス、そのほかさまざまな要因によって、症状の出方は変わってきます。高熱になるはずの病気がさして高熱にならなかったり、機嫌がさほど悪くないはずの病気なのにとても不機嫌になったりというのはよくあること。熱があっても食欲が落ちない子もいれば、ほとんど何も受けつけなくなる子もいます。同じ病気でも、子どもによって症状の出方や重さ、軽さ、病気の期間などは変わります。だからこそ、ママやパパの「おかしいな」という感覚が重要になってくるのです。

何かが変だと思ったら、まず全身状態を確認してみましょう。機嫌はいいか、顔色は悪くないか、食欲や便の状態はどうかなどを観察します。そのうえで、早めにかかりつけ医を受診しましょう。大人があわてると、赤ちゃんに不安な気持ちが伝わります。落ち着いて、医師に「おかしい」と思う点を伝えて指示をあおいでください。

昼間のうちにいちど受診を

子どもの様子が少しでもおかしいと思ったら、昼間のうちに念のため、一度受診しておきましょう。乳幼児は夜に容体が急変することも多いからです。「このくらいなら一晩様子を見ても」という素人判断は危険です。また、「昼間は混んでいるから」と、わざと診療時間外を選んでいくのは、マナー違反ですよ。

「なんとなくいつもと違う」とき、どうする？

意外な病気や重大な病気が隠れていることもあるケース。ママやパパのカンはあなどれません。１カ月健診を受けた医師がかかりつけ医になるケースが多いので、１カ月未満の場合は、まず出産した病院へ相談を。

熱がある

- ３カ月未満 → **すぐ病院へ**
- ３カ月以上
  - 発疹がある → **病院へ** 水ぼうそう、手足口病、溶連菌感染症などの可能性
  - 発疹がない
    - 機嫌は普段と同じ → **家で様子を見る** ぐったりする、機嫌が悪くなるなどしたら病院へ
    - 機嫌が悪い → **すぐ病院へ** 髄膜炎など重症の感染症、インフルエンザ、中耳炎、尿路感染症などの可能性

熱はない

- １カ月未満 → **まずは出生した病院へ電話で相談** 病院の指示に従う
- １カ月以上
  - おっぱい・ミルクが飲めている おしっこがきちんと出ている → **家で様子を見る** 衣類のちくちく、暑い寒い、眠い、などの可能性。どんどん機嫌が悪くなるようなら受診
  - おっぱい・ミルクが飲めていない おしっこが出ていない → **すぐ病院へ** 重篤な病気が隠れている可能性あり

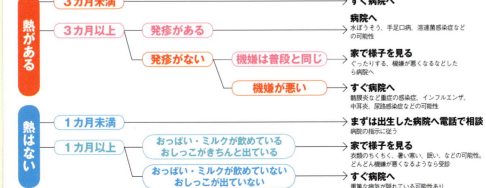

3 月齢、年齢に応じて適切に受診を

ひと口に「乳幼児」といいますが、生後間もない赤ちゃんと4才の子どもとでは、病気に対する抵抗力が全く違います。病院に行くことで別の病気をもらうリスクもありますから、何でもかんでも受診さえすればいいというものでもありません。月齢、年齢に応じて、適切に受診することが大切なのです。

生後6カ月ごろまでは胎児時代にママからもらった免疫がまだ残っているため、比較的病気にかかりにくい、といわれます。しかしこれは、「6カ月までは病気をしない」ということではありません。むしろ、生後2カ月、3カ月といった低月齢で発熱したら、そうした免疫がきかないような深刻な病気にかかっている可能性があるわけで、すぐに受診が必要です。

一方、幼稚園に行っているような年齢で、熱はあるけれど元気も食欲もあるようなら、家で様子を見ていてもいいでしょう。軽いかぜにかかることで免疫がつき、少しずつ丈夫になっていくという側面もあります。

ちなみに、早産の赤ちゃんや、満期産でも平均よりかなり体重が少なく生まれてきた赤ちゃんの場合は、心臓や肺の機能が十分に発達していないことがあります。また、先天的に何らかの病気を持って生まれてくる赤ちゃんもいます。感染症はこうした赤ちゃんにも起こりますし、いったんかかると重くなる可能性が高いので、よりいっそうの注意が必要です。

\どの月齢・年齢でも要受診/

- **呼吸の様子がおかしい、呼吸が苦しそう**

呼吸困難を伴う病気は急激に悪化し、命にかかわることも。

- **はじめてけいれんを起こした、はじめてひきつけた**

数分以内におさまり落ち着いても、はじめての場合は必ず受診を。

- **意識障害がある、呼びかけても反応しない**

一刻を争います。すぐに救急車を呼びましょう。

0～3カ月

- **発熱している（38度以上）**
- **日ごろの半分以下しかおっぱいやミルクを飲まない**
- **おしっこの量が明らかに少ない、半日以上おむつがぬれない**

抵抗力が弱く、病気が重症化しやすい時期。発熱（38度以上）は深刻な病気の可能性も。いつと様子が違うときにはよく観察して。

4カ月～1才

- **38度以上の熱に加えてぐったりしている、元気がない**
- **明らかにおっぱいやミルクを飲む量が少ない**
- **おしっこの量が明らかに少ない**

発熱だけならあわてて受診しなくてもOK。逆に、発熱していなくても明らかにぐったりしている、飲む量が少ない、おしっこの量が少ないなどなら受診しましょう。

1才以降

- **38度以上の熱に加えてぐったりしている、元気がない**
- **明らかにおっぱいやミルクを飲む量が少ない**
- **おしっこの量が明らかに少ない**
- **普段会話をしている子がしゃべれないくらい具合が悪い**

4カ月～1才までと基本的には同じ。おしゃべりできる子の場合、ぐったりして会話が成り立たない、話せないときはすぐに受診を。

PART 1

ホームケアと薬

どんなに気をつけていても、子どもは病気をするものです。
調子が悪いときのホームケアのポイントを、
しっかり確認しておきましょう。
薬についての基礎知識も、ぜひ身につけて。

はじめての発熱！ でもあわてない

発熱の原因は多くの場合、かぜなどの感染症。赤ちゃんの機嫌や食欲などを観察し、落ち着いて対処しましょう。

熱が高いからといって重病とは限りません。むやみに下げようとしなくても大丈夫

発熱は、子どもが病原体と闘っている証拠です

私たちの体内にウイルスや細菌などの病原体が侵入すると、体は「これを受け入れてはいけない！」と判断します。警戒警報が発令され、脳からは「発熱物質をつくりなさい」と指令が出ます。体温が上がると、ウイルスや細菌は増殖する力が弱まるからです。同時に、異物を攻撃する武器である白血球の数が増え、異物に闘いを挑みます。発熱は、病原体から体を守るためのメカニズムなのです。

病原体と闘えるように環境を整えてあげて

ですから、熱はむやみやたらと下げようとするのではなく、子どもが病原体と闘えるように、できるだけ気持ちよく過ごさせてあげるのが大人の役目です。

冷却シートなども、子どもが気持ちよさそうなら使ってかまいませんが、使ったからといって熱が下がるわけではありません。いやがるようなら無理をしないこと。しっかりと水分をとらせ、できるだけ安静に過ごせるように環境を整えます。

医学的には38度以上が赤ちゃんの発熱の基準

生後すぐの赤ちゃんは、胎児時代に母親からもらった免疫で病原体から身を守っています。自力で免疫をつくれるようになってくるのは6カ月ごろ。時を同じくして、母親からの免疫が減り始めます。ですから、はじめての発熱は生後半年～1才にかけて経験する子が多いのです。

ちなみに、赤ちゃんは体内でつくられる熱量が多く、37・5～38度未満はグレイゾーン。医学的には38度以上を発熱とします。

「あわてない！」3つのポイント

1 熱の高さ＝病気の重さではありません

熱が出るととにかく心配で、早く病院へ行かなくては！と焦りますが、38度台の発熱でも比較的機嫌よく過ごしている赤ちゃんは珍しくありません。熱の高さよりも、激しいせきや嘔吐など熱以外の症状がないか、機嫌が悪くないか、などを観察しましょう。こうした症状が見られたときには早めに受診を。

2 熱そのものが脳にダメージを与えることはありません

39度、40度という高熱が続いても、熱そのものが脳にダメージを与えることはありません。無理に下げようとしなくても大丈夫。髄膜炎や脳炎では脳障害が起きることがありますが、これは病原体のウイルスや細菌が脳に入り込んだことによります。病気の重さは熱の高さよりも、原因になった病原菌のほうが重要な因子なのです。

3 解熱薬は必要に応じて。使えば平均して1度ぐらい下がります

高熱でも食欲があり眠れているなら、解熱薬は必要ないでしょう。熱が38.5度を超えたうえ、ぐったりして水分がとれないなどの様子なら、薬で一時的に熱を下げます。熱は再び上がるでしょうが、病原菌との闘いにひと休みするために使うということです。解熱薬を使うと、平均して1度ぐらい体温が下がります。

発熱とともに熱性けいれんが起きることも

発熱時に白目をむき、体を硬直させる「熱性けいれん」が起きることも。赤ちゃんは脳の神経発達が未熟なため、発熱の刺激でけいれんを起こすのではないか、と考えられています。命にかかわることはなく数分でおさまるので、落ち着いてから受診しましょう。
ただし、5分以上続くものは単なる熱性けいれんではない可能性があるので、救急車で病院へ。ふるえを止めようと口にものをくわえさせるのは、危険なので絶対にしないでください。

\ この発熱は何の病気？ /

熱が出る主な病気の傾向をまとめました。必ずしもこのとおりというわけではありませんが、「おかしいな」と思ったときの参考に。

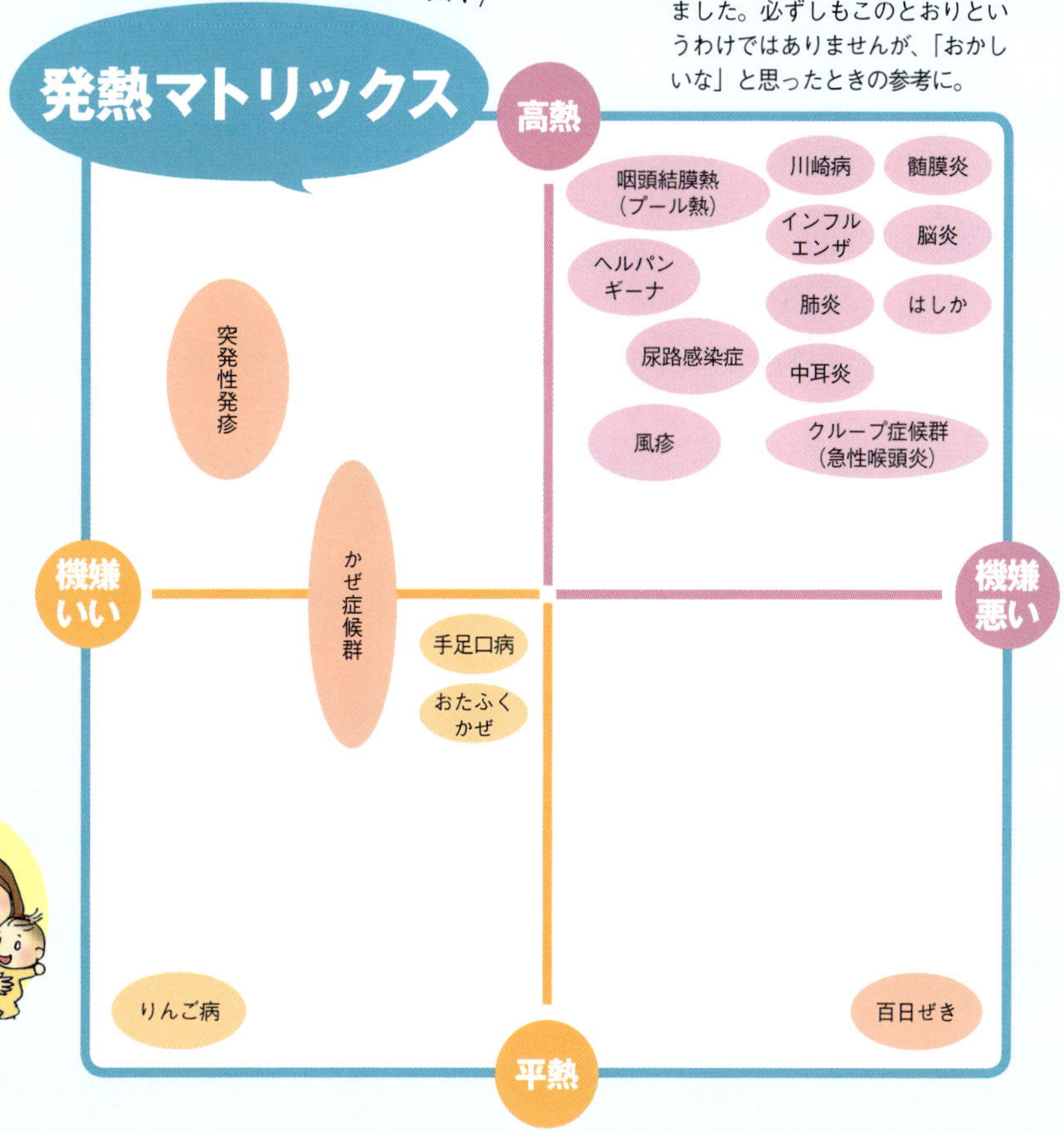

\ スムーズな受診のための /
熱CHECK

- □発熱はいつから（または何日前から）始まったか
- □発熱した時間帯は（朝、昼、夜など）
- □熱は今何度あるか
- □熱が上がり続けている、朝方には下がる、などの経過
- □子どもの機嫌はどうか
- □食欲はあるか
- □水分や睡眠は十分取れているか
- □今までにかかった主な感染症
- □これまでに受けた予防接種
- □保育園でかぜがはやっているなど、感染症の患者と接触した可能性はあるか

ホームケアのポイント

熱があるとき

発熱時、気をつけたいのが脱水症状。水分補給を心がけて、様子をよく観察しましょう。熱が下がっても、体力を消耗しているので、しばらくは安静に。

発熱の経過に合わせ適切なホームケアを

下は、一般的な発熱の経過です。熱の出始めは寒がりますが、上がり切ると手足がポッポと熱くなります。下がり始めには汗が出ることもあり、その後平熱に。それぞれの段階で適切なケアをすることが大切です。

熱の出始めはあたたかく、上がり切ったら水分補給に注意しながらできるだけ快適に。下がったあともしばらくは安静に過ごすのが基本です。

発熱の一般的な経過

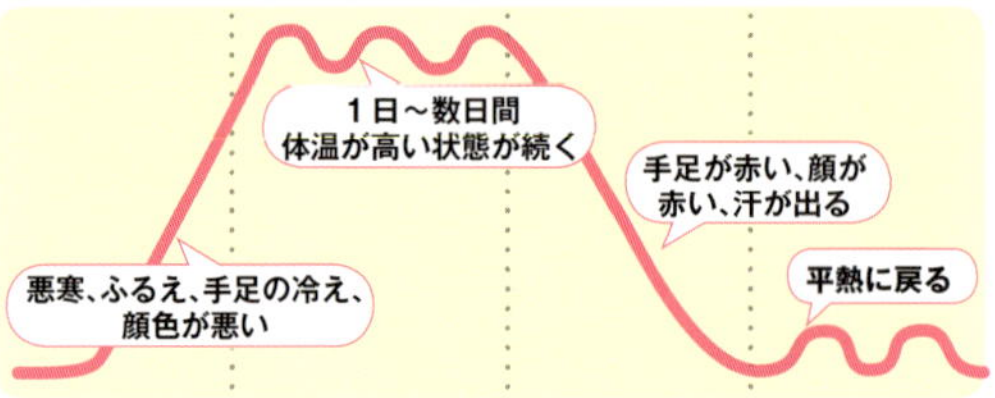

体温を正確にはかる

はかる前にわきの下の汗をふき取る

熱があるときは、汗をたくさんかきます。汗で皮膚の表面の温度が下がるので、熱をはかる前は、きちんと汗をふき取ります。

わきの下ではかるのが基本

市販の体温計は、わきの下ではかるタイプが一番正確です。いつも同じ体温計を使うと、体温の変化にも気づきやすいですね。

耳式体温計は複数回はかる

すぐに体温が表示される耳式体温計ですが、数字の正確さには多少の不安が。耳式体温計は、何回かはかるようにしましょう。

熱の上がり始め

寒そうにしていたらあたためてあげて

熱の上がり始めは血管が収縮するので、手足が冷たくなり、悪寒やふるえの出ることがあります。熱が上がり切るまでは、寒そうにしていたらあたためてあげて。手足をさわって冷たいようなら布団を足すなどしましょう。

手足をさわって確認

熱が上昇している間は、手足が冷たくなることがあります。熱があるのに手足が冷たいときは、これからまだ熱が上がる可能性があります。

体をあたためる

悪寒がするのは、熱の上がりぎわの30分間ぐらい。体は熱いのに寒そうな様子をしていたら、30分を目安に毛布などでくるんであげるといいでしょう。

\病院に行く目安/

しばらく様子を見てOK
- 熱はあるが元気でほかに特に気になる症状もない

※ただし、はじめての熱や、家庭で判断しにくいときは、早めに受診したほうが安心。

かかりつけ医を受診
- いきなり高熱が出た
- せき、吐くなどほかの症状もある
- 一度受診したが、熱が下がらず続いている
- 一度受診したが、発疹などほかの症状が出てきた

夜中でも大至急病院へ
- 生後3カ月未満で熱を出した
- 嘔吐を繰り返している
- 脱水症状が出た
- 呼吸が苦しそうで小鼻がピクピクしている
- 呼びかけに反応がなく、唇が紫色になった
- けいれんを起こした

熱が下がってきたら

しばらくは安静にして様子を見ます

熱は一度下がってもぶり返すことが。特に夕方から夜にかけて再び発熱することがあります。まる1日平熱が続くようになるまでは、よく観察しましょう。発熱で体力を消耗しているので、熱が下がってもしばらくは室内で安静に過ごします。

体温ははかり続ける

熱は下がっても、また高くなることがあります。朝・昼・夜の1日3回は熱をはかりましょう。まる1日平熱になるまでは、検温を続けます。

静かに過ごす

発熱は体力を消耗させます。疲れやすくなっているので、平熱に戻っても、2～3日は外出せず、室内で静かに過ごします。体を激しく動かす遊びは控えましょう。

熱が上がり切ったら

水分補給をしながら安静に過ごして

熱が上がり切ると体がほてり、汗ばみ、呼吸も荒くなります。皮膚と呼気の両方から水分が奪われるので、しっかりと水分補給をしてください。飲めるものを飲みたいだけ飲ませましょう。体力を消耗するので、安静に。

水分補給が重要

↑脱水症予防のため、母乳やミルクのほか湯冷まし、麦茶、ベビー用イオン飲料など、飲めるものをこまめに飲ませます。

睡眠をしっかり取る

↑少しでも快適に眠れるよう、寝かせる場所や着せるもの、かけるものに気を使って、環境を整えてあげて。眠りたいだけ眠らせます。

気持ちよさそうなら冷やす

↑赤ちゃんが気持ちよさそうなら、しぼったぬれタオルをビニール袋に入れて、首、わきの下、鼠径部などを冷やして。

室温と湿度を調節

←快適な室温の目安は、夏が25～28度くらい。秋～冬で23～25度くらい。冬は乾燥するので、湿度も40～60％にキープします。

熱があるときの過ごし方の基本

お風呂・シャワー

湯船につかるのは体力を消耗させます。汗をかいたらこまめに着替えさせ、お湯でしぼったタオルで体をふく程度に。夏場で、元気があるなら短時間のシャワーでサッと汗を流してもいいでしょう。

お尻はシャワーで流すだけでも

熱があるときのおむつ替えは、100円ショップなどで売っている調味料ボトルにぬるま湯を入れた簡易シャワーが便利。おむつかぶれの予防にもなります。

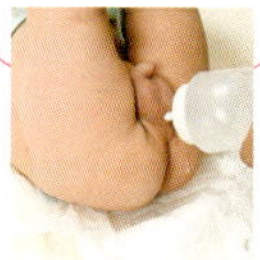

飲むこと・食べること

食欲がないなら無理に食べさせる必要はありません。食べたがるものがあればそれを。ただ、発熱時は胃腸の働きが落ちるので、あまり消化の悪いものは避けましょう。おすすめはおかゆや果物、野菜など。

熱があるときは、ビタミン・ミネラルを。

消化のよいやわらかめのおかゆもおすすめ。

みんな必ず体験する
せきと鼻水

せきや鼻水を経験しない赤ちゃんはまずいません。多くは心配のないものですが、重症な病気のサインを見逃さないように。

体を異物から守るのが せき&鼻水の役目。音や様子で重症度の判断を

せきや鼻水には体を守るための役割が

せきや鼻水を全く経験したことがない、という子どもはまずいないでしょう。ごく一般的に見られる症状です。

体の中に異物が入ると、人は反射的にそれを体の外に出そうとします。せきや鼻水は、そんな反応の一つです。

鼻や口から入った空気の通り道を、気道といいます。気道に入り込んだ細菌やウイルス、また、それらの病原体を退治しようとして気道から分泌された粘液（たん）を体の外に出そうとするのが、せき。鼻の中の異物を流し出すために分泌されるのが、鼻水です。

受診の必要がないなら市販の薬も不要です

ですから、せきや鼻水をすぐに薬で止めるのは考えもの。ただ、激しいせきや鼻水は体力を消耗します。そのため、場合によっては薬で少しラクにして、ウイルスや細菌と闘う体力を回復させることもあります。

病院に行くほどではないけれど、市販のせき止め薬でラクにしてあげたいという人もいますね。でも、受診の必要がなさそうなら、薬も使う必要はありません。逆に、症状が重くて苦しそうなときは、市販薬では期待した効果が得られないことが多いでしょう。乳幼児に使う薬は、処方薬が基本です。

重症な病気のせきを見逃さないで

コンコンと乾いたせきや鼻水が続いているけれど、熱がなく機嫌も悪くないなら、いわゆるかぜ。家で様子を見ていてもいいでしょう。ただし、生後3カ月ぐらいまでは口呼吸ができないので、鼻詰まりでおっぱいが飲めないようなら受診してください。誤嚥《ごえん》の可能性がある場合も、すぐに受診します（左ページコラム参照）。

見逃してはいけないのは、重症な病気のサインであるせき。百日ぜき（p73）、クループ症候群（p64）、細気管支炎（p66）、肺炎（p71）などは急激に悪化するので、左ページにあるような特有のせきに気づいたら、すぐに受診してください。

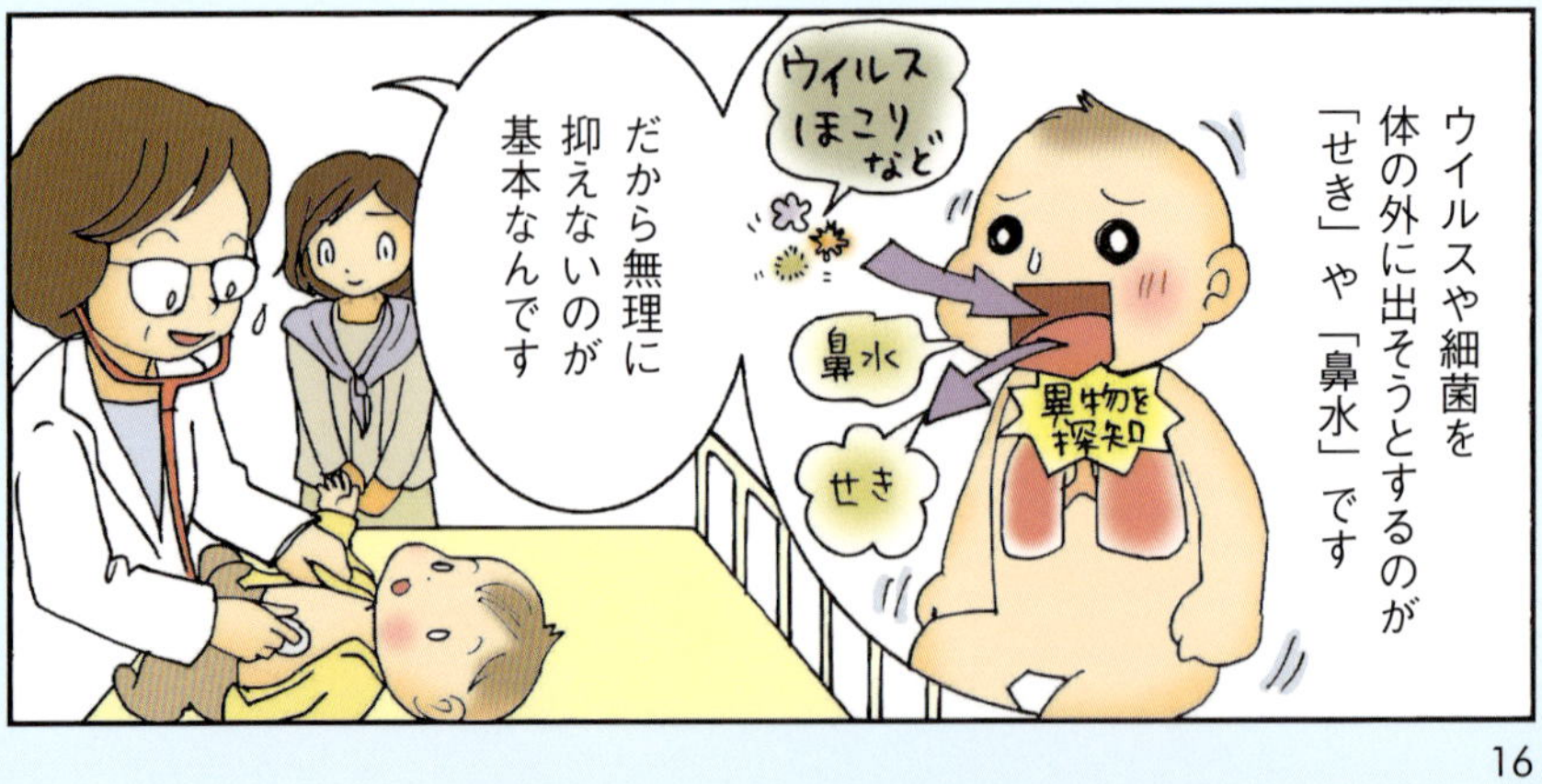

ウイルスや細菌を体の外に出そうとするのが「せき」や「鼻水」です
だから無理に抑えないのが基本なんです
ウイルス ほこり など
鼻水
せき
異物を探知

あまり苦しそうなら薬で少しラクにして体力を温存しましょう

その他のせきや鼻水を伴う注意したい病気

百日ぜき
特に注意したいのは　0～6カ月
母親から免疫をもらえない病気。6カ月未満でかかると危険です。コンコンコン……と10回程度せき込んだあと、ヒューッと息を吸い込むのが特徴です。できるだけ早く予防接種（四種混合）を。

はしか
特に注意したいのは　6カ月～1才
激しいせきや高熱が続き、発疹が出る重い病気です。胎児時代に母親からもらった免疫が切れる6カ月ごろから、予防接種が受けられる1才までの半年間は特に注意が必要です。

インフルエンザ
特に注意したいのは　6カ月以降
冬から春先にかけて流行し、高熱、せき、関節痛などの症状が出ます。生後6カ月過ぎからかかりやすいので、家族全員で予防接種を受け、流行期には無用の外出を避けましょう。

気管支ぜんそく
確定診断がつくのは　2才以降が多い
アレルギーが原因で気道が狭くなり、呼吸のたびにヒューヒュー、ゼイゼイと音がします。0～1才代は診断がつきにくく、きちんと診断がつくのは2才以降が多いでしょう。

鼻水や鼻詰まりは中耳炎と関係がある？

耳の穴の奥、中耳と呼ばれる部分に炎症が起きるのが、急性中耳炎（p42）です。原因となる細菌やウイルスは耳の穴から入るわけではありません。鼻やのどから入り込み、のどと耳とをつなぐ耳管を通して感染が起こります。
鼻水や鼻詰まりは直接の原因ではありませんが、鼻水の中にはウイルスや細菌がたくさんいます。ですから、鼻水が長引けばそれだけ、ウイルスや細菌が中耳に行きつく可能性が高くなります。鼻水はできるだけ吸い取り、長引かせないことが中耳炎の予防にもなるのです。

せきの音でわかる!?病気の深刻度

★は病気の深刻度

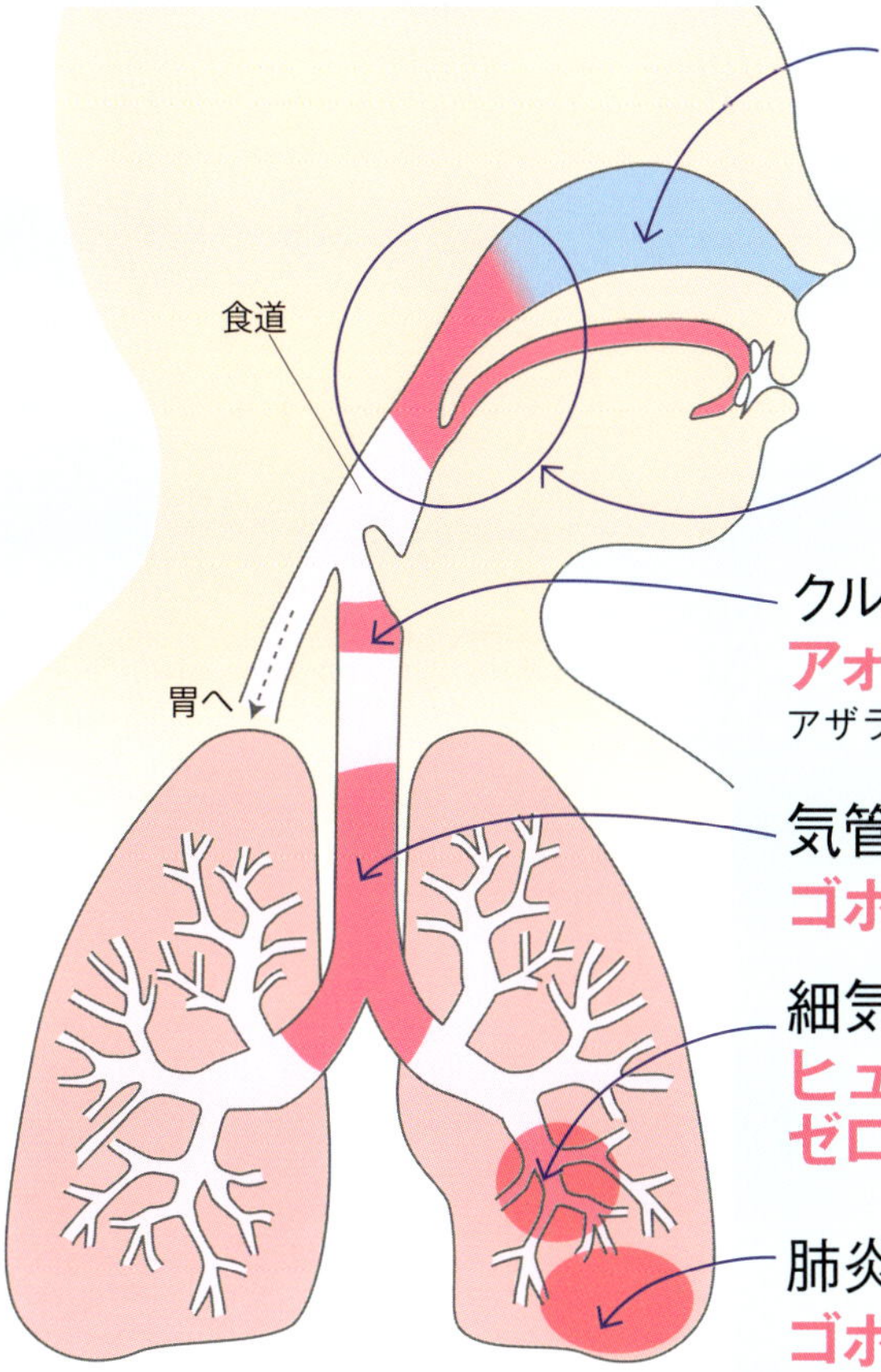

鼻水
鼻腔の異物を出そうとして分泌されるのが鼻水。透明な鼻水はウイルス感染、黄色い鼻水は細菌感染の可能性が。

鼻咽《いん》頭《とう》炎《えん》（かぜ）
コンコン★

クループ症候群（急性喉《こう》頭《とう》炎《えん》）
アォンアォン★★★
アザラシの鳴き声のよう

気管支炎
ゴホンゴホン★★

細気管支炎
ヒューヒュー
ゼロゼロ★★★

肺炎
ゴホンゴホン★★★

／病気とは限らない／
ヘンなせきをしていたら異物を飲んでいないかチェック

赤ちゃんが急にせき込んだら「誤嚥《ごえん》」の可能性が
飲み込んだものが胃に落ちず、気管に入ってしまうのが誤嚥で、急にせき込むことがあります。特に注意したいのがピーナッツ。誤嚥すると気管支をふさぐ便のようになり、呼吸困難を起こすことがあります。

気管内の異物を取るには全身麻酔での処置が必要
誤嚥したらX線検査で異物の位置を確認し、全身麻酔をして気管に専用の器具を入れて取り出します。大がかりな処置になるのでボタンやビーズなどはしっかり管理し、ピーナッツは4才ぐらいまでは食べさせないで。

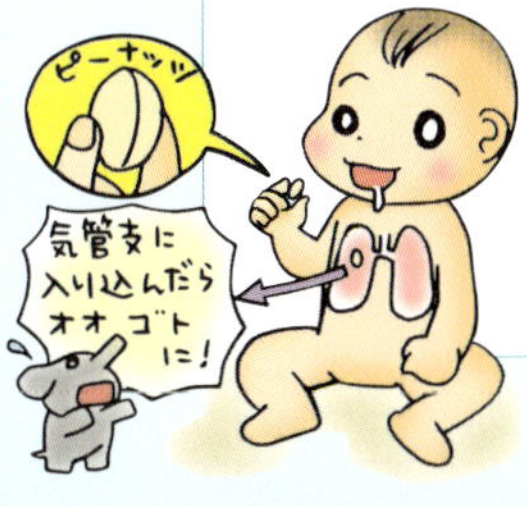

サラサラ透明な鼻水より緑や黄色の青っ洟《ばな》のほうが病気は重い？

必ずしもそうとはいえません。初期にはサラサラで、治りかけに黄色っぽくなることがあります。また、ウイルスに感染して鼻の粘膜が炎症を起こしたときに、サラサラで透明な鼻水が出ることもあります。ウイルスではなく細菌に感染したときに緑色や黄色っぽい鼻水になることもあります。感染源の違いで、鼻水の様子が変わるケースもあるんですね。
ただし、最初はウイルス感染だったものがなかなか治らず、そのうちに細菌感染まで起こして青っ洟に、ということはあり、これは悪化といえるでしょう。

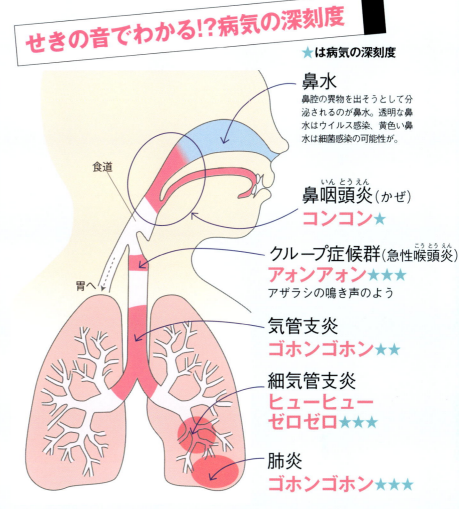

ホームケアのポイント

せき・鼻水が出ているとき

せきや鼻水・鼻詰まりは、どちらも息苦しさを伴うことがあります。できるだけ刺激を与えないよう、ラクに過ごせるようなケアをしてあげましょう。

熱もなく、元気があるなら様子を見ましょう

せきはかぜなどで気管支が炎症を起こしたとき、冷たい空気を吸ったり異物が入ったりしたときに出ます。鼻水も冷気や異物のほか、ウイルスなどで粘膜が刺激を受けると出てきます。

どちらも、特に機嫌が悪くないようなら様子を見ていてかまいません。激しいせきや気管支から音がする場合は病院へ。鼻詰まりで息苦しそうなら吸ってラクにしてあげましょう。

\病院に行く目安 せき/

しばらく様子を見てOK
- 朝や夜など気温が下がる時間帯に、軽いせきが出る
- せきだけでほかの症状がない
- 元気がある

かかりつけ医を受診
- 熱などほかの症状もある
- いったんせきが始まると長い
- せきのあとで「ヒューッ」と引くような音がする
- せきが日に日に激しくなる
- せきが10日以上続いている

夜中でも大至急病院へ
- ウォッウォッなど、犬の遠吠えやアザラシの鳴き声のようなせきをする
- 顔を前に突き出すようにしてせきをする
- 激しいせきで眠れない
- 突然、声がかれてきた
- 突然、ゼーゼー、ヒューヒューと言い出した
- 呼吸が苦しそうで小鼻がピクピクしている
- 呼びかけに反応がなく、唇が紫色に

\病院に行く目安 鼻水/

しばらく様子を見てOK
- 朝や夜など気温が下がるとき、透明な鼻水が出る
- ほかに症状がない
- おっぱいはよく飲む

かかりつけ医を受診
- 熱などほかの症状がある
- 鼻詰まりでおっぱいが飲めない
- 鼻詰まりのため口で呼吸している
- 水っぽい鼻水が止まらない
- 黄色いねっとりとした鼻汁が止まらない
- 黄色い鼻汁が出て、ずっとグズる、せきが出る
- 突然、鼻がフガフガ鳴り出した
- 鼻がくさい

せき　のどにいい環境づくりを

室内を加湿する

室内が乾燥すると、気道の粘膜が乾燥して刺激に敏感になり、せきが出やすくなります。加湿器を使ったり、室内干しをするなどして、湿度50%を目安に加湿しましょう。

こまめに換気する

換気も大切です。寒くても、数時間おきに窓を開けて空気を入れ替え、空気を新鮮に保ちましょう。

\タバコは絶対にNG!/

タバコの煙は、のどを刺激してせきを悪化させます。せきがあるときにタバコは厳禁。小さい子どもがいる家庭では、禁煙を。

鼻水　鼻水をふき取る

やわらかいティッシュでこまめに

鼻水は、肌を刺激しないやわらかなティッシュでこまめにふいて。菌やウイルスの感染が原因の場合は、ガーゼでふくと洗っても残ることがあるので、使い捨てられるものでふきましょう。

せきとたんを出しやすくする

上半身を起こす

せきが出ているときは、横にするとよけいにせき込みやすくなります。寝かせるときはクッションなどで上半身を少し起こしてあげると、呼吸がラクになります。

背中をトントンたたいてたんを動かす

せきで苦しそうなときは、背中をトントンと軽くたたいてあげましょう。たんが出やすくなりますし、ママに抱かれて赤ちゃんも安心します。

トントンする手は少しすぼめて

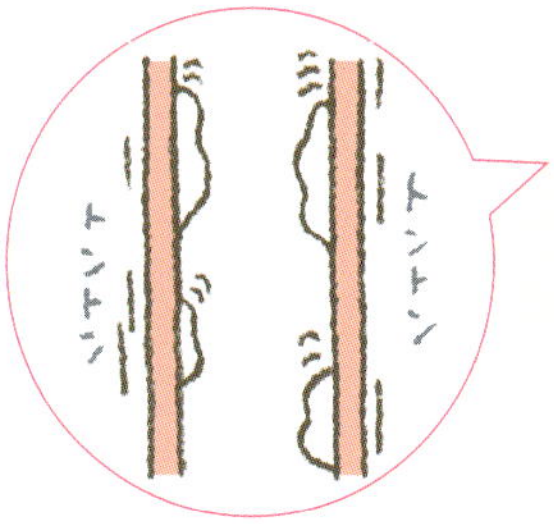

背中をトントンすることで、気道の内側に貼りついているたんが少しずつ動き、取れやすくなります。

せきがあるときの食べ物

ビスケットやかんきつ類はのどを刺激

せきはのどや気道が刺激を受けて出ます。ボソボソするビスケットや酸味の強いかんきつ類、冷たいもの、熱いものは刺激が強いので控えましょう。

水分が多めのトロトロの離乳食を

せきがあるときには、水分が多めで、口当たりのなめらかなものを食べさせましょう。温度は人肌ぐらいのあたたかさにすると、刺激が少なくて食べやすいでしょう。のどの乾燥を防ぎ、たんを出しやすくするためにも水分補給は大切です。せき込んでむせたりしないよう、スプーンで少しずつ口に入れるなどして飲ませましょう。

鼻水を吸い取る

呼吸をラクにする

鼻水がひどいときは、吸い取ってあげると呼吸がラクになります。鼻水がいつまでも鼻の中に残っていると、雑菌が繁殖することもあります。できるだけこまめに吸ってあげましょう。

専用の器具を使うと吸いやすい

市販の鼻吸い器は衛生的で吸いやすいもの。強く吸わず、少しずつ吸い取りましょう。大人は鼻水を吸ったあとにうがいをして。

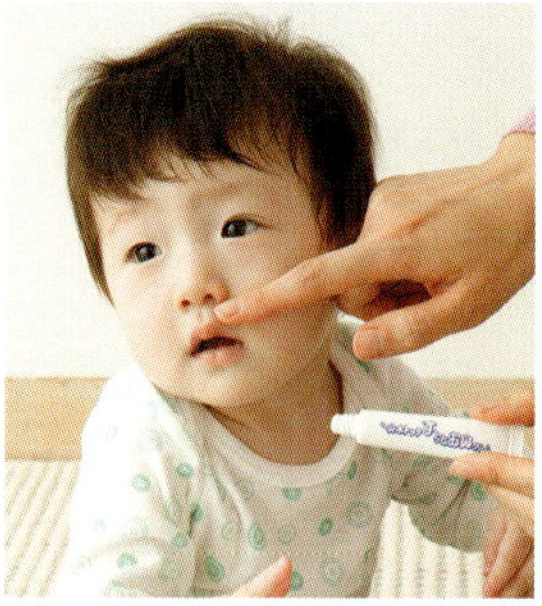

保湿剤で鼻の下のかぶれ予防

鼻水と、鼻水をふき取る刺激とで、鼻の下がかぶれやすくなっています。ワセリンやオイルを塗って、皮膚を保護しましょう。

ホームケアのポイント

吐いたとき

吐いたときは、吐きけの連鎖を起こさせない工夫と、水分補給が大切です。次の吐きけを誘発しないよう、じょうずにケアをしましょう。

吐きけのある病気は重症化することもあるので、必ず受診を

赤ちゃんの胃は、立てたとっくりのような形で、入り口の締まりがゆるやかな構造です。そのため、大人よりも吐きやすくなっています。母乳やミルクを飲んだあとに、口の端からタラッと吐くのは「溢《いっ》乳《にゅう》」。ゲップのはずみや抱っこされた拍子に吐くこともありますが、これらは生理的な現象です。機嫌がよく、食欲があって、体重が増えていれば心配いりません。

しかし、何らかの病気が原因で、胃や腸のどこかが詰まって吐くことも。急性胃腸炎などの感染症で吐くこともあります。髄膜炎や脳炎・脳症が原因の場合もあるので、嘔吐が続くようなら必ず受診しましょう。

\病院に行く目安/

しばらく様子を見てOK	・機嫌がよく、ゲップとともに吐いた ・機嫌がよく、ダラダラと吐いた ・吐いたあと、元気 ・熱などほかの症状がない
かかりつけ医を受診	・熱・下痢などほかの症状もある ・１日に何回も吐く
夜中でも大至急病院へ	・吐き方がどんどん激しくなり、おさまらない ・脱水症状が出た

吐いたときのケア

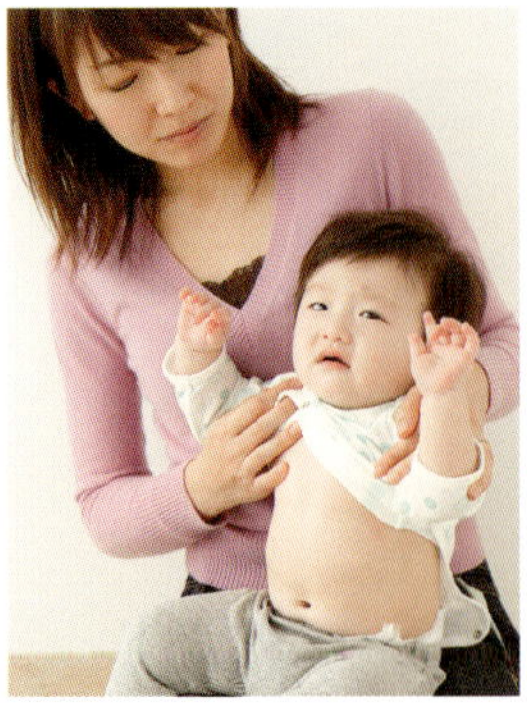

においのついた衣服を着替えさせる

吐いたものが衣類につくと不潔なうえ、そのにおいが吐きけを誘発します。汚れた衣類はもちろん、吐いたものがついたシーツなどもすぐに交換を。

口のまわりをきれいにする

吐いたあとは赤ちゃんも気持ちが悪いはず。口のまわりについたものは、ぬるま湯でしぼったガーゼなどでふきましょう。吐いたものが耳に入っていないかどうかもチェックします。

吐きけが続いているとき

吐いたものが詰まらないよう横向きに寝かせる

いつ吐くかわからないときは、あおむけに寝かせると、吐いたもので窒息する危険があります。気道をふさがないよう、横向きに寝かせるようにしましょう。

ねんねをいやがったら、たて抱きで様子を見て

ねんねをいやがったら、たて抱きに。吐いたものをのどに詰まらせていないか、脱水症が起きていないかを確認。

洗面器に新聞紙を敷いて、次の吐きけに備える

赤ちゃんの嘔吐は前ぶれがないことも。急な嘔吐に備えて洗面器に新聞紙やキッチンペーパーなどを敷き、手の届くところに置いておきましょう。

\冬に流行/
ノロウイルスの家庭内感染を防ごう

冬に流行するノロウイルス感染症。ノロウイルスは感染力が非常に強いので、嘔吐物の処理が適切でないと、ウイルスが残ってしまい、家庭内感染が起きる危険性があります。感染を防ぐため、嘔吐物の正しい処理の仕方を覚えておきましょう。

用意するもの
- 使い捨てマスク
- 使い捨て手袋
- 使い捨てエプロン
- ペーパータオル
- 大きめのビニール袋
- バケツ
- 次亜塩素酸ナトリウム液
  ／水 500mℓに塩素系の台所用漂白剤（ハイター、ブリーチなど）10mℓを混ぜたもの

1 換気と身支度をする
必ず窓を開け、換気しながら処理します。処理の前に手袋、マスク、エプロンを着用して準備OK。

2 嘔吐物に次亜塩素酸ナトリウム液をかける
ペーパータオルを嘔吐物より広い範囲にかぶせます。その上から嘔吐物と同量以上の次亜塩素酸ナトリウム液をかけます。

3 ペーパータオルでふき取る
ウイルスが飛び散らないよう、ペーパータオルで外側から内側に向けてふき取ります。嘔吐物が手や服につかないように注意。

4 使用したペーパータオルを捨てる
ふき取った嘔吐物やペーパータオルをビニール袋に。処理の前に袋の口を広げて用意しておき、処理後は口をしっかりしばります。

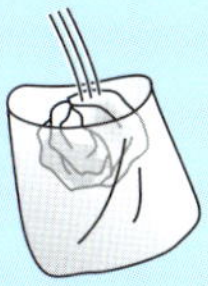

5 次亜塩素酸ナトリウム液にひたしたペーパータオルでおおう
次亜塩素酸ナトリウム液にひたしたペーパータオルを、嘔吐物を取り除いた場所に敷き詰めます。10分間おおい、その後水ぶきを。

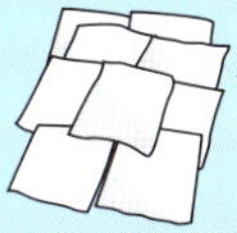

10分間放置

6 汚物が入った袋を捨てる
片手の手袋をはずし、手袋を脱いだ手で新しいビニール袋の口を広げて、もう片方の手で汚物の入った袋を入れます。

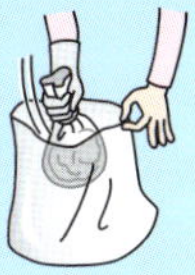

7 処理に使用したものすべてを捨てる
⑥の袋に、手袋、マスク、エプロンなど使用したものすべてを入れ、袋の内側をさわらないように注意して、口をしばって廃棄します。

8 しっかりと手を洗う
処理後は、殺菌力の強い石けんでていねいに手を洗います。つめの中や指の関節のシワの中などもブラシを使ってしっかり洗いましょう。

※次亜塩素酸ナトリウム液は手指の消毒には使用しない。金属についたら必ず水ぶきすること。

吐きけがおさまったら

\少しずつ水分補給を/

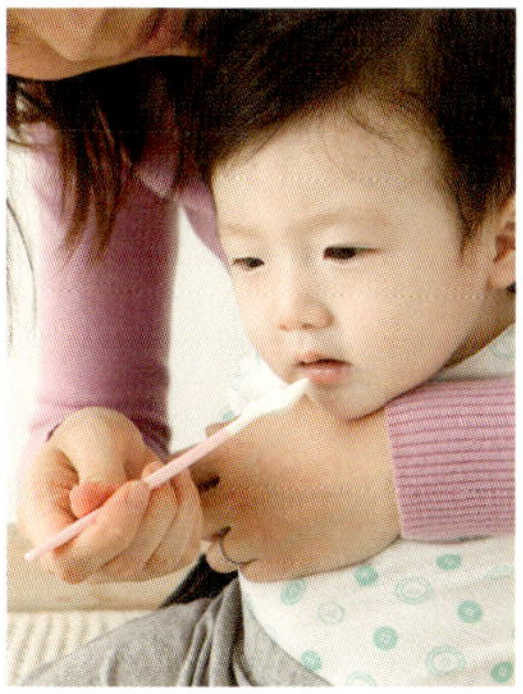

まずスプーンで一口ずつ
吐きけがおさまって間がないときに一度にたくさん飲ませると、吐きけを誘発することがあります。吐きけが落ち着いたら、5～10分おきにスプーンで一口ずつ水分をとらせてみましょう。

おちょこなどで少量ずつ
スプーンで数さじ飲んでも吐かないようなら、次はおちょこなど小さな容器で飲ませてみます。一度にたくさん口に入れず、少量ずつ飲ませるようにします。

NG！
吐きけがあるときはもちろん、おさまってしばらくは、かんきつ類の飲み物はNG！

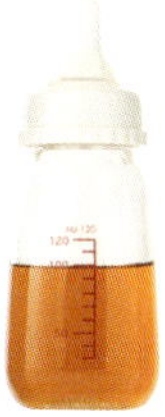

100mℓ飲めたらひと安心
吐かずに、30分間ほどで100mℓくらい飲めるようならひと安心。脱水症の心配もないので、いつもどおりの水分補給に戻して大丈夫です。

吐きけのホームケア Q&A

生後1カ月ですが頻繁に吐きます。大丈夫でしょうか？
授乳後などに口からタラリと吐く「溢乳」のほか、胃の入り口の締まりが悪く、まとまった量をゲボッと吐く噴門弛緩症の場合も。いずれも吐く回数が急に増えたりせず、体重が増えているならしばらくは様子を見て。成長に従っておさまることが多いでしょう。

吐く前に「吐くかも!?」というサインはありますか？
明らかなサインはありません。吐いた赤ちゃん自身も驚いているので、ママは落ち着いて対処を。強いて言うなら、水分をとったあとに吐くことが多いようです。

ホームケアのポイント

下痢のとき

下痢のホームケアのポイントは水分補給とお尻のケアです。脱水症やおむつかぶれを引き起こさないように、注意してあげましょう。

体から水分が奪われるので脱水症を起こさないよう注意

下痢は、便の水分量が増えて回数が多くなった状態です。かなりゆるい便が出たり回数が極端に多くなったりして、下痢症と診断されます。機嫌や食欲がいつもと違うことも。

下痢の原因になるのは、感染症による腸の炎症や、一時的な飲みすぎ・食べすぎ、おなかの冷えなど。また、薬の服用が原因になることもあります。

離乳食の内容で便がゆるくなることもありますが、その場合、機嫌がよく、食欲もあるなら心配はいりません。

水っぽい便が頻繁に出る場合は水分も奪われるので、脱水症に注意しましょう。

水分補給をしっかりと

水分が多めの離乳食を

離乳食も水分補給を兼ねたメニューにします。少量の塩分を加えて水分を多くしたおかゆや、整腸作用のあるりんごのすりおろしを加熱したものなど、工夫してみましょう。

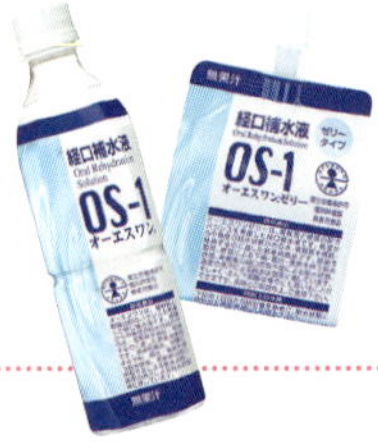

経口補水液で電解質を補給

下痢が続くと、体内から水分だけでなく電解質も奪われます。水分と電解質が同時にとれる経口補水液などでしっかり水分補給をしましょう。ゼリータイプなど飲ませやすいものを選んで。

離乳食は一段階戻す

下痢のピークが過ぎたら再開

下痢で食欲もないときは、まず水分補給を。その後、野菜スープなどから始め、様子を見ながら少しずつかために。下痢のピークを過ぎたら、できるだけ早く、普段の食事に戻します。

ピークを過ぎたら消化のよいものを

消化のよいものを与える

下痢があっても、食欲があるようなら、繊維質や油脂類を避ける程度でかまいませんが、胃腸が弱っているので、消化のいいものを。離乳食は一段階戻したほうが安心です。

＼避けたい食品／

バター、サラダ油などの油脂類、体を冷やすトマトやきゅうり、いも類や小松菜など繊維質の多いもの、かんきつ類、乳製品など。

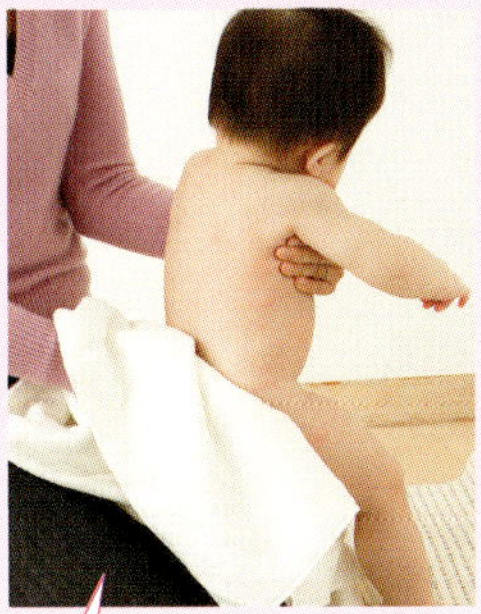

お湯でしぼったやわらかいタオルでそっとふく

座浴が難しければ、お湯でしぼったやわらかいタオルで、お尻を包んで押すようにふいてあげても。

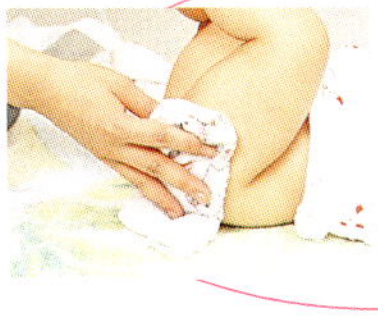

NG! ごしごしふいてはダメ

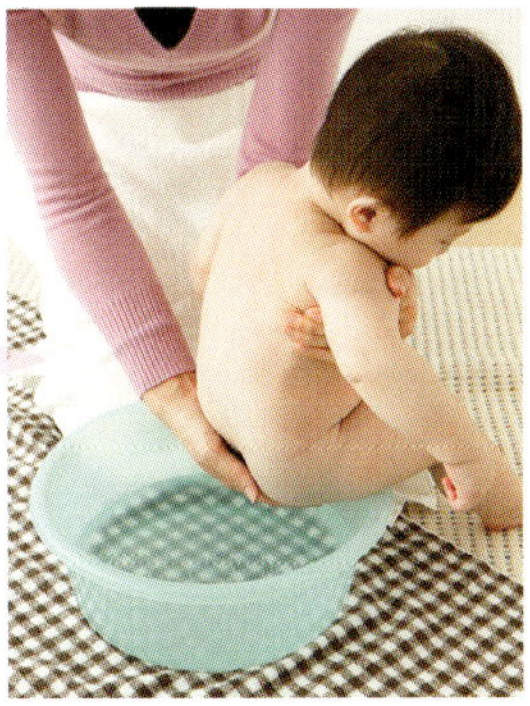

座浴でおむつかぶれ予防を

下痢のときは、お尻の皮膚がふやけて傷つきやすくなっています。お尻ふきなども刺激になることがあるので、ふくよりも座浴などで洗い流して。

お尻と肛門のケアを

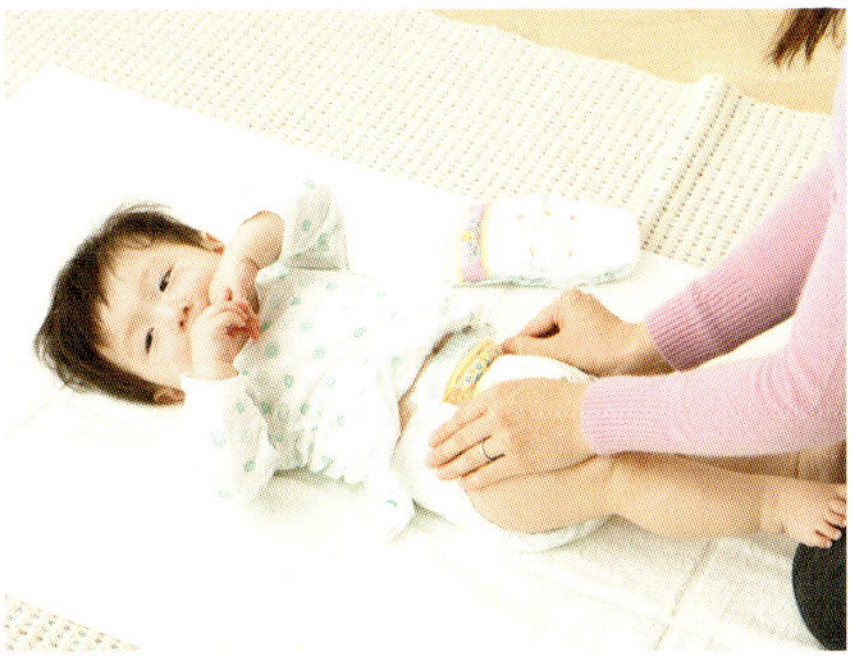

おむつ替えはこまめに

下痢便は、健康な便と違って肌への刺激が強いので、お尻がかぶれやすくなります。下痢が続いている間は、できるだけこまめにおむつを替えましょう。

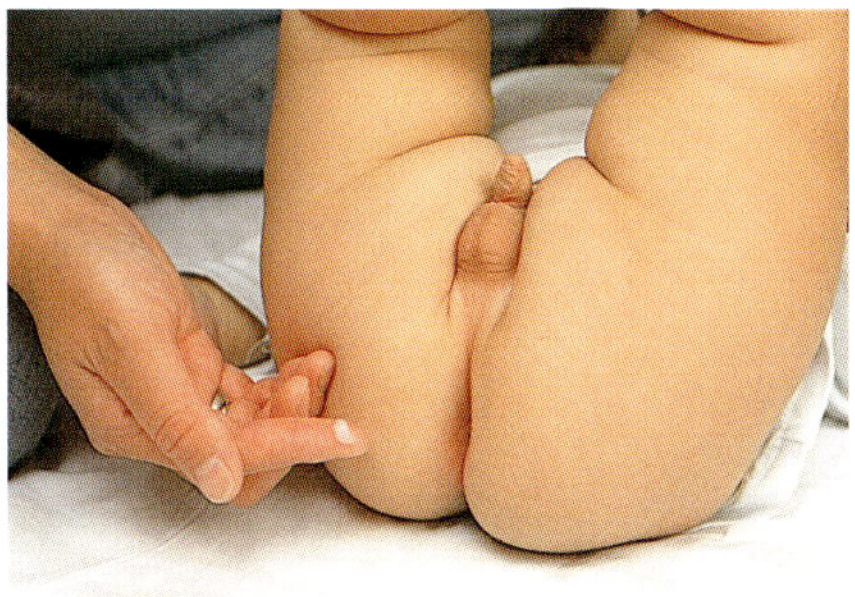

かぶれがひどいときは薬を

かぶれがひどい場合は、病院で薬を処方してもらって。下痢のときはカンジダ性皮膚炎を発症することもあるので、自己診断は禁物。おむつかぶれとは薬が違います。

家庭内感染に注意を

おむつ替えなど、赤ちゃんのお世話をしたあとは、薬用石けんでしっかり手を洗いましょう。使用ずみのおむつは、1回ずつ密封して捨てたほうが安全です。

使用ずみのおむつの処理も気をつけて

下痢のホームケア Q&A

下痢のときはおなかをあたためたほうがいい？

下痢の原因がウイルス感染による腸炎の場合、あたためて治るわけではありませんが、赤ちゃんが気持ちよく感じるようならあたためてあげましょう。冷たいものや油脂類は避けてください。

下痢ではないがうんちがゆるいときの授乳や離乳食は？

便が少しやわらかい程度なら、脂っこいものや消化が悪い食材を避けて様子を見ます。明らかな下痢なら離乳食を一時中止するか、おかゆやバナナなど、消化のよいものを。水分補給はこまめに。

\病院に行く目安/

しばらく様子を見てOK
- うんちが水っぽいが、機嫌がよく食欲もある
- うんちはゆるめだが、熱などほかの症状はない

かかりつけ医を受診
- 熱などほかの症状もある
- 1日に10回以上下痢便が出た
- おむつからはみ出すほど大量の下痢をしている
- 水っぽいうんちが1週間以上続いている
- すっぱいにおいのうんちが続いている
- くさったにおいのうんちが続いている
- 白いうんちが出た

夜中でも大至急病院へ
- 赤いうんちが出た
- 下痢に加えて嘔吐もあり、水分がとれない
- 呼吸が苦しそうで小鼻がピクピクしている
- 呼びかけに反応がなく、唇が紫色に

ホームケアのポイント

肌トラブルがあるとき

肌にトラブルがあるときは、清潔と保湿が基本です。ただ、原因によってケアが違う場合もあるので、受診してトラブルの原因をつきとめましょう。

清潔を心がける

ケアの基本は汚れを落として清潔を保つこと

肌トラブルはさまざまな原因で起こりますが、ケアは基本的には同じです。最も大切なのは汗や汚れを取り、肌を清潔に保つこと。汗をかいたらシャワーで流すのもいいでしょう。ただし、かゆみがある場合はお湯の温度を低めに。温度が高いとかゆみが強くなることがあります。同様に、湯船につかるのも避けましょう。

体を洗うときや体をふくときはこすらないようにします。

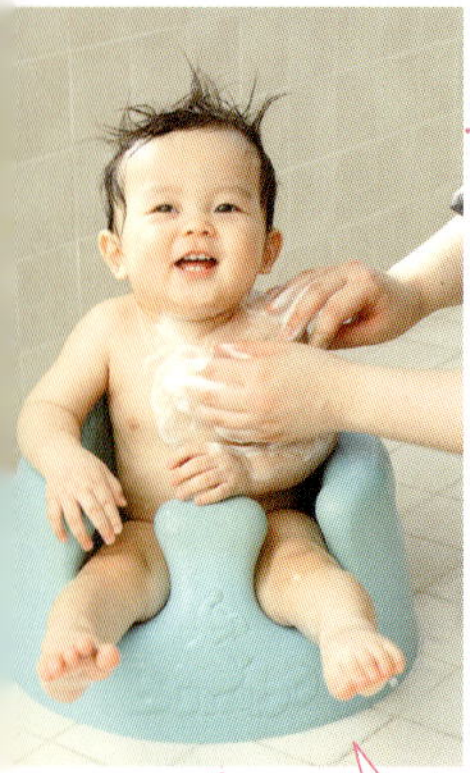

お湯の温度はぬるめに設定

かゆみを伴うトラブルの場合、体があたたまるとかゆみが強まりがちです。お湯の温度はいつもよりも低めに設定を。

シャワーは大人の手で温度を確認してから。

ゴシゴシこすらず泡で包むように洗う

泡立てた石けんで包むように洗います。石けんは弱酸性のものが低刺激。

カサカサしていたら保湿を

一生のうちで一番乾燥している赤ちゃん時代

赤ちゃんの肌はスベスベ、ふっくらしてみずみずしく見えます。でも、皮膚が薄くて、とても乾燥しやすいのです。実は、一生のうちで一番皮脂量が少ないのが赤ちゃん時代。特に生後2カ月から、急激に肌の乾燥が進みます。

人間の肌には、空気中のウイルスや雑菌、アレルゲンなどから体を守る働きが備わっています。特に、皮膚の一番表面にある角質は、肌の水分を保ち、有害物質の侵入を防ぐバリア機能を持っています。

ところが、皮膚が乾燥すると、角質に小さなひび割れができ、皮膚の水分が逃げ出すだけでなく、空気中の有害物質やアレルゲンの侵入を許してしまいます。ですから、赤ちゃんの肌には保湿が大切。ベビー用のクリームやワセリンなどでしっかり保湿してあげましょう。

＼裏、くびれ、側面もまんべんなく／

顔

母乳やミルク、汗、よだれ……。顔は汚れる機会が多いので、汚れ予防を兼ねて保湿剤を塗り、汚れをふいたあとにも保湿するダブルケアを。

目のまわり

特に皮膚が薄い部位。両手で頭を固定し、親指の腹で保湿剤をのばします。

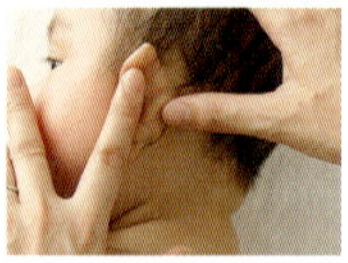

耳の後ろ

耳の内側のひだ部分や、裏側、耳のつけ根などにもしっかり塗りましょう。

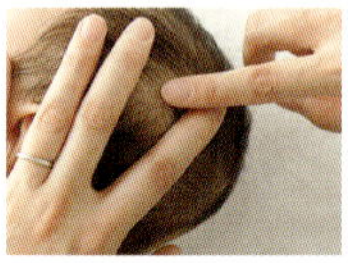

頭

頭皮が乾燥すると、かさぶたやフケのようなものが。髪の毛を分けて塗ります。

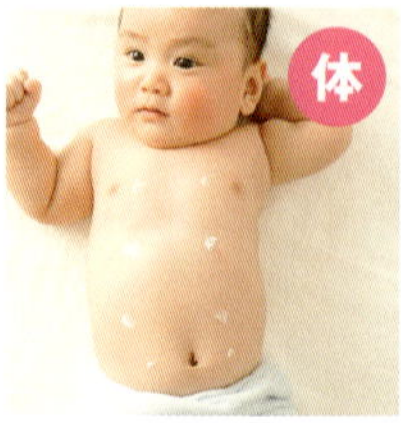

体

朝とお風呂上がりには、全身くまなく保湿剤を塗りましょう。乾燥する季節は、着替えやおむつ替えのときなど、日中も1～2回は塗って。

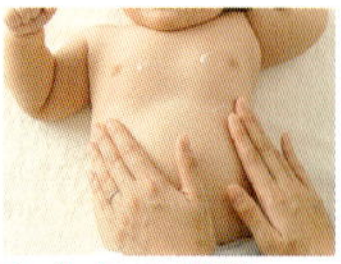

おなかの側面

保湿剤を手のひらで塗りのばします。わき腹も乾燥しやすいので忘れずに。

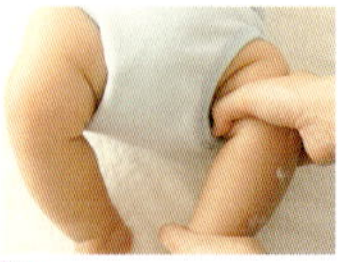

足

くるぶし、ひざ、ももの裏表に、手のひらでもみ込むように塗りのばします。

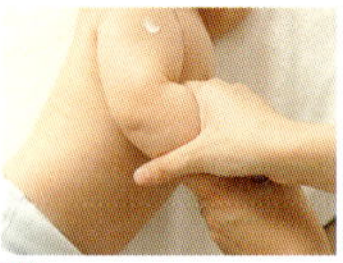

腕

保湿剤を手指と手のひらで、心臓に向かってクルクルと塗りのばします。

こまめに着替える

汗をかいたままにしない

いくら清潔にして保湿剤を塗っても、汗で湿った肌着を着ていては意味がありません。汗をかいたらすぐに着替えを。特に背中や首は汗をかきやすいので注意しましょう。

通気性のいい肌着を

デリケートな赤ちゃんの肌に直接ふれる肌着や服、寝具は、吸湿性、通気性のいい、綿100%のものをそろえましょう。肌ざわりのよいものを選んであげて。

肌に水けを残さない

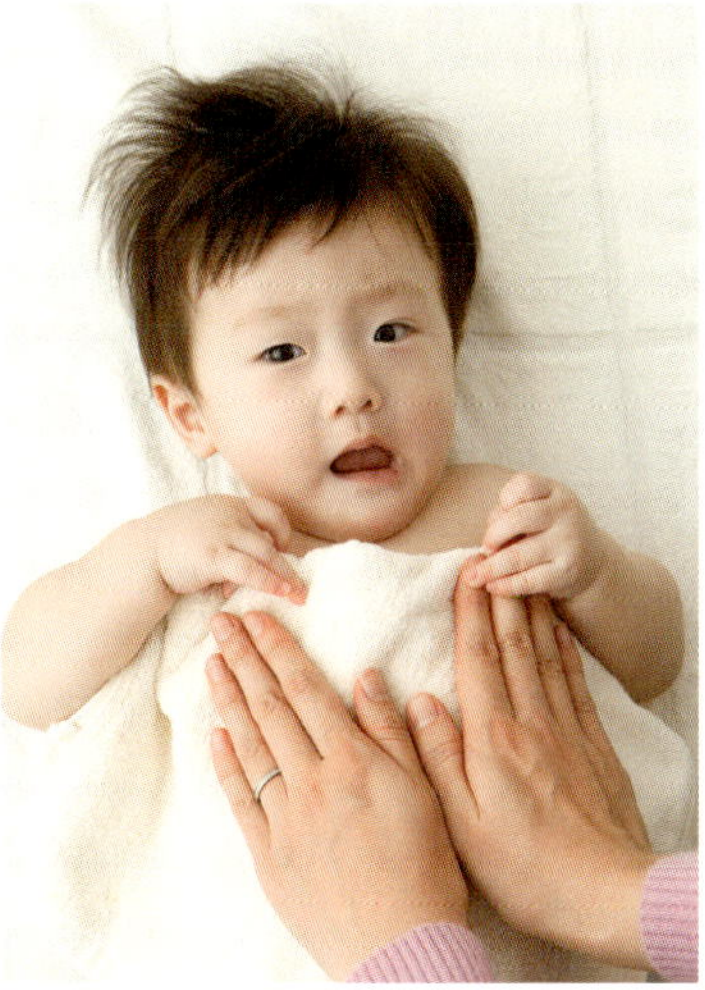

やわらかいタオルで押すようにふく

デリケートな赤ちゃんの肌。トラブルがある部位をゴシゴシとこするのはとりわけNGです。肌に水分が残らないよう、やわらかいタオルで軽く押さえるようにふき取ります。

発疹が出たらまず受診

子どもがかかりやすい発疹が出る病気

- 水ぼうそう
- 風疹
- はしか
- 手足口病
- 突発性発疹
- りんご病（伝染性紅斑）
- 溶連菌感染症

原因によって治療法が異なります 自己判断は禁物！

発疹が出る感染症の原因には、ウイルスと細菌があります。ウイルス性の感染症は、水ぼうそう、風疹、はしか、手足口病、突発性発疹など。細菌性の感染症は、溶連菌感染症など。病気によって治療法が異なります。なかには重症化するものもあるので、気づいたら自己診断をせず、まず受診して。予防接種で防げる病気は早めに接種を。

\病院に行く目安/

かかりつけ医を受診

- 発疹が出ているうえ、熱などほかの症状が出てきた
- かゆみがひどい
- はれあがってきた
- ブツブツや赤みが翌日になってもひかない
- 前の日より範囲が広がってきた
- 清潔＆保湿ケアをしているのに、なかなか治らない

肌トラブルのホームケア Q&A

あせもは石けんで洗ってもいい？

あせもは、皮膚を清潔にすることが予防にもケアにもなります。汗をかいたとき、あせもができたときは、石けんでしっかり洗いましょう。石けん成分はよく洗い流して。

おむつかぶれのときに市販のお尻ふきを使ってもいい？

市販のお尻ふきは、かぶれたお尻には刺激が強い場合もあります。水分をたっぷり含ませたやわらかいタオルなどで、こすらずに押すようにふくか、洗い流して。

おむつかぶれ予防にベビーパウダーを使ってもいい？

ベビーパウダーは、かたまると汗の出口をふさいでしまうため、保湿剤のほうがおすすめです。使うならパフでパタパタとはたき込まず、少量を手にとってから薄くつけます。

肌をふくときにガーゼはよくないと聞きましたが

トラブルがあるときの肌はいつも以上に敏感。ガーゼはやや肌ざわりがきついことがあるので、吸水性の高いやわらかいタオルで押すようにふくほうがいいでしょう。

小さな水ぶくれにばんそうこうを貼ってもいい？

急にできた水ぶくれは、とびひの可能性が。ばんそうこうを貼ると中で菌が繁殖し、悪化します。とびひ以外では水ぼうそうややけどの可能性も。見つけたら早めに受診を。

ホームケアのポイント

目やに・耳だれが出ているとき

目やにも耳だれも、何らかの炎症が起きている証拠なので、症状があったら早めに受診を。どちらも、清潔を心がけることが大切です。

目やに

目やにが多いときは、早めに受診を

新生児期のひどい目やには、先天性鼻涙管閉塞（p83）の疑いが。結膜炎（p82）、さかさまつ毛（p82）、湿疹なども目やにの原因になります。乳幼児期の目のトラブルは視力の発達に影響することもあるので、早めに受診を。

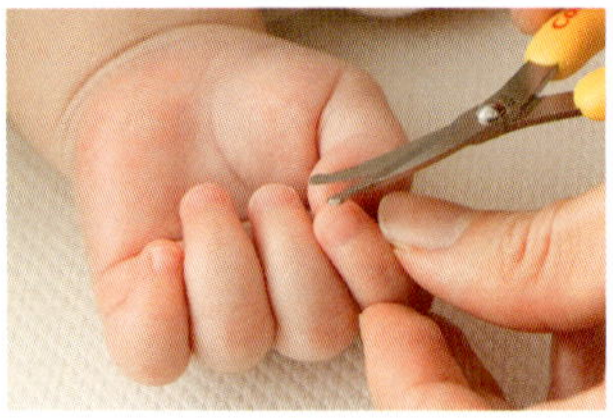

かゆがるならつめを切ってひっかき防止

つめが伸びていると眼球をさわって傷つけたり、目の周囲をひっかいたりします。つめは丸く短く切りましょう。

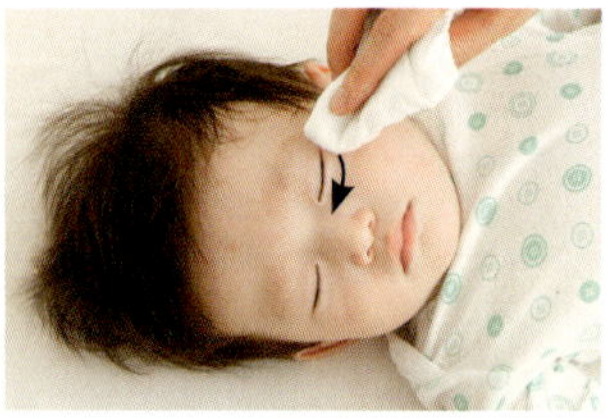

目じりから目頭へとふく

涙は目の上の外側にある涙腺から目頭へと流れるので、ふくときは、目じりから目頭へ。逆にふくと、汚れが取れにくいばかりか、汚れを広げます。

耳だれ

しきりに耳をさわるのがサイン

赤ちゃんに多い耳の病気には、鼓膜の奥が炎症を起こす急性中耳炎（p42）、耳の入り口近くに炎症が起きる外耳道炎（p86）などがあります。しきりに耳をさわり、普段にくらべて機嫌の悪いのがトラブルのサインです。

耳の後ろを冷やす

耳を痛がるようなら、水でしぼったガーゼやタオルを耳の下に当てて冷やすと、痛みがやわらぎます。寝かせるときは痛い耳を上にして寝かせます。

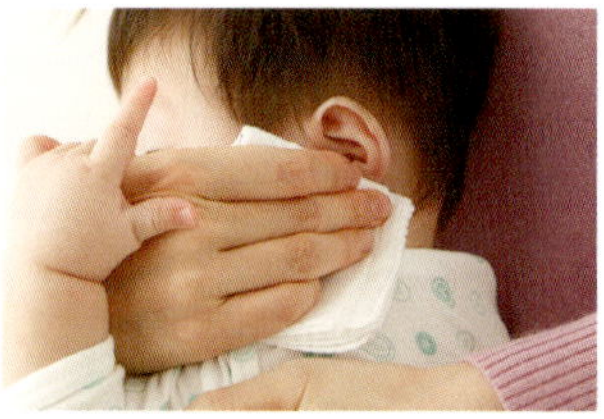

ガーゼでやさしくふき取る

中耳炎などで耳だれが出たときは、ガーゼなどでこまめにふき取ります。綿球を当てるのもいいのですが、耳の奥まで入らない大きさにしましょう。

病院に行く目安 目やに

かかりつけ医を受診

- ふいてもふいても目やにが出る
- 目がうるむ、涙が多い
- 目が赤い、充血している、まぶたがはれている
- 熱、発疹など、ほかの症状が出てきた
- やたらと目をこする

病院に行く目安 耳だれ

かかりつけ医を受診

- 耳だれが出た
- 耳をしきりにさわり機嫌が悪い
- 耳たぶや耳のまわりが赤くジュクジュクしている
- 急に、呼んでも振り向かなくなった

目やに・耳だれのホームケア Q&A

目や耳を冷やすのに保冷剤を使ってもいい？

耳に痛みがあるときに冷やすのは効果的ですが、保冷剤は冷えすぎたり、何かの拍子に破れて中身が出たりする危険があります。できれば使わないほうがいいでしょう。使う場合はタオルでくるんで。

目が充血しているときはどんなケアをするの？

細菌やウイルスによる結膜炎になると目が充血します。早めに受診を。ウイルス性の結膜炎は感染力が強いので、目やにはティッシュでふき、タオルは家族と別にしましょう。

子どもの薬ガイド

病院で処方される薬は、指示どおりに使うことが大前提です。そして、何のための、どういう種類の薬なのかもきちんと聞いて。なかには体質に合わない薬があるので、次回の受診の際に伝えられるよう、メモを残しておくといいですよ。

赤ちゃんを元気な状態に戻すのが薬の役目

赤ちゃんが病気にかかってつらそうなときは、少しでも早く治してあげたいですよね。そんなときに使うのが、薬です。薬は、体内に入ると消化管などの粘膜から吸収されて、血液によって全身に運ばれ、やっつけたい菌や働きかけたい部位に対して作用します。

ただ、薬というと、副作用を気にする人もいるかもしれません。確かに、薬は使い方や量、使う人の体質などによって、体に悪く作用してしまう場合があります。でも、副作用をむやみに恐れる必要はありません。医師の指示に従って正しく使えば、薬は赤ちゃんを早く元気な状態に戻してくれる心強い味方です。ママやパパは薬の役割を理解したうえで、正しく使ってください。

医師の指示どおりに使うことが大切です

薬の効果は、使い方や量をきちんと守ってこそ期待できます。症状がおさまってきたら、薬をやめたいと思うかもしれません。でも、「○日分」と医師から指定がある薬は、きちんと使い切ることが基本です。

たとえば抗菌薬を飲んで症状が消えても、原因となる細菌はまだ体の中に残っていることがあります。中途半端な時期にやめてしまうとぶり返したり、耐性菌ができてしまうことも。抗菌薬に限らず、医師は病気の症状に合った薬を、効果が出るために必要な分量だけ処方しています。勝手にやめてはいけません。

もう1つ大切なことは、残った薬は原則として捨てるということ。次のときに使ってもいいのは、医師から許可が出た薬だけ。その場合も、多くは緊急の1回だけ。そのあとは受診して、使った薬の名前、症状、行った処置などを詳しく伝えるように指導されるでしょう。役割や使い方の基本を知ったうえで、薬とじょうずにつき合っていきたいですね。

薬との正しいつき合い方8つのポイント

- 薬の名前、効果、使う期間をきちんと確認する
- 薬の使い方の注意点を確認する
- ほかの薬と併用していいかどうかを確認する
- ほかの病院でもらっている薬のことを、医師に伝える
- 食品との飲み合わせについて確認する
- 飲めなかったときはそのことを医師に伝える
- 残った薬は使いまわさずに捨てる
- かかりつけの薬局を決める

薬の正しい飲ませ方・使い方

赤ちゃんに薬を使うのは、慣れるまではちょっと大変。
薬によって使い方のコツがあるので、覚えておくといざというときに役立ちます。

準備　どの薬でも、扱う前に必ず行う３つのこと

1 回数、数量を確認する

薬を飲ませる前には、薬の袋や容器に書いてある注意書きを見直して。間違い防止のために、飲ませるタイミング、回数、１回量を、毎回必ずチェックします。

2 手を洗って清潔にする

シロップや粉薬などの飲ませるタイプの薬でも、軟膏などの塗り薬でも、薬を扱う前には必ず手を洗って。薬の使用後も手洗いを忘れずに。

3 飲み薬は味をチェックする

飲み薬が処方されたら、飲ませる前に少しなめてみましょう。赤ちゃんが飲んでくれないときは、味から理由が推測でき、対処法を考えるヒントに。

粉薬

水などで溶いて。苦み対策の工夫を

粉薬は、処方される時点で正しい分量が計算されているので、いちいち家庭ではかる必要はありません。ただし、赤ちゃんに飲ませるには粉のままでは無理なので、水で練るひと手間が必要です。

1 水をたらしてすばやく練る

水はスポイトで

小さな器に１回量を入れて、水を２～３滴たらして練ります。水はごく少量なのでスポイトを使うと便利です。

ひとかたまりに

耳たぶぐらいのかたさでひとかたまりになるまで練ります。かたいときは、スポイトや箸で水を１滴プラス。

2 ほおの裏に貼りつける

練った薬を、ほおの内側や上あごなどに貼りつけます。舌の上は味を感じるので×。薬は湯冷ましなどといっしょに飲み込ませます。

3 いやがるときは薬用ゼリーでくるむ

苦みのある粉薬は、口の中に塗られるのをいやがる子もいます。その場合は、市販の薬用ゼリーで包み込めば、味はしません。

4 飲ませたあとは水を

一度飲み込ませても、まだ口の中に薬が残っている場合があります。残った薬は苦みが出てくることがあるので、最後にもう一度水を飲ませましょう。

保管方法

袋ごと密閉容器に

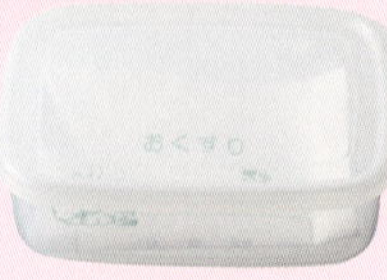

粉薬の保管は、「乾燥」「密閉」「直射日光を避ける」が基本条件。処方された袋に入れたまま、乾燥剤を入れた密閉容器に入れて。常温でかまいませんが、風通しのいい所で保管。

シロップ

甘みがついているものが多いので赤ちゃんが飲みやすい

粘りけやとろみのない液状の薬で、飲みやすいように甘く味つけされています。薬の成分が沈殿していることもあるので、飲ませる前には軽く振って成分を均一に。赤ちゃんの場合、食前に飲むことが多いです。

1 ボトルを振って、成分を均一に

成分が沈殿していることがあるので、上下に軽く振って混ぜ合わせます。強く振ると泡が立って、正確にはかれなくなるので、注意。

2 水平の目線で正しくはかる

容器を平らな場所に置き、目盛りを水平に見て、1回量をはかります。

目盛りを上から見ない
目盛りを上から見ると正確にはかれません。

保管方法
冷蔵庫で保管

変質しやすいので、容器のまま冷蔵庫で保管します。上の子どもがいる場合、ジュースと間違えて飲んでしまう可能性があるため、手が届かない、奥のほうへ入れておきましょう。

3 スポイトで赤ちゃんの口へ

はかった薬をスポイトで吸い上げ、赤ちゃんの口の奥のほうにチュッと流し込みます。あまり奥まで入れすぎるとむせるので注意して。

＼こんな飲ませ方も／

計量カップ
容器から1回量のシロップを計量カップに移し、そのまま口へ。

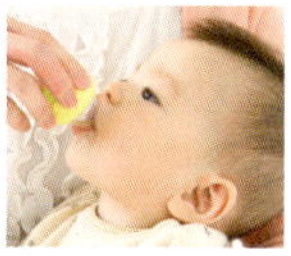

哺乳びんの乳首
低月齢の赤ちゃんは、乳首にシロップを入れて吸わせても。

スプーン
離乳食が始まっているなら、慣れたスプーンで飲ませる方法も。

おちょこ
おちょこなどの小さな器でグイッと一口で飲ませても○。

ドライシロップ

甘い味つき。水で練れないので溶かして飲ませる

粉薬と同様に1回量が袋詰めされているので、はからなくてもOK。水を加えるとシロップ薬のようになります。甘くて飲みやすいので、水に溶かなくても飲める赤ちゃんもいます。慣れたら試してみて。

ゆるめに溶いて飲ませる

飲みやすい程度にゆるく溶き、いやがるときは、さらにゆるく溶いて、スポイトなどで飲ませて。味がいやなら薬用ゼリーを活用。

お湯で溶くと苦みが
お湯で溶くと苦みが出るので必ず水で。

点耳薬

冷蔵庫で保管し、使用前に常温にもどす

中耳炎や外耳炎など、耳の病気は珍しくありません。細菌感染による中耳炎の場合は飲み薬による治療が一般的ですが、点耳薬を使うこともあります。

1 使用前に手であたためる

冷蔵庫から出したての薬を使うと、赤ちゃんがめまいを起こすことが。手で容器を持ってあたため、薬を常温にもどしてから使いましょう。

2 横向きに寝かせてたらす

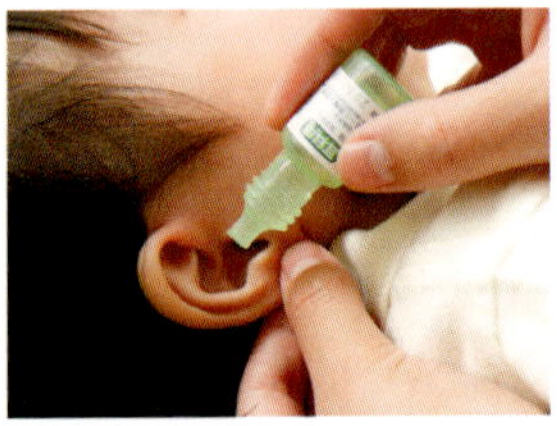

耳の穴が上になるよう、赤ちゃんを横向きに寝かせ、指定量の薬液を落とします。寝ているときに、サッと薬を落とすのも手です。

3 しばらく横向きで薬を行き渡らせる

薬を落としたら、液が奥まで入るよう、耳たぶを後ろ上方に引っぱりながら少しゆすります。できれば、しばらくそのままの姿勢で。

保管方法

開封後は冷蔵庫で保管

点耳薬は変質しやすいので、開封後は冷蔵庫で保管するのが原則です。使用期限内でも、開封後1カ月以上たったものや、治療が終わったものは必ず処分して。

塗り薬

軟膏　クリーム　ローション

症状によって使う薬も量も違う。医師の指示をしっかり守って

塗り薬は原因や症状によって目的も効果もさまざま。皮膚トラブルの原因は素人では見きわめが難しく、「前と同じような症状だから」と安易に以前の薬を使うと、症状が悪化することがあります。使用は必ず医師の診断と指示に従いましょう。

1 塗る部分を清潔に

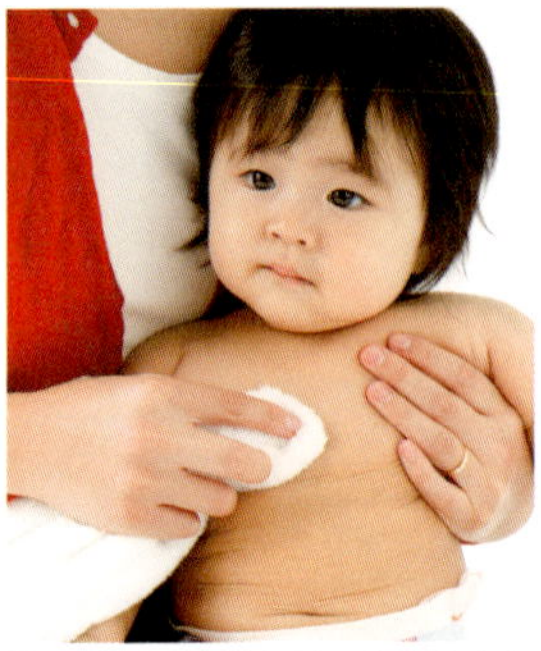

塗る前に、入浴などで患部をきれいに。汚れていたり汗をかいたりしていると、薬の効果が得られないどころか、悪化や感染の原因に。

2 使う分を手の甲に出す

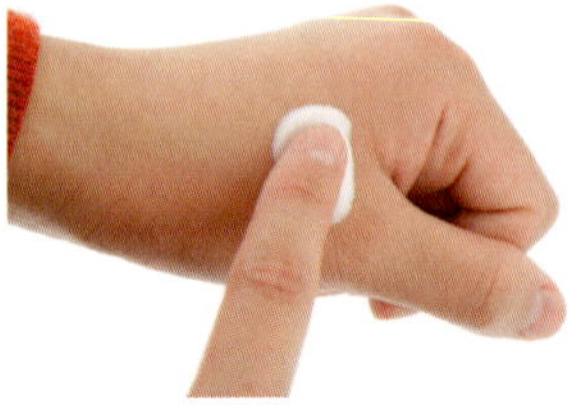

清潔な指で、使用量をあらかじめ手の甲に取ります。容器から患部に直接つけるのは、容器に雑菌が入り繁殖することがあるので、絶対にやめましょう。

\「薄くのばして」と言われたら/

大人の人さし指の第一関節分をおなか全体にのばすぐらいが目安

赤ちゃんの胸やおなかなど、広い部分に塗るときの量は、大人の人さし指の第一関節分くらいが目安。薄くのばして塗って。

3 部位や症状に合わせて塗る

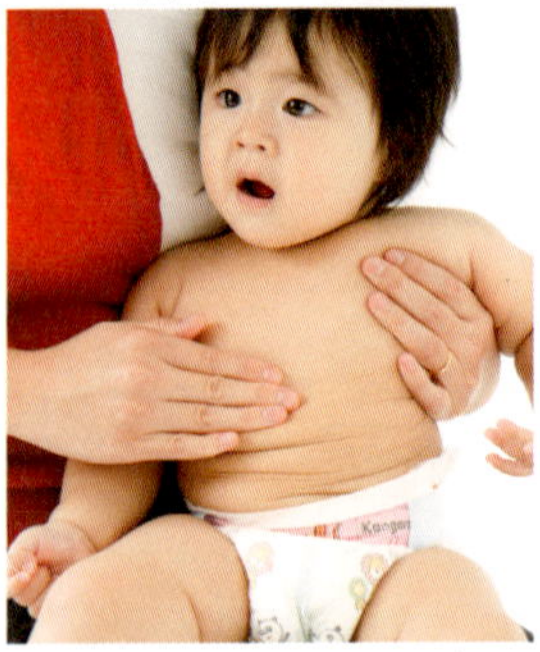

塗る部位、つける量、つけ方は、医師の指示どおりに。指示がなければ、患部が少しテカるくらいに、薄くのばすように塗って。

保管方法

容器に薬の名前を書いておく

常温で、日の当たらないところで保管。薬品名が書かれていない容器には、ふたと本体それぞれに薬品名と誰の、どこに塗る薬かを書いておきます。

点眼薬

変質しやすいので長期保存はNG

結膜炎や涙目の症状を抑えたり、かゆみを止めたりするのが目的です。液体と軟膏があり、液体目薬はそのまま使うものと、使う直前に液体と粉末を混ぜるものが。１滴でも入ればOK。

1 動かないように固定する

暴れないよう、あおむけに寝かせた赤ちゃんの肩を、大人が両足でしっかり押さえて固定。腕だけを押さえると脱臼の危険があります。

2 すばやく１滴落とす

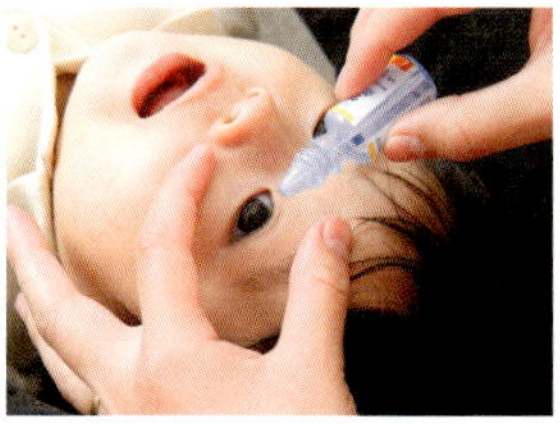

冷蔵庫から出した点眼薬を手であたため、目をあけて１滴たらします。やさしく話しかけながら。寝ている間に目頭に薬を落とし、軽く下まぶたを引っぱって、目の中に入れても。

3 あふれた分をふき取って、目頭を押さえる

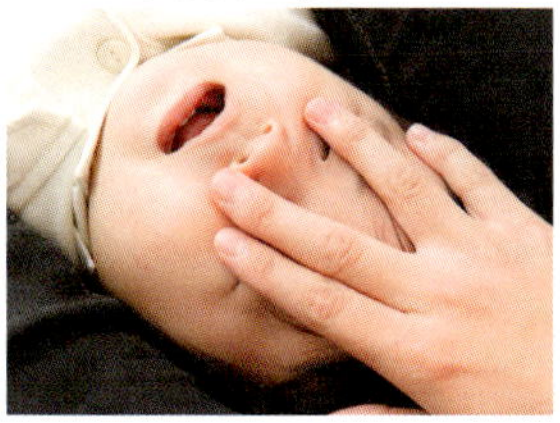

点眼薬があふれたら、ティッシュで軽く押さえるようにしてふきます。家族への感染を防ぐため、使い捨てできるものでふいて。目頭を押さえて、薬がなじむまで30秒ほどそのままで。

※赤ちゃんが泣いているときに点眼しても涙で流れてしまうので、泣きやんで、落ち着いてから使います。

保管方法

開封後は冷蔵庫で保管

日光に当たると変質するものもあります。専用の遮光袋がある場合は必ず入れて。使用期限を守り、残ったら処分しましょう。

坐薬

こわがらずに、しっかり奥まで入れるのがコツ

薬の成分が直腸から直接吸収されるため、効き目が早く得られるのが特徴。解熱薬や抗けいれん薬が坐薬として処方されることが多く、赤ちゃんの場合は、半分または2/3に切って使うよう指示されることも。残った分は毎回処分しましょう。

1 必要量をカット

「半分量」など指定された場合は、カットします。清潔な手で包装フィルムから出し、アルミホイルの上でカッターなどで斜めに切ります。

2 先に丸みをつけて挿入

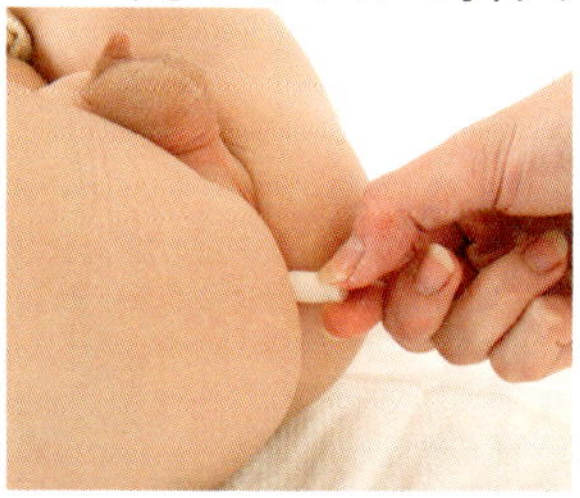

先端のとがった部分は手で少しあたため、丸みをつけてから肛門にすばやく入れます。ベビーオイルなどをつけて、すべりをよくしても。

3 しばらく肛門を押さえる

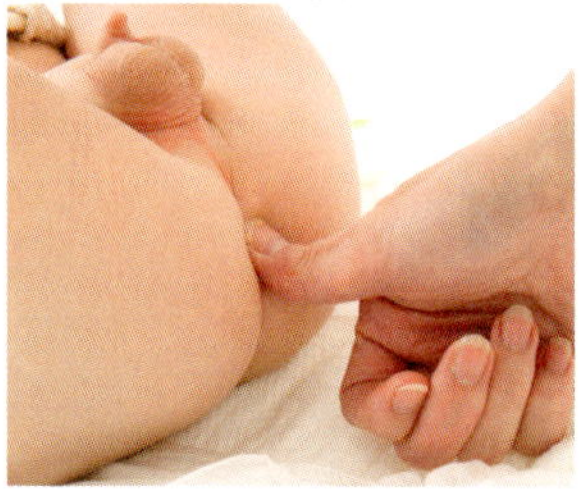

坐薬を入れたら、指でしばらく押さえます。このとき、指で薬を肛門の中まで押し込むようにすると、すぐに出てきてしまうのを防げます。

＼坐薬の使い方コツのコツ／

下痢のときは、ティッシュで長めに押さえる

下痢をしているときは、坐薬を入れた刺激でうんちが出やすくなります。ティッシュを肛門に当てて、30秒程度押さえます。

泣いているとき、はしゃいでいるときは入れない

赤ちゃんが泣いたり、興奮ぎみにはしゃいでいるときには薬を使うのが難しいので、しばらく待って。落ち着かせてから使います。

保管方法

袋のまま密封して冷蔵庫で保管

常温だとやわらかくなりやすいので、冷蔵庫で保管が基本。薬の種類や処方された時期がいつでもわかるよう、処方されたときの袋に入れたまま、密封袋に入れて冷蔵庫へ。

病院でもらう薬

赤ちゃんに使う薬にはさまざまなものがあります。
代表的なものをご紹介。

肌トラブルの薬

ステロイドの塗り薬

アトピー性皮膚炎や湿疹などで皮膚に炎症があるときに効果を発揮するのが「ステロイド薬」。効き目の強さによって５段階あります。赤ちゃんに処方されるのは「Strong」までの、効き目の穏やかなもの。使用は医師の指示に従います。

Strongest 最も強い

この段階のステロイドの塗り薬を赤ちゃんに使うことはありません。効き目が強いため、長期間使用すると皮膚が薄くなることも。

デルモベート軟膏

ほかに
ジフラール
ダイアコート など

Very Strong 非常に強い

４段階目も効き目が強いので赤ちゃんには使用しません。幼児にはまれに使用することが。

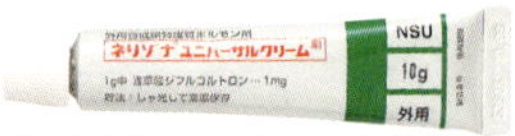
ネリゾナユニバーサルクリーム

アンテベートクリーム

マイザークリーム

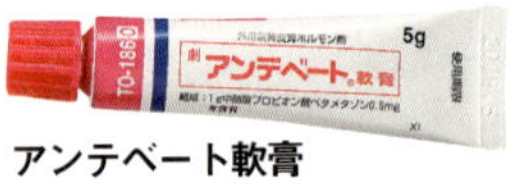
アンテベート軟膏

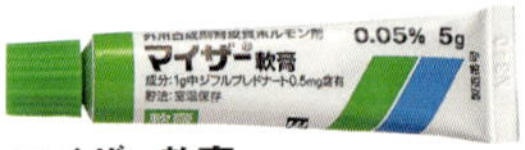
マイザー軟膏

ほかに
フルメタ など

Strong 強い

赤ちゃんが使うのは、このレベルが上限です。それでも使用は短期間。医師の指示に従って正しく使います。

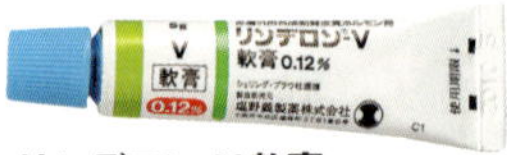
リンデロン-V軟膏

リンデロン-VG軟膏

ベトネベートN軟膏

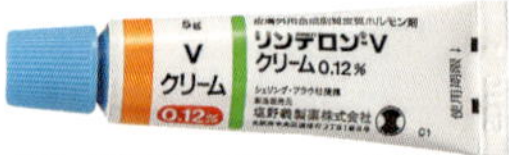
リンデロン-Vクリーム

リンデロン-VGクリーム

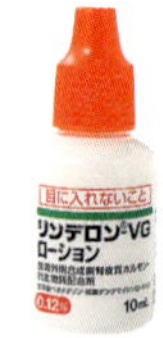
リンデロン-VGローション

ほかに　メサデルム　プロパデルム　フルコート など

Mild 弱い

症状が改善したらより弱いランクまたは保湿ケアに切り替えます。

ロコイドクリーム

アルメタ軟膏

リドメックス軟膏

ロコイド軟膏

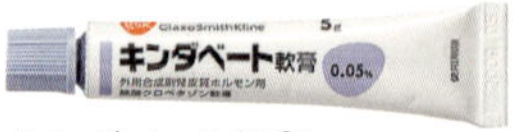
キンダベート軟膏

ほかに
グリメサゾン
レダコート など

Weak 非常に弱い

このランクで改善したら、保湿ケアに切り替えます。

コルテス
オイラックスH
など

※薬のパッケージは変更になる場合があります。

非ステロイドの塗り薬

ステロイド成分を含まない塗り薬。病気の種類や患部の状態によって、何種類かの薬がいっしょに出されることもあるので、薬の名前や使用法を確認してから使用します。薬局でもらえる薬の説明書もよく読んで。心配な点は医師か薬剤師に相談を。

非ステロイド系の消炎塗り薬

名前どおりステロイドは配合されていませんが、ステロイド薬と同様に炎症を抑えます。ただし種類によっては、接触性皮膚炎を起こしやすいなどの報告もあります。ステロイド薬とあわせて処方されることもあります。

コンベック軟膏

スタデルム軟膏

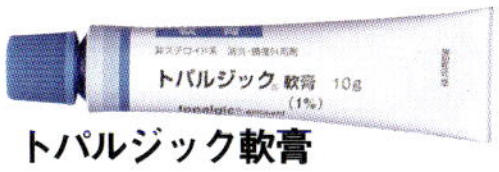

トパルジック軟膏

アズノール　亜鉛華軟膏
ほかにフエナゾール など

保湿用のスキンケア剤

肌の保護や水分補給に効果があり、肌が本来持つバリア機能が低下したときに用います。「ヒルドイド」「パスタロン」は乾燥した肌に水分を補い、「プロペト」は水分を保持する作用があります。

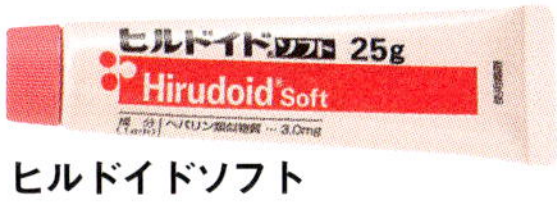

ヒルドイドソフト

パスタロンソフト

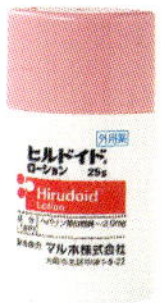

ヒルドイドローション

ビーソフテンローション

プロペト

かゆみ止めの塗り薬

虫刺されなどの刺激を受けると分泌されるのがヒスタミン。ヒスタミンが神経を刺激してかゆみが起きます。これを抑えるのが「抗ヒスタミン薬」。かゆみが強いときはステロイドが配合された抗ヒスタミン薬を使用することも。

オイラックス

レスタミンコーワ

抗菌外用薬（抗生物質の塗り薬）

症状が進んでグジュグジュになった湿疹や、かきこわした傷口などに、黄色ブドウ球菌などの細菌が入り込んでしまったとき用いるのが、菌の活動を抑える効果がある「抗菌外用薬」。とびひのときは、抗菌薬の内服薬と併用します。

フシジンレオ軟膏
ほかに
アクアチム
バラマイシン
アクロマイシン ほか

抗真菌薬

真菌（カビ）の成長を抑制し、増殖しないようにする「抗真菌薬」。赤ちゃんの場合は、カンジダ性皮膚炎で処方されることが多い薬です。症状がおさまっても、薬をやめると再発することがあるので、やめるときは医師の指示で。

マイコスポールクリーム

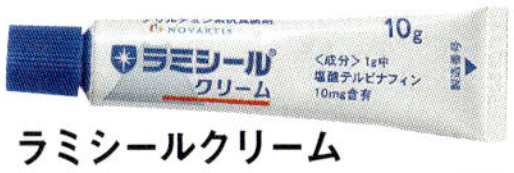

ラミシールクリーム

エンペシドクリーム
ほかにニゾラール など

塗り薬 Q&A

似た症状なら前の薬を使っていい？

絶対にいけません。同じような症状でも、病気の原因は全く違うことがあります。勝手に判断せず、必ず受診して、そのつど処方された薬を使いましょう。

塗り薬は赤ちゃんがなめても平気？

薄く塗った薬を少しなめたくらいなら、体に入った成分はごくわずか。心配いらないでしょう。心配なのは目に入った場合。炎症を起こすことがあるので注意しましょう。

赤ちゃんに虫よけ薬を使っていい？

使っても大丈夫です。ただし赤ちゃん用の成分のやさしいものを。大人用は刺激が強いのでやめましょう。原則として、赤ちゃんは虫のいそうな野外は避けたほうが無難。

発疹がほかの部位にも。同じ薬でいい？

塗り薬は同じ病気や症状でも、部位によって処方される薬が違うことがあります。また、同じ症状に見えても違う病気の可能性もあるので、医師に相談してから使って。

飲み薬とその他の薬

坐薬

坐薬は、肛門から挿入して使う薬で、解熱薬や吐き止め、抗けいれん薬などが代表的。飲み薬にくらべて効き目が早いのが特徴です。

解熱鎮痛薬

一時的に熱を下げて体力回復をはかる

解熱鎮痛薬の坐薬は、38.5度以上の高熱があり、不機嫌で水分が十分とれなかったり、高熱のために眠れない場合に限って使うのが原則です。

●よく処方される薬
アルピニー
アンヒバ

抗けいれん薬

熱性けいれんを予防する

熱の上がりぎわに起こる熱性けいれんが再度起こることを防ぐために処方される薬。脳神経の興奮をしずめ、筋肉の緊張をゆるめます。ただし使用は医師の指示で。

●よく処方される薬
ダイアップ

貼付薬

貼って皮膚から薬剤を吸収させる薬。代表的なのはホクナリンテープ。せきをしずめる効果が高い貼付薬です。主にぜんそくの治療に。

●よく処方される薬
ホクナリンテープ

点眼薬・点耳薬

点眼薬は目の炎症が強いときに処方されます。病気によってさまざまな種類があります。点耳薬は耳の湿疹や中耳炎などに使います。

●よく処方される薬
ベストロン
タリビッド
オゼックス
アレジオン
フルメトロン

内服薬

内服薬とは、粉薬、シロップなど、口から入れて胃腸で吸収させる薬の総称です。赤ちゃんの場合、かぜなどの症状をやわらげるせき止めや去痰薬、感染治療の抗菌薬などがよく処方されます。

解熱鎮痛薬

一時的に熱を下げて体力回復をはかる

解熱鎮痛薬は、体温を調節する脳の中枢神経に作用し、一時的に熱を下げ、痛みを抑えるよう働きます。病気そのものを治すわけではありませんが、体力の消耗を防ぐことを目的とした薬です。

●よく処方される薬
カロナール
ブルフェン

鎮咳薬・去痰薬

中枢神経に働きかけてせきをしずめる

鎮咳薬は、せき反射をつかさどる呼吸中枢に作用し、せきをしずめます。激しいせきで眠れないときなどに処方されます。去痰薬は、たんの粘りを取り、気道粘膜の線毛を刺激して、たんを出しやすくする薬。

●よく処方される薬
メジコン
アスベリン
ブロチン
プルスマリンA
ムコサール
ムコダイン
ビソルボン

抗ヒスタミン薬

鼻水やかゆみがあるときに

異物の侵入に対して出るヒスタミンによって引き起こされるかゆみやくしゃみ、鼻水などの症状に。ヒスタミンの働きを抑え、症状を抑える薬です。

●よく処方される薬
ザイザル
アレグラ
クラリチン
アレロック
アレジオン
ジルテック

抗菌薬

細菌性の感染症で処方される

細菌やマイコプラズマなどを殺したり、細菌の働きを弱めて増殖を抑えたりする薬。咽頭扁桃炎や肺炎、中耳炎などで処方されます。どの菌にも効く抗菌薬はなく、医師の診断で有効な抗菌薬が処方されます。「抗生物質」といわれることも。

●よく処方される薬
サワシリン
メイアクト
フロモックス
クラバモックス
エリスロシン
クラリス
ホスミシン
オゼックス

気管支拡張薬

気管支を広げて呼吸をラクにする

狭くなった気管支を広げてラクにします。気管支の炎症が強く、せきがひどいときなどに処方されます。鎮咳薬・去痰薬と併用することも。

●よく処方される薬
メプチン
ホクナリン
ブニカニル

整腸薬

腸内細菌のバランスを整える

下痢や便秘のときなどに処方。成分はビフィズス菌や乳酸菌などの善玉菌です。腸内の悪玉菌をやっつけたり、活動を抑えたりする一方で、善玉菌を増やし、腸の活動を改善します。

●よく処方される薬
ビオフェルミン
ラックビーR散N

飲み薬・その他の薬のQ&A

いやがって薬を飲めなかったけど……

赤ちゃんが薬をいやがる場合、味が嫌いなことが多いので、相性のいい飲み物に混ぜてみましょう。市販の薬用ゼリーやオブラートを利用してもいいですよ。

薬の時間には寝ていても起こすの？

「○時間おき」と書いてある場合は、時間を守って飲ませることが大切です。「朝晩2回」など、回数の指示だけなら起きたときに。

薬を飲ませた容器は毎回消毒する？

哺乳びんを消毒している時期の赤ちゃんなら、容器も消毒したほうが安心。離乳食が始まっているなら、きれいに洗えば大丈夫。

数種類の粉薬を混ぜてもいい？

粉薬は何種類か混ぜて飲ませても、成分や効果に問題はないのでかまわないでしょう。ただ、念のため混ぜてもいいか医師に確認を。

PART 2

0～6才 かかりやすい病気

熱やせきなどのかぜ症状が主なもの、
発疹が出るもの、目や鼻、肌など部位別のトラブル……。
赤ちゃん～子ども時代によくかかる病気について、
症状と治療内容、ケアのコツまで解説します。

用語解説について

この章ではp47～59を除く奇数ページに、医学用語、専門用語を簡単に解説した「用語解説」の欄があります。各見開きの中に出てくる言葉を選んでいるので、同じ言葉が何度も出てくることがあります。

かぜ症候群《しょうこうぐん》

これがサイン

- 熱が出る（出ないことも）
- 鼻水・鼻詰まり、せきが出る、のどが痛い
- 機嫌が悪い、食欲がない

うつる病気です

熱	△
発疹	×
せき・ゼロゼロ	○
吐く・下痢	△
予防接種	なし

どんな病気?

かぜ症候群は、病原体が鼻からのどにかけての上気道に感染し、急性の炎症を起こす病気全般のこと。多くの原因はウイルスで、アデノウイルスやライノウイルスなど数百種類もあるといわれています。感染経路は空気中に飛び散ったウイルスからうつる飛沫感染。

赤ちゃんはママから免疫を受け継いでいるので、生後6カ月くらいまでは病気にかかりにくい傾向があります。かぜにかかりやすくなるのは、免疫が減り、お散歩などで人と接触する機会が増える6カ月以降。

かかりやすい季節は、冷気や乾燥を好むウイルスが活発になる、冬。ただ、アデノウイルスやコクサッキーウイルスなど、夏の高温多湿の環境で活発化するウイルスもいます。夏のかぜは高熱や発疹の出るものがあり、咽頭結膜熱（p61）、手足口病（p68）、ヘルパンギーナ（p75）などを「夏かぜ」と称することもあります。

症状は、ウイルスや炎症が起きた部位により違い、くしゃみ、鼻水、せき、のどの痛みなど。熱は出ないこともあります。ほとんどの症状は軽く、数日で治るでしょう。ただし、合併症の中耳炎や副鼻腔炎を起こしたり、炎症が下気道まで広がり、気管支炎や肺炎、細気管支炎になることもあります。

一般的な経過

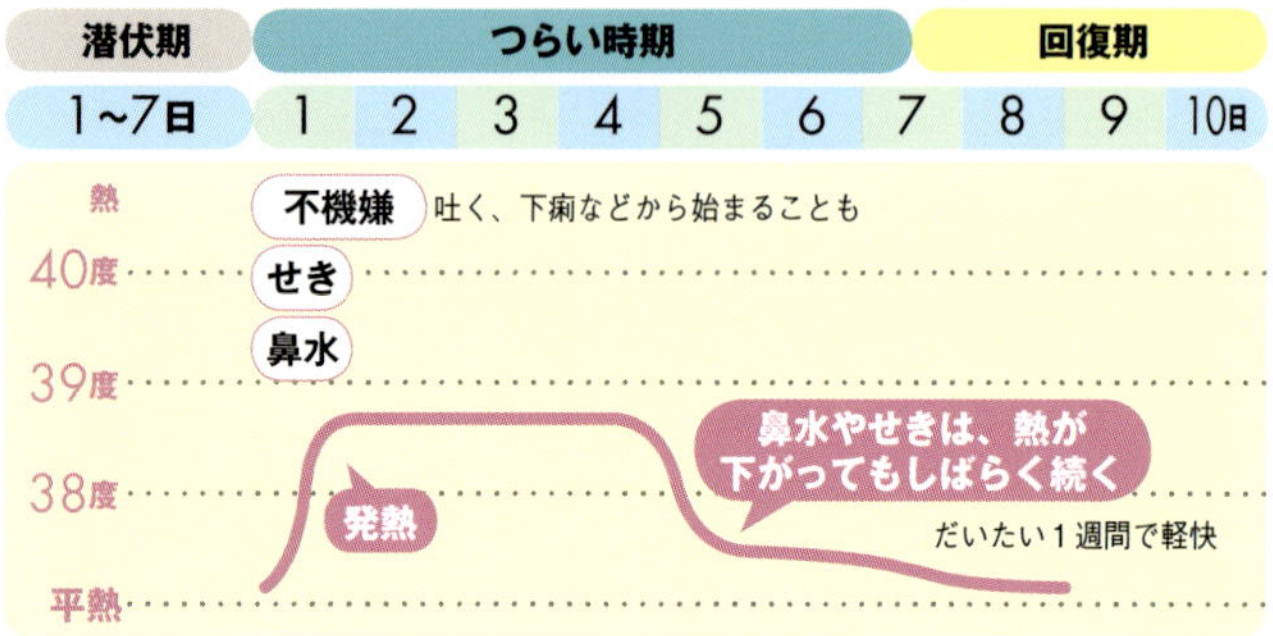

予防

外から病原体を持ち込まない

予防にはまず、原因になるウイルスを持ち込まないこと。常に心がけましょう。

基本は手洗いとうがい
手洗いで、手についたウイルスを洗い流します。うがいは、のどが湿ってウイルスがつくのを防ぐ効果が。赤ちゃんへの感染を防ぐため、外から帰った家族は必ず実行を。

うがいができない乳児は
うがいができない赤ちゃんは、のどをうるおすだけでもOK。外から帰ったら飲み物を。

外出の際は人混みを避ける
デパートやスーパーなど、人の多い場所では、感染の可能性も高まります。外出は人混みを避け、午前中など空いている時間帯に。

病原体が活動しにくい環境をつくる

かぜの原因となるウイルスは、気温と湿度が低い環境で活発化します。温度と湿度を保って。

免疫力をつける

ウイルスにつけ込まれない免疫力をつけるため、体調管理に努めることも大切。

部屋の温度、湿度を適切に
かぜのウイルスは高温多湿に弱いので、暖房と加湿器などで温度と湿度をキープ。室温は、大人が快適と思える温度で、湿度は、50～60％を目安にします。

ときどき換気をする
寒いときでも、ときどき窓を開けて換気し、室内にいる病原体を追い出しましょう。かぜにかかっている家族がいる場合、換気は二次感染の予防にもなります。

規則正しい生活を
夜ふかし・朝寝坊や、不規則な食事時間は、抵抗力を低下させ、体調をくずす原因になります。起床、就寝、食事の時間は、毎日できるだけ同じにして、体調を整えましょう。

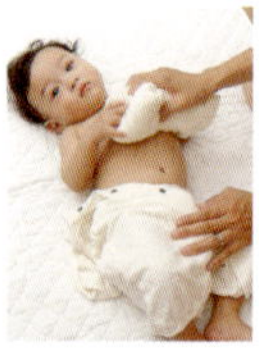

皮膚を清潔&保湿してバリア機能を高める
肌を保湿していると、肌のバリア機能が保たれます。お風呂のあとには、クリームなどでしっかり保湿しましょう。

かぜをひくのが最大の予防法?

病気予防の心得は大切ですが、全く病気をしないのもよくありません。子どもは病気をしながら抵抗力をつけ、丈夫になっていきます。免疫力を高めるためには病気になることも必要なのです。

ウイルスは、鼻やのどから侵入

かぜは、空気中に飛び散ったウイルスが、鼻やのどの粘膜につく飛沫感染でかかります。

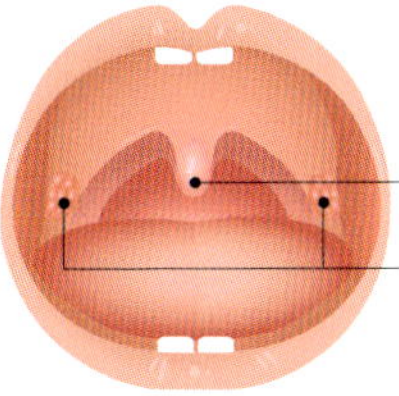

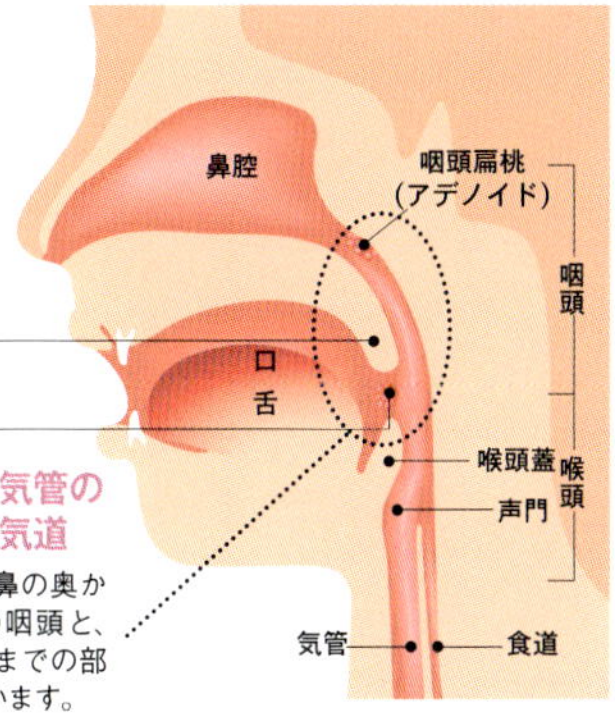

鼻の奥から気管の上までが上気道

上気道とは、鼻の奥からのどまでの咽頭と、その下の喉頭までの部分のことをいいます。

1才6カ月までにかかった病気で最も多いのが「かぜ」

病気	人数
かぜ症候群	195人
ウイルス性胃腸炎	38人
突発性発疹	35人
下痢	31人
あせも	30人

ほかの病気にくらべて、圧倒的に多いのがかぜ。ウイルスの数が多いので、外出していろいろな人と接するようになると、何度もかかってしまうようです。

「かぜ」は何度もかかります

かぜは原因ウイルスの数がたくさん。一度かかってあるウイルスに対する抗体ができても、違うウイルスに接すると感染するので、何度も繰り返しかかります。

月齢	Aくん	Bちゃん
0カ月		
1カ月		
2カ月		
3カ月		
4カ月		乳児湿疹
5カ月		かぜ
6カ月	かぜ	かぜ
7カ月		
8カ月	かぜ	かぜ・下痢
9カ月	突発性発疹	かぜ
10カ月	ウイルス性胃腸炎	かぜ
11カ月		あせも
1才		突発性発疹
1才1カ月		
1才2カ月		ヘルパンギーナ
1才3カ月	ヘルパンギーナ	かぜ
1才4カ月		下痢
1才5カ月	かぜ	かぜ・下痢
1才6カ月		

治療とホームケア

安静

かぜを治す薬はないため、赤ちゃん自身の力で治るよう、ホームケアでサポートしてあげることが大切です。最も大切なのは、安静にして体を十分に休めること。特に熱があるときは、室内で静かに過ごして。

水分補給

発熱すると、呼気や汗で体から水分が失われがちなので、こまめに飲ませましょう。飲ませるものは、麦茶や湯冷まし、果汁などでもいいですし、ベビー用イオン飲料でもOK。せきがひどいときは、一度にたくさん飲ませると吐いてしまうこともあるので、少量ずつ与えるようにします。

薬の役目

かぜを直接やっつける薬はありません。せきや鼻水などの症状が見られるときは、去痰薬や鎮咳薬、熱が高いときは解熱薬と、症状に合った薬が処方されます。薬は途中でやめたりせず、医師の指示どおりに使いましょう。

再受診のポイント

熱が何日も下がらない、せきがひどくなった、呼吸が苦しそうになってきた、などの場合は再受診します。おしっこの量が明らかに減ってきたら、脱水の疑いがあるので早めに受診を。

かぜ症候群 Q&A

冬の寒さや寝冷えはかぜの原因？

かぜはウイルスに感染してかかるので、寒さや寝冷えが直接の原因ではありません。ただ、人間の体は、気温が低くなったり体が冷えたりすると、免疫機能の働きが低下します。そこで、寒い時期や寝冷えで体が冷えたときはかぜをひきやすいのです。

子どもにもマスクをさせたほうがいい？

赤ちゃんがいやがるなら、無理にさせなくてもいいでしょう。家族に感染者がいる場合は、かかっている人がマスクをして、せきやくしゃみでウイルスが飛び散らないよう配慮を。

食欲が落ちてもある程度食べさせたほうがいい？

体調が悪くて食欲がないようなら、無理に食べさせなくてもかまいません。バナナやフルーツゼリーなら、食べやすく栄養補給にもなるので、与えてみても。

しっかりあたためて汗をかかせれば熱は下がる？

熱があるときにあたためすぎると、体に熱がこもってさらに熱が上がってしまうことが。汗をかいても、熱が下がるわけではないので、やたらとあたためなくていいのです。

用語解説

- **飛沫感染**：くしゃみやせきなどで空気中に飛び散ったウイルスを、吸い込んだことで病気に感染すること。
- **脱水**：発熱や下痢、嘔吐などが原因で、体内から水分が失われた状態。ひどい場合は命にかかわります。
- **病原体**：病気を起こす原因となる、細菌、ウイルス、真菌（カビ）などの総称。

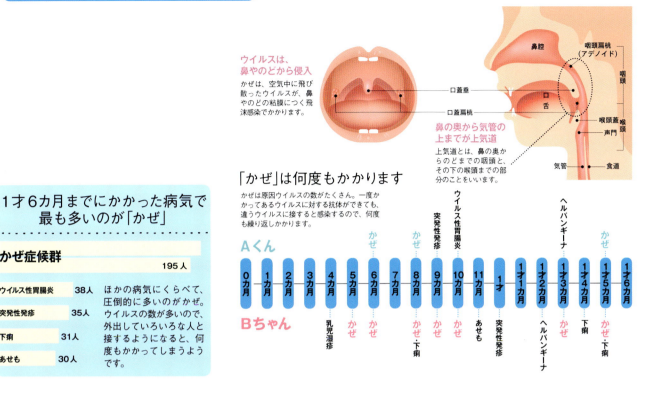

子ども時代にかかりやすい5大トラブル

インフルエンザ

これがサイン
- 急に高熱が出る
- 鼻水・鼻詰まり、せきが出る、のどが痛い
- 機嫌が悪い、食欲がない、ぐったりしている

どんな病気?

インフルエンザウイルスに感染することでかかります。毎年、冬~春先にかけて流行します。初期症状はせきや鼻水など、普通のかぜと似ていますが、全く別の病気。インフルエンザウイルスは非常に感染力が強く、流行が始まるとあっという間に広がり、たくさんの人が感染してしまいます。

また、インフルエンザには、大別するとA、Bの2つの型があり、毎年流行するウイルスの種類が変わります。そのため、何度もかかる可能性があります。

症状は、せき、鼻水のほか、頭痛、関節痛、筋肉痛など全身症状が強く出ます。また、急に高熱が出て、一度下がってから再び上がることもあります。抵抗力が弱い赤ちゃんやお年寄りは、かかると重症化したり合併症を起こしたりするおそれがあるので、しっかり予防することが大切です。

こわい合併症

インフルエンザは症状が重いうえ、悪化すると肺炎、気管支炎、中耳炎、熱性けいれんなどの合併症を起こすことがあります。

そうした合併症の中でも特にこわいのが、脳症です。呼びかけに答えないなどの意識障害が起こったときは、夜中でも病院へ急ぎましょう。

一般的な経過

潜伏期	つらい時期						回復期			
1~7日	1	2	3	4	5	6	7	8	9	10日

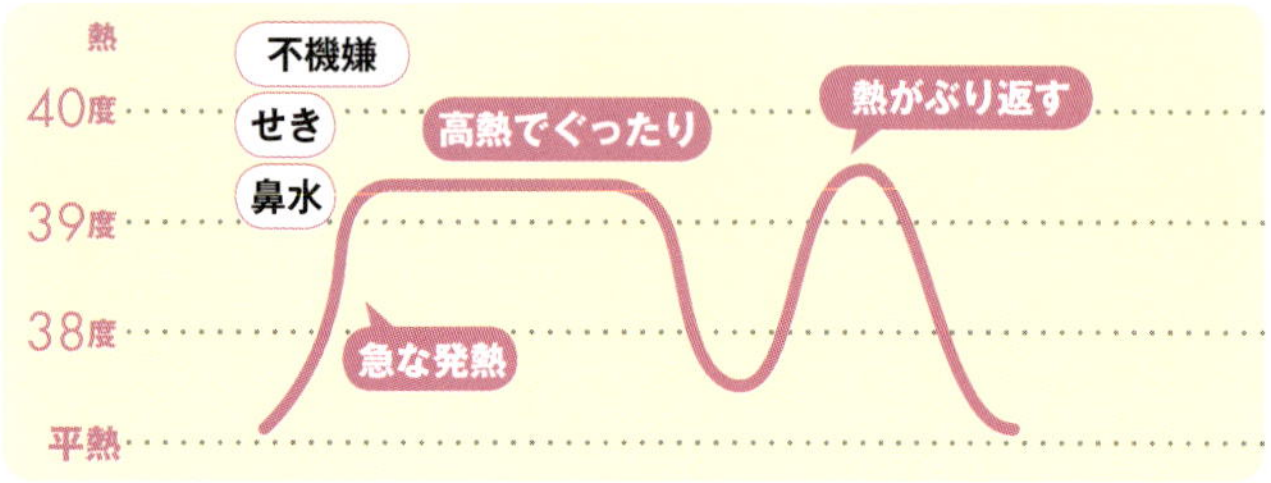

予防

外から病原体を持ち込まない

予防には、家の中にウイルスを持ち込まないことが大切。外から帰ったら、まず手洗い&うがいを必ず実行して。

効果的な手洗いの仕方

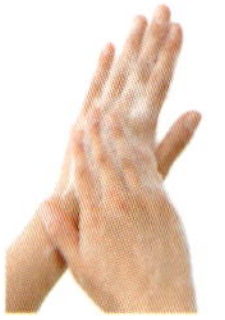
手をぬらし、石けんをよく泡立てて、手の甲を伸ばすようにこする。

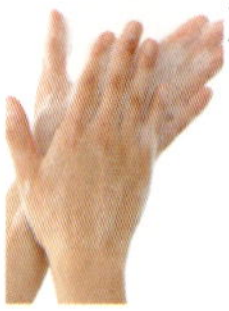
指先までしっかり伸ばして、手のひらもしっかりこする。

両手の指を伸ばしたまま組むように合わせて、指の間も洗う。

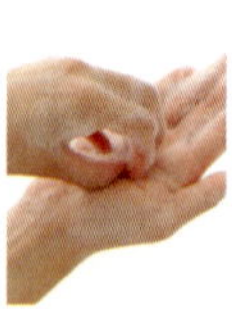
片方の手のひらをかくようにして、指先やつめの間を念入りに洗う。

手首から、できればひじのあたりまで石けんをつけてしっかり洗う。

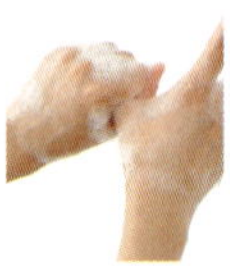
片方の手で親指を持ち、親指と手のひらをねじり洗いする。

病原体が活動しにくい環境を

インフルエンザウイルスは、気温と湿度が低い環境だと動きが活発になります。室内は暖房&加湿して、温度と湿度を保ちましょう。

免疫力をつける

体調をくずすと免疫力が落ち、ウイルスに感染しやすくなります。規則正しい生活を送り、十分な睡眠を取って、体調を整えます。

予防接種を受ける

一番の予防法は、何といっても予防接種を受けること。赤ちゃんの月齢が低いうちは、まず家族が接種して、赤ちゃんへの感染を防ぐことが大切です。赤ちゃんが接種できる6カ月を過ぎたら、はやり始める前の11月中に、家族みんなで受けることをおすすめします。13才未満の子どもは、毎シーズン2回接種します。

\うつる病気です/

熱	○
発疹	×
せき・ゼロゼロ	○
吐く・下痢	△
予防接種	任意

子ども時代にかかりやすい5大トラブル・インフルエンザ

かぜとインフルエンザは何が違う？

インフルエンザは検査で確定診断できる
インフルエンザは、鼻の粘膜を綿棒でこすり、専用キットを使って診断がつきます。

症状の重さが違う
インフルエンザは、かぜよりも熱が高くなり、頭痛や関節痛など全身症状も強く出ます。

原因ウイルスが違う
原因となるウイルスは、全く別。インフルエンザウイルスは、強い感染力が特徴です。

治療とホームケア

安静
インフルエンザにかかったら、安静が第一。症状が落ち着くまでの1週間くらいは、できるだけ静かに過ごすことが大切です。熱が下がったあとも、様子を見ながら徐々に元の生活に戻していきましょう。

水分補給
高熱が出ているときは、汗をかくうえ呼吸も荒くなるので、体から水分がどんどん失われて脱水症になりがち。母乳やミルクのほか、麦茶や湯冷まし、ベビー用イオン飲料や経口補水液などもこまめに飲ませて。特に、おしっこの量や回数が明らかに減った、唇が乾いている、などの様子が見られたら、脱水症の疑いが。急いで水分を与えます。

抗ウイルス薬
インフルエンザに効く抗ウイルス薬として、内服薬の「タミフル」や吸入薬の「イナビル」などがあり、症状出現から48時間以内に使用を開始するとウイルスの増殖を防ぎ、症状を軽減できることがあります。

市販の解熱薬は成分を確認
インフルエンザのときに医療機関で子どもに処方される解熱薬は、アセトアミノフェンという成分のみ。市販の解熱鎮痛薬には、使用してはいけない成分が入っている可能性があるので注意してください。

再受診のポイント
熱は、抗ウイルス薬を使っても、すぐには下がらないことがあります。熱性けいれんを起こした、呼吸が苦しそう、グッタリしてきた、などの場合は、至急再受診しましょう。

家族がかかったら
家族がかかってしまったときは、赤ちゃんへの感染を防ぐため、接触しないことが原則。パパや上の子が感染したら、別の部屋で過ごしたり寝たりしてもらいます。母乳を通じて感染することはないので、ママが感染した場合は、マスクをし、しっかり手を洗って授乳を。

授乳のときはマスクをして。母乳からは感染しません。

＼かかりました！／
7カ月のとき／完治まで11日
低月齢のため薬が使えない

1日目	38.3度の発熱。インフルエンザとわかり念のために入院。
2日目	熱が40度になり下痢も。元気も食欲もない。
3〜6日目	朝は熱が下がるが夕方になると発熱の繰り返し。
7〜11日目	熱が下がり食欲が戻る。11日目に退院。

生まれてはじめての発熱がインフルエンザ。月齢が低くて抗ウイルス薬が使えないため、大事をとって入院することに。3日目ぐらいまでが最もつらそうな時期。ようやく平熱に戻ったのは7日後。様子を見るため11日目まで入院が続いた。

＼かかりました！／
1才6カ月のとき／完治まで2日
予防接種のおかげで軽くすんだ

1日目午前	38度の発熱。ややぐったり。
1日目午後	インフルエンザと判明、タミフルを服用。
2日目午前	平熱に。食欲が戻る。
2日目午後	すっかり元気に。いつもどおり遊ぶ。

予防接種を受けていたのに、受診して検査をするとインフルエンザと判明。まさかと思ったが、タミフルを服用したら翌日にはすっかり元気に。医師から、予防接種のおかげで軽くすんだと言われ、それ以来毎年受けている。

インフルエンザ予防接種 Q&A

1才未満で2回受けず、1回の接種では効果がない？
1才未満の赤ちゃんでインフルエンザにかかったことがないと、抗体がついていません。1回でも全く効果がないわけではありませんが、感染を防ぐには2回接種して、しっかり抗体をつける必要があります。

どのような副反応がありますか？
接種部位が赤くはれたり、発熱することがありますが、たいてい2〜3日でおさまります。きわめてまれに、接種後に激しいアレルギー反応（アナフィラキシーショック）を起こすことが。接種後30分ほどは病院で様子を見ましょう。

毎年受けなければ効果はありませんか？
インフルエンザは毎年流行する型が違い、ワクチンの効果は、ワンシーズンしか続きません。予防のためには、毎年接種してください。

予防接種をしてもかかることがあると聞きましたが
インフルエンザの予防接種は、翌年の流行を予想したウイルスを使いワクチンを作ります。ただ、流行するウイルスは毎年変わるので、そのワクチンに含まれないウイルスには感染する可能性が。

用語解説
・**合併症**
ある病気が原因となって起こる、別の病気のこと。
・**アナフィラキシーショック**
アレルギーの原因にふれたり体内に入ったとき、呼吸困難などの強いアレルギー症状が全身に出ること。

子ども時代にかかりやすい5大トラブル

ウイルス性《せい》胃《い》腸《ちょう》炎《えん》

これがサイン
- 熱が出た
- 急に嘔吐や下痢が始まった
- 水っぽい便が大量に出る

緊急
- 水分がとれず脱水症状が出た
- けいれんを起こした

どんな病気?

ウイルス性胃腸炎は、ウイルスに感染して起こる急性の胃腸炎で、「おなかのかぜ」といわれることもあります。

冬にかかりやすい病気ですが、原因になるウイルスは数多く、初秋から春先にはノロウイルス、真冬にはロタウイルスが流行し、アデノウイルスは夏をピークに1年中見られます。

どのウイルスも感染力が強く、保育園や幼稚園などで広がったり、子どもからパパ・ママなど家族へうつることがよくあります。また、原因ウイルスの数が多いことから、赤ちゃんが免疫を持っていないと、1シーズンに何回もかかることがあります。

症状は、急激な嘔吐や下痢、発熱から始まります。特にうんちは水っぽく、おむつからもれるほどで、1日10回以上出ることも。腹痛で赤ちゃんは不機嫌になり、食欲もダウンします。

ノロウイルスが原因の場合、ひどい嘔吐や下痢は1〜2日で落ち着きます。

一方、ロタウイルスに感染すると、白っぽい下痢便が出ますが、便の色にあまり変化がないこともあります。症状はノロウイルスより重く、下痢は1週間ほど続くことがあります。下痢の症状が軽くても、けいれんを起こすことがあるので要注意です。

一般的な経過

潜伏期	つらい時期			回復期						
1~3日	1	2	3	4	5	6	7	8	9	10日

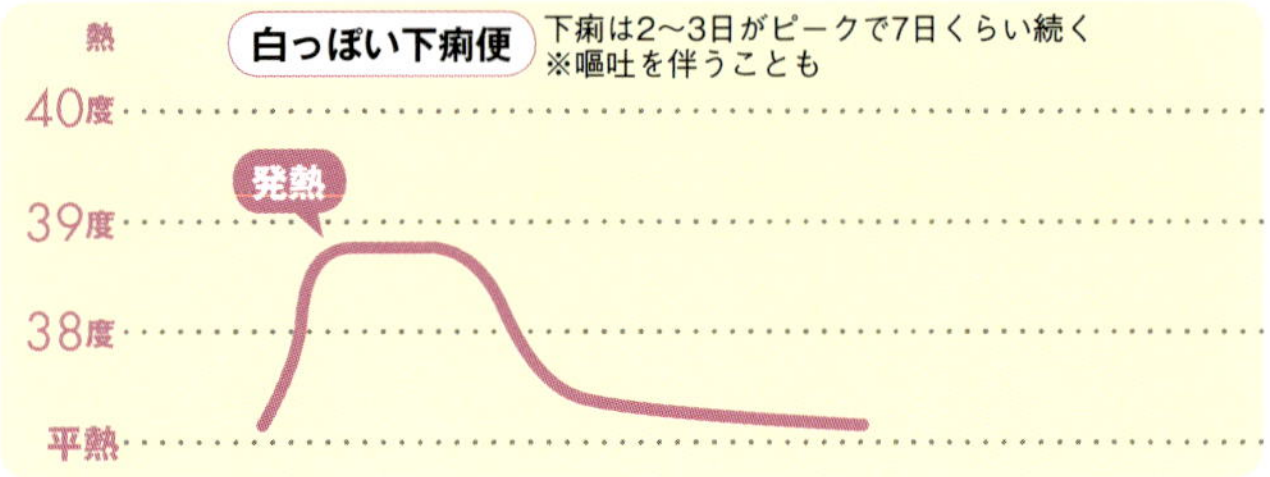

予防

ウイルスが原因のかぜの一種なので、予防はかぜやインフルエンザと同様です。ウイルスを持ち込まないよう、周囲で流行しているときには、まず大人が手洗い&うがいを習慣にし、外出時にはマスクをしましょう。

ロタウイルスは予防接種を

ロタウイルスは、予防接種で防げます。ワクチンは飲むタイプで、2回接種と3回接種の2種類あり、どちらか1種類を接種することに。

ロタウイルスは、ワクチンの接種が高月齢になると、副反応で「腸重積」を起こしやすくなることがわかっています。そのため、6カ月または8カ月までに接種することになっています。

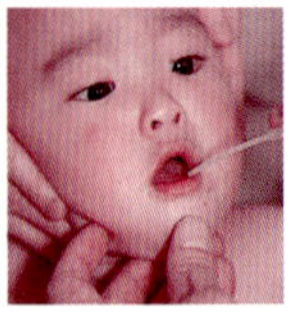

ロタウイルスは、飲み込むタイプのワクチンです。

家庭内感染を防ぐ

布団にはアイロンを

布団は汚れても捨てられないため、洗って消毒したら、よく乾かしてからスチームアイロンや布団乾燥機を使います。

汚れた衣類も消毒を

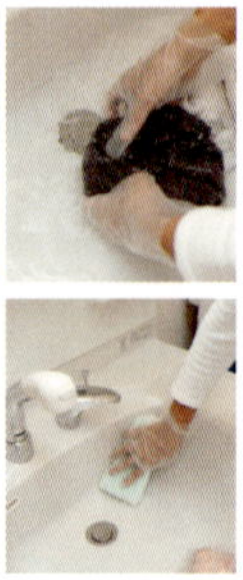

嘔吐物などで汚れた衣類は捨てる。または、洗剤で洗い、熱湯、漂白剤、高温乾燥などで消毒を。作業した場所もきれいに。

できれば食器を消毒

赤ちゃんの食器にウイルスがついている可能性も。食器は洗剤で洗い、食器用の塩素系漂白剤にしばらくひたします。

吐いたものの処理

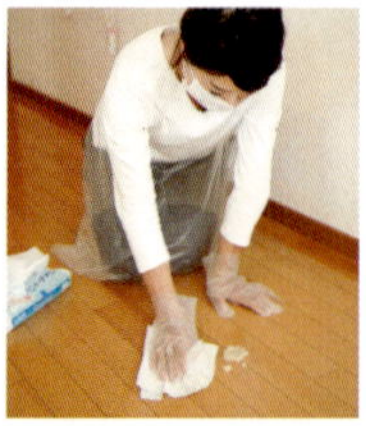

嘔吐物やうんちには、ウイルスがいっぱい。汚物の処理は、使い捨て手袋をし、ペーパータオルや布でふいて捨てて。

\うつる病気です/

熱	○
発疹	×
せき・ゼロゼロ	×
吐く・下痢	○
予防接種	任意(ロタウイルス)

細菌性胃腸炎にも要注意

ウイルスではなく細菌が原因の胃腸炎。食中毒のことも多く、その場合、右のような原因菌のついた食品を食べることなどで感染します。夏に限らず、1年中起こりえます。

症状は、発熱や下痢、嘔吐など。原因菌によって症状は少しずつ違いますが、ウイルス性よりも重症度が高いのが特徴です。

\主な原因菌/

カンピロバクター
肉などが発生源。十分な加熱や乾燥で感染を防げます。サルモネラ菌やブドウ球菌に次いで発生が多い菌。

黄色ブドウ球菌
人の鼻、のどなどに常在する菌。加工食品や傷のある手で作ったおにぎりなどが感染源になります。

サルモネラ菌
卵や卵の加工品、肉、犬や猫などのペットのフンにいます。乳幼児はごく少量で感染し、大人より重症に。

ボツリヌス菌
はちみつに含まれるボツリヌス菌でまひ症状を起こす可能性があるため、1才まではははちみつを与えないで。

病原性大腸菌(O-157など)
O-157は牛や羊など家畜の腸にいて毒素を出すため重症化しやすく、命にかかわることもあります。

ペットが感染源になることも

胃腸炎の原因菌は、犬や猫、ネズミや小鳥などのフンや尿に含まれていたり、ミドリガメやゼニガメが持っていたりします。ペットにさわったり、フンや尿の処理をしたときは、必ず石けんでしっかり手を洗いましょう。

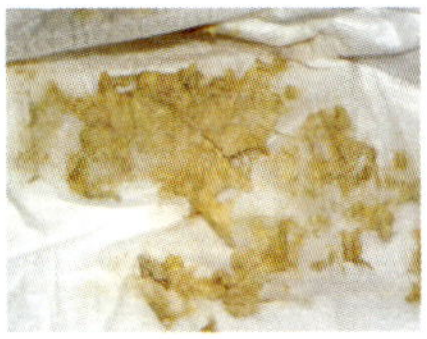

ロタウイルスによる胃腸炎の便
白やクリーム色で、すっぱいにおいのするのが特徴です。

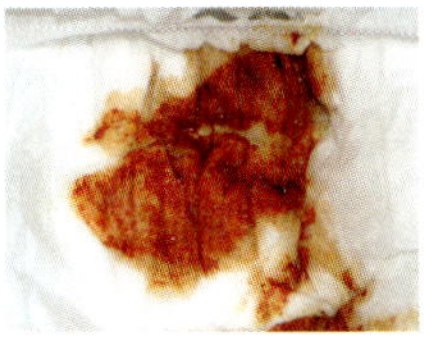

細菌性胃腸炎による便
血便で一部がドロッと赤くなったり、うんち全体が赤くなったりします。

一時的に乳糖不耐症になることが

ウイルス性胃腸炎が治っても下痢が続いたり、離乳食を再開してもうんちがやわらかいままの場合には、一時的な乳糖不耐症（p98）の可能性が。下痢で小腸の粘膜が傷つき、乳糖を分解するための酵素が不足。ミルクに含まれる乳糖がうまく消化吸収できずに、便が下痢っぽくなります。

受診のポイント

激しい下痢を2～3回したり、下痢のうえ嘔吐もしたときは、早めに小児科へ。下痢や嘔吐が続くと、赤ちゃんは脱水を起こしやすく、嘔吐はほかの病気のサインということもあります。

治療とホームケア

嘔吐のピーク時は

ウイルス性胃腸炎の場合、嘔吐がひどいのは症状が出始めて数時間から半日ほど。吐きけがあるときは、無理に飲んだり食べたりさせるとよけい吐くことに。少し落ち着くまでは、母乳やミルク、離乳食は控えましょう。

水分補給

激しい下痢や嘔吐が続くと、体内から水分とともに電解質も失われてしまいます。脱水症の予防のためには、麦茶や湯冷ましなどよりも、電解質を含むベビー用イオン飲料や経口補水液を与えましょう。

下痢は止めずに対症療法で

下痢は、病原体を排出しようとする体の防御反応です。薬で無理に止めるのではなく、整腸薬などの対症療法を行います。

用語解説

・腸重積
腸重積は、腸の一部が腸の中に折り重なるように入り込み、腸閉塞を起こす病気。間欠的に泣く、ジャムのような血便が出る、などが特徴です。

・抗菌薬
細菌の増殖を抑制したり、殺したりする薬。ウイルスには効きません。

・病原性大腸菌
動物の腸内に存在し、細菌性胃腸炎の原因となる細菌。

\かかりました！ ノロウイルス性胃腸炎/

10カ月のとき／完治まで6日

水分補給はひたすらおっぱいで

1日目	夕食後に数回吐いたが、熱は36度台。
2～3日目	白っぽい水様便が10回も出て、グッタリ。
4日目	嘔吐はおさまり、下痢は1日7回に。
5～6日目	下痢が止まり、うんちもいつもの状態に。

平熱で何度か吐いた翌日から、激しい嘔吐と下痢を繰り返し心配しました。4日目までは食欲がなく、ひたすらおっぱいで水分補給。5日目から急に元気に。

\かかりました！ ロタウイルス性胃腸炎/

7カ月のとき／完治まで7日

下痢と嘔吐のほか高熱も

1～2日目	嘔吐と38～39度の発熱。白い便が何回も。
3日目	下痢は1日7～8回。熱が下がってきた。
4日目	便は水様だが、回数が1日4～5回に。
5～7日目	便の回数が減り、食欲も徐々に復活。

症状は、急な下痢と嘔吐から。熱も最初の2日間は39度近く出て、下痢が激しくお尻が真っ赤に。4日目までグッタリでしたが、5日目から回復傾向に。

子ども時代に
かかりやすい
5大トラブル

中《ちゅう》耳《じ》炎《えん》

急《きゅう》性《せい》中《ちゅう》耳《じ》炎《えん》

痛い　発熱　聞こえが悪い

これがサイン

- 熱が出た
- 機嫌が悪い、グズる
- 頭を振る、しきりに耳をさわる
- 黄色い耳だれが出た

原因と症状

中耳炎は、鼓膜の内側の中耳が炎症を起こす病気。肺炎球菌、インフルエンザ菌といった細菌による感染が主な原因です。耳から細菌が入って起こると思われがちですが、そうではありません。かぜなどでのどや鼻の粘膜が弱ったとき、病原体がのどと耳をつなぐ耳管という管を通って侵入することで発症します。

中耳炎になると、たいてい38度くらいの熱が出ます。炎症が進むと中耳にウミがたまって鼓膜が真っ赤にはれ、ウミが鼓膜を圧迫して痛みが起こります。赤ちゃんは機嫌が悪くなり、しきりに耳をさわることも。痛みのピークには鼓膜が破れ、中耳にたまったウミが耳だれとして出てくることもあります。

治療

急性中耳炎とわかり症状が軽い場合は、抗菌薬の服用や鼻水の吸引などで治療します。ウミがたまって鼓膜のはれがひどい場合や、痛みが強そうなときは、早く治るように鼓膜を切開してウミを出すこともあります。

ホームケア

何より大切なのは、処方された薬をきちんと飲むこと。痛みが強そうなら、冷たいタオルなどを耳に当てて冷やします。鼻水は耳鼻科で吸ってもらったり、自宅で市販の鼻吸い器を使いこまめに吸い取りましょう。耳だれは中までいじらず、外に出てきたものだけふき取ります。

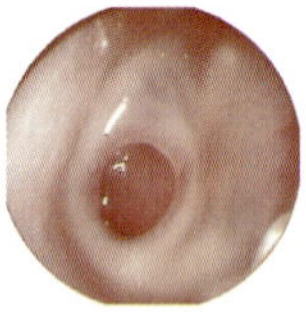

中耳炎を繰り返し、穴があいてしまった鼓膜
何度も中耳炎を繰り返していると、写真のように穴があくことが。耳だれが続く、鼓膜に傷がつくなどの場合は穴が残ることも。

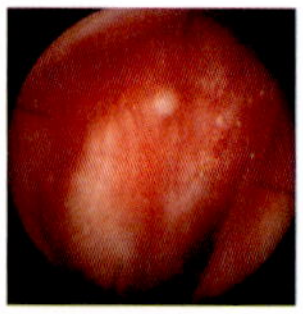

急性中耳炎で赤くはれ、ウミがたまった鼓膜
炎症を起こし、赤くはれている鼓膜。痛みは、内側にウミがたまり、圧力がかかって鼓膜が引き伸ばされることから起こります。

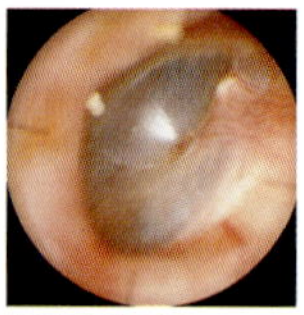

正常な鼓膜
健康な鼓膜は乳白色で透き通り、表面はなめらか。厚さは0.1㎜しかないので、内側にウミがたまり圧力がかかると、破れることも。

中耳炎は繰り返すことが多い

中耳炎の治療途中で薬の服用をやめてしまうと、ぶり返すことがよくあります。また、かぜの治りかけも要注意。免疫力が落ちているため、新たな細菌やウイルスに感染して中耳炎になりやすくなっています。

鼓膜切開は痛くない？

鼓膜切開は、専用の細いメスを使って鼓膜に小さな穴をあけます。耳に液体麻酔を入れることもありますが、切開が必要なのは、炎症がかなりひどい場合。鼓膜の痛みがとても強く、麻酔を使わなくても切開の痛みは気にならないでしょう。

滲《しん》出《しゅつ》性《せい》中《ちゅう》耳《じ》炎《えん》

聞こえが悪い

これがサイン

- 呼びかけに反応しない
- 聞き返すことが多い

原因と症状

滲出性中耳炎は、耳管や中耳の粘膜からにじみ出た滲出液が、中耳内にたまる病気。鼻の病気やのどの炎症により、耳管の働きが悪くなったときに起こりやすいほか、急性中耳炎で中耳にたまったウミが、完全に取り除けなかったときにも起こります。

中耳に滲出液がたまっているため、耳の聞こえの悪くなるのが主な症状。呼ばれても反応が悪い、といった様子から、この病気と気づくことが多いのです。

治療

滲出液を排出しやすくする薬を使ったり、耳管の空気の通りをよくする耳管通気を行い治療します。必要なら、鼓膜を切開して滲出液を吸引したり、中耳に空気が入るよう、鼓膜内にチューブを入れることも。

ホームケア

鼻水が出ているときはこまめに吸い取り、続いて出ていたら定期的に耳鼻科で吸い取ってもらいましょう。また、鼻やのどの病気がある場合は、処方された薬をきちんと飲む、急性中耳炎になったら完治するまで治療する、なども大切です。

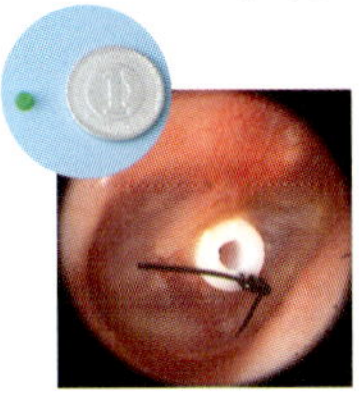

換気のためチューブを留置した鼓膜
中耳の換気がよくなるよう、チューブを設置した鼓膜。新陳代謝により、半年〜1年で自然に外耳に押し出されるしくみです。

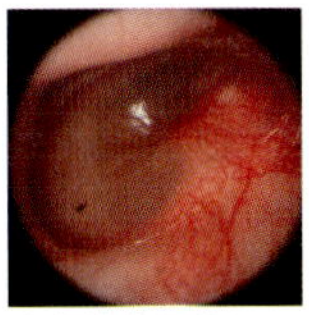

滲出性中耳炎になった鼓膜
鼓膜内側の中耳に滲出液がたまり、鼓膜がにごって見えます。滲出液があって鼓膜が振動しにくくなり、音が伝わりにくくなります。

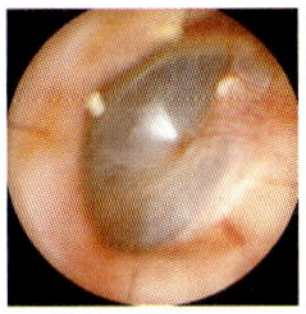

正常な鼓膜
厚さ約0.1mmで、乳白色をして透き通っている正常な鼓膜。滲出性中耳炎になると、鼓膜の内側にジクジクした滲出液がたまります。

\かかりました！急性中耳炎/

11カ月のとき

下痢のあと鼻水が出て、中耳炎に

受診のきっかけ 何週間も、鼻水をたらしていた。

完治まで 週1回通院して、3週間くらい。

経過 1才前、下痢が続いてから鼻水をたらすようになり、なかなかおさまり切らずに受診。急性中耳炎と診断され、薬を飲み、週1回耳の中を洗うため通院しました。

\かかりました！急性中耳炎/

1才2カ月のとき

左耳が治ったら、右耳から耳だれが

受診のきっかけ 耳だれが出ていることに気づいて。

完治まで 左耳は1カ月。右耳は治療中。

経過 左耳からの耳だれに気づき、受診すると急性中耳炎との診断。1カ月の服薬と通院で治ったと思ったら、今度は右耳からの耳だれ！　また薬を服用しています。

\かかりました！滲出性中耳炎/

9カ月のとき

緑色の鼻水で受診

受診のきっかけ 鼻水を吸ってもらいに耳鼻科へ。

完治まで 滲出液が完全に抜けるまで3カ月。

経過 少し前から出ていた鼻水が、緑色になりドロドロしてきたので、耳鼻科を受診。まさかの滲出性中耳炎とわかり、薬の服用と週1回の通院が3カ月続きました。

\かかりました！滲出性中耳炎/

1才過ぎから複数回

何回もかかり、毎回鼓膜を切開

受診のきっかけ かぜで鼻水が出て、耳をさわるので。

完治まで 毎回、1週間くらい。

経過 1才過ぎから1年間で5回も滲出性中耳炎に。最初は鼻水が続き、耳をさわっていたので病院へ。毎回、鼓膜を切開し、鼻水を吸ってもらいに通院しています。

中耳炎 Q&A

子どもはなぜ中耳炎になりやすいの？

乳幼児の耳は、大人にくらべて耳管が短く、傾きがゆるやかなうえ、耳管の機能も未発達。乳幼児は鼻やのどに炎症を起こしやすいこともあり、ウイルスや細菌が中耳に侵入して中耳炎になりやすいのです。

かぜをひくと中耳炎になる？

かぜをひくと、細菌やウイルスを含んだ鼻水が鼻の中にたまります。乳幼児は、くしゃみやせきをするとこの鼻水が耳管を通って中耳に入りやすいため、かぜから中耳炎になることが多いのです。

耳をきちんと清潔に保っても中耳炎になる？

中耳炎は、のどや鼻から入った細菌が、耳管を通って中耳に入り起こります。耳に入ったものが原因ではありません。かぜで鼻水が出ているときは、耳掃除をまめにしても中耳炎にかかりやすいので要注意です。

スイミング教室に通うと中耳炎になりやすい？

健康なときは心配ありませんが、少しでも鼻水が出ているときは注意を。鼻水が出ているのは、鼻かのどが炎症を起こしているから。プールの水にもぐって雑菌が入ると、感染して中耳炎になりやすいでしょう。

用語解説

・インフルエンザ菌
インフルエンザ菌b型（ヒブ）に代表される細菌。冬にはやるインフルエンザウイルスとは違います。

・滲出液
皮膚や粘膜などの表面から、にじみ出てくる分泌液のこと。ジクジクした状態のことが多いです。

・耳管通気
鼻の穴から機械を入れ、のどから耳へ通じる耳管に空気を送り込む処置。

子ども時代にかかりやすい5大トラブル

便《べん》秘《ぴ》

どんなトラブル？

便が直腸に届くと、その刺激が脳に伝わって便意をもよおします。けれども、何らかの原因で便の出ない状態が続くと直腸にたまってふくらみ、新たな便が下りてきても出にくくなってしまいます。この状態が「便秘」です。

直腸は、キュッと締まった状態のとき正常に働きますが、便秘が習慣化してふくらんだ状態が長く続くほど、元に戻りにくくなってしまいます。そこで、便が3日出なかったら、何とかして直腸にたまった便を早く出す必要があります。

便秘の一番の原因は、不規則な生活。排便のリズムは生活リズムに大きく影響されるので、規則正しい生活を送り、毎日できるだけ決まった時間に排便するクセをつけることが大切です。

また、ストレスが原因で腸の動きが悪くなり、便秘になることも。ママがイライラしていると、赤ちゃんは敏感に感じ取ってそれがストレスになることもあります。大人も規則正しい生活を送り、ストレスをためないようにすることが大切です。

「便秘ぎみ」の目安

回数

1週間に3回未満

状態

- おなかが張っている
- 便の粘りけが普段より強い
- 排便が苦しそうで顔が真っ赤になる
- 排便時に肛門が切れる
- 食欲がない、吐く

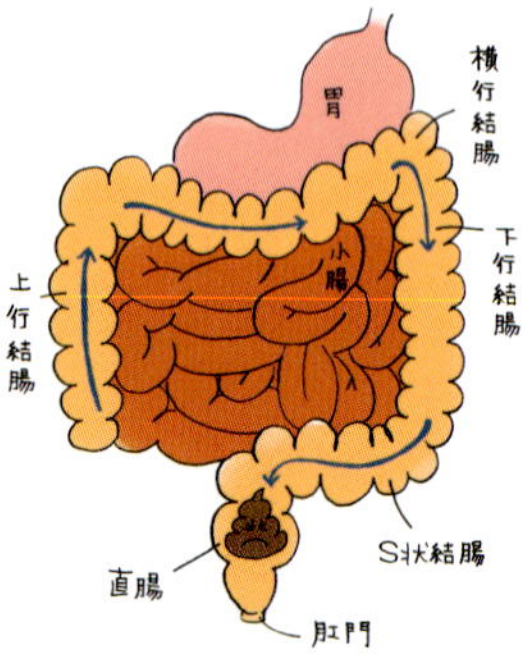

腸内で便が渋滞する「便秘」

便がたまりやすいのは、S状結腸から直腸にかけて。大腸にはガスがたまり胃を圧迫します。

＼便秘ぎみです／

2カ月　2日に1回

母乳中心で排便は2日に1回程度。あまり出ないときには綿棒浣腸をしています。

Dr.より
便秘かどうか、この月齢ではまだはっきりしません。便の回数が少ないことがこの子の「普通」なのかも。綿棒浣腸なしでどのくらいの期間で出るのか、様子を見てみるといいでしょう。

7カ月　1週間に1～2回

母乳＋離乳食1回。飲む量も食べる量も少なめで野菜が嫌い。写真は5日間出ず、浣腸で出したもの。

Dr.より
生来の便秘体質なのかもしれません。食物繊維は便をやわらかくする効果があるので、野菜はできるだけ食べさせてください。

1才6カ月　一時的な便秘

離乳食3回。かぜぎみだと思ったら便秘に。うんちがかたすぎて肛門から出血していました。

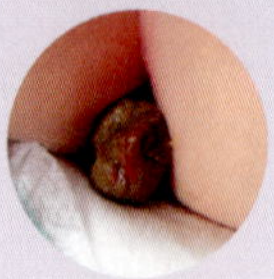

Dr.より
体調が悪いための一時的な便秘。このときだけのことなら心配いりません。

便秘 Q&A

おっぱいやミルクしか飲んでいないのに、「便秘」というの？

うんちには、母乳やミルクの脂肪分のカス、腸の分泌物など固形物以外も含まれます。液体しか口にしなくても「便秘」になるのです。低月齢ではうんちの回数が多め。1日1回出なければ、便秘ぎみといえます。

ミルクの銘柄を替えたら便が出やすくなることはありますか？

メーカーごとに成分は多少違うので、銘柄を替えたら出やすくなる可能性はあります。赤ちゃんのおなかの調子はさまざまなので、出やすくなる銘柄は、赤ちゃんによって違ってくるでしょう。

親が便秘ぎみだと子どもも便秘になりやすい？

ママが便秘ぎみだと、赤ちゃんも便秘になりやすいというデータがあります。腸の長さや働きなどの体質が、受け継がれるからでしょう。ママが便秘ぎみの家庭は、生活リズムを整えたり食事の内容を工夫して。

市販の浣腸薬を子どもに使ってもいいですか？

市販の浣腸薬を使用するのは、必ず一度受診してからにしましょう。親の判断で使うと、腸の病気などを見逃す心配があるからです。使うのは、

便秘解消の3ステップ

ステップ

1 毎日の生活習慣を見直す

食べ物を見直す

便秘対策ゴールデン食材をとる

バナナ、いちご、りんご、さつまいも

便秘の予防や解消には、バナナ、いちご、りんご、さつまいもがおすすめ。「便をやわらかくする」「便のかさを増やして腸を刺激する」「腸を元気にしてくれる」などの効果がある食材です。脂肪分やたんぱく質のとりすぎ、食物繊維の不足は、便秘の原因に。

- **便をやわらかくする　トマト、みかんなど**
- **便のかさを増して腸を刺激する　ブロッコリー、オートミールなど**
- **腸を元気にする　納豆、オリゴ糖など**

市販の麦芽糖を取り入れる

大腸の腸内細菌で糖質が発酵し、腸をマイルドに刺激。便に水分をとり込み、やわらかくして便を出やすくする効果もあります。

水あめ状で淡い甘さの麦芽糖が市販されています。写真はマルツエキス（和光堂）。

運動で出やすく

腸を刺激する動きを

腸の働きを促すため、体を動かしましょう。適度な運動やマッサージは、自律神経の働きを整える効果もあります。赤ちゃんを寝かせて、両足を持って前後にゆっくり動かします。自分で動けない時期の赤ちゃんは、大人が体を動かす手伝いをしてあげましょう。

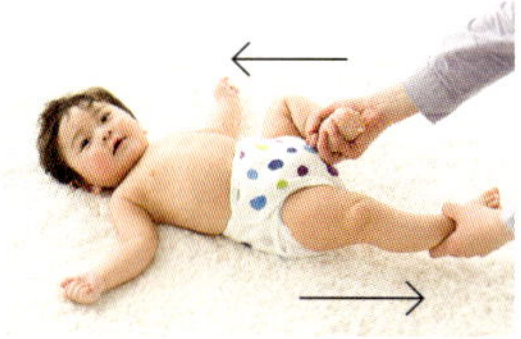

自分の体重で腸を刺激するうつぶせも、うんちが出やすくなる姿勢。

「の」の字マッサージ

おなかの左下腹部から肛門にかけて「の」の字を書くように時計回りにマッサージします。反射で腸が動きやすい食後30分くらいにするのがおすすめ。

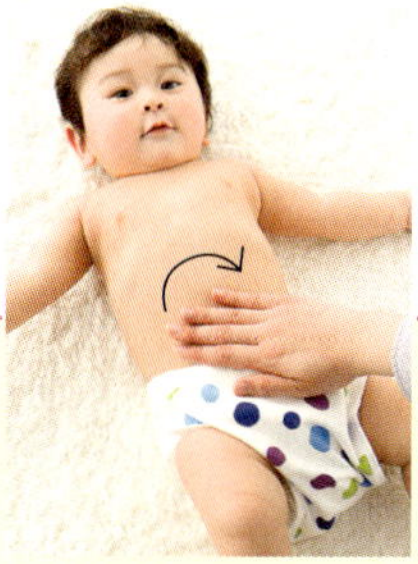

ステップ

2 綿棒浣腸で肛門を刺激

食事の内容を工夫したり、運動を試してもうんちが出ないことも。そんなときには、綿棒浣腸をしてみましょう。授乳や離乳食のあとに綿棒で直接肛門を刺激すると、反動で腸が動き、便が出やすくなります。クセになる心配はないので、ぜひ試して。

ワセリンやクリームをつける

綿球がついている綿棒の先端部分に、すべりがよくなるようワセリンやクリーム、ベビーオイルなどをつけます。

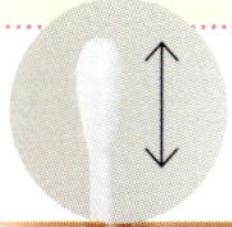

綿棒の頭部分を肛門へ

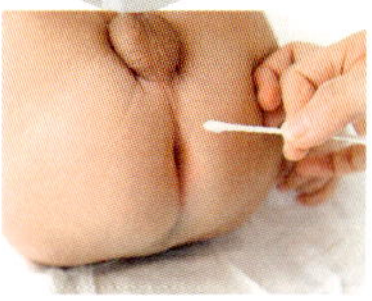

赤ちゃんの足を軽く持ち上げ、綿棒の先端の綿球が隠れるくらいまで、肛門に差し込みます。赤ちゃんが動いたり、足をバタバタさせるなどいやがったときは、無理にするのはやめましょう。

先端は下に向けて入れ、そっと刺激

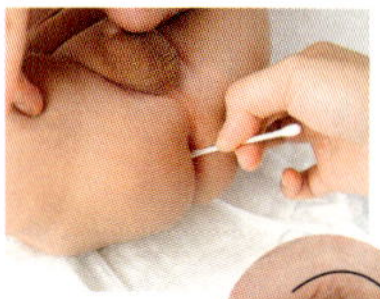

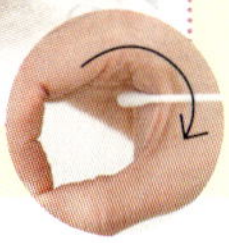

綿棒の先端を肛門にまっすぐ差し入れたら、綿棒の先を少し下向きにして、背中に向けるようにするとスムーズに入ります。綿球が入ったら、肛門の内側の壁をこするようにゆっくり刺激。

ステップ

3 受診する

食生活を見直し、運動や綿棒浣腸をしてもうんちが出ないときには、小児科を受診しましょう。便秘が長引くほど、治療にも時間がかかることに。3日出なかったら迷わず受診して、早めに便秘を解消してあげることが大切です。

用語解説

- **浣腸薬**
便秘がかなりひどいとき、小児科ではグリセリン浣腸を処方することがあります。
- **腸内細菌**
腸内に生息している細菌。健康維持に役立つ善玉菌と、健康を阻害する作用がある悪玉菌があります。

気持ちのいい排便習慣をつくることが大切

便秘でかたい便をすると肛門が切れ、赤ちゃんは痛いので排便をがまんするようになり、さらに便秘が悪化することに。「うんちをしたら、すっきりして気持ちいい」という感覚を教えるため、便秘ぎみのときは早めに解消してあげることが大切です。

受診して医師の指示があった場合だけにします。

ママが市販の便秘薬を服用していますが、授乳をしてもいい？

市販の便秘薬のほとんどは、体内に吸収されないようにできています。薬の成分が母乳に出ることは気にせず、授乳して大丈夫。どうしても気になるようなら、授乳の直後に薬を飲むようにするといいですよ。

＼写真で確認／

目で見る病気図鑑

発疹や皮膚の状態、「これって大丈夫なの？」と気になる体の部位の形など、
はじめての育児に携わるママ＆パパに、「見て納得！」をお届けします。

病気の発疹

突《とっ》発《ぱつ》性《せい》発《ほっ》疹《しん》

➔ p69

38〜40 度の熱が３〜４日続き、熱が下がると同時におなかや背中、顔、手などに赤い発疹が出るのが典型的。発疹にかゆみはなく、３日ほどで消えていきます。１才前後に多い病気です。

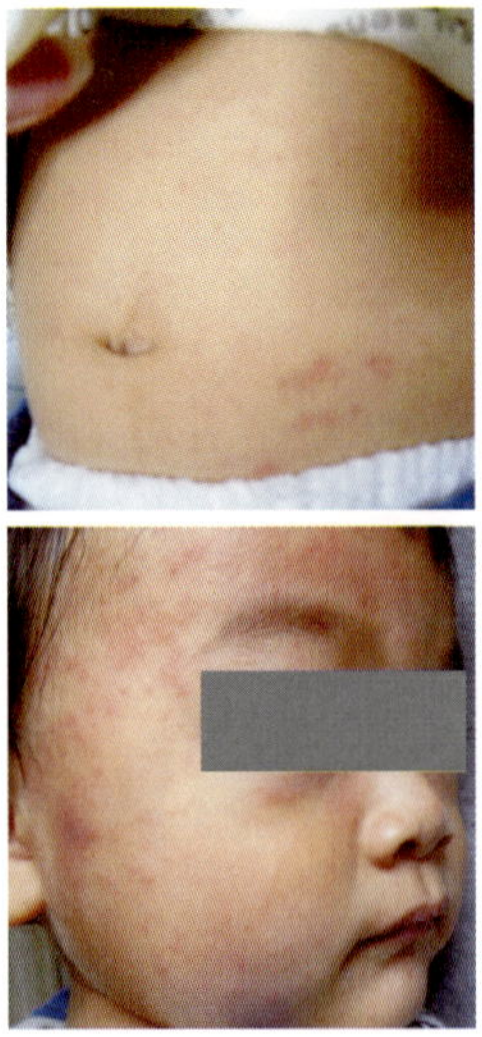

１才直前。熱は１週間ほど続き、その後体全体に赤いポツポツが。お尻回りから背中、まぶたの周囲まで広がりましたが、かゆみはないようでした。

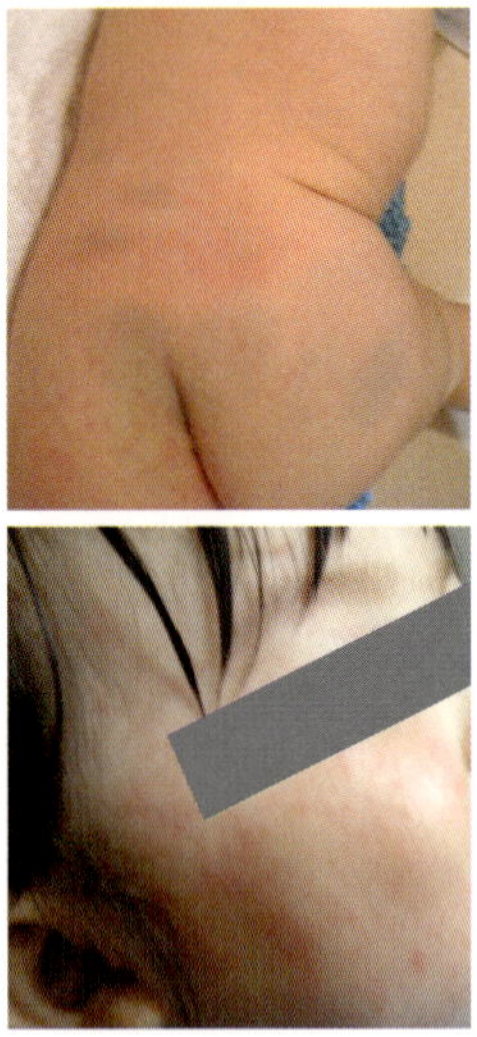

１才直前。１日半〜２日間の発熱のあと、徐々に発疹が。体から出始めて顔にも広がりました。発熱時は元気でしたが発疹が出てからグズりました。

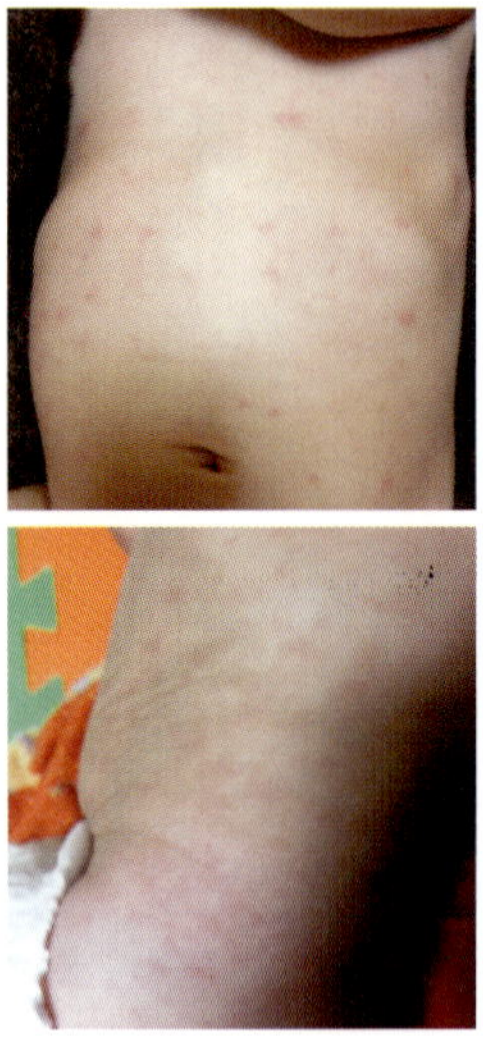

10 カ月のとき。39 度の熱が３日続き４日目に解熱。５日目の昼ごろからおなかやお尻を中心に発疹が。３日ほどできれいに消えました。

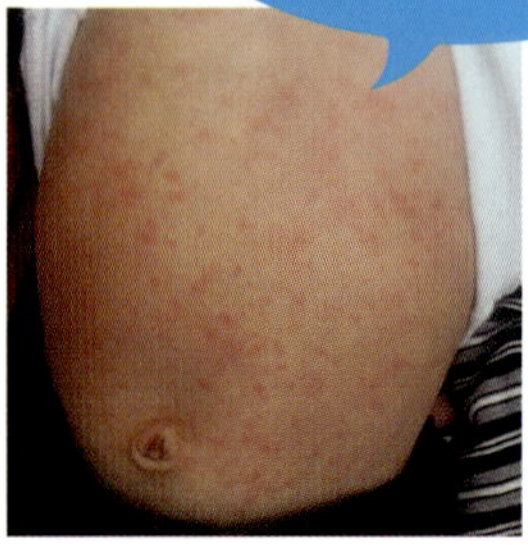

おなかを中心に発疹が。発疹は出始めてから２〜３日で少しずつ薄くなり、自然に消えていきます。あとが残ることはありません。

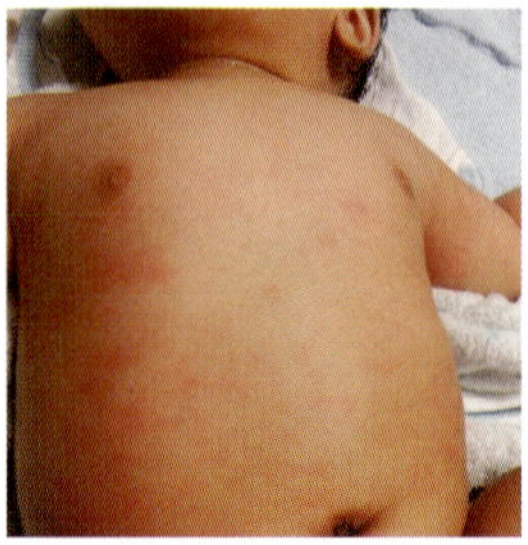

７カ月のとき。発疹が出て１日目の様子。本人は特に気にする様子もなく過ごしていました。

病気ではないけれど……
薬で発疹が出ることも

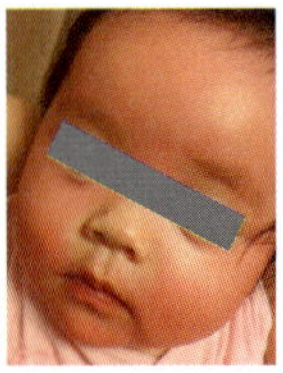

せき、鼻水などのかぜ症状があり、処方された薬を飲んで２時間後に顔のはれに気づきました。救急病院に連れていきましたが、40 分ほどで赤みは消えました。

はしか

➡p72

昔は「命さだめ」といわれたほど、重い病気です。鼻水、くしゃみ、せきなどのかぜ症状で始まり、38度以上の熱が３～４日続いたあと、赤い発疹が顔からおなか、手足の順に出ます。口の中にも白い口内炎のような粟粒大のプツプツ（コプリック斑）が出ます。

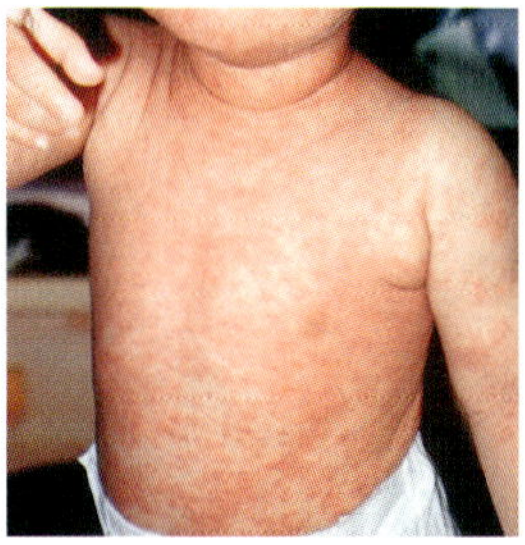

直径１～２㎜の細かい発疹が全身に広がって盛り上がり、発疹同士がくっつき、大小さまざまな発疹が混じった状態に。

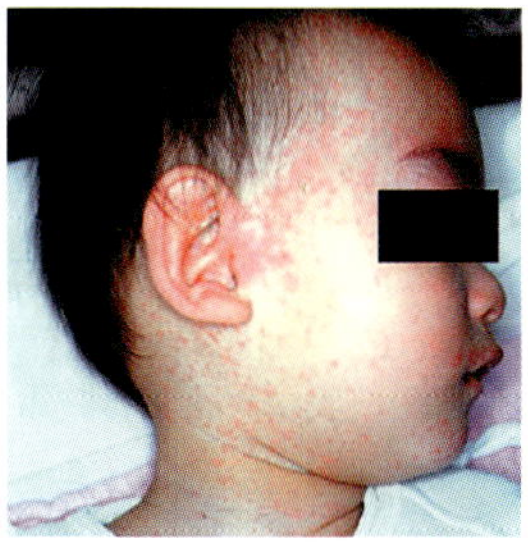

熱は発疹が出てから３～４日続いてから下がり、回復期に入ります。発疹も茶色がかった色に変わり、色素沈着を残します。

写真提供／国立感染症研究所

ヘルパンギーナ

➡p75

原因はエコーウイルスやコクサッキーウイルスです。夏にはやりやすいことから、夏かぜといわれることも。のどの奥にできた水疱が痛むため、飲んだり食べたりをいやがります。熱は２～３日、のどの痛みと水疱は３～５日続きます。水分補給をしっかりと心がけましょう。

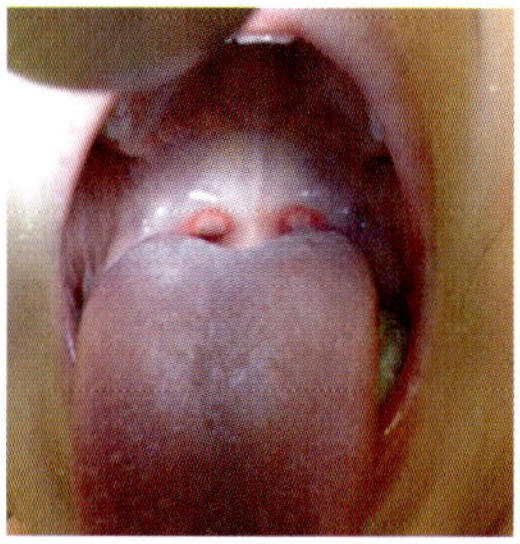

のどの奥、左右に赤くなっているのが、ヘルパンギーナの典型的な発疹です。しみて痛むので食欲が落ちます。

溶《よう》連《れん》菌《きん》感《かん》染《せん》症《しょう》

➡p77

Ａ群溶血性レンサ球菌という細菌に感染して起こります。のどを痛がり、飲んだり食べたりをいやがります。皮膚に赤くて細かい発疹ができるほか、舌に赤いブツブツができることも。また、手の指の皮がむけたりすることもあります。

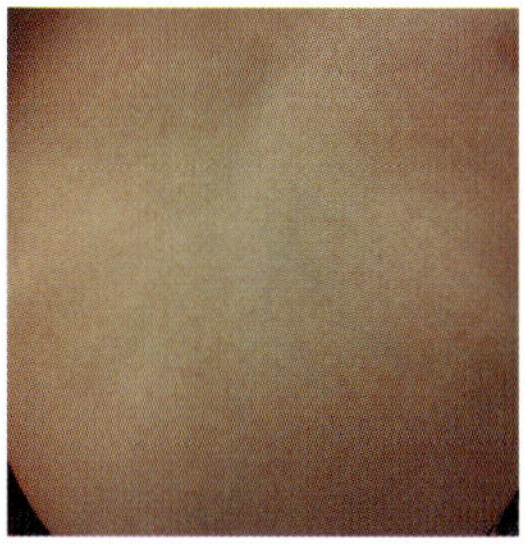

発疹は全身に広がります。こうした発疹は幼児や学童に見られるもので、３才以下の場合は症状が出ないことも。

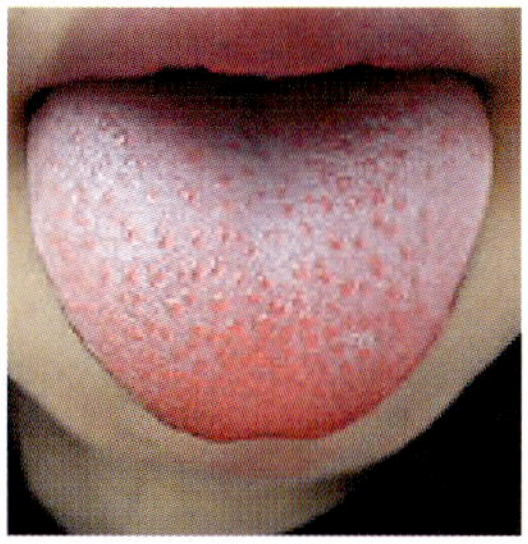

「いちご状舌」といわれる、典型的な発疹。舌のボツボツが大きく赤くなり、いちごのように見えることからこう呼ばれます。

風《ふう》疹《しん》

➡p74

風疹ウイルスに感染して起こります。細かい点のような発疹が全身に出ます。耳の後ろや首のリンパ節がはれ、せき、鼻水、のどの痛みなどのかぜ症状も見られます。発疹は３日程度で消えますが、リンパ節のはれは長引くことがあります。

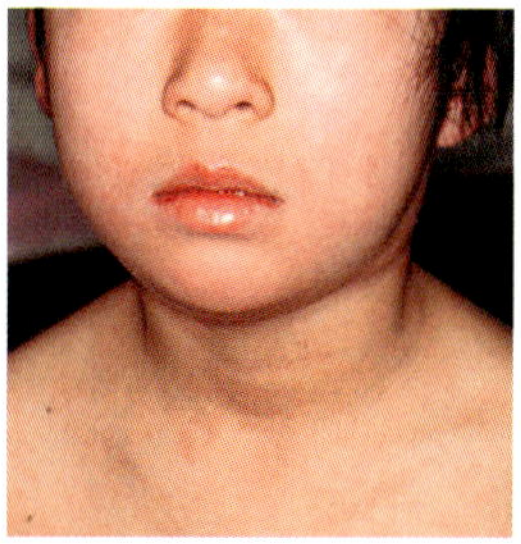

全身に広がった発疹は３日程度で消えます。風疹は、年齢が高くなるほど重症になる傾向があります。

写真提供／国立感染症研究所

「かぜ」で発疹が出ることも

せきや鼻水が出て、熱は出たり出なかったり。いわゆる「かぜ」ですが、このときに発疹が出ることも珍しくありません。まだ体力のない赤ちゃんほど、出やすいようです。

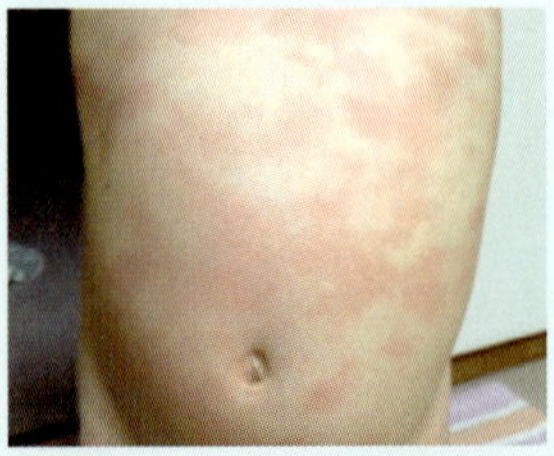

5日間、40度の高熱が続きました。その間出ていた、じんましんのような発疹。かゆみはありませんでした。免疫力が低下したために出たのではないか、と言われました。

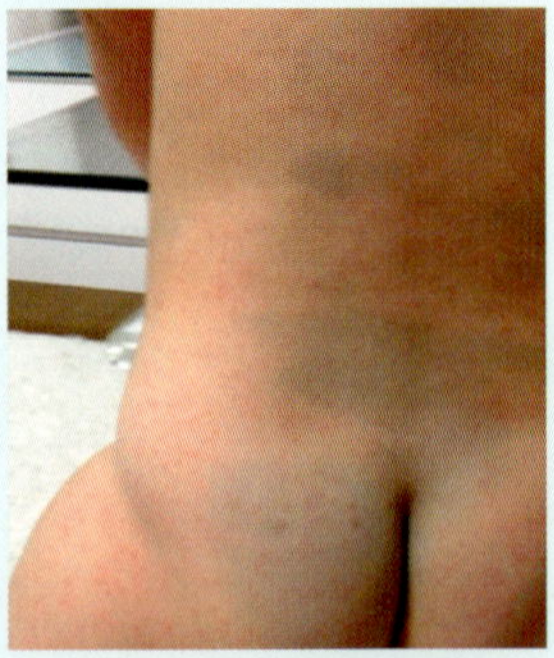

かぜをひいたとき、体全体に小さい発疹が出ました。病院の先生も「原因はよくわからない」と言うので不安でしたが、3～4日で自然に消えました。

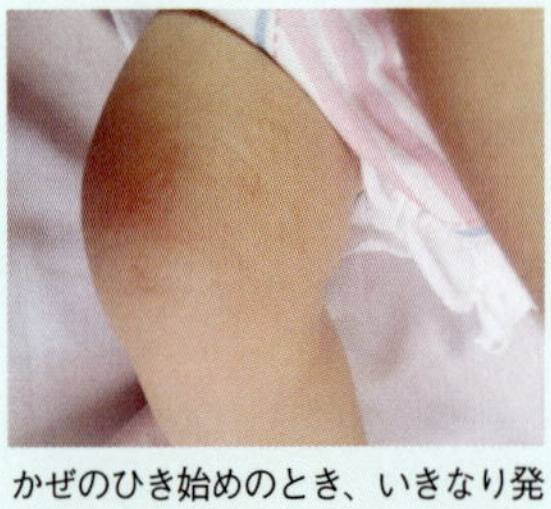

かぜのひき始めのとき、いきなり発疹が。足から始まり、おなか、背中、お尻にも出ました。発疹が出始めて4日目の状態です。

手《て》足《あし》口《くち》病《びょう》

➔p68

ヘルパンギーナと同様、夏にはやることが多く夏かぜといわれることも。手と足に加えて、口の中に発疹が出ます。発疹は水を持ち、手足のものは痛くもかゆくもありませんが、口の中の水疱がつぶれると痛みます。微熱程度～高熱まで、発熱のパターンはさまざまです。

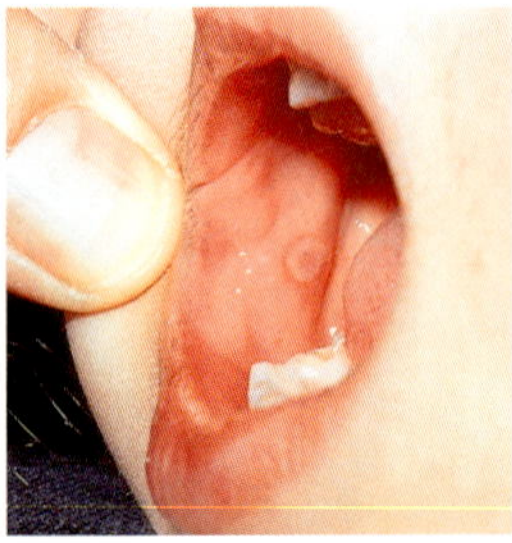

口の中の水疱がつぶれて潰瘍になり、1週間ほどで消えていきます。痛むので食べるのをいやがることも。水分だけはしっかりとりましょう。

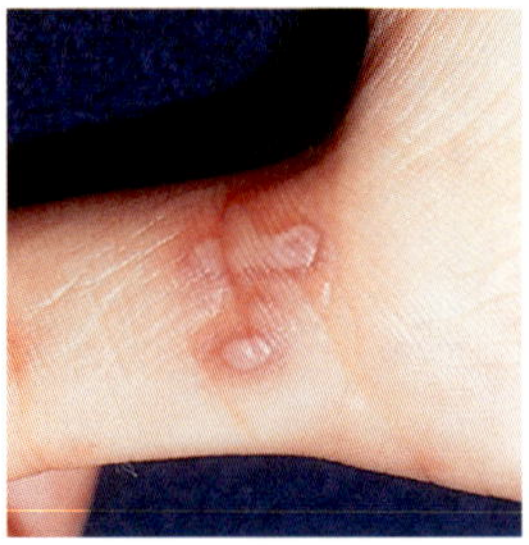

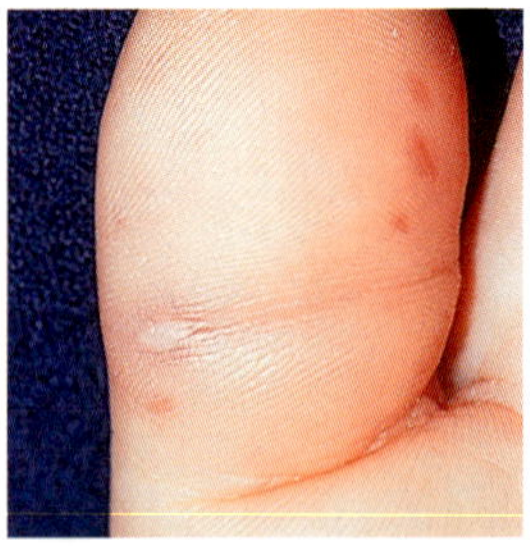

ふちが赤い、米粒大の水疱が、手のひら、足の裏、指、口の中などにできます。水疱は1週間ほどで自然に消えていきます。

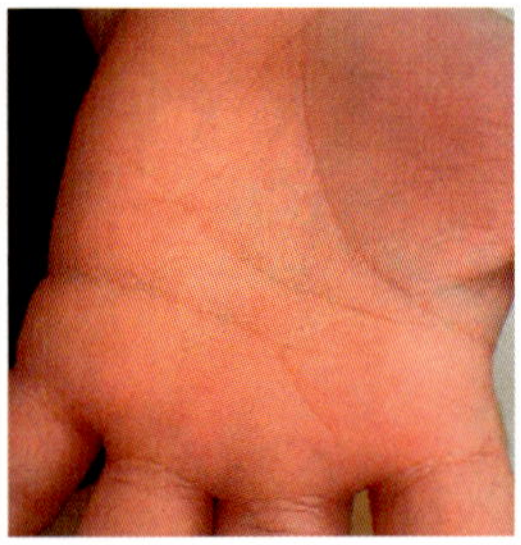

手足口病と呼ばれるように、手足や口の中に発疹ができる病気ですが、これは手のひら全体が真っ赤になった珍しい例。

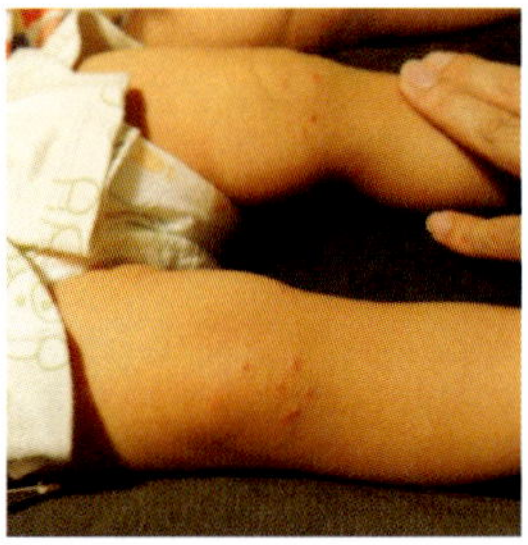

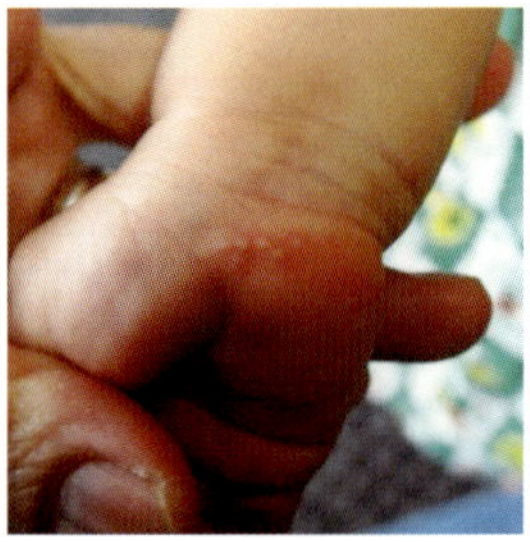

いずれも、11カ月のとき。水疱が出てきて3日目の手首（右）とひざ（左）の様子です。

発疹は次々と増えていく

1日目

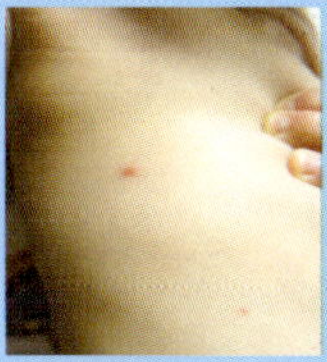

この大きな発疹は、治ったあともクレーターのようにあとが残りました。

2日目

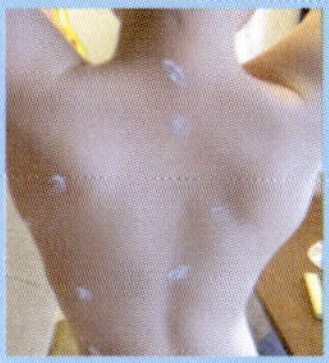

前日は出ていなかった背中にも、あっという間に発疹が広がりました。発疹にはかゆみ止めの薬を塗っています。

3日目

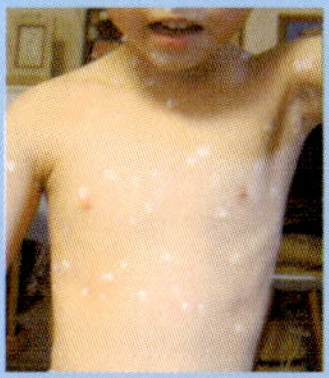

この日がピーク。とてもかゆがったので、服の上から軽くたたいたりしました。

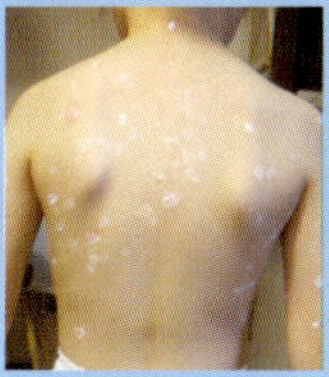

5日目

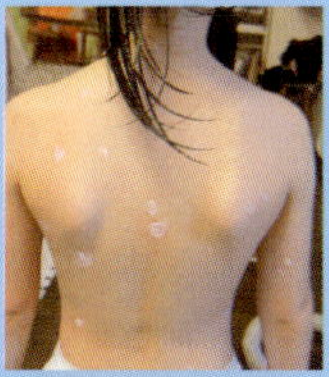

小さな発疹はなくなり、大きなものだけに。1週間ほどですべての発疹がかさぶたになり、新しい発疹は出なくなりました。

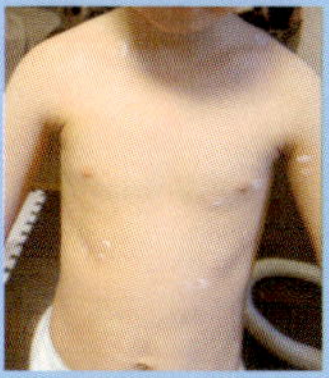

水《みず》ぼうそう

➔ p76

発熱と同時に、全身に直径1～3㎜の赤い発疹が出ます。発疹はかゆみを伴い、数時間から半日ほどで水疱に。水疱は1～2日で白くにごった液を持つ膿疱になり、その後かさぶたになります。ピーク時には水疱、膿疱、かさぶたが混在します。

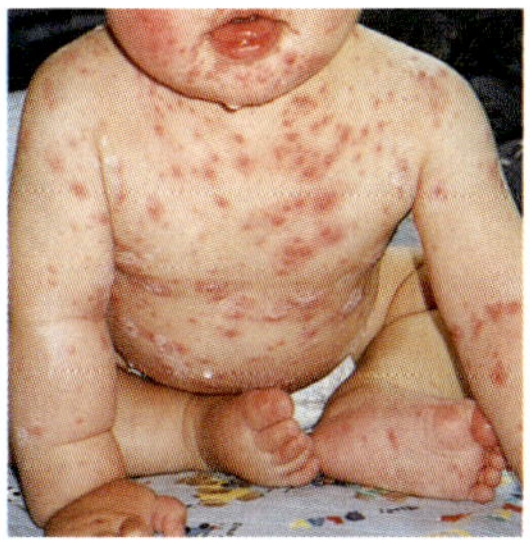

胸、背中、おなかから出始めた発疹は、顔、手足、手のひら、足の裏、口の中や頭皮のほか、男の子ならペニスの先にまで出ます。

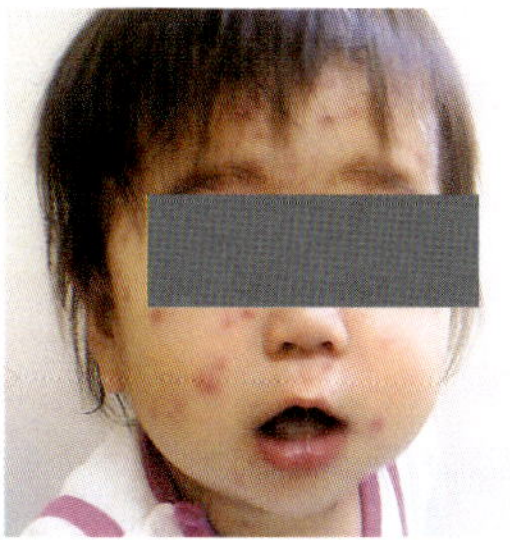

1才1カ月、発疹が出始めて2日目です。保育園ではやっていました。予防接種をしていなかったので、症状は重かったです。熱は出ても37度台後半でした。

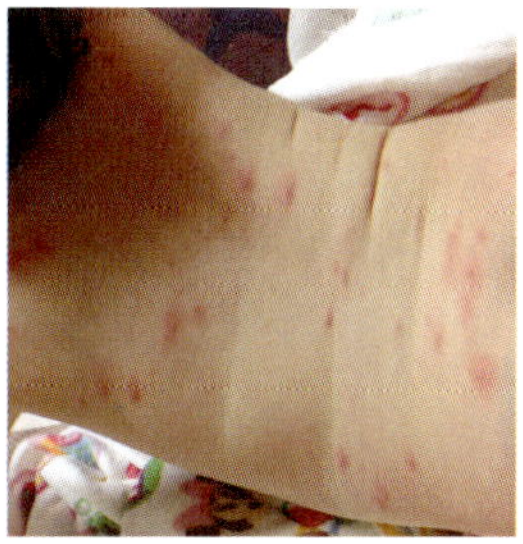

9カ月のとき。全身に発疹が出て、一番ひどいときの様子です。塗ると白く乾く薬を処方されました。意外にかゆくなさそうでした。

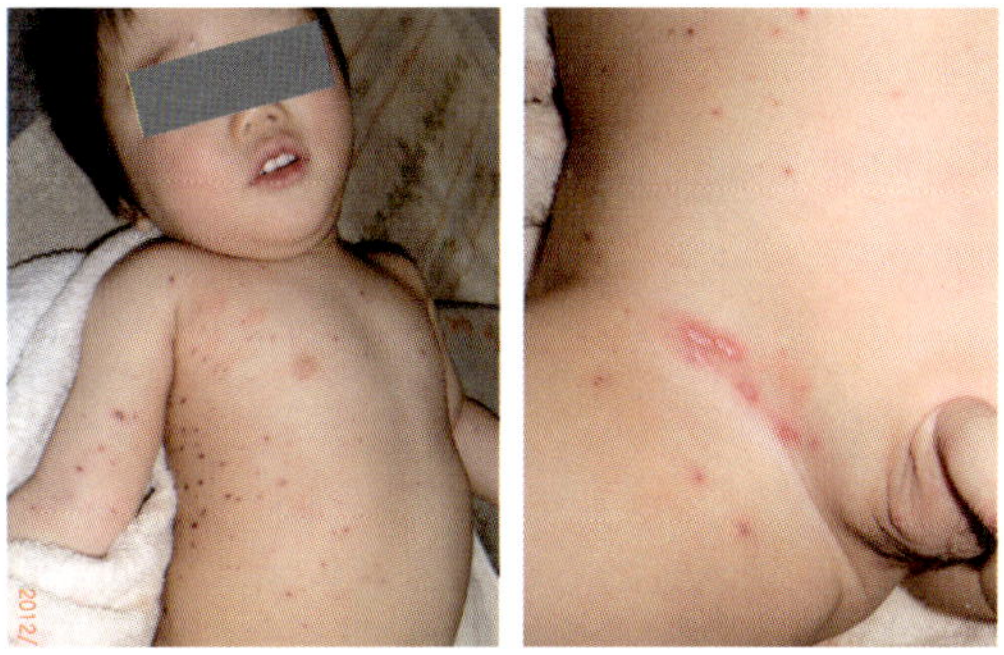

1才11カ月のとき。発疹が出始めて4日目。ボツボツは1週間を過ぎるころから、ようやく少しずつよくなりました。熱はあまり高く出ませんでした。

体に残った
水痘ウイルスが悪さをする
帯《たい》状《じょう》疱《ほう》疹《しん》

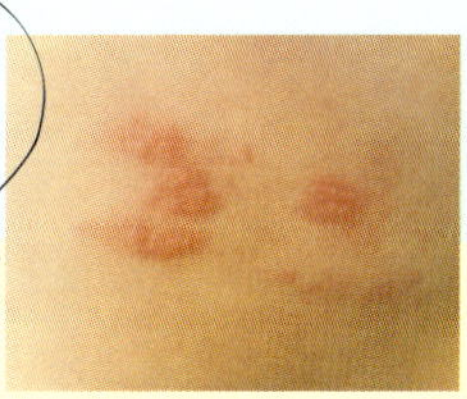

水ぼうそうのウイルスがいったん体内に入ると、知覚神経節に生涯ひそみます。ストレスなどが原因で再び活動を開始することがあり、その際は知覚神経に沿って発疹が帯状に出ます。

肌のトラブル

乳《にゅう》児《じ》湿《しっ》疹《しん》・脂《し》漏《ろう》性《せい》湿《しっ》疹《しん》

➔p120

新生児にきび

生後１カ月をピークに、頭皮やおでこ、ほおなどに見られる赤いブツブツ。病気ではなく、皮脂の分泌が多いために起こります。かゆみや痛みはありません。清潔を心がけましょう。

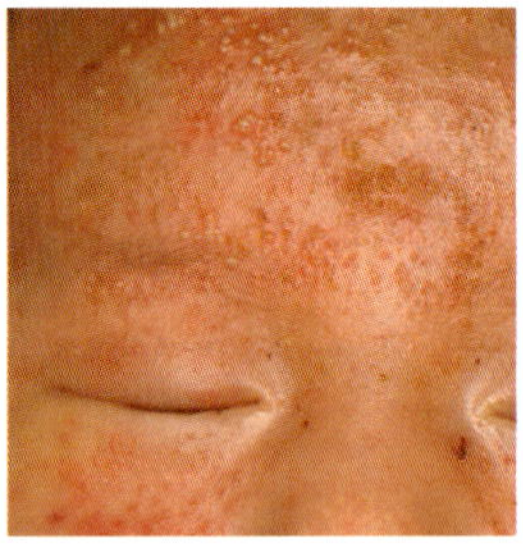

顔全体に、新生児にきびが広がりました。赤みの強い部分には細かい湿疹が集まっています。なかにはウミを持っている湿疹もあります。

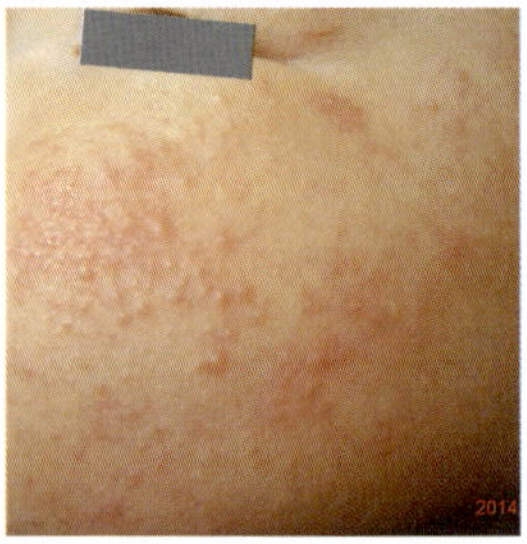

生後３週間ごろから、顔に湿疹が。ほっぺのほか、まゆ毛の上、髪の毛の生えぎわに目立ちます。石けんでよく洗うようにしたら２週間ほどできれいに。

脂漏性湿疹

生後間もなくから２～３カ月のころに多い湿疹。顔や首、体などに赤い湿疹ができたり、頭皮やまゆ毛の生えぎわに黄色い皮脂やフケのようなものがつきます。

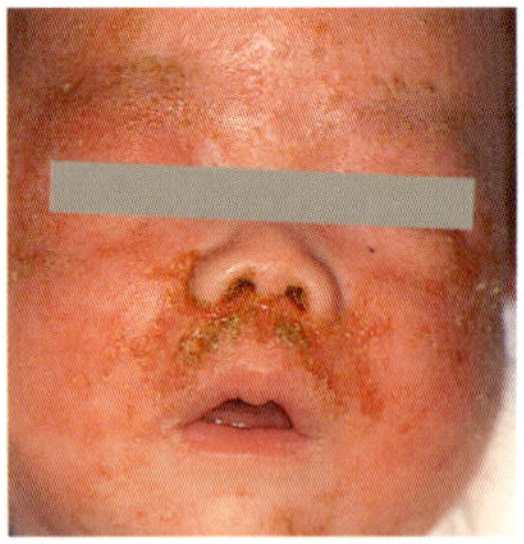

鼻の下に大きな黄色のかさぶた状の湿疹が。ベビーオイルなどでふやかしてから、そっと取ってあげるといいでしょう。

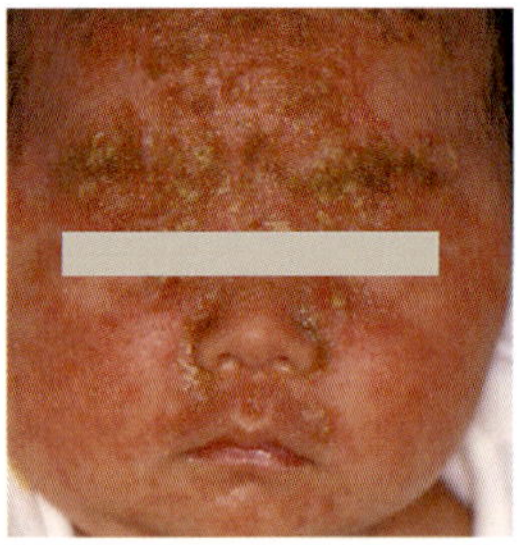

おでこを中心に大きなかさぶた状の湿疹が。清潔を保つようにしたら、３カ月ごろにはすっかりよくなりました。

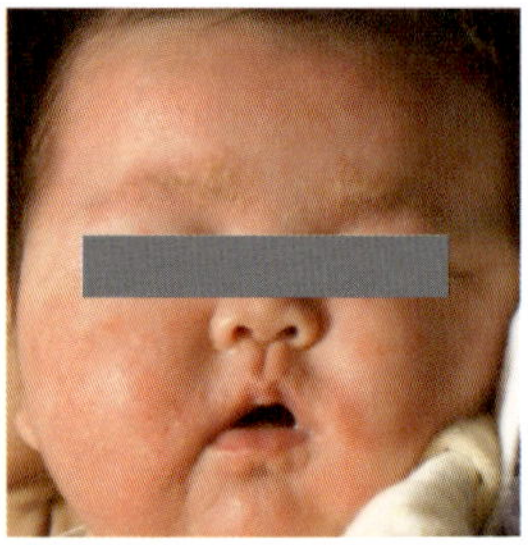

生後３週間ごろから始まりました。１カ月健診のときに脂漏性湿疹と診断されました。８カ月の今は落ち着いています。

新生児期の肌荒れ、湿疹

赤ちゃんの皮膚は薄く、とてもデリケート。特に新生児期は肌が荒れたり湿疹が出たりすることが珍しくありません。ていねいなスキンケアを心がけましょう。

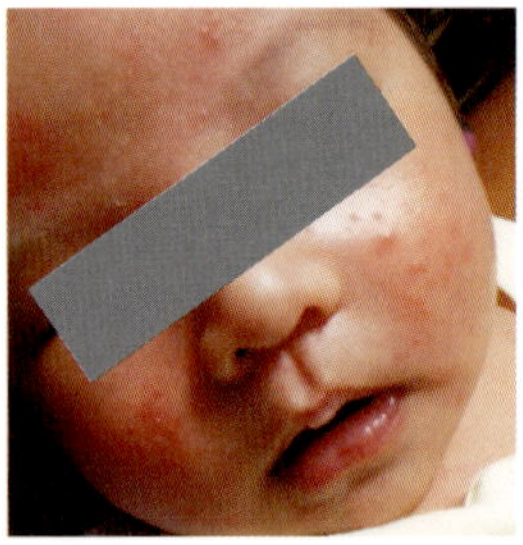

生後24日の肌の様子。１カ月を過ぎたころから、液体石けんを固形石けんに替えたらだいぶきれいになりました。３カ月の今は、ブツブツは消えました。

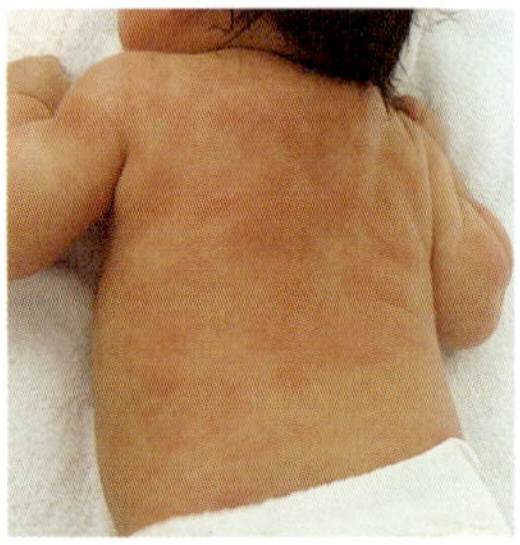

３カ月のとき。湿疹は顔や頭だけでなく、背中にまで出ました。病院で処方された薬をきちんと塗るようにしたら治りました。

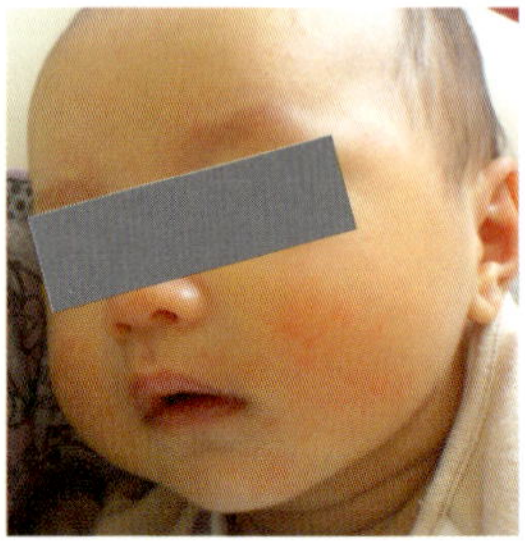

生後１カ月を過ぎるころから、ほおにポツポツと湿疹が。ホームケアではなかなかよくならず、皮膚科で処方された薬を塗ったら改善しました。

おむつかぶれ →p122

おむつの当たる部分や肛門の周辺が真っ赤になり、ひどくなるとブツブツができてただれたようになります。おしっこや、時間のたった便から発生するアンモニアや酵素が原因で、かゆみやヒリヒリとした痛みがあります。おむつ替えをこまめにすることが、最大の予防です。

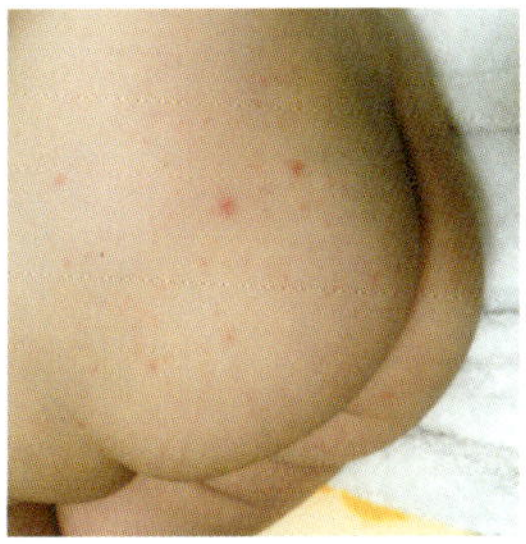

6カ月のとき。お尻のほか、前のほうにも発疹が出てしまいました。おむつを通気性のよいものに替えたら、2日ほどで改善しました。

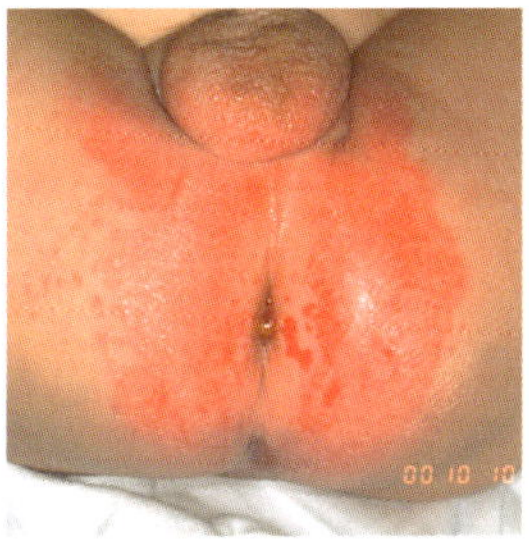

下痢が続いて肛門の周辺に湿疹ができ、こすれて皮がむけています。このように重症化したものは、ステロイドの塗り薬などが処方されます。

あせも →p121

汗腺の中にたまった汗が刺激となり、皮膚に炎症を起こしてできるのが、あせも。小さな赤い発疹が、くびれや髪の生えぎわなど、汗のたまりやすい場所にできます。かゆみがあり、かきこわすと重症のトラブルになることもあるので、早めに対処しましょう。

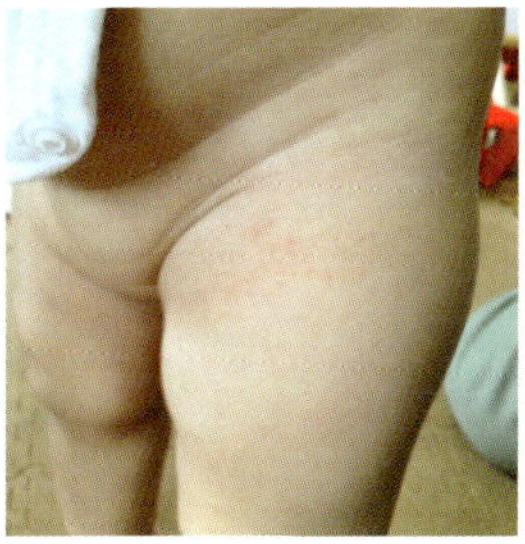

1才のとき。太もものくびれ部分、鼠径部にあせもができてしまいました。

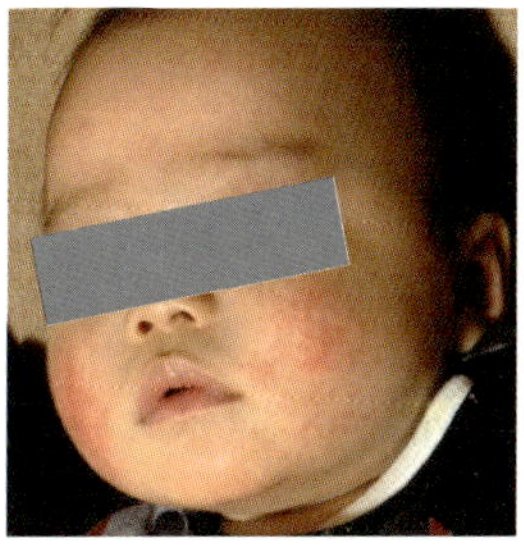

5カ月のとき。顔や首にあせもができてしまいました。かゆがって、よく顔をこすりつけていました。

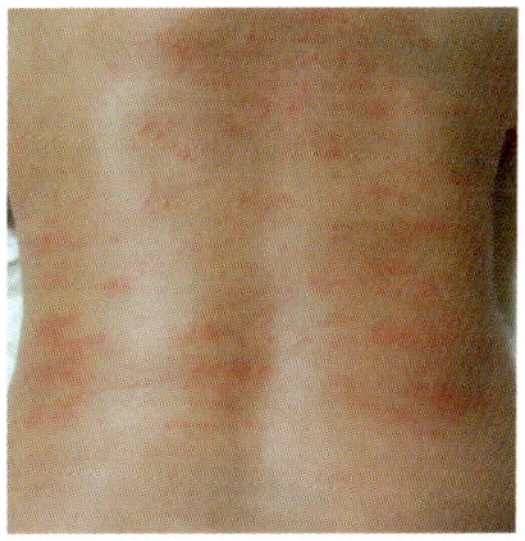

6カ月のとき。着せすぎたのか、背中にできたあせもがひどくなってしまいました。

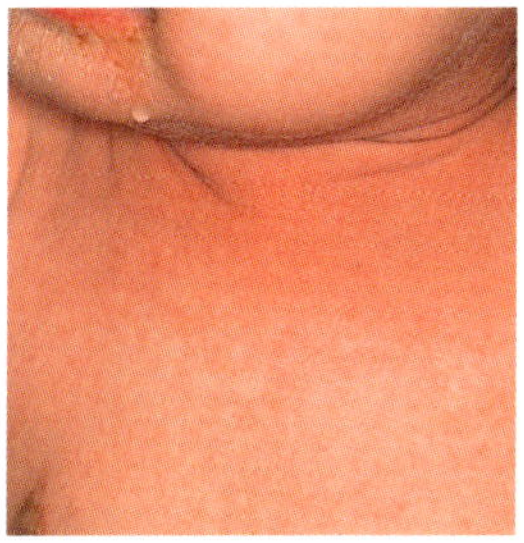

首のこすれる部分にあせものブツブツがびっしり。汗をきれいに洗い流してから薬をつけるようにします。

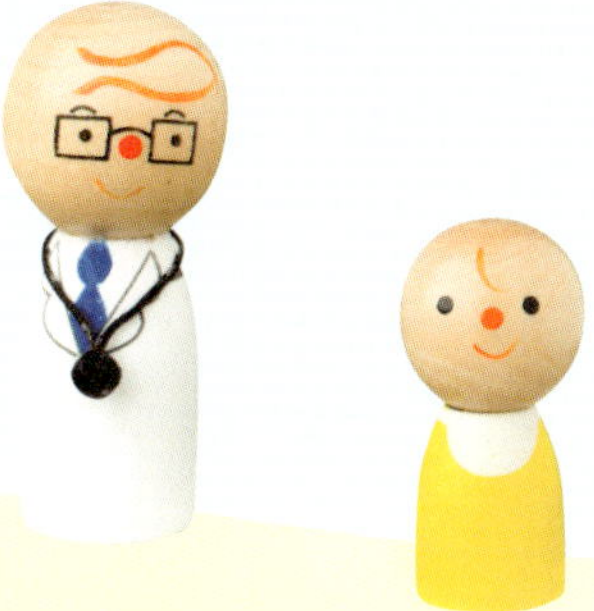

あせもが細菌感染
あせものより

あせもをかきむしり、細菌に感染して化膿したのが「あせものより」。熱が出たり、リンパ節がはれたりすることもあります。

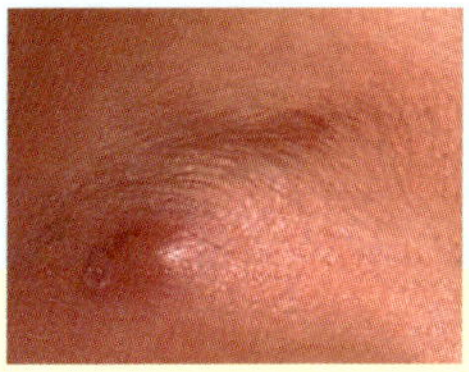

アトピー性《せい》皮《ひ》膚《ふ》炎《えん》 ➔p114

アレルギー体質の子に出やすい肌のトラブルです。最初は顔、頭、耳などにジクジクとしたかゆみのある湿疹ができます。かきこわすとさらに悪化。ジクジクは、だんだんカサカサした湿疹に変わっていきます。

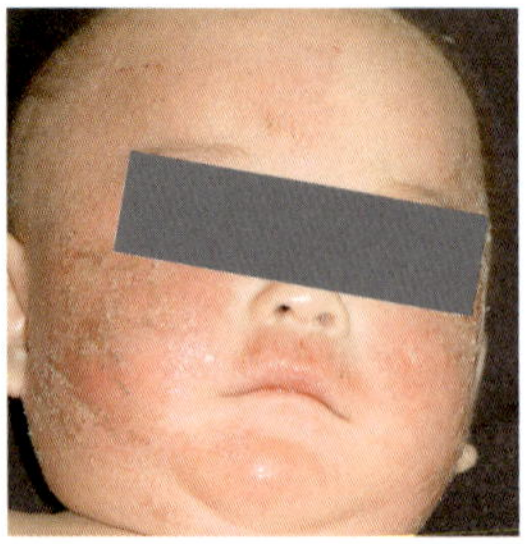

湿疹は左右対称に広がっていく傾向が。乳幼児の場合、顔や頭から湿疹が始まります。

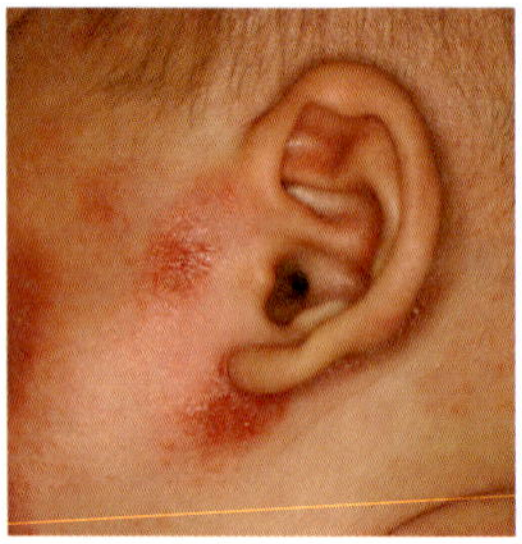

耳のつけ根がただれたり、切れたり。アトピー性皮膚炎に特徴的な症状で、「耳切れ」といわれます。

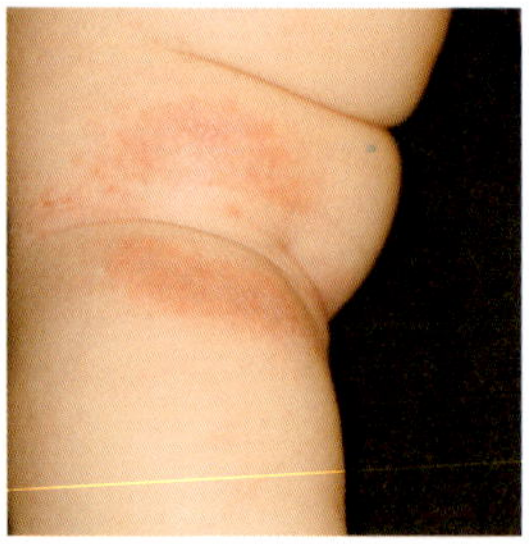

ひざの裏。皮膚がこすれる部分にも赤くはれたりカサカサした湿疹が出やすいです。

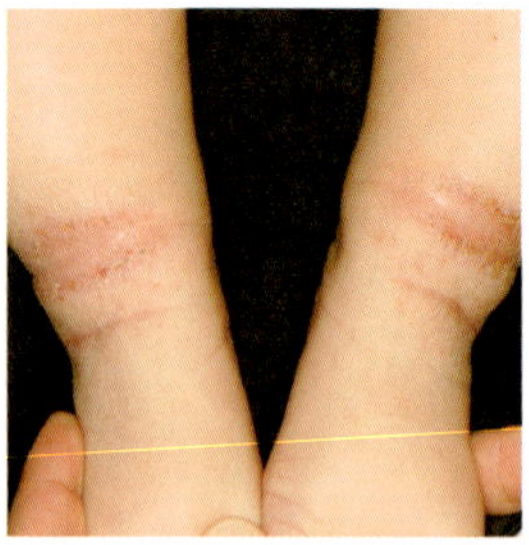

足首など、くびれ部分にもカサカサした湿疹が出てきます。

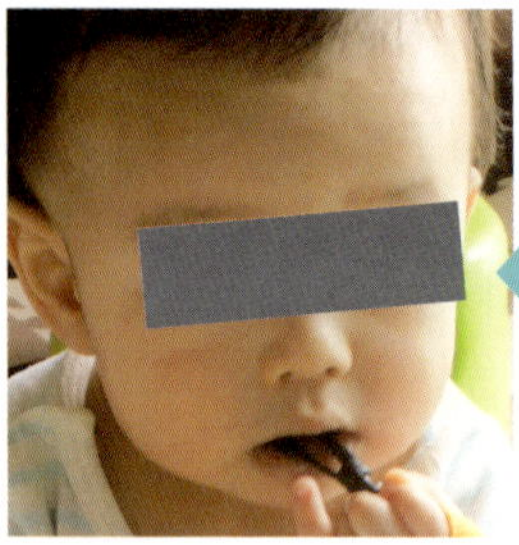

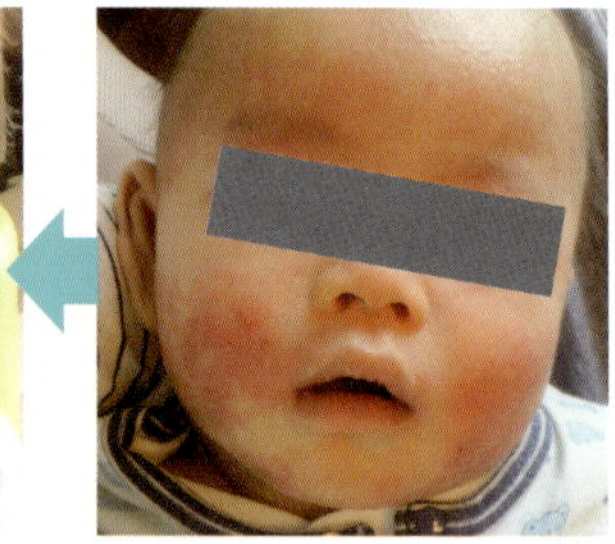

改善後　　**ひどいとき**

乳児湿疹がなかなか治らず、4カ月のときにアトピー性皮膚炎と診断されました。一時ステロイドの塗り薬を控え、ひどい状態になりました(写真右)。9カ月の現在ではかなりよくなりました(写真左)。

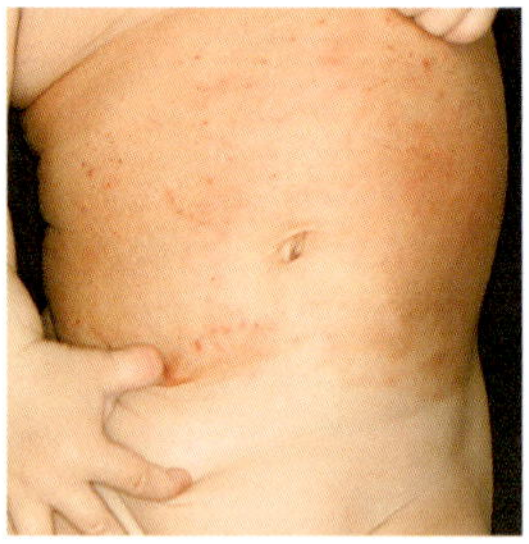

おなかや背中も乾燥しがちで湿疹が出やすい。カサカサして、見るからにかゆそう。

異《い》所《しょ》性《せい》蒙《もう》古《こ》斑《はん》 ➔p127

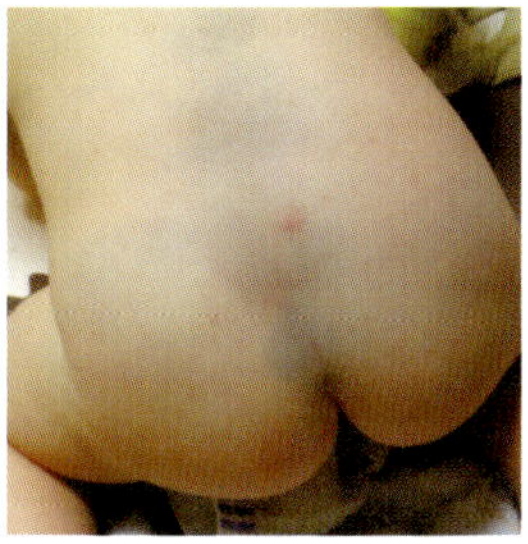
生後8カ月。蒙古斑が腰のほうにまで広がっています。このまま残るのではないかと、少し不安です。

黄色人種には普通にある蒙古斑。お尻にある薄い青あざですが、ときにはお尻以外の場所にできることもあります。これが異所性蒙古斑。普通の蒙古斑は学童期には消えていきます。異所性蒙古斑の場合、自然に消えるものもありますが、色の濃いものは消えずに残る場合もあります。

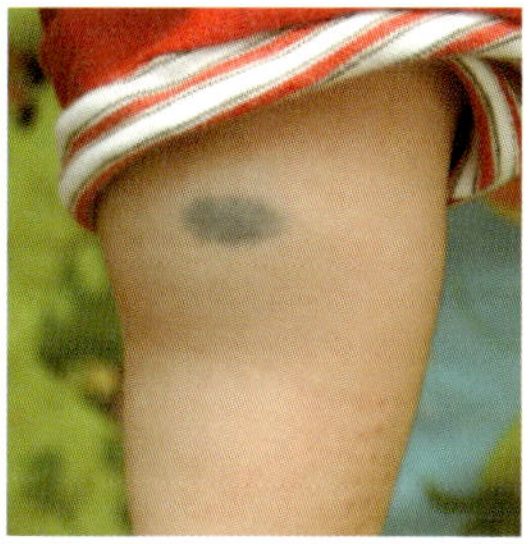
肩にある異所性蒙古斑。かなり目立つ位置に大きくあるので、将来どうなるのか心配しています。

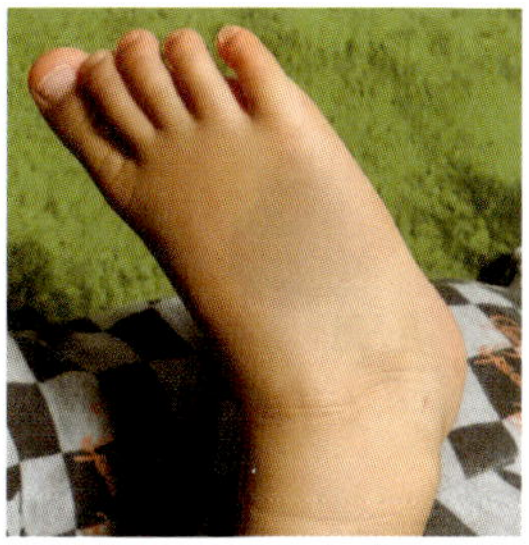
2才5カ月。生まれつきの異所性蒙古斑。薄くなってきているが、普通の蒙古斑より消えにくいよう。

いちご状血管腫 ➔p127 はレーザー治療が可能

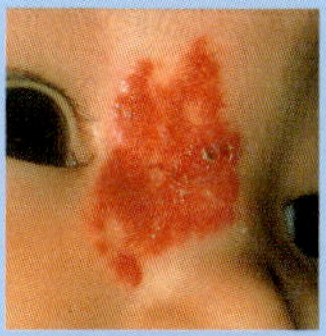
未熟な毛細血管が増えたためにできるあざ。生後2～3週間から真っ赤になり、表面がブツブツに。

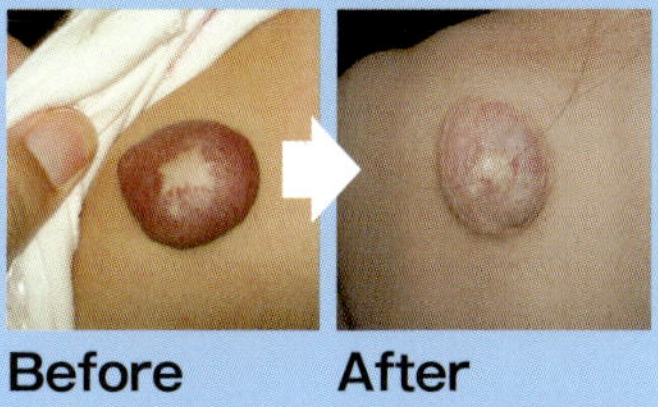

赤く大きく隆起したいちご状血管腫。右は1才のとき。レーザー治療後の3才6カ月では、こぶが小さくなっています。赤みもさらに薄まる可能性が。

食物アレルギーの中では最も多い卵アレルギー

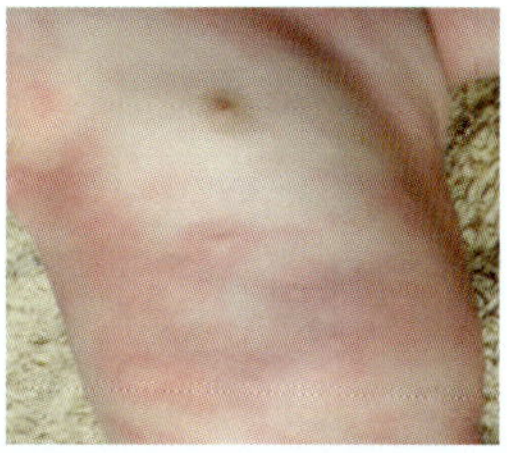
全卵を食べて2時間ほどで全身に発疹。体中が熱くなりました。

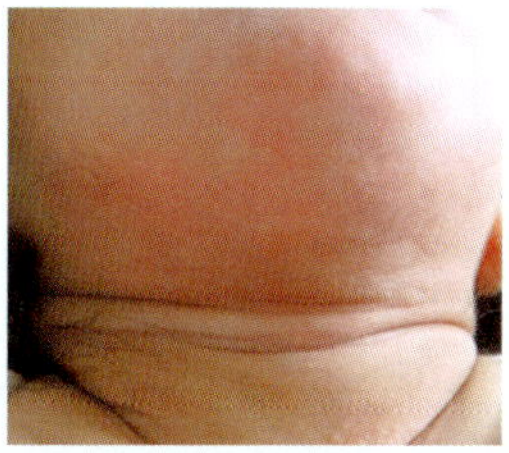
フレンチトースト（食パン、卵、牛乳）を食べて5分後。

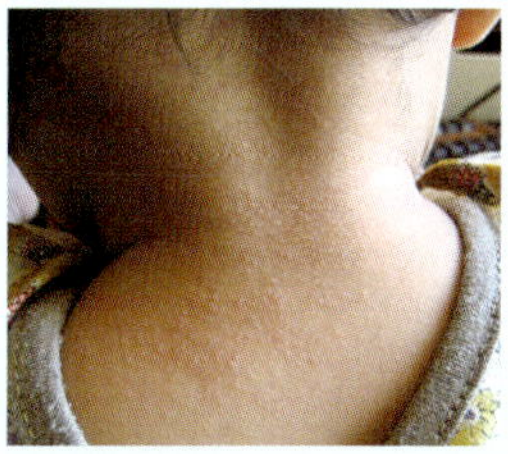
首の後ろに細かい発疹がたくさん出ました。

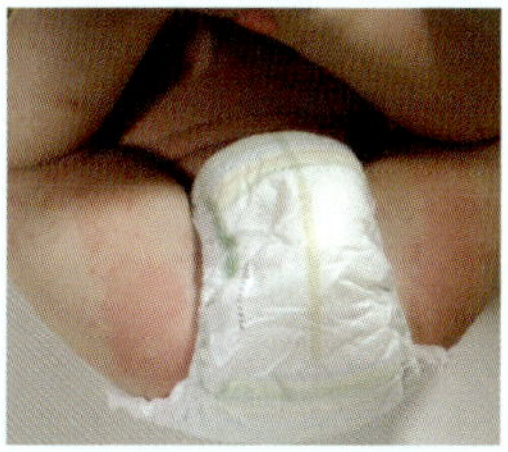
10カ月のとき。卵の加熱が足りなかったのかもしれません。

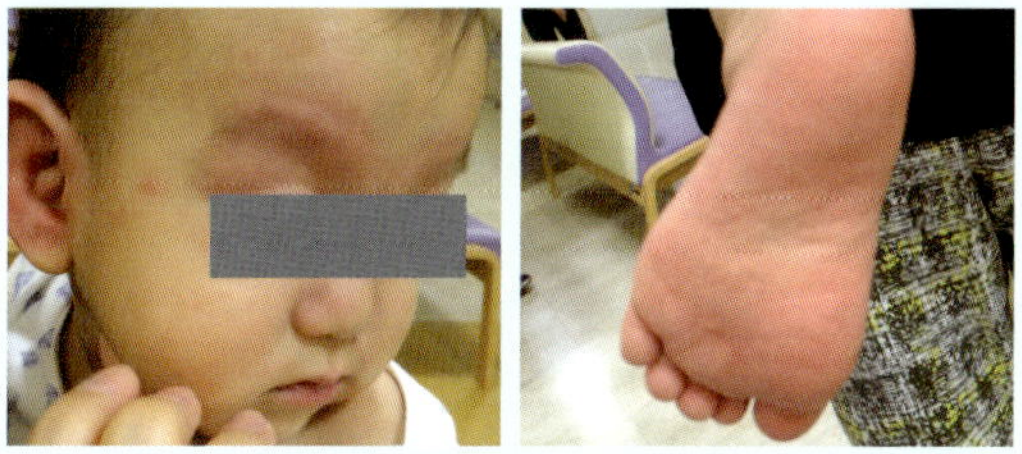
顔が赤くなり、足の裏まではれが広がりました。受診したところ、卵によるアレルギー反応だと言われました。

気になる形状

臍《さい》ヘルニア

→p93

＼手術しました／

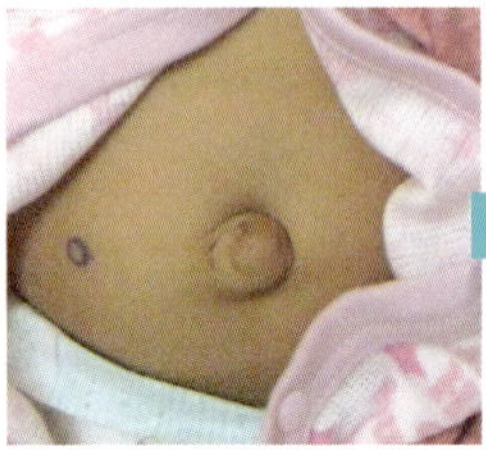

Before

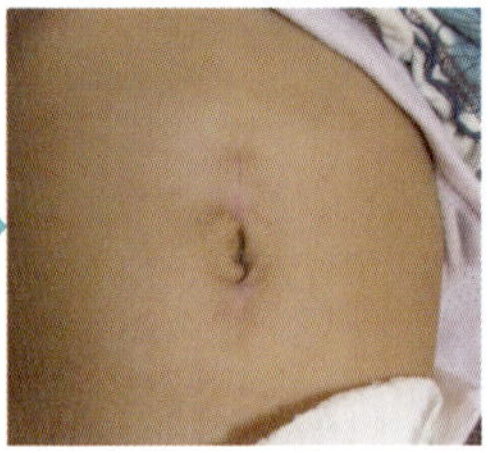

After

1才1カ月のとき、臍ヘルニアの手術をしました。大きく飛び出していましたが、手術できれいなおへそになりました。

いわゆる「出べそ」といわれるもの。腸が本来の場所から飛び出しています。多くは自然に治りますが、大きい場合は手術することも。医師の指導のもと、綿球などで圧迫する方法がとられる場合もあります。硬貨で押さえたりするのは不衛生なのでやめましょう。

＼様子を見ました／

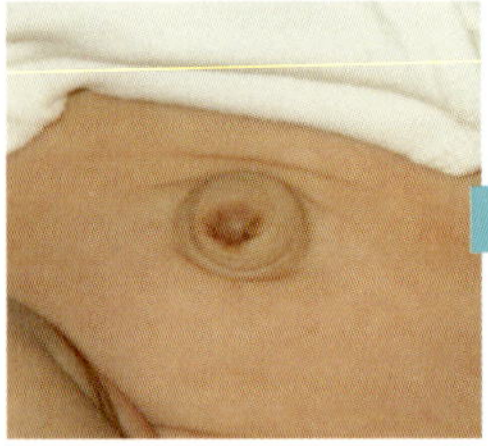

2カ月

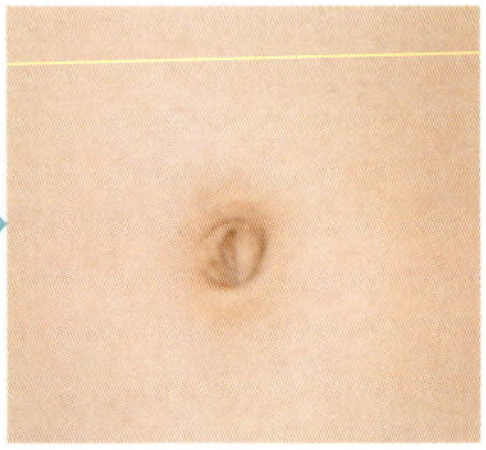

11才

かなり大きな臍ヘルニアでしたが、様子を見ました。出たり引っ込んだりを繰り返しながら少しずつおさまり、小学校高学年のころには普通のおへそになりました。

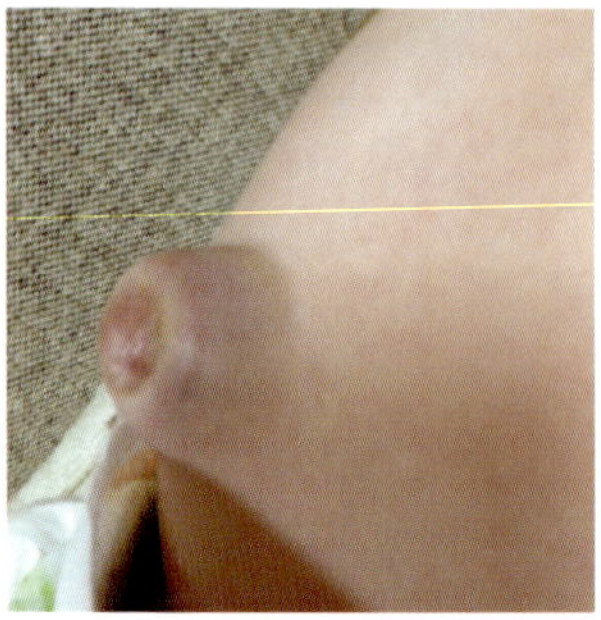

生後1～2カ月のころが特に大きかったように思います。写真は2カ月のとき。4カ月健診時には、気にならない大きさになっていました。

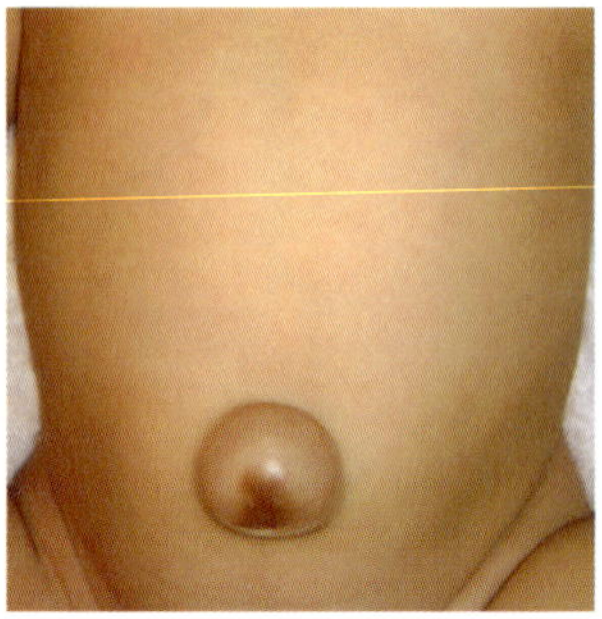

2カ月。大声で泣くと、写真の状態よりさらにおへそが出てかたくなります。緊急性はないと言われ、様子を見ています。

耳にしこりが!?

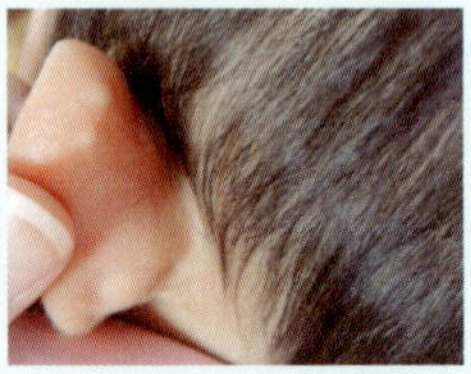

生後4カ月ごろから耳にしこりが。「乳児湿疹の残りで、毛穴が詰まったもの」とのこと。気になるなら学童期に検査をし、切除か注射器で中の液を抜く治療になるそうです。

乳首にポツッと……

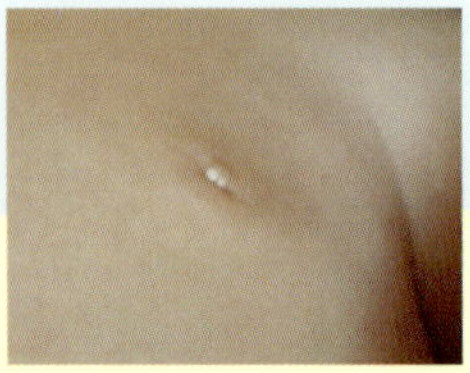

生後1カ月のころ、乳首に白くポツッとしたものを見つけました。脂肪のかたまりではないかと言われ、様子を見ていましたが、いつの間にか消えてしまいました。

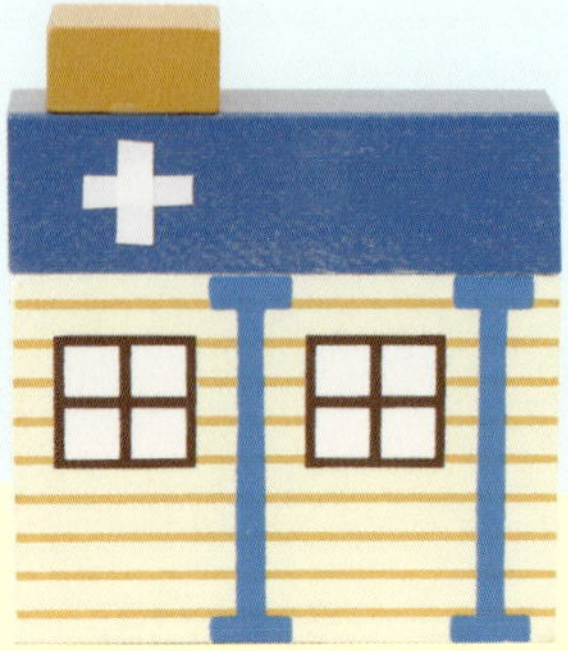

手術・検査・入院体験

病気の治療のため、ときには手術や検査、入院を余儀なくされることもあります。けなげにがんばっている赤ちゃんたち。ママやパパも応援してあげたいですね。

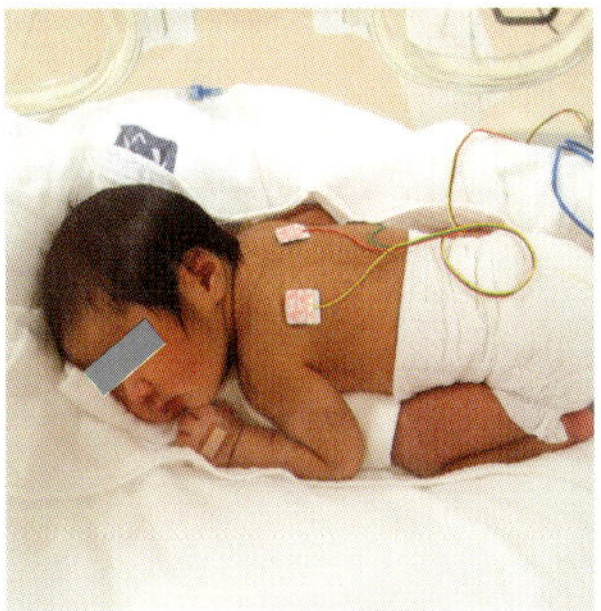

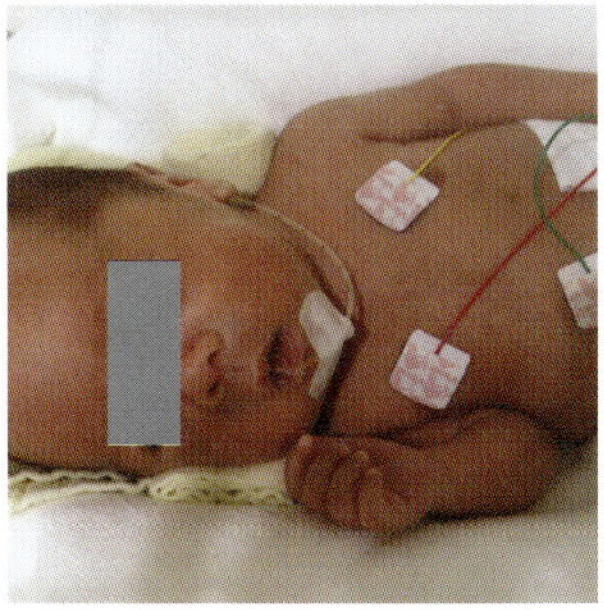

生後すぐ保育器に

出生体重は3028gと標準でしたが、感染症の疑いで直後に保育器へ。2週間ほど入院し、新生児によくある一過性多呼吸と診断されました。

1100gで生まれ、NICUに入院しました。とても大変でしたが、10カ月になる現在は、元気につかまり立ちやはいはいをしています。

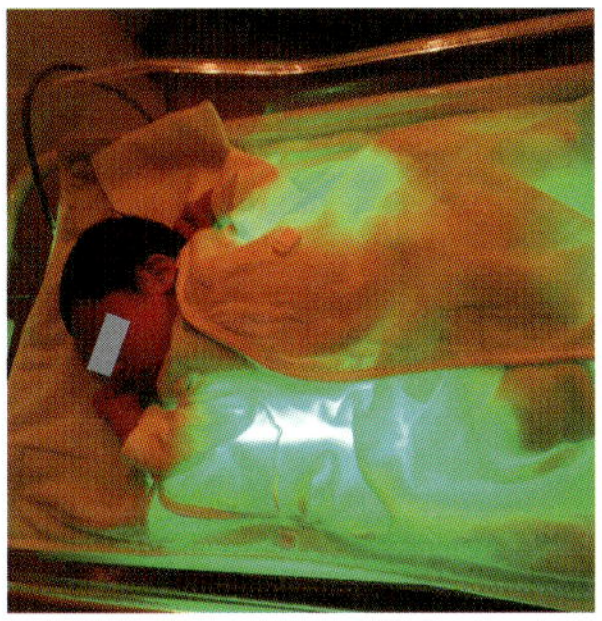

黄疸治療中

生後3日目。黄疸が強かったため、光線治療が行われました。翌日、無事に親子そろって退院することができました。

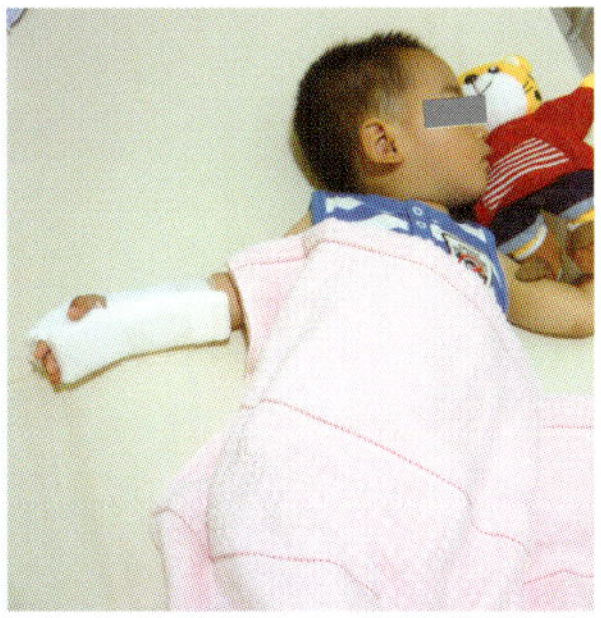

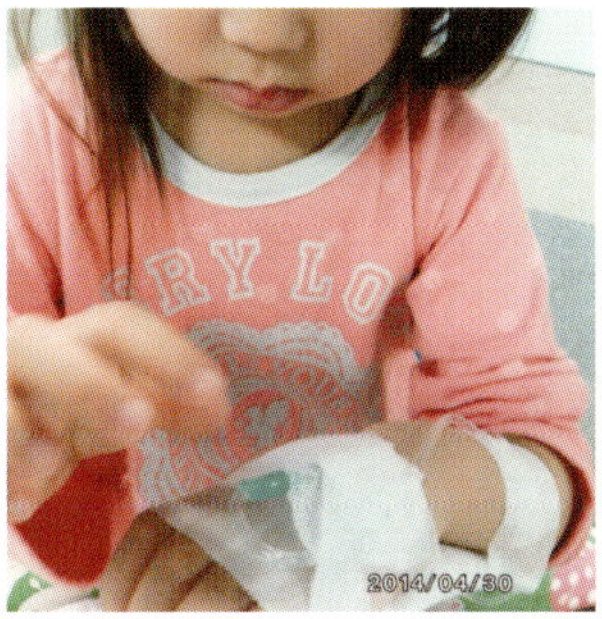

点滴

1才3カ月のとき。入院の際の点滴の様子です。はずさないよう、しっかり包帯を巻きつけています。

2才11カ月。肺炎で点滴。採血や点滴をされても泣かず、病院の先生にびっくりされました。

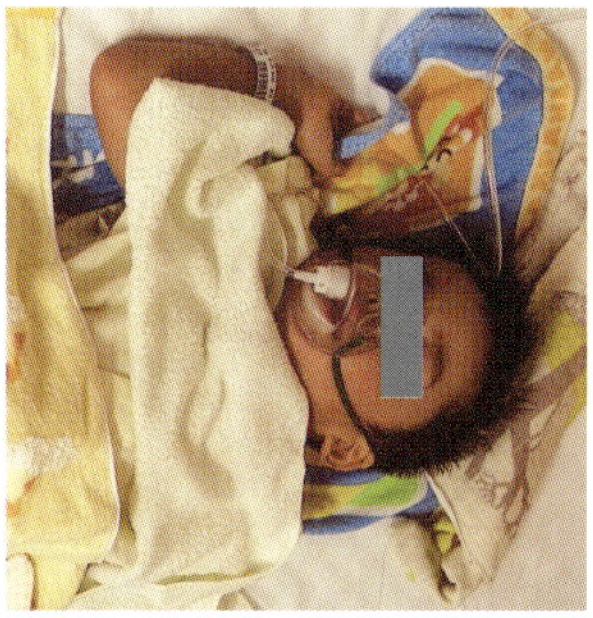

アデノイド切除の手術直後

3才7カ月。アデノイドが肥大しており、切除のために入院・手術しました。全身麻酔のため不安でしたが手術は無事終了。治りにくかった中耳炎にもかからなくなりました。

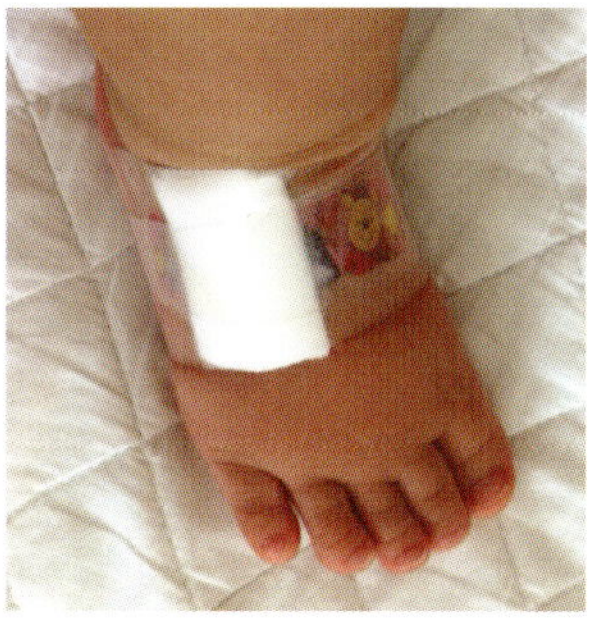

血液検査

1才。血液型を調べるための血液検査。腕の血管から取れず、足の甲から採血しました。看護師さん3人に押さえつけられて大泣きでした。

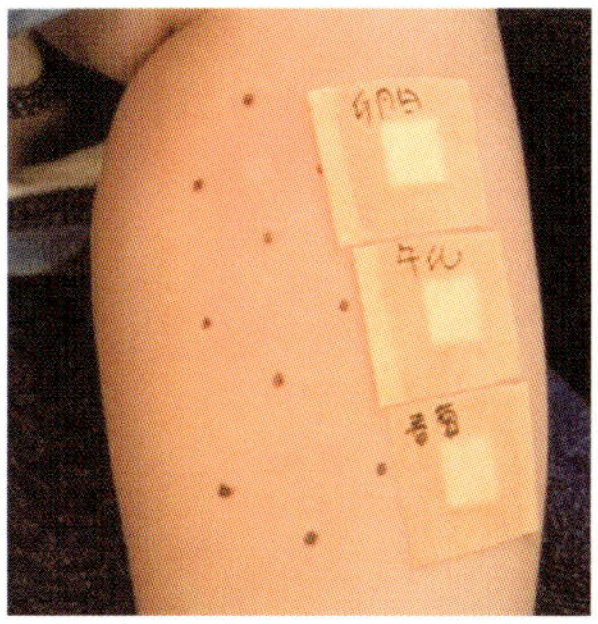

アレルギーの検査

6カ月のとき。食物アレルギーの疑いがあり、アレルギー専門の小児科で皮膚テストを。疑わしい食品のエキスを皮膚につけて反応を見ました。

＼これで大丈夫？／

BCGのあと

BCGは、結核を予防するワクチン（p164）です。薬液を皮膚にのばしたあと、針のついたはんこをギュッと押しつけて接種します。接種直後はあとが消え、しばらくしてから赤く盛り上がってきますが、その様子を不安に思う人もいるようです。

直後

９個の針のついたはんこを２回押しつけます。直後はうっすらと針あとが見える程度。

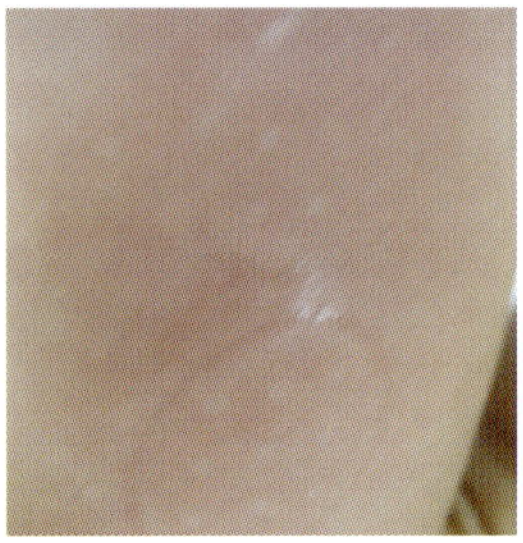

ギュッと押されてびっくりしたけど泣きませんでした。

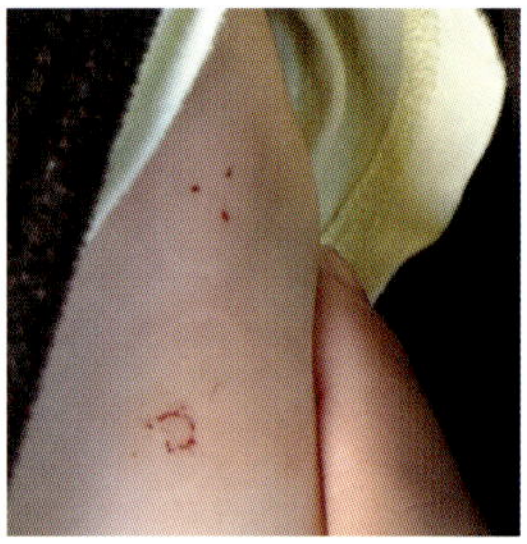

接種後、20分ぐらいたったときのもの。うっすら針あとが。

翌々日

BCGは、接種後しばらくの間は赤くなりません。もしもすぐに反応が出るようだと、すでに結核に感染している可能性も。

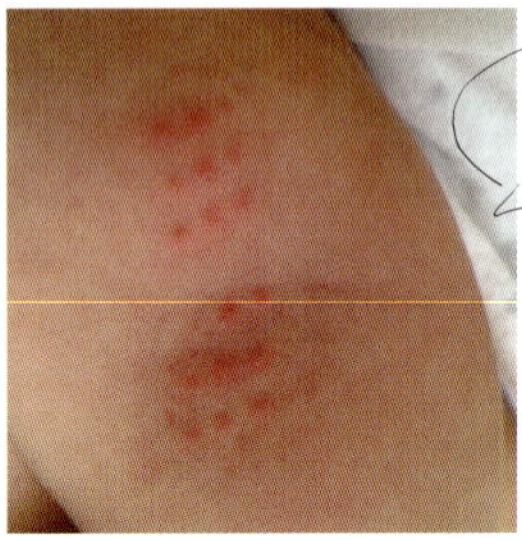

針の物理的刺激によるとのこと。結核感染ではありませんでした。

４週間後

このころから、接種部位が赤くはれてきます。中にはウミを持ったようになることもありますが、問題ありません。同じ４週間後でも、様子はいろいろです。

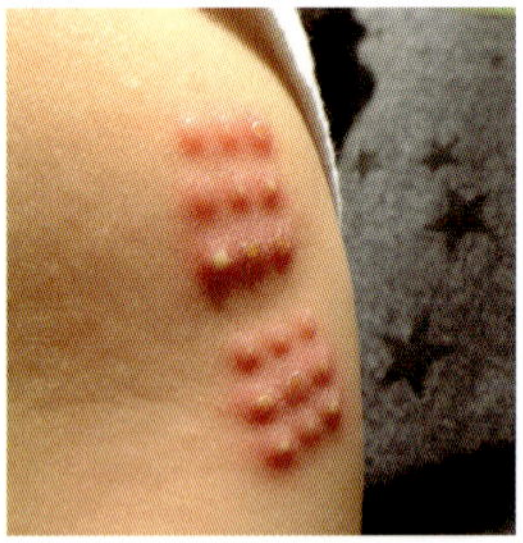

ぴったり４週間後。白いウミのようなものが出てきました。

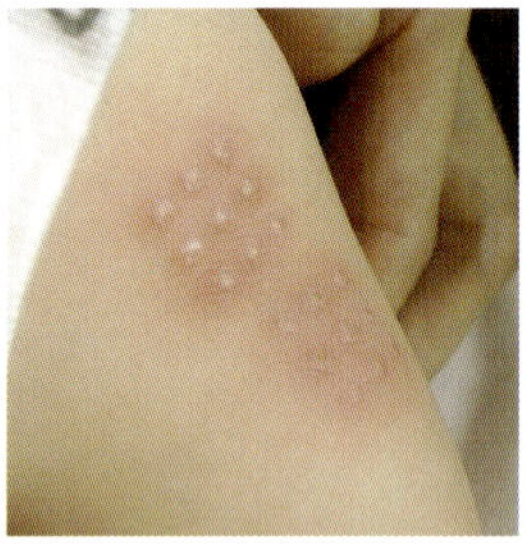

何回か膿んで穴があくのを繰り返しました。

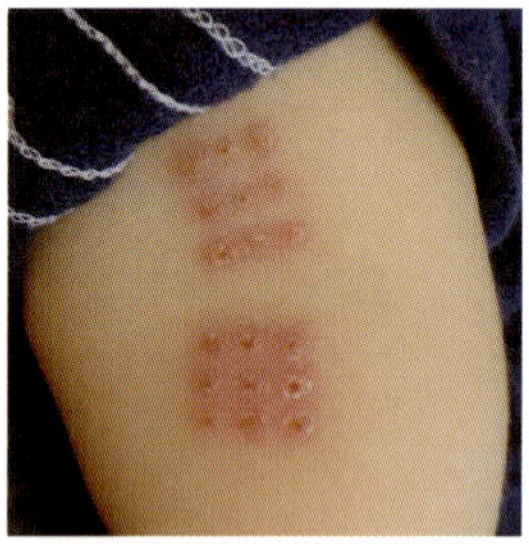

すごく化膿して不安になり、病院で見てもらいました。

５週間後

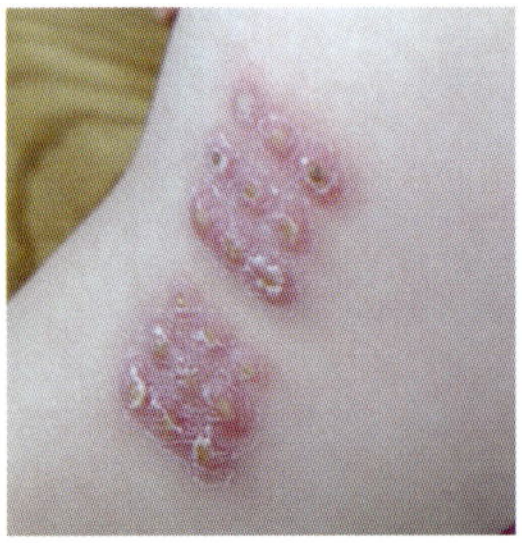

白いウミのようなものが、かさぶたになり始めました。

８週間後

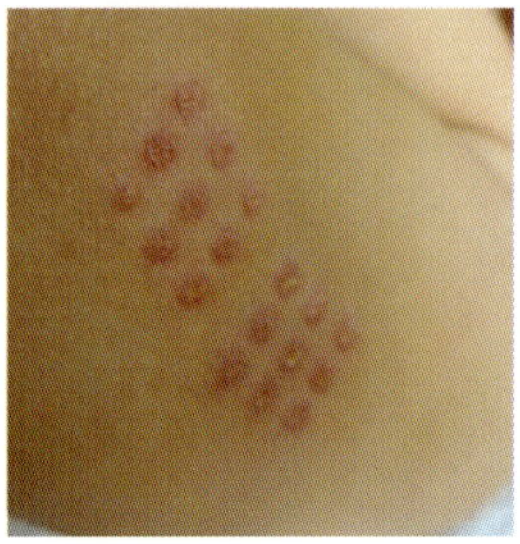

ずっと赤みはあるがジュクジュクはしておらず、かさぶたのようにはげることも。

４才時

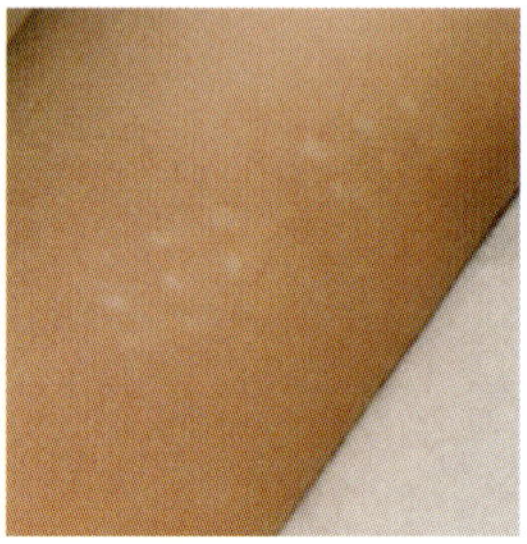

小さくくぼんだ注射あとは４才時にもうっすらとわかります。

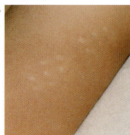

便の様子

病気の便

赤、黒、白の便は要注意。赤は肛門に近い部分での出血、黒は胃や腸で出血している可能性があります。白は先天性の異常やウイルス感染など。早めの受診が肝心です。

赤 かたい便に血が少量ついているのは、排便時に肛門が切れたもの。しかし、便にたくさんの血が混ざっていたら要注意。特に緊急を要するのは腸重積です。急いで受診を。

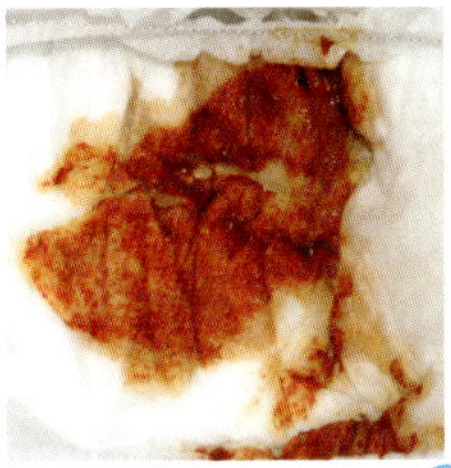

細菌性胃腸炎 ➔p41

カンピロバクター菌、サルモネラ菌など原因菌はいろいろ。血便のほか、吐きけ、下痢、発熱を伴います。

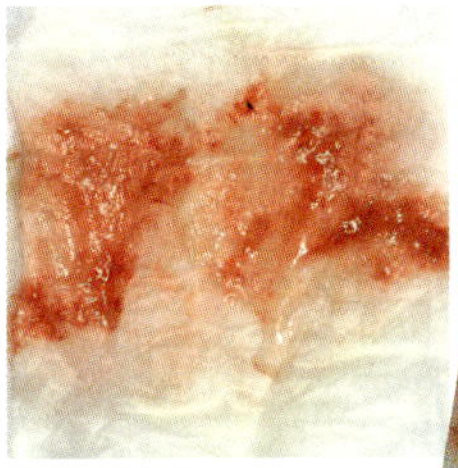
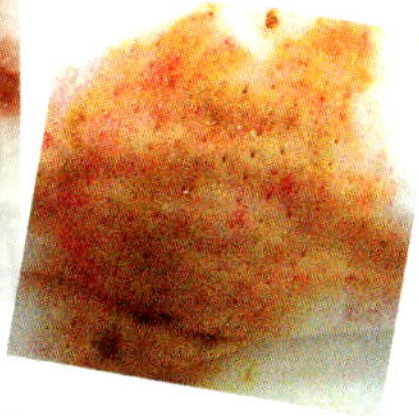

腸重積 ➔p96

1日以上たつと腸が壊死することも。間隔をおいて泣き叫ぶのが典型的ですが、間隔をおかずに泣くことも。

白 便が茶色いのは、肝臓で作られた胆汁が小腸で混じり合うから。激しい下痢が続いて胆汁の排出が追いつかなかったり、胆汁の通り道がふさがったりしていると白っぽい便に。

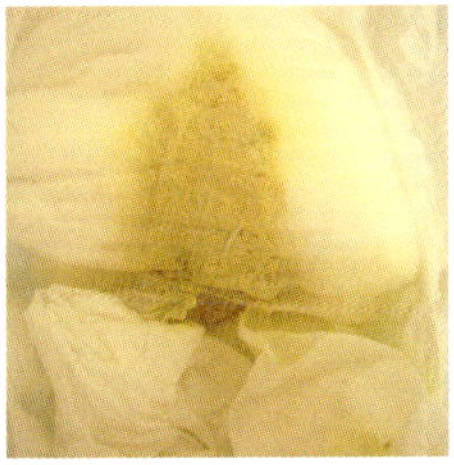

胆道閉鎖症

胆汁を送る胆道が何らかの原因で閉じていたり詰まったりしています。灰白色便といって真っ白ではなく、クリーム色～レモン色の便が出ます。

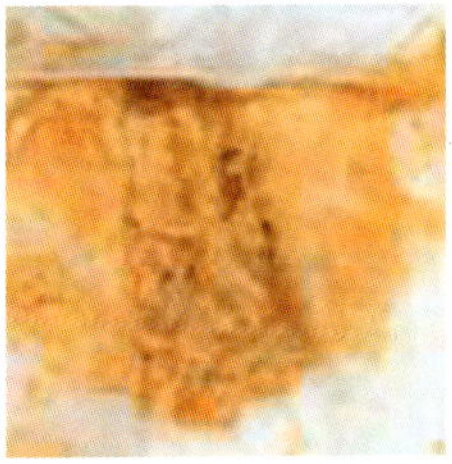

ロタウイルス性胃腸炎 ➔p40

発熱などかぜの症状とともに強い吐きけと、米のとぎ汁のような水様便、または薄いクリーム色の便が出ます。下痢は数日間続きます。

黒 胃や十二指腸潰瘍など、上部の消化管で出血があると、胃酸に反応して血液が黒くなります。貧血で鉄剤を飲んでいる子どもの便も黒っぽくなることがあります。

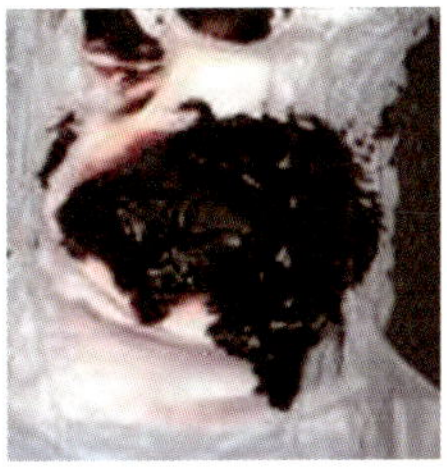

胃潰瘍

胃腸炎、薬剤の影響などで、胃の粘膜に潰瘍が。便が黒くなるほか、黒っぽい血を吐くことも。

血混じりの嘔吐物

6カ月のとき。噴水のような嘔吐が続き、吐いたものに血が混じっていました。受診の結果、胃軸捻転と判明しました。現在通院中です。

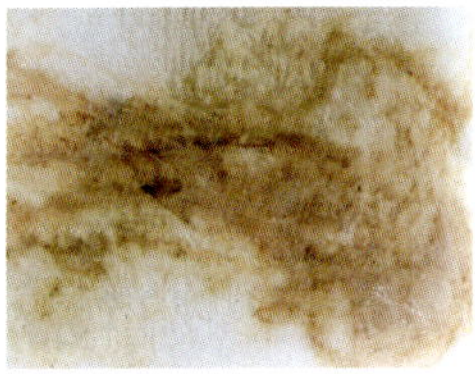

母子健康手帳の便色カードをチェックしよう

胆道閉鎖症は生後2カ月以内に手術したほうが経過がいいので、早期発見が大切です。この病気は便の色が重要なサイン。母子健康手帳の「便色カード」でしっかり確認しましょう。

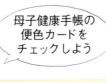

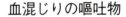

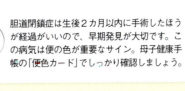

心配のない便

赤ちゃんの便の様子は、食べたものや体調によって日々変わります。健康のバロメーターでもありますので、日ごろから色や量、形状などをよく観察しておきましょう。

糸くず状の血が混じる

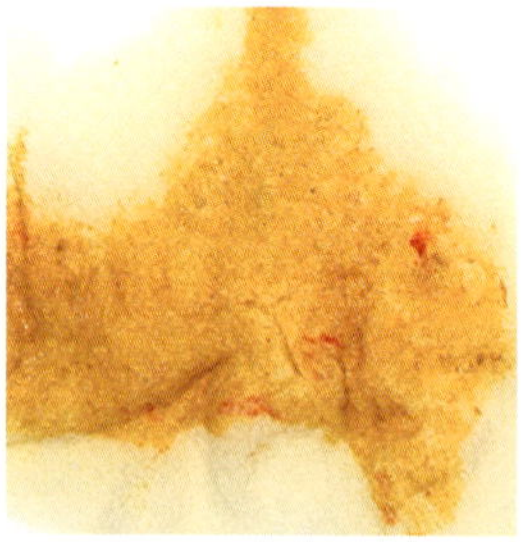

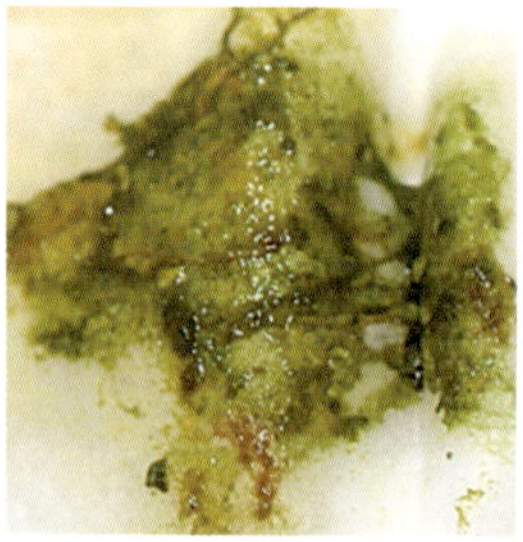

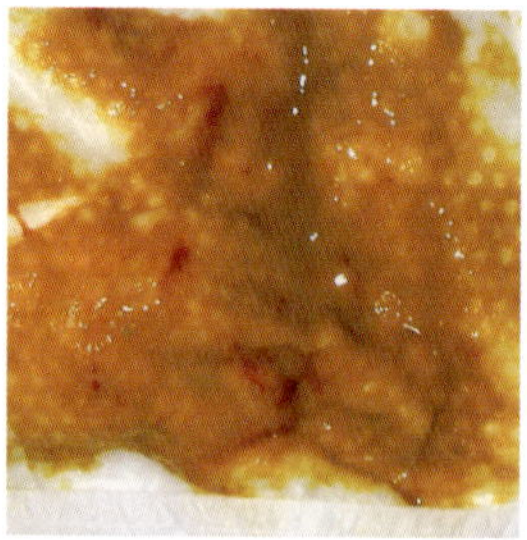

多くの場合は自然に治ります。ただし、ミルクアレルギーの可能性も。血の量が増えるようなら受診を。

緑便

緑便は赤ちゃんによく見られる便です。普段と様子が変わらなければ、問題ありません。

つぶつぶ便、泡立ち便

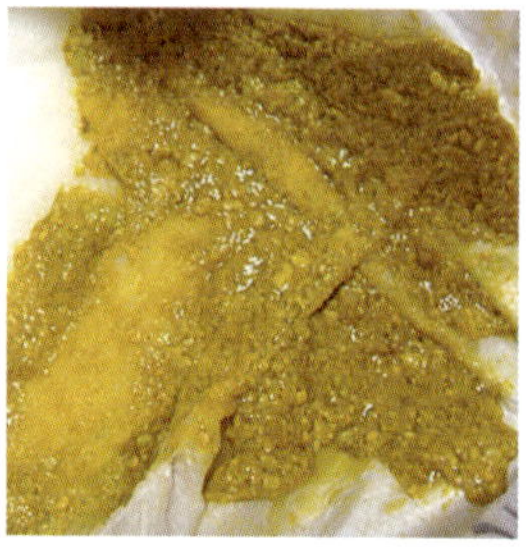

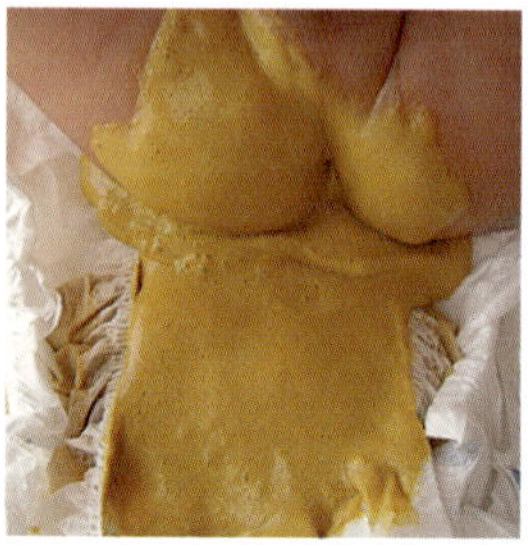

つぶつぶは、特に生後2カ月くらいまでの赤ちゃんに多いもの。泡立ちは空気と混ざっているだけです。

未消化便

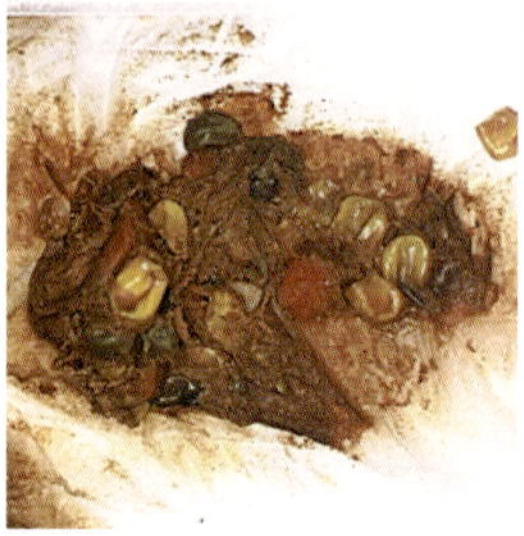

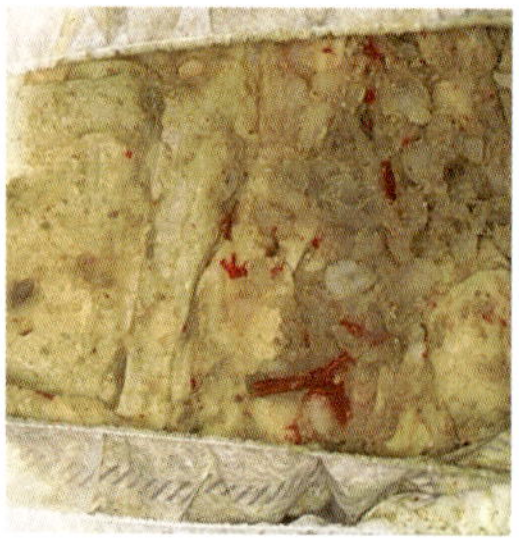

左はミックスベジタブル、右はトマト。病気の心配はありませんが、調理法を見直してみましょう。

月齢別　便の変化

母乳やミルクだけを飲んでいるころのすっぱいようなにおいのゆるい便から、離乳食完了のころには大人と同じような便に。赤ちゃんの便は月齢によって大きく変わります。

1カ月

母乳とミルクの混合

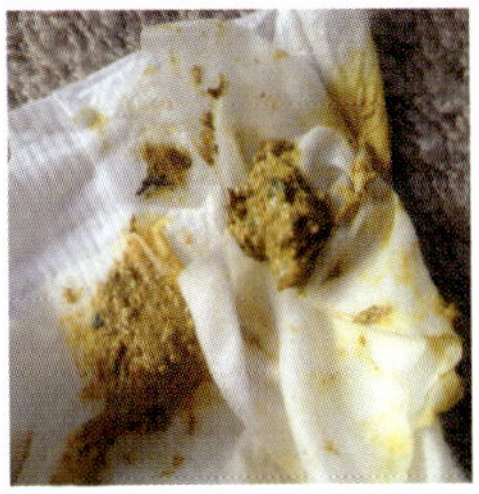

ミルクをたくさん飲みます。便の色は黄色ですが、ときどき緑色が混じります。便秘ぎみですが、やっと1日1回出るように。

6カ月

母乳＋ミルク　離乳食1回

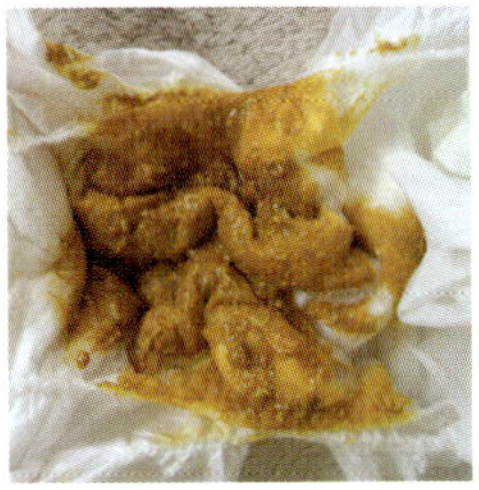

普段から、中に白いプツプツが混じっていることが多いです。白いものは母乳に含まれる脂肪分だとか。特に問題はないと言われました。

6カ月

母乳　離乳食1回

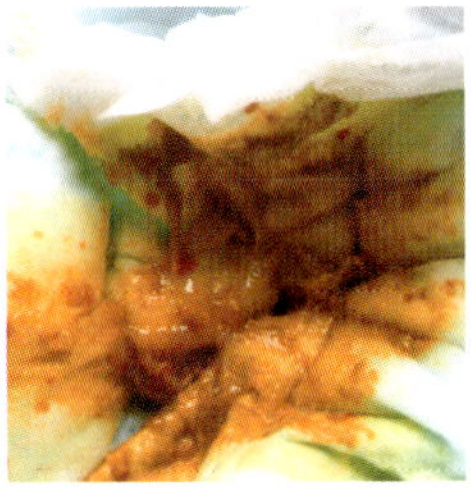

かなり粘りけのある便が出ます。赤っぽい粘液ではなく、透明〜白っぽい粘液だけなら様子を見ていて、とのこと。離乳食が始まると様子が変わるかも。

9カ月

母乳　離乳食2回

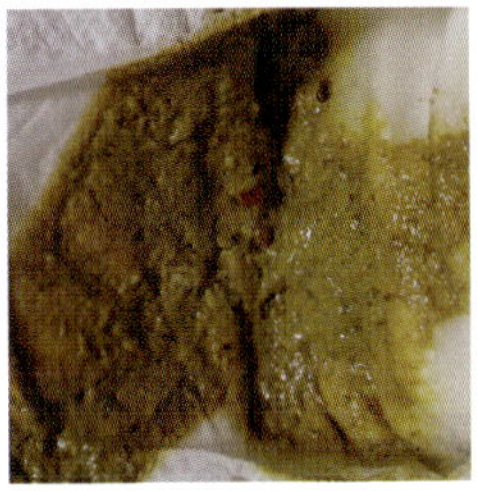

未消化のものが混ざっています。特に根菜類を食べたときに残りやすく、なかでもにんじんが残りやすいようです。

1才

幼児食3回

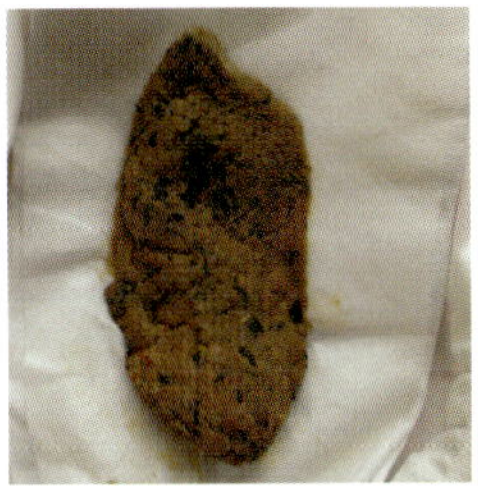

ほうれんそうのおひたしを前日に食べたら、うんちの中にいっぱい出てきました。コーンや大豆なども、必ず未消化で出てきてしまいます。

1才4カ月

幼児食3回

ときどき、べたっとした便とコロコロした便とが同時に出ることがあります。もしかしたらやや便秘ぎみなのでは？と言われています。

1才5カ月

幼児食3回

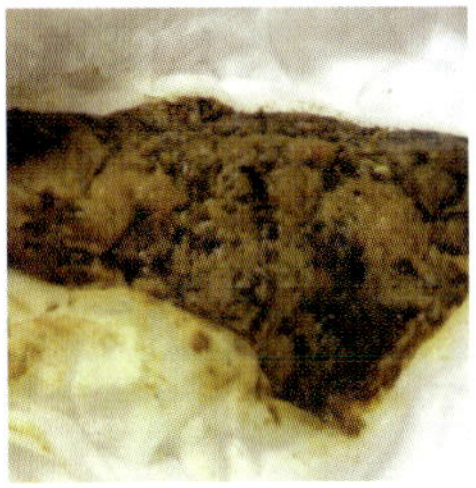

便秘ぎみのときは、ヨーグルトやもずくを食べさせると翌日にはしっかりと出ます。もずくはそのまま出てきてしまうことが多いです。

1才10カ月

幼児食3回＋夜に母乳

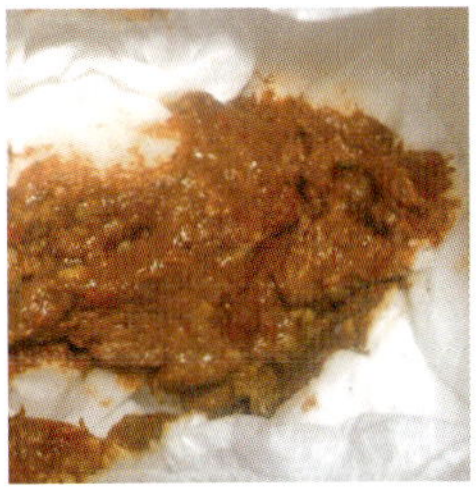

便のかたさが日によって違い、写真のようにゆるい便が出ることも。夜中に何回か母乳をあげているせいでしょうか。元気なら特に問題はないと言われています。

2才

幼児食3回

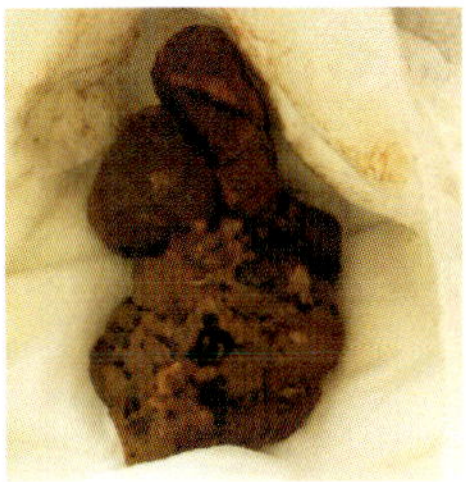

大人のような便が出ます。昆布のおやつがお気に入りですが、ときどきそのまま出てきます。お尻の穴から5cmくらい飛び出していることも。

※このページのコメントはすべてお母さんによるもの。
便の形状は、あくまでもこの月齢での一例です。

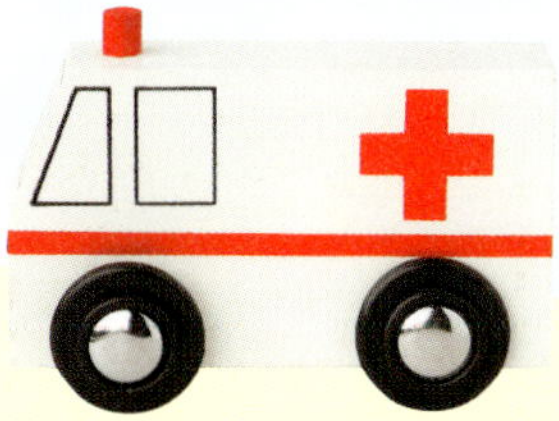

50音順で引きやすい

うつる病気 ―感染症―

子どもは感染症によくかかります。予防接種で防げる病気もありますが、繰り返し何度もかかる病気も。病気のサインや経過を知って、早めに受診するよう心がけましょう。

RSウイルス感《かん》染《せん》症《しょう》

これがサイン

- 熱が出る
- 鼻水やせきなどのかぜ症状

重症化のサイン

- 呼吸が苦しそうでハァハァしている

緊急

- 呼吸が苦しそう、息が詰まりそう

熱	○
発疹	×
せき・ゼロゼロ	○
吐く・下痢	×
予防接種	なし

原因と症状

RSウイルスによる呼吸器の感染症で、ウイルスを持っている人のせきやくしゃみ、ウイルスのついているものにふれることなどでうつります。4～6日の潜伏期間ののち、鼻水やせきが数日続きます。生後1才までに半数以上が、2才までにほぼ100%の子が一度は感染するといわれます。軽いかぜ症状ですむことが少なくありませんが、はじめて感染した赤ちゃんの3割は細気管支炎や肺炎などの重い症状を引き起こします。

その後も生涯に何度も感染しますが、再感染以降はかぜ症状程度で軽くすみます。

【重症化リスクの高い赤ちゃん】

一般的な「かぜ」は、のどから鼻にかけての「上気道」といわれる部分に炎症が起きますが、RSウイルスは下部気管支や肺などの「下気道」に炎症を起こします。そのため、はじめて感染した赤ちゃんの3割は、細気管支炎や肺炎になり、呼吸するときにゼーゼーしたり呼吸困難になったりします。特に注意したいのは、3カ月未満の赤ちゃん、早産の赤ちゃん、先天的に心臓、呼吸器、筋肉、神経などに問題のある赤ちゃんです。重症化のリスクが高く、無呼吸発作、急性脳症などの合併症を起こすと命にかかわります。

治療

ウイルスには特効薬はありませんから、治療は基本的には症状をやわらげる対症療法です。重症化リスクの高い病気のある赤ちゃんは、シーズンの流行期に合わせてパリビズマブ（シナジス）というRSウイルスに対する抗体を毎月1回投与する予防法が保険適用で受けられます。

ホームケア

かぜ症状程度なら、受診したうえで、安静に過ごしましょう。せきがひどくなる、喘鳴《ぜんめい》が起こるなど呼吸状態が悪くなったときは急いで病院へ。月齢が低いほど急激に悪化しやすいので、そばを離れずに様子を見守りましょう。

＼かかりました！／

19日目のとき・完治まで10日以上

月齢が低いため即入院。早めの受診で順調に回復

- **1日目** 上の子のかぜをもらったのか、鼻が詰まり、せきが出始めた。苦しくて母乳もあまり飲まず、飲んでも吐いてしまう。ゼロゼロの音もすごいので、すぐに病院へ。RSウイルス感染症と診断され、入院となる。吸入薬投与、鼻汁吸引、点滴などの処置を受ける。
- **2~8日目** 治療を受けて次第に症状がよくなる。
- **9日目** 退院。母乳もたくさん飲めるように。

一般的な経過

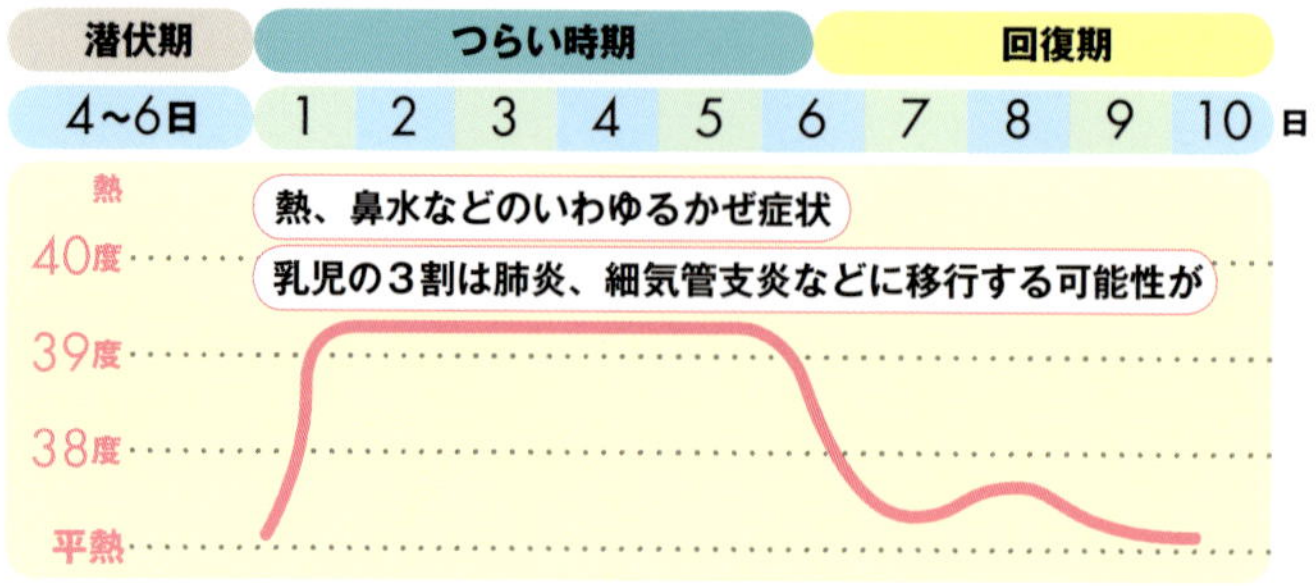

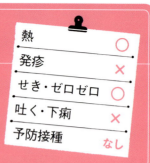

咽《いん》頭《とう》結《けつ》膜《まく》熱《ねつ》（プール熱《ねつ》）

これがサイン

- 高熱が出る
- 飲んだり食べたりをいやがる（のどが痛む）
- 白目が充血する、目やにがひどいなど結膜炎の症状

熱	○
発疹	×
せき・ゼロゼロ	×
吐く・下痢	△
予防接種	なし

原因と症状

原因はアデノウイルスです。初夏から秋口にかけて流行しやすいのですが、冬にも流行することがあり、1年中見られる病気です。5才以下の乳幼児が多くかかりますが、ウイルスのタイプによっては年長児や大人でも感染します。以前は夏にプールで感染するといわれ、「プール熱」と呼ばれていました。しかし、実際の感染経路は、せきやくしゃみのほか、感染した子の使ったタオルやうんちを始末したあとの大人の手指などからです。

症状は、高熱が続く、のどが赤くなって痛む、白目やまぶたの裏側が赤くなり目やにが出るなど。赤ちゃんの場合は下痢や嘔吐を伴うことが多く、結膜炎の症状が出ないこともあります。熱はのどの痛みと前後して出ますが、39～40度の高熱が4～6日程度続きます。

【感染力の強さに注意が必要】

アデノウイルスは感染力が非常に強いので、ほかの家族にうつさないよう注意が必要です。タオルは別々にし、ケアしたあとは手をよく洗います。目やにはティッシュでふく、布おむつを使っている子は紙おむつにして、ティッシュやおむつは使い捨てに。ウイルスは1カ月以上唾液やうんちに出るので、治ったあとも感染防止対策が必要です。

治療

アデノウイルスによる感染かどうかは小児科で調べてもらえます。ウイルスを検出する簡易診断キットを使えば、15分程度で結果が出ます。ウイルスによる病気なので抗菌薬は使いません。熱でつらいときは解熱薬が、結膜炎には点眼薬が処方されるなど、治療の基本はつらい症状をやわらげる対症療法です。

ホームケア

高熱が続くので、家で静かに休ませましょう。水分はしっかりとらせて。のどが痛むので、食べ物はひんやりしたゼリーやスープなど、のどごしのよいものをあげるといいでしょう。

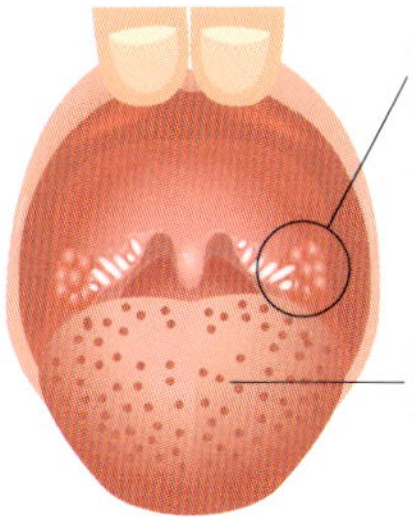

特徴的なのどの炎症が見られる
のどの奥の両わき(扁桃)が赤くなり、白っぽい分泌物が出てきます。ポツポツした水疱などは見られません。

舌は赤くなるが、水疱はない
舌にも水疱はありません。

用語解説

- **感染症**
ウイルスや細菌、真菌（カビ）などに感染することによって起きる病気。
- **対症療法**
病気の原因を取り除くのではなく、痛みや熱、せきなどの症状をやわらげたり、なくしたりする治療法。
- **合併症**
ある病気がもとになって起こる別の病気のこと。合併症を起こしやすい病気の代表がかぜ症候群です。

＼かかりました！／

1才1カ月のとき・完治まで6日

高熱が続き、3日目に熱性けいれんで入院して診断が

- **1~3日目** 朝から38度の熱を出し、翌日には39度に上がり、受診。3日間、39～40度の高熱が続き、食欲もなく、水分のみ。発熱前から出ていた鼻水とせきが悪化し、目も充血し、目やにも。
- **4日目** 夜中に熱性けいれんを起こして入院。そこではじめて咽頭結膜熱と診断が。
- **6日目** その後2日かかってやっと熱が下がり、入院3日目で退院。

一般的な経過

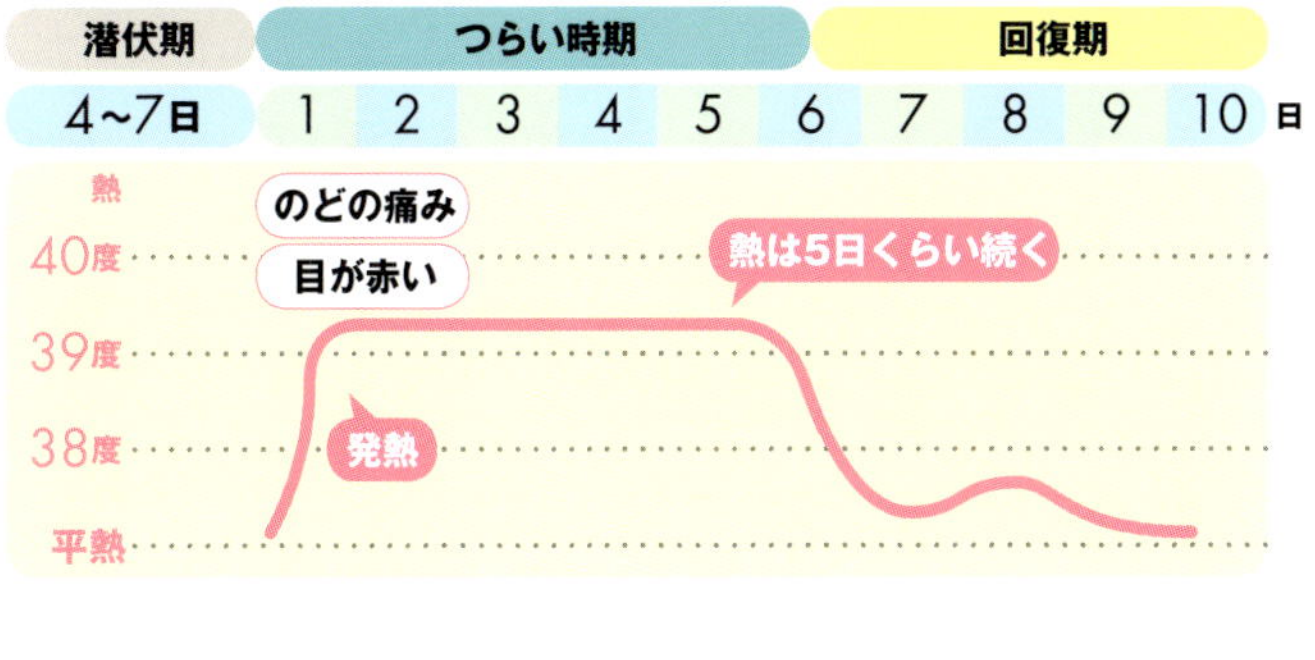

おたふくかぜ

これがサイン

- 熱が出る
- 耳の下、あごの下がはれて痛む

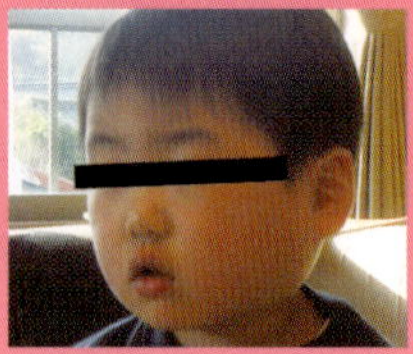

熱	○
発疹	×
せき・ゼロゼロ	×
吐く・下痢	×
予防接種	任意

原因と症状

ムンプスウイルスに感染して起こります。耳下腺や顎下腺がはれる病気で、せきやくしゃみからうつります。生後6カ月過ぎからかかる可能性がありますが、感染しやすいのは幼児期から学童期にかけてです。かかっても3割はほとんど症状の出ない不顕性感染ですが、一度かかると終生免疫がつくため、二度かかることはめったにありません。

2~3週間の潜伏期間を経て、耳の下からあごにかけてぷっくり「おたふく」のようにはれて、少しかたくなります。はれは左右に出ることもあれば、片方だけのこともありますが、はれがある間はあごを動かすだけでも痛く、食欲が大幅に減退します。はれは1~2日目がひどく、1週間近く続くこともあります。熱は38~39度くらい出ることもありますが、出ても2~3日で下がります。

感染の危険があるのはあごがはれる数日前~はれが出てから5日間程度。感染力の強いウイルスなので、保育園や幼稚園、学校などはこの期間は登園・登校停止となります。

【こわい合併症】

病気自体は比較的軽いのですが、心配なのは合併症です。

無菌性髄膜炎を起こすのは100人中4~8人と決して少なくないほか、脳炎を起こすこともあります。

また、ウイルスが内耳に感染するとムンプス難聴を引き起こすことも。片耳だけのことが多いので気づきにくいのですが、おたふくかぜが治ってからも耳の聞こえ具合に注意しましょう。呼んでも振り向かないなど、聞こえが悪いようだと感じたら、耳鼻科を受診して。

思春期以降に感染すると、男性では睾丸炎を、女性では卵巣炎を起こすこともあります。どちらも強い痛みを伴いますが、多くは片側だけに見られ、不妊の原因になることはまれです。

こうした合併症のリスクを避けるためにも、できるだけ予防接種を受けましょう。

治療

ウイルスに対する特効薬はないので、症状をやわらげる対症療法が基本です。熱が高くてつらそうだったり、はれの痛みが強い場合には、解熱薬が処方されることもあります。

ホームケア

家で静かに過ごします。飲み込むのがつらいときはのどごしのよいスープやゼリーなどがいいでしょう。すっぱいものは避けます。

＼かかりました！／

1才1カ月のとき・完治まで4日

おたふくかぜに扁桃炎を併発。40度の熱が3日間も！

- **1日目** 夜中に突然、40度の高熱を出し、夜間救急へ。耳の下を痛がったが、高熱は扁桃腺のはれが原因と言われる。
- **2日目** あごの下がはれ始め、おたふくかぜと扁桃炎の併発と診断される。40度の熱は続いたが、解熱薬が効いている間は水分も食事もとれる。
- **4日目** 発熱から4日目に熱が下がり、あごと耳の下のはれもひいていった。

はれるのは、耳の下からほお、あごの下など

はれている部分は痛みを伴い、少しかたくなります。幼児は痛む場所をうまく表現できず、「耳が痛い」と言うこともあります。

一般的な経過

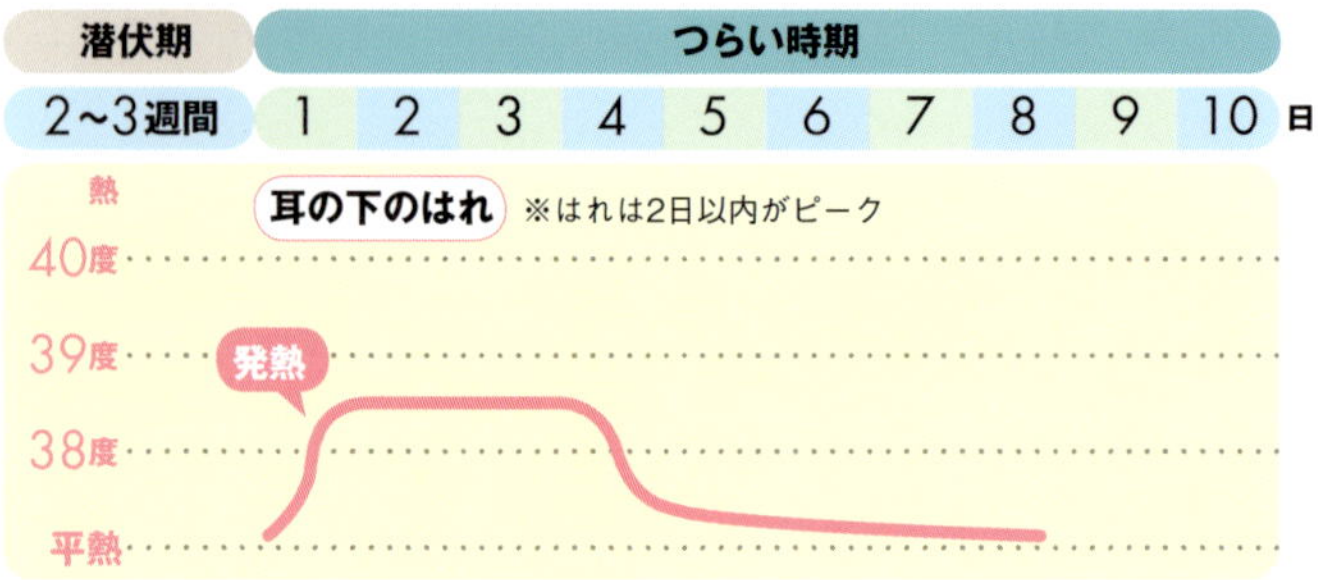

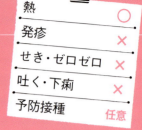

気《き》管《かん》支《し》炎《えん》

これがサイン
- 熱が出る
- たんのからんだようなゴホゴホというせきが出る
- 食欲がなくつらそう

熱	○
発疹	×
せき・ゼロゼロ	○
吐く・下痢	×
予防接種	なし

原因と症状

気管支炎はウイルスが原因のものが多く、なかでもウイルスによるかぜがこじれてのどの炎症が気管から気管支に及ぶケースが一般的です。

鼻水、くしゃみ、せきなど、かぜの症状に引き続いて起こることが多く、特徴は38～39度の高めの熱と、ゴホゴホとたんのからんだような湿った重いせきです。せきで苦しい時期は通常は4日間ほどで、多くの場合、1週間ほどすればよくなります。

最も注意しなければならないのは呼吸状態が悪くなること。月齢が低いほど呼吸困難を起こしやすくなります。呼吸困難の一番のサインは呼吸が速くなる「多呼吸」。浅く速い「ゼーゼー」「ハァハァ」という呼吸になったら、急いで病院へ。

【ぜんそく様気管支炎】

乳幼児の気管支炎では呼吸がぜんそくのようにゼーゼーすることがあり、「ぜんそく様気管支炎」と言われたりしますが、これは、いわゆる「ぜんそく」ではありません。

ぜんそくは、アレルギー反応によって気管支が縮まるためにゼーゼーとした苦しそうな呼吸になります。ぜんそく様気管支炎は、大人にくらべると細い乳幼児の気管内にたんがたまり、結果として気管支が狭くなって呼吸がゼーゼーしています。ですから、ぜんそく様気管支炎と診断された場合は、治療もホームケアも気管支炎と同じです。

治療

熱やせきがあっても、比較的元気で食欲があれば、軽度の気管支炎なので通院での治療を指示されることが多いでしょう。病院では去痰薬の処方や気管支を広げる薬の吸入などを行います。呼吸困難の症状があったら急いで病院へ。1～2週間程度入院して治療することになります。

ホームケア

ウイルスによるものは特効薬がないので、家で安静にしていることが一番です。十分な水分補給をし、加湿器を使うなどして部屋の湿度を保ちましょう。適度な湿度はたんを切りやすくし、せきのつらさをやわらげます。抱っこするときはたて抱きにし、背中をトントンすると気管からたんがはがれてラクになります。

通常はせきを止める薬は使いませんが、夜も眠れないほどひどいような場合には鎮咳薬（せき止め）が処方されることもあります。医師に相談して、指示どおりに使いましょう。

用語解説

・不顕性感染
細菌やウイルスなどの病原体が体の中に侵入して増えても、病気の症状が現れずに、知らない間に免疫ができてしまう感染のこと。

・合併症
ある病気がもとになって起こる別の病気のこと。合併症を起こしやすい乳幼児の病気には、かぜ症候群、はしか、インフルエンザ、おたふくかぜなどたくさんあります。

かかりました！ 1才2カ月のとき・完治まで約7日

7日目にようやく高熱が下がる

1日目	39度を超える発熱ですぐに受診。かぜと診断され、薬をもらう。
2日目	ぜんそくのようなせきが出始め、熱は40度以上。呼吸も苦しそう。
3日目	再受診。胸の音が気になると、気管支拡張薬、抗菌薬、せき止めが出る。
6日目	熱が下がらず再受診。ウイルス性気管支炎との診断。明日も熱が続けば入院と。
7日目	熱がようやく下がり、ホッと安心。

かかりました！ 8カ月のとき・完治まで8日

かぜをこじらせて気管支炎に。早く病院へ行くべきだった

1日目	朝から軽いせきと鼻水。食欲は普通。
2日目	朝起きるとコンコンというせき。37.5度の熱。日曜なので様子を見ることに。
3日目	朝ぐったりして、熱も38.7度。水分も受けつけないので急いで病院へ。気管支炎と診断され、点滴を受ける。ゼロゼロしたせきが苦しそう。
4~8日目	4日目に平熱に戻るが、ゼロゼロとしたせきは続き、8日目にやっとおさまる。

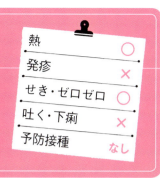

クループ症候群《しょうこうぐん》（急性喉頭炎《きゅうせいこうとうえん》）

熱	○
発疹	×
せき・ゼロゼロ	○
吐く・下痢	×
予防接種	なし

これがサイン

- のどが赤くなり痛むので食欲がなくなる
- 「ケーン」「オウッオウッ」など犬の遠吠えかアザラシの鳴き声のようなせきが出る

緊急

- 声がかすれる、声が出ない、呼吸が苦しそう

原因と症状

のどの奥から気管と食道が分かれるあたりまでを喉頭《こうとう》といいます。クループ症候群はこの喉頭に炎症が起きる病気です。原因の8～9割はパラインフルエンザウイルスやアデノウイルスなどのウイルスだといわれています。

のどが赤くなって痛み、水分やよだれを飲み込むのも痛いため、食欲がなくなります。熱は高めに出ることが多いのですが、発熱しないこともあります。また、喉頭は上気道で最も狭いので、さらに気道が狭められ、息を吸うときに「ゼーゼー」と喘鳴がしたり、声がかすれたりすることもあります。この場合、せきだけでなく、呼吸もしにくくなります。

特徴的なのは「ケーンケーン」「オウッオウッ」という犬の遠吠えやアザラシの鳴き声のようなせき。最近ではこのようなせきの様子を携帯電話やスマホの動画機能で録画・録音するママもいて、診断に役立っています。

【窒息を招く急性喉頭蓋炎】

クループ症候群はウイルス性がほとんどですが、なかには細菌性喉頭炎もあります。これは喉頭《こうとう》蓋炎《がいえん》といって、気管の入り口にある弁のような喉頭蓋がはれる病気です。気道をふさぐため窒息し、命にかかわります。原因の多くはインフルエンザ菌b型（ヒブ）で、1～5才の幼児に見られます。突然の高熱、強いのどの痛みのほか、流れ出るよだれも特徴です。急に発症し、物が飲み込めない、あえぐ、呼吸困難といった症状が現れます。5～10分という短時間で急速に症状が悪化するので、救命は時間との勝負。すぐに救急車を呼びましょう。

ヒブワクチン（p163）は、この急性喉頭蓋炎の予防にもなるので、ぜひ積極的に受けましょう。

治療

かん高い特有のせきが出たら、早めに小児科を受診しましょう。病院では、まず呼吸の状態をチェックし、喉頭のむくみをやわらげる薬の吸入をします。炎症をしずめるためにステロイド薬を使ったり、湿気を吸入したりすることも。2才以下の子どもでは呼吸困難が強くなりやすく、低酸素状態になることもあります。その場合入院して酸素吸入などを行います。

ホームケア

せきでつらい病気なので、水分を十分にとらせます。空気が乾燥しているとせき込むので、室内は十分加湿して。部屋の換気もこまめにしましょう。せきで苦しいときはたて抱きにします。

＼かかりました！／

10カ月のとき・完治まで5日

かぜのせきが途中から「ヒューヒュー」という音に

1日目	かぜをひいて1週間目ごろ、せきがヒューヒューという音に変わったので受診すると、クループ症候群との診断。さらに「今晩がヤマです。ひどくなったら夜中でも救急へ」と。熱は38.5度ほどあったものの、食欲はあったので、そんなにひどい状態とは思わず、驚く。
2日目	シロップ薬が効き、夜も眠れるように。
5日目	熱が引き、せきもおさまった。

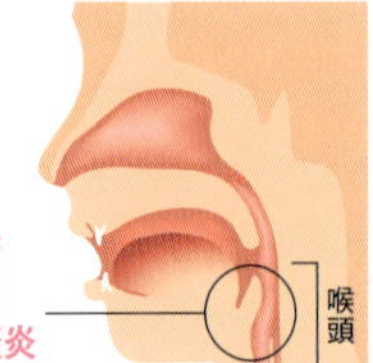

呼吸困難で一刻を争う急性喉頭蓋炎

気管の入り口にある喉頭蓋が炎症を起こしてはれると、気道がふさがり一気に呼吸困難に。

声門直下が炎症を起こす

声門の下のあたりに炎症が起きるので、声がかすれたり、特徴的なせきが出たりします。

一般的な経過

結《けっ》核《かく》

これがサイン

- 家族など周囲に結核患者がいる
- 発熱、せき、ゼロゼロ、食欲不振、顔色が悪いなど

熱	○
発疹	×
せき・ゼロゼロ	○
吐く・下痢	×
予防接種	定期（BCG）

原因と症状

結核菌に感染して起こる病気です。結核患者のせきや飛沫の中にいる結核菌を吸い込むことで感染します。赤ちゃんの場合、家族に感染者がいて、そこからうつることがほとんど。結核の免疫は母親からもらえないので、生後間もない赤ちゃんも感染する可能性があります。

結核菌に感染しても、健康な大人は免疫によって結核菌を抑え込んでしまいます。しかし乳幼児は発病する可能性大。結核菌が活動を始めると菌が増殖して体の組織を冒していきます。また、乳児期に感染すると、合併症として結核性髄膜炎を起こして死亡したり、重い後遺症を残したりすることもあります。

結核にはいろいろなタイプがありますが、乳幼児が一番かかりやすいのは肺門リンパ節結核です。リンパ節のはれるのが特徴で、最初のうちは症状がありませんが、X線やCT、MRIなどで診断がつきます。

発熱、せき、ゼロゼロ、食欲不振、顔色が悪いといった様子が見られたら要注意です。そのままにしておくと重症の結核になってしまうので、おかしいなと思ったら早めに受診してください。

【予防のためにBCG接種を】

結核の予防のためにはBCGの予防接種を受けることが何より大切です。定期接種で、生後すぐから受けられますが、集団接種で行われることもあります。BCG接種は発病のリスクを減らすだけでなく、重症結核の予防にも有効です。生後1才までなら無料で受けられますから、必ず受けましょう。

治療

結核はこわい病気だと思われていますが、現在ではさまざまな薬が開発されており、万一発病しても早期治療でほとんどが治ります。

治療の基本は抗結核薬などの薬を飲むことです。しかし、指示されたとおりに薬を飲まなかったり、治療途中でやめてしまったりすると、結核菌が薬に対して抵抗力（耐性）を持ってしまい、薬の効かない結核菌（耐性菌）になる可能性があります。結核と診断されたら、医師の指示を守って、治療終了まできちんと薬を飲み続けることが重要です。

なお、多くの場合入院はせずに通院治療が基本です。入院は他人に感染させるほど進行した場合に行われます。

用語解説

・定期接種
「国が接種をすすめ、予防接種法による救済処置がとられる」もの。決められた期間内なら無料で受けられます。

・上気道
肺に入る空気の通路を気道といい、鼻の奥から喉頭までを上気道といいます。かぜ症候群やクループ症候群は上気道炎です。

過去の病気ではない結核

結核はかつて、日本の死亡原因の1位でした。抗結核薬が開発されてからは、患者数は一時期を除いて減少しています。しかし、今でも毎年1万人以上の新しい患者が発生し、2000人近くが命を落としています。決して過去の病気ではないのです。

細《さい》気《き》管《かん》支《し》炎《えん》

熱	○
発疹	×
せき・ゼロゼロ	○
吐く・下痢	×
予防接種	なし

これがサイン

- 発熱・鼻水・せきなどのかぜ症状
- ゼーゼーヒューヒューを伴うせきが出る

緊急

- 呼吸困難の症状
- 呼吸するとき、のどのくぼみや胸がへこむ

原因と症状

肺の中で気管支から枝分かれした最も細い部分の細気管支に炎症が起きた状態です。2才くらいまで、なかでも6カ月前後の赤ちゃんに多い感染症で、冬に多く見られます。

原因になるのは主にRSウイルスで、ほかにメタニューモウイルス、パラインフルエンザウイルス、アデノウイルスなどでも起こります。RSウイルスは生涯に何度も感染しますが、はじめての感染は家族からのことがほとんど。上の子の唾液や鼻水からうつることが多いといわれています。

細気管支炎は気管支炎と同じく、鼻水やせき、発熱などのかぜ症状に引き続いて起こります。次第にせきが強くなって、呼吸をするときに「ゼーゼー」「ヒューヒュー」という喘鳴がすることもあります。軽い場合は数日で自然に治りますが、月齢が低いほど悪化しやすいので、単なるかぜとあなどらず、きちんと受診することが大切です。

【呼吸困難に気をつけて】

細気管支が炎症を起こすと、気管支の細胞や粘膜がウイルスによって壊されます。たんなどの分泌物や粘膜のむくみなどで細気管支が狭くなったり、ふさがれたりすると、呼吸が苦しくなります。肺の役目である二酸化炭素と酸素の交換がうまくできなくなり、酸素が不足して顔や唇が真っ青になることも。

生後1カ月未満の赤ちゃんは、せきや鼻水などごく初期の段階でも無呼吸になってしまうことがあります。かぜかなと思っているうちにゼーゼーヒューヒューと言い出したら、至急病院を受診しましょう。

治療

病院では気管支拡張薬などを吸入し、鼻水を吸引します。呼吸状態が悪い場合は入院となり、酸素の吸入を行います。呼吸困難によって水分もとりにくくなるので、点滴も必要になります。

ホームケア

呼吸状態がそれほどひどくない場合は通院治療になることもあります。ただ、月齢の低い赤ちゃんほど急激に容体が悪化することがあるので、そばを離れず様子を見守っていてください。夜間や休日に容体が悪化してもあわてないよう、あらかじめ医師に確認しておきましょう。

せきがひどく、呼吸が苦しいとおっぱいやミルクが飲みにくくなるので、水分は少しずつこまめに与えましょう。部屋も適度な湿度を保つよう工夫を。

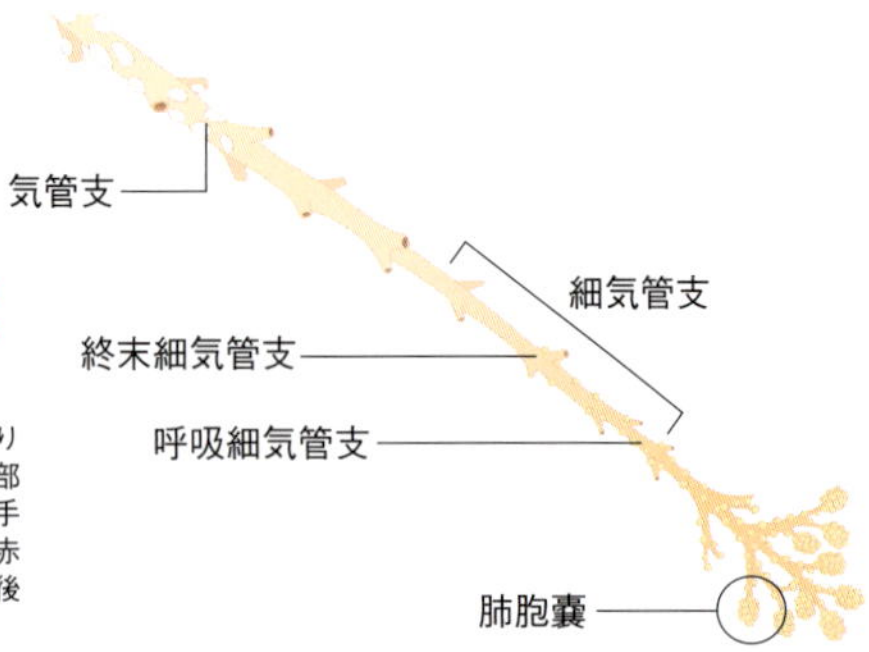

気管支の末端のごく細い気管が細気管支

細気管支は気管支よりも先の、さらに細い部分。肺胞に分かれる手前の部分の内腔は、赤ちゃんでは0.1mm前後しかありません。

一般的な経過

髄《ずい》膜《まく》炎《えん》・脳《のう》炎《えん》

緊急
- 高熱が続く
- とても不機嫌。ぐったりしていて、見るからに様子がおかしい
- 繰り返し吐く
- 抱くといやがる
- けいれんを起こす

熱	○
発疹	×
せき・ゼロゼロ	×
吐く・下痢	○
予防接種	任意接種

原因と症状

● 心配の少ない 無菌性（ウイルス性）髄膜炎

髄膜炎は脳や脊髄の表面をおおっている髄膜に炎症が起こる病気です。このうちウイルス感染で起こるのが無菌性（ウイルス性）髄膜炎で、原因ウイルスはムンプスウイルス、エンテロウイルスなどです。

無菌性髄膜炎の炎症は脳の細胞には影響しないことが多く、特別な治療をしなくても自然に治ります。後遺症を残すこともめったにありません。

症状は高熱、頭痛、嘔吐を繰り返すなど。また首の後ろが硬直するため、抱っこすると痛いのでいやがったりします。

● 重症化しやすい細菌性髄膜炎

一方、髄膜に細菌が侵入して炎症を起こすのが、細菌性髄膜炎。乳幼児に多い原因菌は、B群溶血性レンサ球菌、大腸菌、インフルエンザ菌b型（ヒブ）、肺炎球菌などです。

症状は無菌性（ウイルス性）と同じですが、くらべものにならないほど重症感があります。たちまち元気がなくなり、脳圧が上がるために大泉門がはれ、けいれんや意識障害を起こすこともあります。

● ウイルスが脳に炎症を起こす脳炎

脳炎は、ウイルス感染で脳そのものに炎症が起きる病気です。症状は髄膜炎とほぼ同じですが、髄膜炎と違って脳神経にダメージを与えるので、後遺症を残すケースが多いのです。ヘルペス口内炎を起こす単純ヘルペスウイルス、風疹、はしか、水ぼうそう、おたふくかぜのウイルスは、合併症として脳炎を起こすことがあります。

【ヒブや肺炎球菌ワクチンで細菌性髄膜炎を予防】

インフルエンザ菌b型（ヒブ）や肺炎球菌は、重い感染症を起こす細菌です。その代表が髄膜炎。死亡率は5～10％と高く、後遺症を残すことも多いのです。この2つのワクチンで、細菌性髄膜炎のほとんどを阻止できます。感染症にかかりやすくなる生後6カ月前に接種を始めましょう。

治療

髄膜炎は髄液をとって検査することですぐに診断がつきます。ウイルス性髄膜炎であれば症状は軽く、ほとんどが対症療法だけでよくなり、後遺症の心配もありません。細菌性髄膜炎の場合は抗菌薬による点滴治療を2週間～1カ月ほど続けます。いずれにしても基本は入院治療です。

用語解説

・合併症
ある病気がもとになって起こる別の病気のこと。たとえば脳炎は、はしか、インフルエンザなどの合併症として起こることがあります。

・抗菌薬
細菌の増殖を抑えたり殺したりする薬で、細菌性の感染症に使われます。抗生物質と呼ばれることも。

・感染症
ウイルスや細菌、真菌（カビ）などに感染することによって起きる病気。

\かかりました！/
2カ月のとき・3週間で完治

細菌性髄膜炎で3週間も入院することに

1日目	夜、38.5度の発熱があり、夜間救急へ。大腸菌による細菌性髄膜炎との診断。脱水症も起こしていた。治療で抗菌薬を投与するため入院することに。
2~7日目	39度近い熱が続き、ミルクは飲むものの機嫌は悪い。
8~21日目	熱は次第に下がり、回復。後遺症で難聴の可能性があるといわれるが検査の結果は良好で、3週間目に退院。

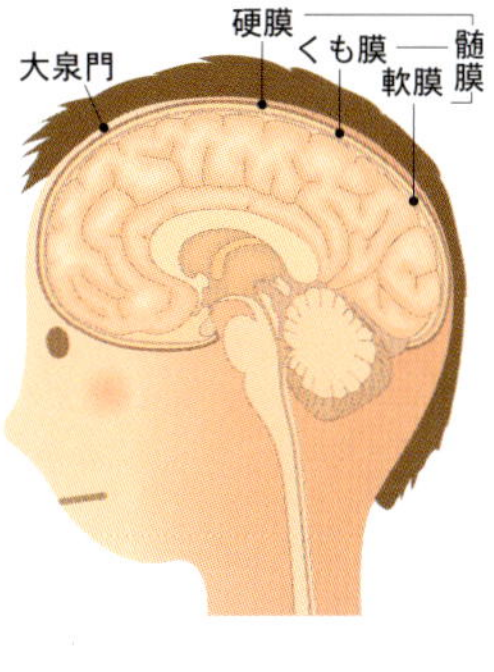

髄膜は脳や脊髄を守る3つの膜です
脳や脊髄をおおっている髄膜は、内側から硬膜・くも膜・軟膜という3つの層になっています。くも膜と軟膜の間には脳の水分量を調節する「髄液」があり、脊髄に流れ込みます。

手《て》足《あし》口《くち》病《びょう》

これがサイン

- 手のひら、足の裏や甲、口の中などに赤いブツブツが出る
- 熱が出る（出ないことも）

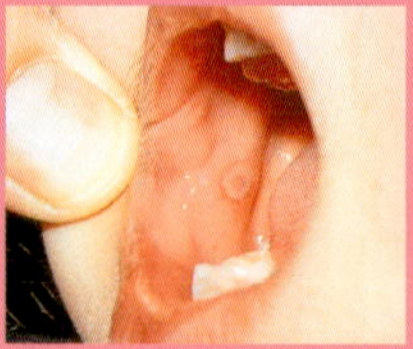

熱	△
発疹	○
せき・ゼロゼロ	×
吐く・下痢	△
予防接種	なし

原因と症状

生後6カ月くらいから4～5才の乳幼児が夏によくかかります。腸の中にいるコクサッキーA16ウイルスやエンテロウイルス71型などが原因です。原因ウイルスが数種類あり、それぞれ感染力が強いため、複数回かかることもあります。ウイルスの潜伏期間は3～6日。飛沫感染のほか、便に排泄されたウイルスが手について、そこからうつるケースもあります。

この病気の特徴はその名のとおり、手足や口の中、舌などに、周囲が赤くて真ん中が白い、米粒大の水疱ができることです。手足の水疱は普通痛みませんが、ときには痛みやかゆさを訴える子もいます。口の中の水疱は破れてただれ、強い痛みを伴う潰瘍になるため、つばを飲み込むのもつらく、不機嫌になったり、食欲が落ちたりします。熱は出ても37～38度くらいで、多くは1～2日で下がります。ときには下痢や嘔吐を伴うこともあります。

ただし、近年流行が見られるコクサッキーA6というウイルスによるものは、39度台の高熱が出る、体幹や四肢に大きめの水疱が出る、回復して数週間後につめが抜け落ちるなど、従来型とは異なる症状が見られます。

【髄膜炎の併発に要注意】

基本的に後遺症や合併症の心配はないのですが、ごくまれに無菌性髄膜炎や脳炎（p67）を併発することがあるため、高熱が出る、頭を痛がる、ひきつける、嘔吐を繰り返すなどの症状がある場合はすぐに受診しましょう。

治療

ウイルスによる病気なので、基本的には特に治療せず、自然に治るのを待ちます。

ホームケア

口の中にできた水疱は潰瘍となり、しみて痛みますが、1週間ほどで治ります。痛みで食欲がなくなることも多いのですが、痛くて食事ができないのはせいぜい1～2日です。痛みのためにいやがって食べないようなら無理強いする必要はありません。つるんとした口当たりのよいプリンやゼリー、冷たいアイスクリーム、栄養のあるなめらかなスープなどを与えましょう。一度にたくさん食べさせるより、何回かに分けて少しずつ与えるのがコツです。

痛みが激しいときは水分もとりにくくなります。脱水症にならないよう、水分だけはこまめに少しずつ与えてください。

＼かかりました！／

8カ月のとき／完治まで3日

近所で大流行！軽くてすぐに治った

- **1日目** 予防接種のため、かかりつけの小児科へ行ったところ、手と足に赤いボツボツが2～3個出ていて、手足口病と診断された。近所で大流行しているとのこと。
- **2日目** 家で静かに過ごしていたが、熱は出ず、口の中にも水疱はできず、手足の発疹もそれ以上増えない。
- **3日目** 手足の水疱が消えて、完治。

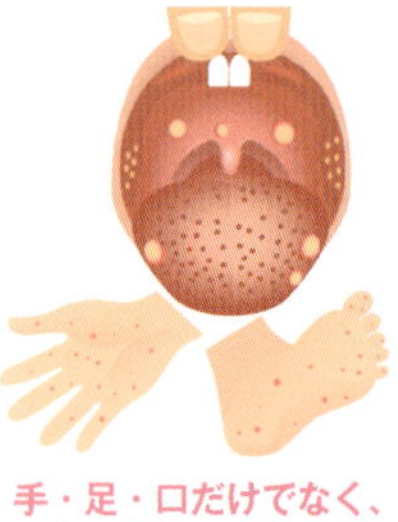

手・足・口だけでなく、ほかの部位にも水疱が

口の中、手、足に水疱が出ることが多いのですが、原因となるウイルスの型によって、ひじやお尻、性器の周辺など、ほかの部位に出ることもあります。

一般的な経過

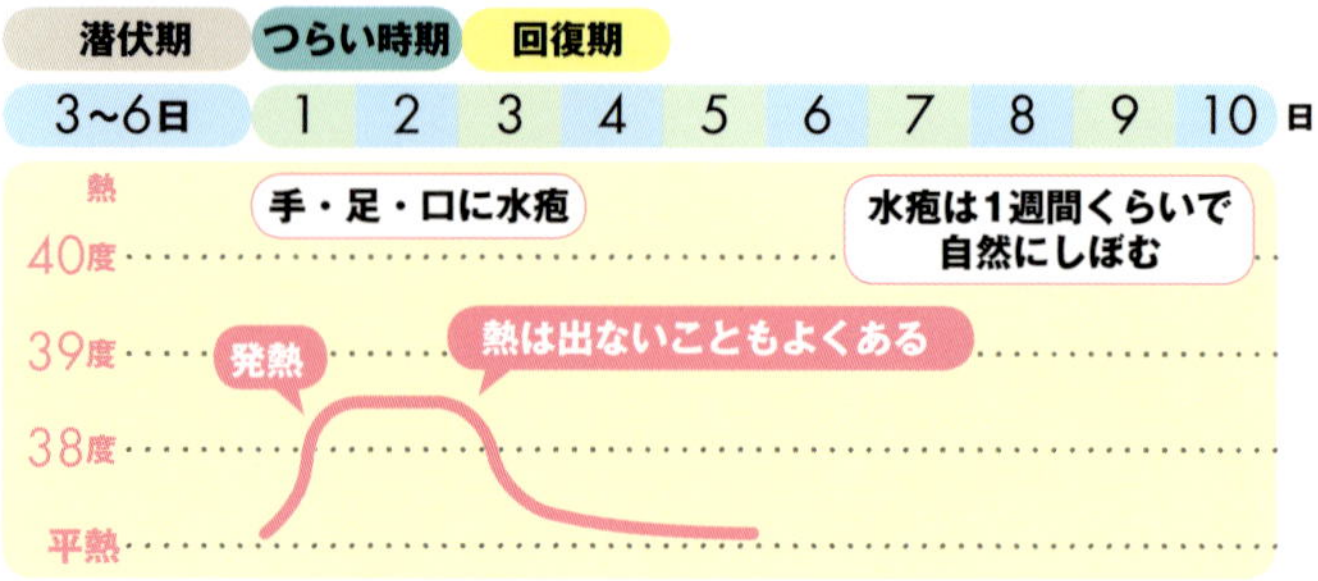

突《とっ》発《ぱつ》性《せい》発《ほっ》疹《しん》

これがサイン

- 突然高熱が出る
- 熱以外に目立つ症状がない
- 熱が下がると体中に発疹が出る

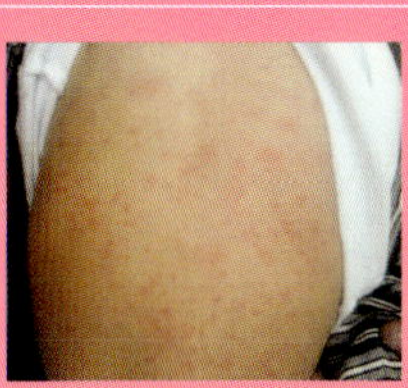

熱	○
発疹	○
せき・ゼロゼロ	×
吐く・下痢	×
予防接種	なし

原因と症状

乳幼児に多く、特に生後6カ月～1才くらいにかかりやすい病気です。はじめての病気が突発性発疹ということも珍しくありません。突然高熱が出て、それ以外の症状がほとんどないまま、熱が下がるのとほぼ同時に、おなかを中心に発疹が出始めます。特に流行する季節はなく、1年中見られます。

原因になるのはヒトヘルペスウイルス6型と7型の2種類。そのため二度かかる場合もあります。このウイルスは一度感染すると一生体内にひそみます。ですから乳幼児の突発性発疹は、親など周囲の大人を介してうつると考えられています。

一般的に熱は高く、3～4日続きます。40度に達することもあり、発熱時に熱性けいれんを起こす子もいるので、よく様子を見ていましょう。「高熱のわりには機嫌がいい」と言われることも多いのですが、赤ちゃんによっては不機嫌になることもあります。食欲がなくなったり、うんちがゆるくなったりすることも。

熱が下がると、その日か翌日のうちにおなかを中心に赤い発疹が出始め、次第に濃くなり、全身に広がります。発疹は3～4日で消えます。

【突発性発疹と診断できないこと】

発疹が出るまでは、医師も突発性発疹と判断しかねることが少なくありません。本来は血液検査をして抗体があるかどうかを見ないと確定しないのですが、発疹が出たのをもって「突発性発疹」と診断されることがほとんどです。

熱のあとにはっきりと明らかな発疹が出る病気なので、発疹がどうかはっきりしないというようなときは、突発性発疹ではないということもあります。発疹の写真を撮って再受診してもいいでしょう。

治療

ウイルスによる感染症のため、抗菌薬などは使いません。熱が高くてつらそうなときは、解熱薬が処方されることもあります。また、以前に熱性けいれんを起こしたことがある場合はけいれん止めの薬（ダイアップなど）を使うことがあります。医師の指示に従ってください。

ホームケア

発疹はあまりかゆみもないので、特にケアはしなくても大丈夫です。家で安静にし、水分を多くとらせるようにしましょう。

用語解説

・飛沫感染
患者のせきやくしゃみによって飛び散った病原体が、別の人の粘膜に付着してうつること。

・合併症
ある病気がもとになって起こる別の病気のこと。

・抗菌薬
細菌の増殖を抑えたり、殺したりする働きのある薬。「抗生物質」と呼ばれることもあります。

\かかりました！/ 1才3カ月のとき・6日で完治

いきなり熱を出し、夜中に熱性けいれんを

- **1日目** 39度の熱が出て、数時間後には40度に。
- **2日目** 40度の高熱が下がらず、息が荒く苦しそう。その夜、白目をむいてけいれんを起こし、泡のようなよだれが出て唇が紫色に。急いで病院へ行き、けいれん止めの坐薬を入れてもらう。
- **3日目** 熱が下がり始め、平熱に。
- **4日目** 全身に発疹が出て、突発性発疹と判明。

一般的な経過

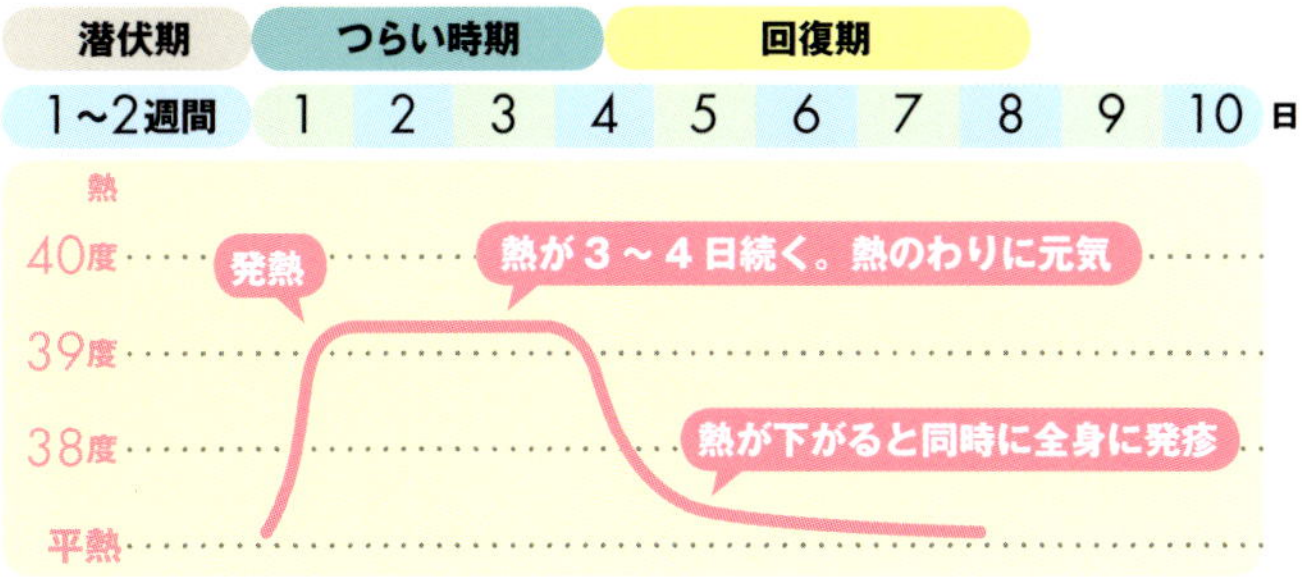

尿《にょう》路《ろ》感《かん》染《せん》症《しょう》

これがサイン
- 高熱が出る
- せきや鼻水などのかぜ症状がない
- 機嫌が悪い・泣く

熱	○
発疹	×
せき・ゼロゼロ	×
吐く・下痢	×
予防接種	なし

原因と症状

腎盂から尿管、膀胱へと続く尿の通り道が尿路です。この尿路のどこかに大腸菌などの細菌が侵入し、炎症を起こすのが尿路感染症です。通常は尿の出口である尿道口から大腸菌などが入って起こります。

炎症を起こしている場所により、腎盂炎、膀胱炎、尿道炎などの病名がつきますが、赤ちゃんや子どもは症状から部位を特定しにくいので、まとめて尿路感染症と呼びます。

膀胱や尿道などに炎症が起きると、尿の回数が増え、排尿時に痛みがありますが、乳児は泣くだけなので、気づかないうちに炎症が腎盂まで進んでしまうことがあります。腎盂腎炎になると38・5度以上の熱が出ますが、それ以外の症状はあまり見られません。熱が高いにもかかわらずせきや鼻水などの症状が何もない場合は、腎盂腎炎の可能性があるので、すぐに受診しましょう。早く治療を始めないと、敗血症になったり腎臓などに障害が出たりする可能性があります。

【尿路に先天的な異常がある場合も】

本来尿路は上から下への一方通行ですが、低月齢の赤ちゃんの場合、4~5割に、膀胱にたまった尿が腎臓のほうに逆流する「膀胱尿管逆流」などの先天的異常が隠れています。尿路感染症を繰り返すときはこの病気を疑って、専門的な検査が必要です。ただ、膀胱と尿管の不具合は成長とともに改善されて、自然に治ることもあります。そのため軽い場合には5~6才まで定期的に検査をしたり、予防に抗菌薬を飲んだりしながら経過を見ていきますが、ときには手術が必要な場合もあります。

治療

この病気が疑われるときは、尿の中の細菌や白血球を調べます。腎盂炎と診断がつけば、原則として入院となり、抗菌薬の点滴で治療します。

抗菌薬を使用すれば熱は下がりますが、そこで薬をやめてはいけません。原因菌がなくなるまで医師の指示どおりに使うことが大事です。

ホームケア

菌を早く出すため、水分を十分にとるようにします。赤ちゃんが欲しがるだけたっぷり与えましょう。女の子は尿道と肛門が近いため、大腸菌が入らないよう、予防のためにも普段から排便後は後ろに向けてふくようにしましょう。

赤ちゃんの尿検査

おむつの取れていない赤ちゃんの場合、採尿パックをおむつの内側にセットして排尿を待つか、紙おむつの中にラップを敷いて、その上に清潔なコットンを置き、コットンにしたおしっこをしぼって容器に入れます。

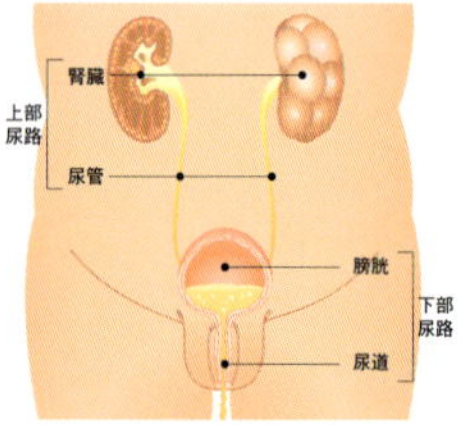

炎症が上部尿路まで進むと高熱が出ます

細菌が尿道や膀胱にとどまっている場合は発熱しませんが、腎臓、腎盂などに進むと、腎盂炎を起こし、高熱が出ます。

一般的な経過

肺炎《はいえん》

これがサイン
- 高熱
- 湿った重いせき
- 食欲がなくつらそう

緊急
- 呼吸が速く浅くなり、呼吸困難の症状が出た

熱	○
発疹	×
せき・ゼロゼロ	○
吐く・下痢	×
予防接種	×

原因と症状

肺炎はウイルスによるもの、細菌によるもの、マイコプラズマによるものなどがあります。原因となるウイルスには、かぜ症候群を引き起こすウイルス、インフルエンザウイルス、パラインフルエンザウイルス、アデノウイルスなどがあり、細菌には肺炎球菌、インフルエンザ菌b型（ヒブ）、黄色ブドウ球菌などがあります。

ウイルス性でも細菌性でも、肺炎はかぜの症状に引き続いて起こることが多く、特徴的なのは38～40度という高熱とせきです。せきは次第にたんがからんだような、湿った重いせきになっていきます。

注意しなければならないのは呼吸状態です。月齢が低いほど呼吸困難を起こしやすく、粘りのあるたんで気道が詰まり、「無気肺」になることもあります。

一般にウイルスによる肺炎はそれほど悪化しませんが、ウイルスの種類や赤ちゃんの体質、もともと病気があることなどによって重症になることも。一方、細菌が原因の場合は症状が重くなり、急激に呼吸状態が悪化することがあります。病院では検査をして、細菌感染によるものかどうかを確認します。

【長引くせきはマイコプラズマ肺炎の場合も】

たんのからんだせきが長く続く場合はマイコプラズマ肺炎の疑いがあります。マイコプラズマは細菌とウイルスの中間のような病原体で、これが肺に感染して起こります。赤ちゃんには比較的少なく、5～10才の子どもに多い病気です。症状は鼻水、鼻詰まりから始まり、熱はそれほど高くなりませんが、人によって39度以上の高熱が続くこともあります。せきは1カ月以上続く場合もありますが、比較的元気なので、検査をしてはじめてわかることもあります。

治療

ウイルス性でも細菌性でも、受診の時点で呼吸状態が悪ければ入院治療になります。細菌性の肺炎は抗菌薬を用います。マイコプラズマ肺炎もやはり抗菌薬を使います。

ホームケア

ウイルス性の肺炎は抗菌薬が効かないので、安静が一番。比較的元気で食欲があれば、通院での治療も可能です。

家庭では十分な水分補給と、室内の湿度を適度に保つこと。呼吸困難や脱水症のサインがあるときは急いで受診をします。

用語解説

・抗菌薬
細菌の増殖を抑えたり殺したりする薬で、細菌性の感染症に使われます。「抗生物質」と呼ばれることもあります。

・無気肺
気管支が粘りのあるたんなどで詰まると、肺胞の内部にある空気が血液中に吸収され、その肺胞はつぶれてしまいます。これが無気肺で、息切れ、呼吸困難が出ます。

月齢が低いほど呼吸困難を起こしやすい

気管から肺胞までを下気道といいます。月齢の低い赤ちゃんほど肺機能が未熟なため、肺炎になると呼吸困難を起こしやすいのです。

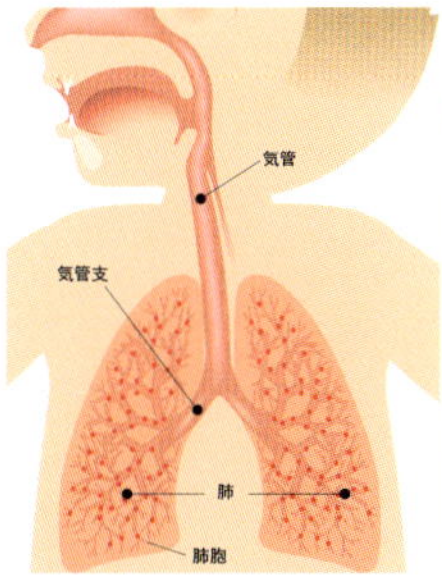

一般的な経過

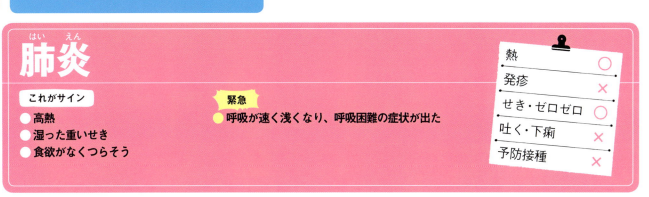

はしか（麻《ま》疹《しん》）

これがサイン

- 熱が出る
- せき、鼻水、目やになどのかぜ症状
- 発熱から4～5日目に全身に赤い発疹

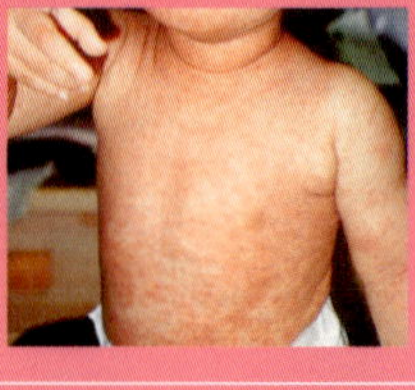

熱	○
発疹	○
せき・ゼロゼロ	○
吐く・下痢	×
予防接種	定期

原因と症状

原因は大変感染力の強い麻疹ウイルスです。せきやくしゃみによる飛沫感染でうつります。また、ウイルスはしばらく空気中をただようので、空気感染もします。潜伏期間は10～12日。生後6カ月未満の赤ちゃんはママから受け継いだ免疫があるためかかりにくいのですが、それ以降は免疫のない子はほぼ100％感染します。途上国では多くの子どもが死亡しているこわい病気です。

はじめは38度台の発熱、せき、鼻水、目やになどのかぜと似た症状が出て、3日ほど続きます。その後ほおの内側にコプリック斑と呼ばれるはしかに特徴的な白いブツブツが出ます。発熱から3～4日たつと熱が一度下がり、半日から1日後に再び上昇して39度以上の高熱に。同時に赤く細かい発疹が出始め、せきや鼻水、目の充血などもより強くなります。発熱から7～10日目ごろにやっと熱が下がり、全身状態もよくなってきます。

【何よりこわいのは合併症】

はしかは病気自体も重いのですが、何よりこわいのは合併症です。中耳炎や気管支炎、肺炎などのほか、1000人に1～2人は麻疹ウイルスによる脳炎を起こします。脳炎はたとえ命が助かっても重い後遺症を残すケースが少なくありません。また、はしかにかかってから5～10年の潜伏期間を経て、10万人に数人の割合で亜急性硬化性全脳炎（SSPE）を発症することも。これは非常に死亡率の高い病気です。

これらの合併症を防ぐためにも、はしかにかからないよう予防接種を受けることが大切です。

治療

ウイルスによる病気なので特効薬はありません。熱でつらいときは解熱薬を使います。抗菌薬を使うこともあります。

ホームケア

安静にして、水分をこまめに与えます。様子の変化に気をつけながら慎重に見守りましょう。回復しても1カ月くらいは無理をせず、静かに過ごします。

免疫がなければ大人も予防接種を

はしかの予防接種は、風疹との混合ワクチン（MR）です。ワクチン未接種だけでなく、接種後時間がたっているとかかることも。2013年から2014年にかけては、海外から持ち込まれた型の麻疹ウイルスが流行する現象も起きています。予防接種を受けていない、かかったことがないなら、大人も積極的に受けましょう。

＼かかりました！／

1才2カ月のとき・完治まで2週間

保育園で感染。予防接種を受けていなかったのを反省

1日目 39度の発熱。保育園ではしかが流行していると聞いていて、予防接種をまだ受けていなかったので、あわてて受診。はしかとは確認できず。2日目にほおの内側に口内炎のようなものができ、判明。

4日目 39度の高熱、呼吸も苦しそうでぐったり。発疹も全身に広がる。

7日目 熱は下がったものの、発疹が完全に消えず、完治まで2週間かかった。

発疹が出るのは熱が出てから4～5日目

熱が一度下がり、再び上がると同時に耳の後ろや顔などに赤い発疹が出現。翌日全身に広がり、発疹同士がだんだんくっついてきます。

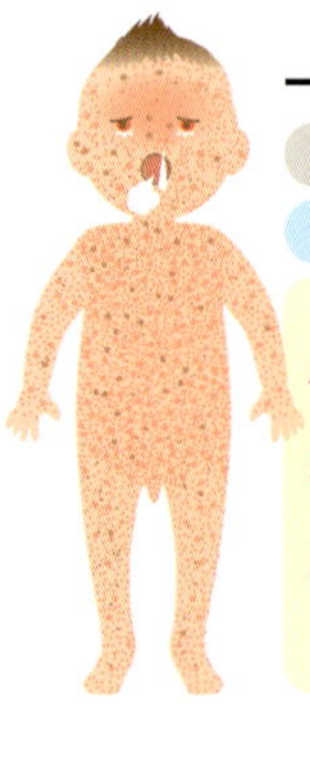

一般的な経過

百日《ひゃくにち》ぜき

熱	△
発疹	×
せき・ゼロゼロ	○
吐く・下痢	×
予防接種	定期

これがサイン

- せき、鼻水などかぜのような症状
- せきが日に日に激しくなってくる
- 「コンコンコンヒューッ」と息が止まってしまいそうなせき

原因と症状

原因は百日ぜき菌の飛沫感染です。麻疹ウイルスに次いで感染力が強いので、免疫がなければほぼ100%感染します。ママからの免疫も期待できないので、新生児でもかかります。独特のせきの症状が、その名のとおり3カ月近く続くため、赤ちゃんにとってはつらい病気で、特に3カ月未満の赤ちゃんがかかると命にかかわることもあります。

かかってから最初の1～2週間は、せき、鼻水、くしゃみなどかぜに似た症状なので、かぜと区別がつきにくいのですが、だんだんとせきが激しくなってきて、2～4週間たつと、百日ぜき特有のせきが見られるようになります。コンコンコンと短いせき込みが十数回続き、最後にヒューッと音を立てて息を吸い込む、非常に苦しそうなせきです。

百日ぜきのせきは、息を吸うときがつらく、1才未満の赤ちゃんは呼吸困難や無呼吸の発作を起こし、チアノーゼといって顔色が紫色になることもあります。さらに、けいれんを起こすことも。せきの発作は夜中や明け方になると特に強く起こります。

この時期を過ぎると回復期に向かい、せき込む回数が減ってきます。しかしせきだけが長く続くこともよくあります。

【2カ月過ぎたら四種混合ワクチンを】

6カ月未満の赤ちゃんが百日ぜきにかかると症状が重くなり、命にもかかわります。百日ぜきは、四種混合ワクチン（ジフテリア、百日ぜき、破傷風、ポリオ）で予防ができます。

接種回数は追加接種も含めて4回。回数が多いのでほかのワクチンとの同時接種を取り入れながら、生後2カ月から接種スタートするのがおすすめです。

治療

百日ぜき菌に有効な抗菌薬を使います。これは症状を軽くするだけでなく、5日以上飲み続けることで、感染力も弱めることができます。

しかし症状が進んでしまうと、抗菌薬だけでせきを抑えるのが難しくなります。月齢が低い場合は入院して治療することもあります。

ホームケア

せきがひどいときは水分をとることでラクになります。一度にたくさん飲ませるとせき込んで吐いてしまうので、スプーンなどでほんの少しずつ何回かに分けて与えましょう。

用語解説

・**飛沫感染**
患者のせきやくしゃみによって飛び散った病原体が他人の粘膜に付着してうつること。

・**空気感染**
飛び散った病原体が空気中で水分が蒸発して微粒子となっても病原性を保つと、呼吸するだけでうつります。

・**合併症**
ある病気がもとになって起こる別の病気のこと。

＼かかりました！／

6カ月のとき・完治まで3週間

鼻水とせきが出始め、せきで呼吸が止まる感じに

- 1日目 2～3日前から鼻水とせきが出ていた。
- 2日目 せきで苦しそうだったが、それほど回数が多くなかったので様子を見る。
- 3日目 夜にせきで呼吸が止まりそうになり、あわてて夜間対応の病院へ駆け込む。検査で百日ぜきと判明し、すぐに入院。
- 7日目 入院して3～4日で症状が落ち着いたので、7日目に退院。その後せきだけが続き、完治したのはその2週間後。

一般的な経過

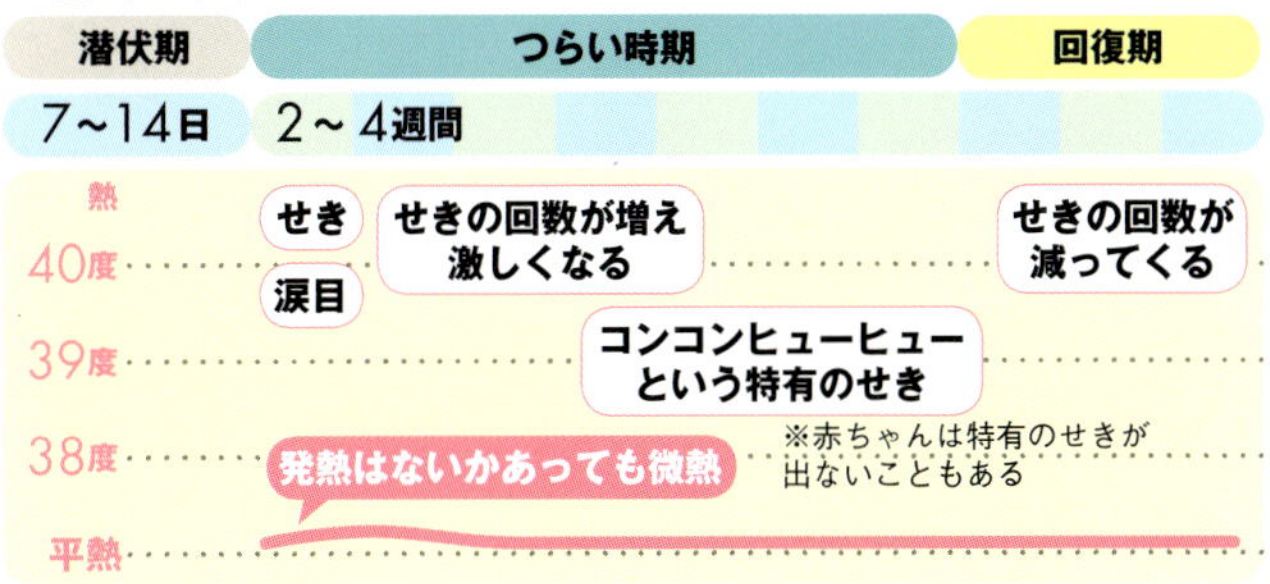

風《ふう》疹《しん》

これがサイン

- 耳の後ろ、首の後ろのリンパ節がはれる
- 全身に赤くて細かい発疹が広がる
- 熱が出る（出ないことも）

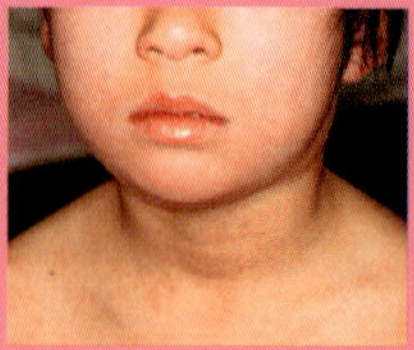

熱	△
発疹	○
せき・ゼロゼロ	×
吐く・下痢	×
予防接種	定期

原因と症状

風疹ウイルスによって起こります。俗に「三日ばしか」と呼ばれるように、はしかを軽くしたような症状が出ます。せきやくしゃみによって飛沫感染し、日本では春から初夏にかけてはやります。1才前の赤ちゃんがかかることは少なく、最も多く見られるのは1才から小学校低学年の子どもです。感染しても症状の出ない不顕性感染のこともありますが、検査をすればかかったかどうか、抗体の有無がわかります。

潜伏期間は2〜3週間で、熱は37〜38度程度の微熱か、出ないこともあります。発熱の数日前に耳の後ろや首の後ろのリンパ節がはれますが、実際には発疹が出てから気づくことが多いもの。発熱と同時に、全身に赤く細かい発疹が出ます。発疹は2日ほどで自然に消え、熱も3〜4日で下がります。

子どもにとっては軽い病気ですが、まれに血小板減少性紫斑病や脳炎などの合併症を起こすこともあります。風疹と診断されたにもかかわらず発熱が3日以上続く、元気がなくぐったりしてくるなどというときは、早めに再受診を。

【妊娠中のママは注意して】

大人でも抗体を持っていなければかかりますが、その場合は子どもより症状がはるかに重くなりがち。発熱や発疹の期間が長く、熱も高く、関節炎を起こすことも。1週間以上寝込むこともあります。

また、風疹抗体のない妊婦が妊娠初期に感染すると、先天性風疹症候群（CRS）といって、難聴、白内障、緑内障、先天性心疾患などの障害を持った赤ちゃんが生まれることがあります。ただ、このリスクは妊娠週数によっても違うので、心配な場合はかかりつけの産婦人科で相談してください。

【1才過ぎたら予防接種を】

こうした心配をしないためにも、1才になったら風疹と麻疹混合のMRワクチンを受けることが大切。ママ・パパも免疫がなければぜひMRワクチンを受けましょう。

治療

ウイルスによる病気なので特別な治療はしません。受診してはしかや突発性発疹との区別をつけるとともに、合併症がないかもチェックします。

ホームケア

子どもにとっては比較的軽い病気です。家で安静に過ごしましょう。

はしかや風疹のあとに「紫斑病」が起こることも

はしかや風疹にかかった2〜3週間後に「血小板減少性紫斑病」が起こることがあります。感染によって血液中の血小板が異常に少なくなるためといわれています。足、首、腕などの皮膚に点状の出血斑や紫斑ができますが、多くは一時的なものです。

発疹が出てはじめて風疹と気づくことも

風疹は発疹が出る数日前からリンパ節がはれるなどの症状が。発疹は全身に広がり、普通は3〜4日で消えていきます。

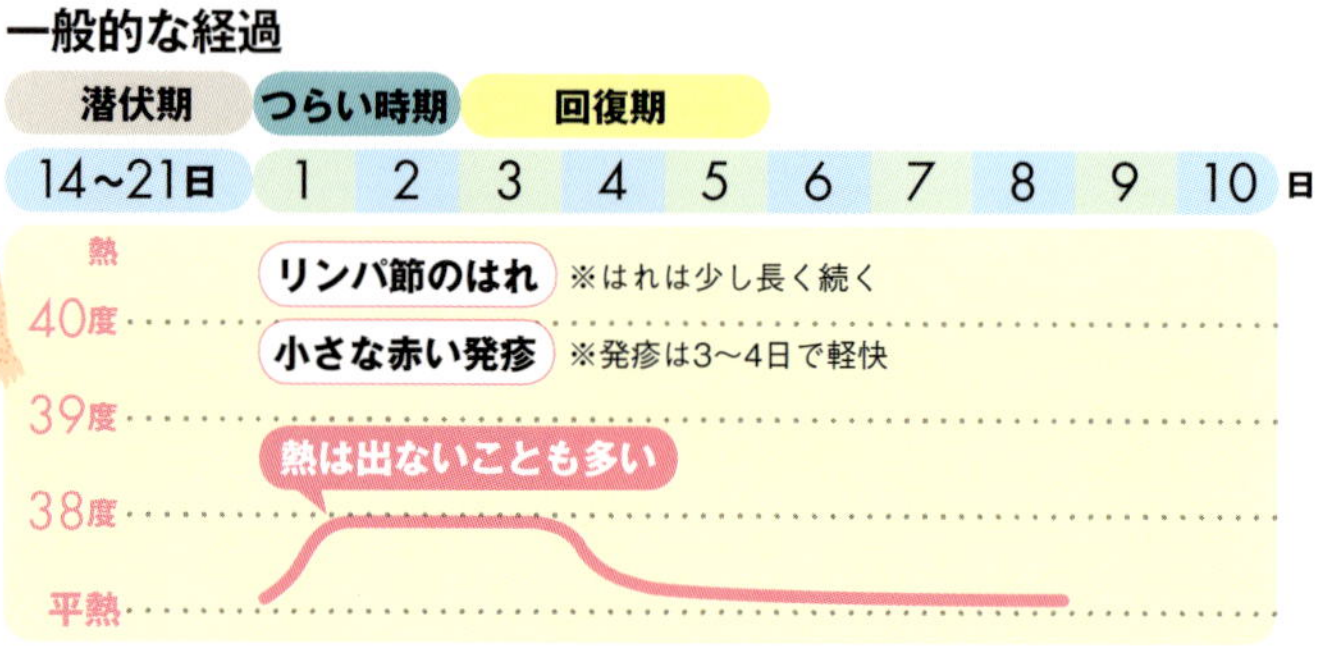

ヘルパンギーナ

これがサイン

- 熱が出る
- 飲んだり食べたりするのをいやがる（のどが痛そう）
- 口やのどの奥にブツブツがある

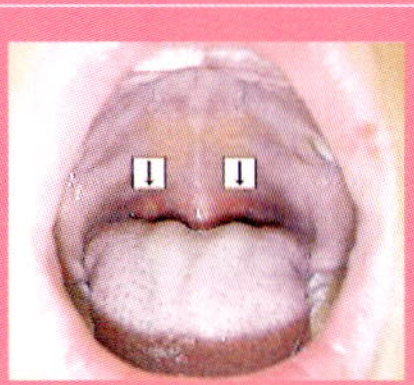

熱	○
発疹	○
せき・ゼロゼロ	×
吐く・下痢	△
予防接種	なし

原因と症状

突然の発熱とのどの痛みから始まります。コクサッキーA群というウイルスが原因ですが、コクサッキーB群やエコーウイルスなどでも起こるので、何度もかかることも珍しくありません。感染力が強く、くしゃみやせきなどの飛沫感染や、うんちなどにふれることによっても感染します。感染しても症状の全く出ない不顕性感染もあります。

38～39度台の熱が出ますが、2～3日で自然に下がります。ただし、熱の上がり始めにけいれんを起こす子もいるので注意しましょう。のどの奥がはれて、水疱が10個以上できることもあります。それがつぶれて潰瘍になると、痛みで不機嫌になり、唾液も飲み込むことができなくなります。そのためよだれがたくさん出たり、吐きやすくなったりすることも。水疱は熱が下がって2日ほどするとなくなります。

【こじらせるとこわい「夏かぜ」】

ヘルパンギーナや咽頭結膜熱（p61）、手足口病（p68）などは夏に流行するので、俗に「夏かぜ」とも呼ばれます。乳幼児がかかりやすく、原因となるウイルス（アデノウイルス、コクサッキーA群、B群、エコーウイルス、エンテロウイルスなど）には強い感染力があります。さらに、まれではありますが脳炎、髄膜炎、心筋炎などの合併症を起こすことがあります。嘔吐やぐったりするなど、見るからに様子がおかしい場合はすぐに受診してください。

治療

ウイルス感染症のため特効薬はなく、治療は対症療法になります。解熱薬が処方されることもありますが、発熱期間はそれほど長くありません。熱のために眠れないなど、つらそうでなければ、使わずに様子を見てもいいでしょう。

ホームケア

基本的には家で安静にしていることが一番。ただ、のどが痛くて水分をとるのをいやがるので、脱水症状が心配です。つるんとしたゼリーやひんやりした野菜スープなど、飲み込みやすいもので水分補給を。

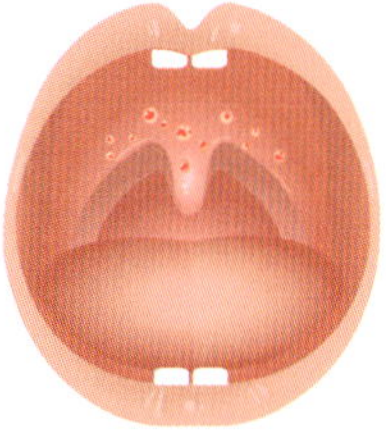

のどの奥にたくさんの水疱ができ、痛む

のどの奥に十数個の水疱ができて、つぶれることも。唾液を飲み込むのも痛く、よだれがたくさん出たり、吐いたりすることがあります。

用語解説

・飛沫感染
患者のせきやくしゃみによって飛び散った病原体が、別の人の粘膜に付着してうつること。

・不顕性感染
細菌やウイルスなどの病原体が体の中に侵入しても、病気の症状が現れずに、知らない間に免疫ができてしまうこと。

\かかりました！/

8カ月のとき・完治まで約4日

のどの痛みで、何も食べられず

- **1日目** 39度の発熱で受診。「かぜか突発性発疹」と言われる。しかし離乳食もおっぱいもいやがり、手を口に入れて泣くので、口の中が痛いと気づく。
- **2日目** 再受診すると、のどの奥に小さな水疱が見つかり、ヘルパンギーナと判明。水分だけ何とかとらせる。
- **3日目** 熱が下がり、おっぱいが飲めるように。
- **4日目** 離乳食を食べられるようになる。

一般的な経過

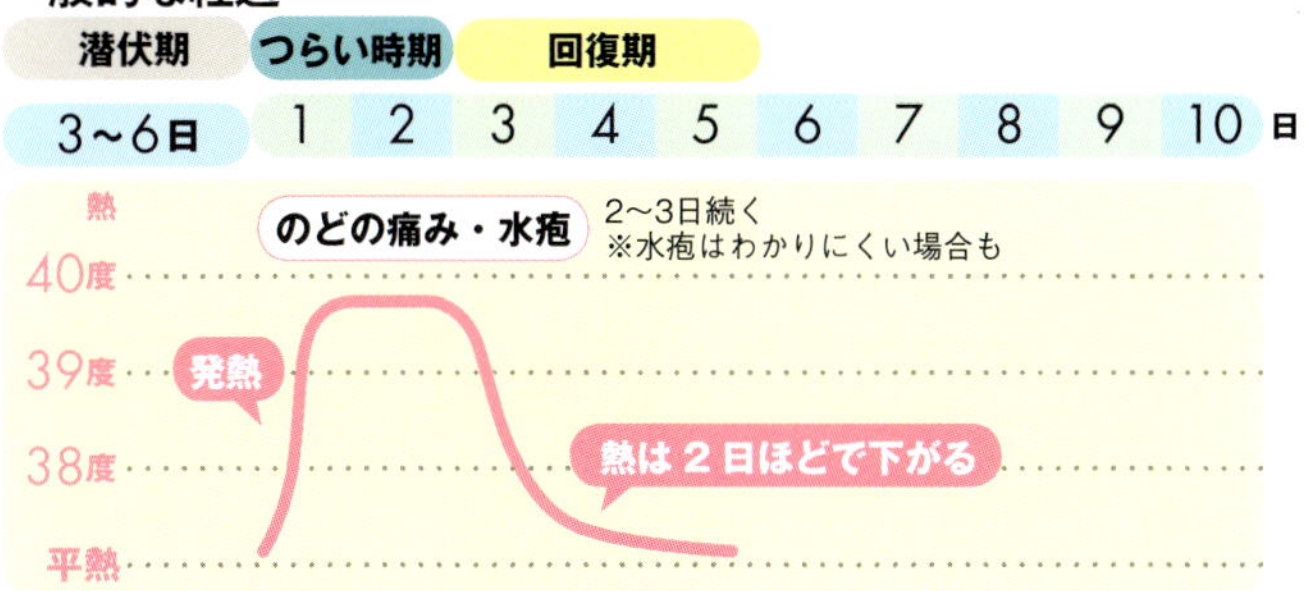

水《みず》ぼうそう

これがサイン

- **かゆみの強い、赤い水疱ができる**
- **熱が出る（微熱、または出ないことも）**

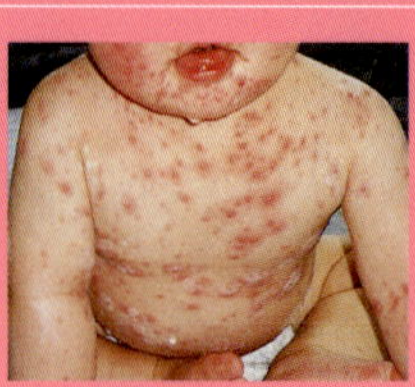

熱	○
発疹	○
せき・ゼロゼロ	×
吐く・下痢	×
予防接種	定期

原因と症状

水痘帯状疱疹《すいとうたいじょうほうしん》ウイルスに感染して起こります。くしゃみやせきによる飛沫感染や、空中にただよっているウイルスでの空気感染でうつり、大変感染力の強い病気です。

最もかかりやすいのは10才以下の乳幼児です。母親が水ぼうそうにかかったことがなければ新生児でもかかり、母親から抗体をもらった場合でも、抗体量が少なければかかります。

10〜21日の潜伏期間ののちに発病。最初は微熱程度の発熱と赤い発疹が出ます。発疹は短時間で水疱になり、2〜3日で全身に広がります。頭皮や口の中にできることもあり、非常にかゆみの強い水疱です。

熱は2〜3日で下がることが多く、水疱はやがてすべてかさぶたになり、1〜2週間でだんだんきれいになっていきます。

【治ってもウイルスは体内に】

水痘帯状疱疹ウイルスはヘルペス属の仲間で、病気が治っても体内にすみつく特性があります。ウイルスは普段はおとなしくしていますが、疲れたり、年をとって体力が落ちたりすると再び悪さを働くことが。皮膚の感覚神経や三叉神経に沿ってとても痛い発疹ができることがあり、これを帯状疱疹《たいじょうほうしん》と呼びます。

治療

発症後2日以内なら、水痘帯状疱疹ウイルスに対する抗ウイルス薬（成分はアシクロビル）を飲めば、発疹や発熱などの症状が軽くなります。また、水ぼうそうの患者と接触して72時間以内にワクチンを打てば発症を防げる可能性があります。患者と接触したとわかったら、早めに受診して相談を。

水疱のかゆみ止めには塗り薬が処方されることもあります。

ホームケア

水ぼうそうの発疹はかゆみが強いので、赤ちゃんは不機嫌になったり、かいてしまったりします。かきこわすと化膿してあとが残るので、つめは短く切っておきましょう。

妊娠の可能性のあるママは要注意

ワクチンは１才から定期接種で受けられます。大人は重症になりやすく、妊娠初期に初感染すると胎児に障害が出ることが。また、分娩前後にかかると、新生児が死亡することもあります。大人は自費ですが、免疫がなければぜひ接種をしましょう。

＼かかりました！／

５カ月のとき・完治まで７日

頭、手のひらから全身に発疹が。熱は出なかった

1日目 お風呂のとき、手のひらや頭に赤い発疹が出ているのに気がつく。赤ちゃんの病気の本で調べ、手足口病と自己判断。

2〜4日目 水ぼうそうと診断される。熱もなく元気だったが、発疹はどんどん増え、４日目にピークに。あまりかゆがらず、寝ているときに無意識にかく程度。

5〜7日目 ５日目にはかさぶたになっていき、７日目にはきれいに。熱は最後までなし。

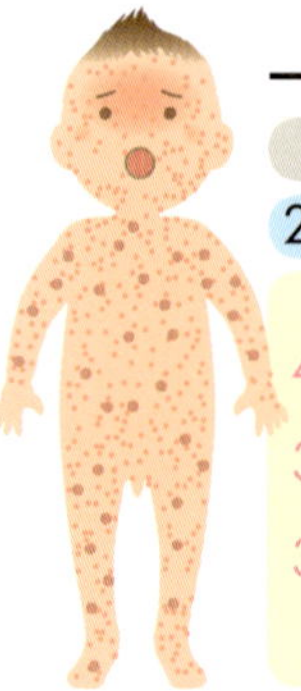

頭や口の中、全身に、いろいろな状態の発疹が混在

発疹はおなかや背中だけでなく、口の中、頭皮など全身に出ます。新しくできた赤い発疹と、水疱、かさぶたになった状態が混在。

一般的な経過

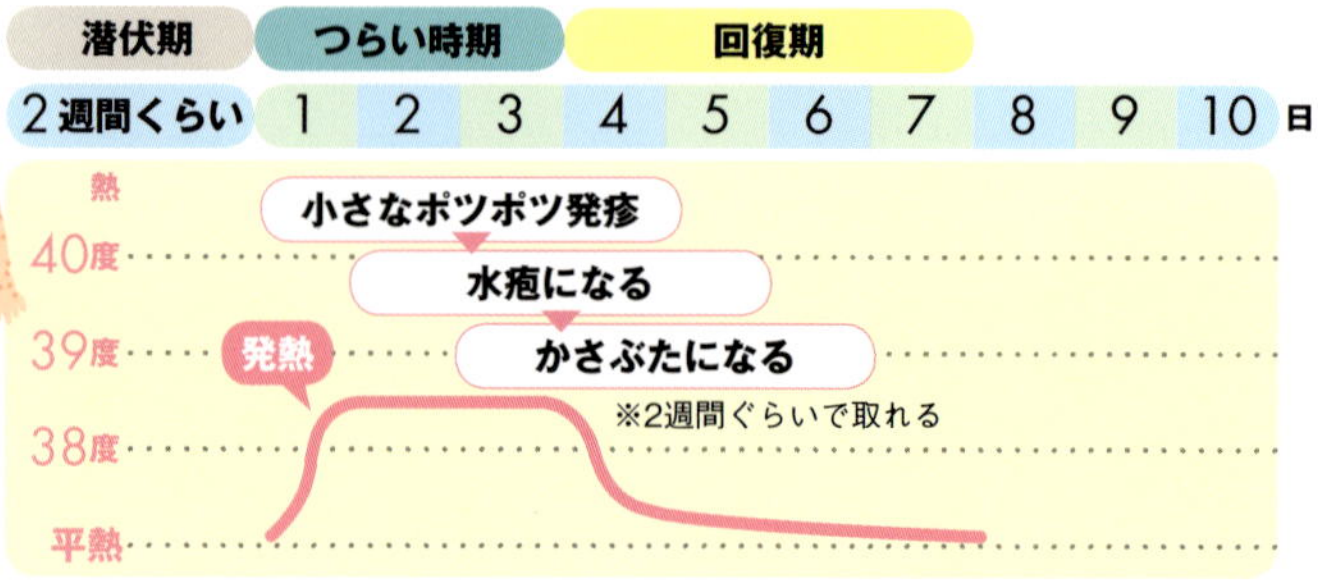

溶《よう》連《れん》菌《きん》感《かん》染《せん》症《しょう》

これがサイン

- 熱が出る
- 飲んだり食べたりをいやがる（のどが痛そう）
- 体に赤くて細かい発疹が出る（出ないことも）
- 舌に赤いボツボツが出る（出ないことも）

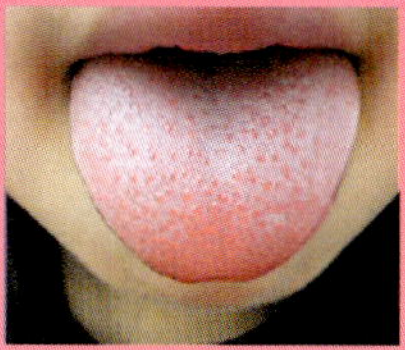

熱	○
発疹	○
せき・ゼロゼロ	×
吐く・下痢	△
予防接種	なし

原因と症状

溶連菌とは、溶血性レンサ球菌という細菌です。医学的には「A群溶血性レンサ球菌による咽頭炎」のことをさしています。多いのは4～7才児で、2～3才や大人もかかりますが、0～1才にはあまり見られません。

体内にこの菌を持つ人からせきやくしゃみによってうつります。感染力が強く、毎年秋から春にかけて流行します。

突然の発熱とのどの痛みから始まり、のどの奥は血がにじんだように真っ赤になります。首のリンパ節がはれたり、嘔吐や腹痛を伴ったりすることも。せきや鼻水はほとんどありません。いちご状舌といって舌のボツボツが大きく赤くなったり、細かい発疹が手首や足首のあたりから全身に広がることもあります。こうした症状は幼児や学童に見られるもので、3才以下の乳児の場合は熱も発疹もなく、のどの赤みと痛みしか症状の出ないことも多いものです。

【検査キットで数分で診断が】

小児科では迅速診断キットで溶連菌の有無を調べます。診断がついたらペニシリン系の抗菌薬を10～14日間服用するのが一般的。薬を使えば熱は1～2日で下がり、発疹ものどの痛みも2～3日でおさまります。

治療

大切なのは、処方された抗菌薬をすべて飲み切ることです。症状がおさまったからと勝手に服用をやめると、溶連菌が完全に消えず、再発することもあります。再発を繰り返すと、急性腎炎やリウマチ熱（体内にできた抗体が自身の細胞を攻撃してしまう）などを起こすことがあります。処方された薬を飲み終わって2週間くらいしてから、腎炎などを起こしていないか確認のために尿検査をすることがあります。

ホームケア

熱が高いのでこまめな水分補給を欠かさないこと。のどが痛むので、つるんとした、のどごしのよいものを与えましょう。

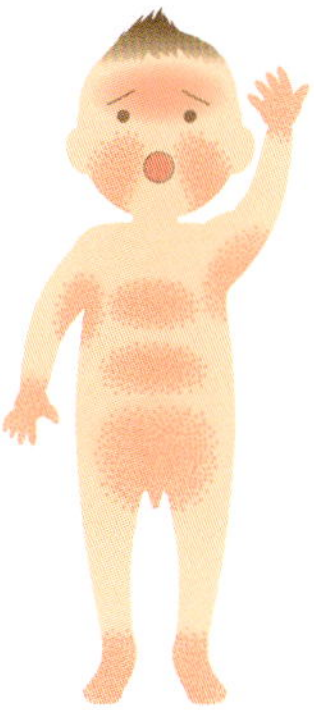

発疹が出るのはわきの下、ももの内側、手首など

のどが真っ赤になって痛むのが特徴。発疹は幼児や学童の場合、発熱から1～2日目に出ますが、3才以下の乳幼児は出ないことも。

用語解説

・抗ヒスタミン薬
アレルゲン（アレルギーを誘発する物質）が体内で反応を起こすときに、ヒスタミンが放出されてアレルギー反応を起こすと考えられています。抗ヒスタミン薬はこのヒスタミンの作用を抑制する薬。かゆみや炎症をやわらげます。

・定期接種
「国が接種をすすめ、予防接種法による救済措置がとられる」もの。決められた期間内なら無料です。

\かかりました！/

1才5カ月のとき・完治まで10日ほど

細かい発疹とのどの痛み。熱は出なかった

- **1日目** 足に小さな細かい発疹があるのを見つけたが、気にせずそのままに。
- **2日目** おなかや手、背中にまで発疹が広がっていたのですぐに受診。溶連菌感染症だった。熱はなく、のどの症状のみ。
- **3～10日目** 処方された抗菌薬を飲み始めてから5日目にはほとんどの発疹が消え、のどの痛みもなくなった。薬はきっちり10日分飲ませ、最後に尿検査を受け、完治。

一般的な経過

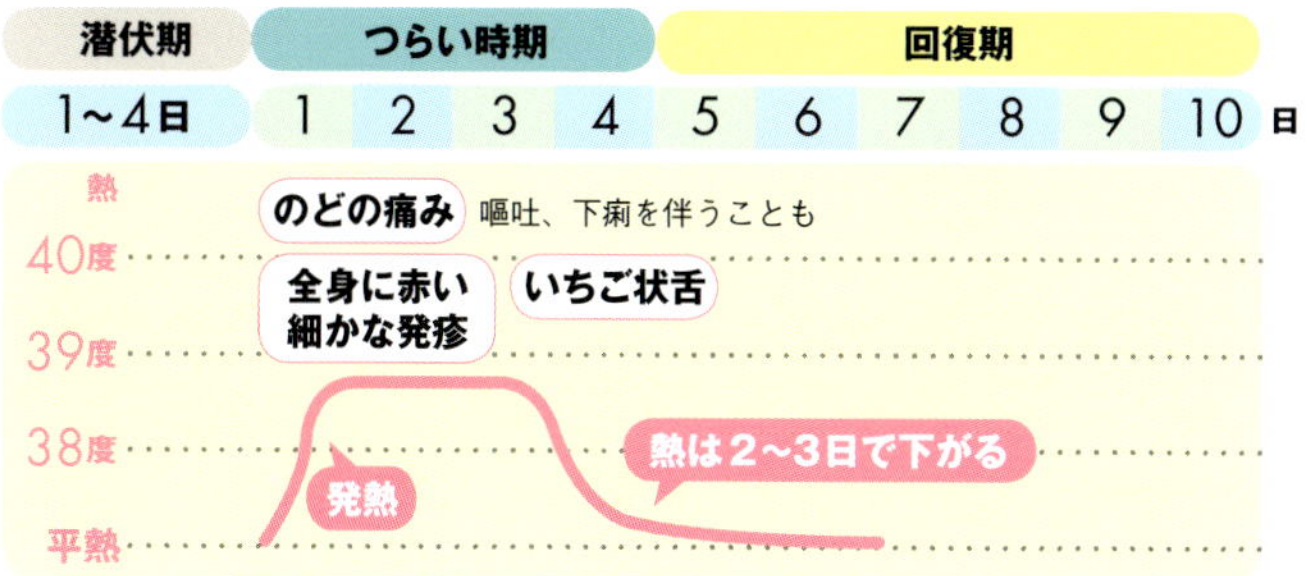

りんご病《びょう》（伝《でん》染《せん》性《せい》紅《こう》斑《はん》）

これがサイン

- 両ほおに赤い発疹が出る（りんごのようなほっぺに）
- 腕や太ももにレースのような赤い発疹が出る
- 熱が出ることも

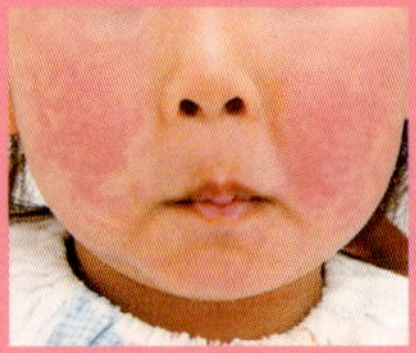

熱	△
発疹	○
せき・ゼロゼロ	×
吐く・下痢	×
予防接種	なし

原因と症状

ヒトパルボウイルスB19というウイルスが原因で、5～10才の子どもに多く見られます。一度感染すれば終生免疫がつきますが、免疫がなければ大人でもかかります。冬から春にかけて発症しやすく、幼稚園や小学校などで流行することも。

ウイルスの潜伏期間は7～10日ほどで、せきやくしゃみでうつります。感染力はそれほど強くなく、症状の出ない不顕性感染のことも多いです。

両方のほおにりんごのように赤く、チョウチョのような形の発疹が出る特徴から、「りんご病」と呼ばれます。ほおの赤みが出たのち、腕や太ももなどの外側に赤いレース状の発疹が出ます。通常はかゆみはありませんが、発疹部分は少し熱を持っています。軽い熱が出たり、頭痛を伴ったりすることもありますが、ほとんどの場合、発疹で気づくことが多いものです。

発疹は数日～10日ほどで消えますが、入浴などで体があたたまったり、日光に当たったりすると再び出ることもあります。

【大人が注意したいウイルス】

ヒトパルボウイルスB19はさまざまな症状を引き起こすウイルスですが、免疫がない大人、特に女性が感染すると、関節痛や関節炎を引き起こすことがあります。

特に気をつけなければならないのは、妊娠中の初感染です。おなかの赤ちゃんが重い貧血になったり、体に水がたまる「胎児水腫」になって流産や死産になったりすることがあります。これらの治療には、早期の発見が大切になります。妊娠中で不安がある場合は、かかりつけ医に相談してみましょう。抗体の有無を検査することができます。

治療

ウイルスによる感染症の中でも比較的軽い病気です。特に治療は必要としません。

ホームケア

家で安静に過ごします。比較的元気なことが多いので、寝ていない場合は室内で静かに遊ばせましょう。このウイルスが感染力を持つのは、発疹が出るまでの間です。両ほおが赤くなった1～2日後に体にも発疹が出たら、もうくしゃみやせきで人にうつすことはありません。ただ、日光に当たると再び発疹が出ることがあります。発疹が消えても1週間ほどは天気のよい日の外遊びは控えるようにしましょう。

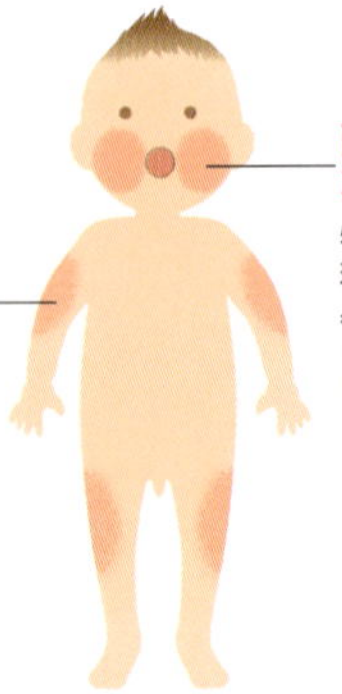

両方のほおが発疹で真っ赤になる

特徴的な赤い発疹＝紅斑が出ることから、容易に診断がつきます。ほてる程度で、かゆみはありません。

四肢にはレース状の発疹が出る

腕や太ももの外側にも発疹が出ます。発疹は中心部の赤い部分が消えていき、レース状に見えるのが特徴です。

一般的な経過

潜伏期	つらい時期					回復期				
10～20日	1	2	3	4	5	6	7	8	9	10日

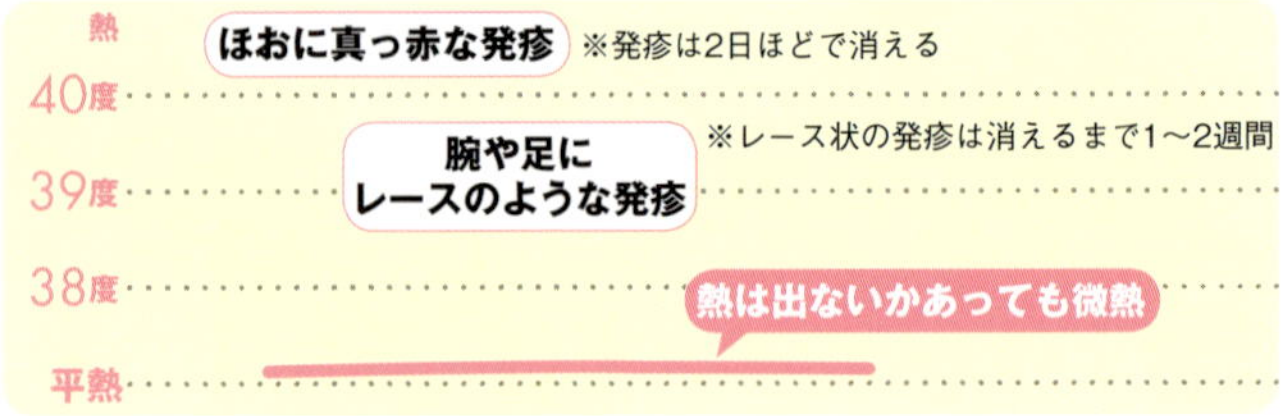

注意したい病気

感染症ではないけれど、ママ、パパにぜひ知っておいてもらいたい病気です。前もって知っていれば、いざというときにあわてないですみますね。

川崎病《かわさきびょう》

これがサイン

- 高熱が続く
- 発熱と同時か少し前に首のリンパ節がはれる
- 全身に赤い発疹が出る
- 手足がむくむ、手のひらが赤くなる
- 唇や舌が赤くなり、舌に赤いブツブツが出る
- 白目が充血する

熱	○
発疹	○
せき・ゼロゼロ	×
吐く・下痢	×
予防接種	なし

原因と症状

全身の血管が炎症を起こす病気で、発見者の川崎富作博士の名前からつけられています。上の「これがサイン」のうち、5つ以上あてはまれば川崎病と診断されます。ただしこれらの症状が一度に出るわけではなく、熱と首のリンパ節のはれで始まったりします。血管に炎症が起こるので、川崎病の子どもの10％くらいに、心臓の冠動脈にこぶができます（冠動脈瘤）。

原因は不明ですが、免疫システムに関係があり、感染症が引き金になっているのではと考えられています。

5才未満、なかでも1才前後に発症することの多いのが特徴です。子ども1万人中、年間数人が発症するといわれています。

治療

検査をして、川崎病と診断されればすぐに入院して治療が始まります。炎症を抑え、血液が固まるのを防いで血栓ができるのを予防するアスピリンの服用と、ガンマグロブリンを点滴で投与する治療法が一般的で、慎重に経過を見ていきます。冠動脈瘤ができなければ、数週間の入院が目安です。

冠動脈瘤は発症して7日目ごろから大きくなり始め、2〜3週間で最大になります。冠動脈瘤ができた場合は1カ月前後の入院になりますが、小さなものなら2〜3カ月で自然に消えてしまうこともあります。また、早期からガンマグロブリンを大量に投与することで、以前にくらべて冠動脈瘤の発生を抑えられるようになりました。

退院後もしばらくはアスピリンの服用や定期的な検査が必要です。冠動脈瘤があっても、心臓の血管が詰まるのは非常にまれ。医師の指示を守って検査を受けましょう。なお、ガンマグロブリンの大量投与後、6カ月間はBCGとロタウイルス以外の生ワクチンは接種できません。

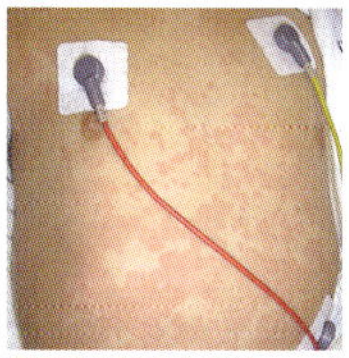

心臓や冠動脈に変化が現れる
冠動脈瘤の有無は心臓の超音波検査などで調べます。胴体を中心に赤い発疹が出ています。

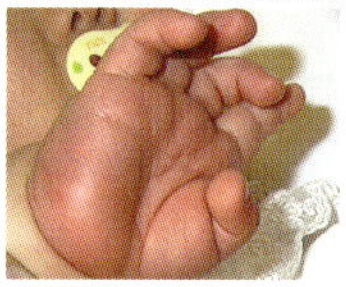

手足にもむくみなどの症状が出る
発疹が出る前後から手足がパンパンにむくんだり、手のひらが真っ赤になったりします。

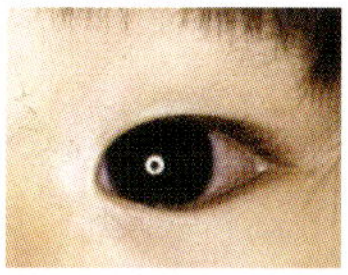

両目が真っ赤に充血するのも特徴
発熱後2〜5日で、両目の白目の部分が充血します。目やになどはありません。

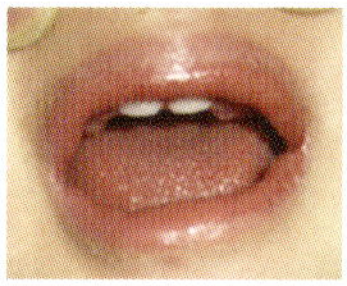

唇も赤く充血する
唇が真っ赤に充血し、乾燥してひび割れます。いちご状舌になることも。

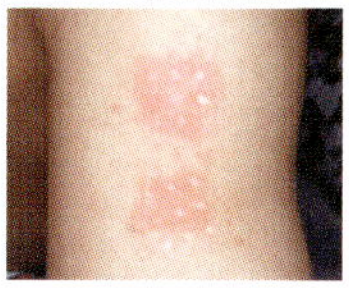

BCGのあとが赤くなることも
BCGのあとが赤くなることも。ほかの病気では起こらない現象なので、診断の目安に。

用語解説

・**終生免疫**
一度感染したら（ワクチン接種も含む）生涯その感染症にはかからないということ。

・**不顕性感染**
細菌やウイルスなどが体の中に侵入しても、病気の症状が現れずに、知らない間に免疫ができてしまうこと。

・**冠動脈**
心臓全体に張りめぐらされ、心臓に栄養を補給している血管。

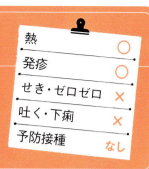

熱《ねつ》性《せい》けいれん

緊急

- はじめてのけいれん
- ６カ月未満のけいれん
- 左右非対称のけいれん
- ５分以上続くけいれん
- 短時間にけいれんを繰り返す

原因と症状

発熱がきっかけになって起こるけいれんです。高熱が出る病気にかかったとき、熱の上がり始めに起こりやすいのが特徴。原因はよくわかっていませんが、赤ちゃんは脳の神経発達が未熟なため、発熱による刺激でけいれんを起こすのではないかと考えられています。

乳幼児の3～8％が経験するといわれ、多くは1回だけですんでいますが、熱性けいれんを起こした子の約30％が2回目のけいれんを、さらにそのうち20～30％が3回目を起こすといわれます。5才を過ぎるとほとんど起こさなくなります。両親をはじめ家族が子どものころけいれんの経験があれば、起こしやすい傾向があるようです。

典型的な熱性けいれん

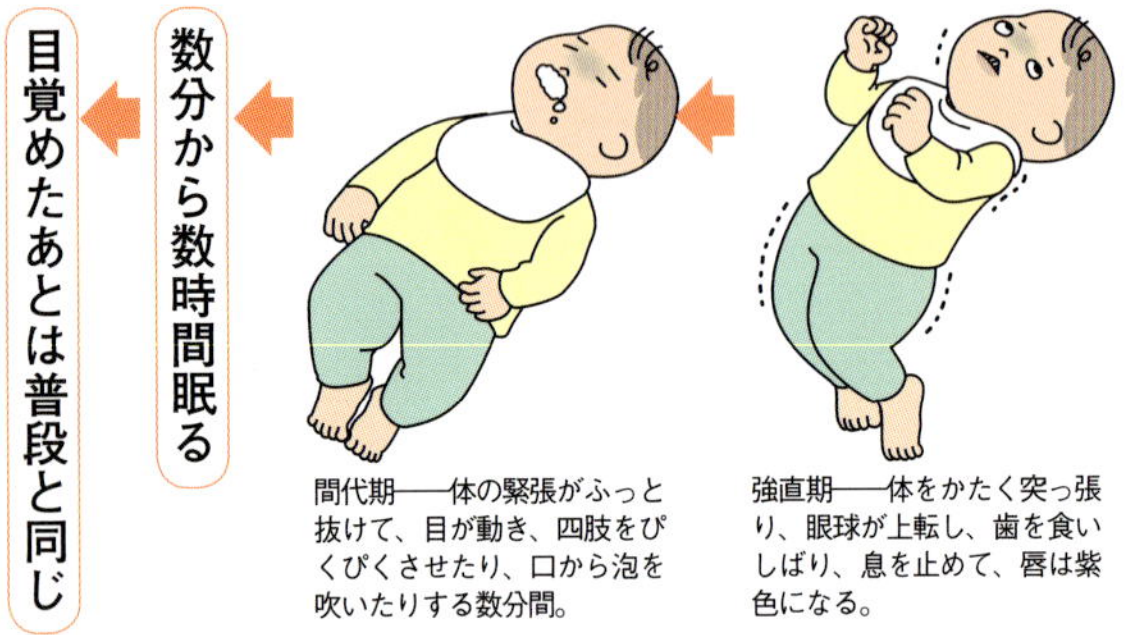
数分から数時間眠る
目覚めたあとは普段と同じ

強直期――体をかたく突っ張り、眼球が上転し、歯を食いしばり、息を止めて、唇は紫色になる。

間代期――体の緊張がふっと抜けて、目が動き、四肢をぴくぴくさせたり、口から泡を吹いたりする数分間。

治療とホームケア

赤ちゃんがいきなりけいれんを起こすと、死んでしまわないかと心配になってしまいますね。でも単純な熱性けいれんなら命にかかわることはありませんし、合併症を起こすことも、後遺症が残ることもありません。

熱性けいれんはほとんどが2～3分、長くても5分以内におさまります。落ち着いて対処し、けいれんがおさまったら受診しましょう。特にはじめてけいれんを起こしたときは、熱性けいれんかどうかを確かめるためにも必ず受診してください。特に治療はしませんが、次にけいれんが起きたときのために、けいれん止めの坐薬が処方されることもあります。

受診のときに
チェックしておこう

- □けいれんが起きているときの様子
- □けいれんしていた時間
- □けいれん後の体温
- □家族のけいれん経験

注意が必要なけいれん

次のような症状のときは、ほかの急を要する病気が疑われます。日中、夜間にかかわらず大至急病院へ。

- けいれんが５分以上続く。
- けいれんの様子が左右非対称。
- 短時間にけいれんを繰り返す。
- けいれん後意識が戻らない。
- ６カ月未満の赤ちゃん。

熱性けいれんとけいれん止めの薬

一度けいれんを経験した場合、発熱時は要注意です。けいれん止め（抗けいれん薬）は解熱薬とも併用できますが、薬の効果が切れてまた熱が上がってきたときにけいれんを起こす可能性があるので、薬の使用は医師によく相談してください。

日《にっ》射《しゃ》病《びょう》・熱《ねっ》中《ちゅう》症《しょう》

これがサイン

- 顔が赤い
- 体が熱い（38度以上の熱）
- 機嫌が悪い
- ぐったりしている

緊急

- 意識がはっきりしない、反応が鈍い
- 呼吸が弱い、呼吸が感じられない
- けいれんを起こしている

原因と症状

炎天下にいたり、高い気温にさらされたりしていると、体温調節機能が働かなくなり、体にこもった熱をうまく発散できなくなります。その結果体温が異常に上がり、やがて脱水症状を引き起こします。これが熱中症で、重症の場合は命にもかかわります。

特に体温調節機能が未熟な乳幼児は、あっという間に熱中症になるおそれが。昼間の日差しの強い時間帯に汗だくになって遊ぶと、それだけで危険です。

【室内でも注意が必要】

炎天下の屋外だけでなく、閉め切った室内や車内も危険度大です。特に夏の車の中は、15分で50度もの暑さに。エアコンをつけていても日が当たれば思いがけず温度が高くなります。短時間でも絶対に赤ちゃんを車内に置き去りにしてはいけません。

室内も風通しをよくする、エアコンをじょうずに使うなどして、暑さを調整しましょう。

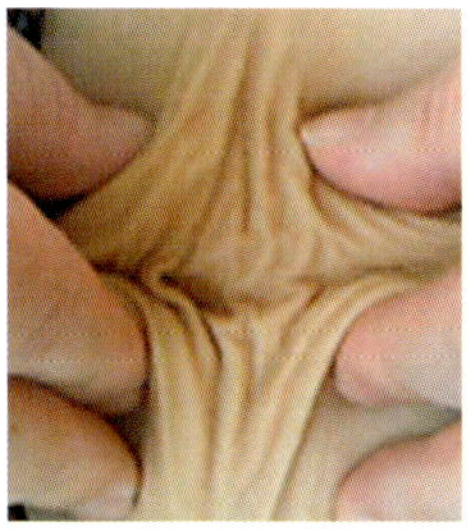

脱水症を起こしている皮膚。水分が抜けてシワシワに

熱中症は脱水症を起こすとこわいので、水分補給が非常に大事です。

救急ケア

熱中症のサインは、抱くと体が熱くてぐったりしていること。すぐに救急処置をとります。

なるべく涼しいところに運ぶ

急いで風通しのよい日陰や、冷房の効いた涼しい場所に連れていきます。

衣服をゆるめ、頭を低くして寝かせる

ボタンなどをはずして衣服をゆるめましょう。特に首回りをゆったりとさせて、頭を低くして寝かせます。

首、わきの下、足のつけ根などに冷たいタオルなどを当てる

冷たいタオルや、小さな保冷剤をハンカチなどで包んで、首すじ、わきの下、足のつけ根などに当て、体温を下げます。

少しずつ水分をとらせる

水分を少しずつ、欲しがるだけ与えます。あればベビー用イオン飲料や経口補水液を。経口補水液は、家庭で手軽に作ることもできます（左写真）。

経口補水液の作り方

湯冷まし500mℓ、砂糖20g、塩1.5gの割合で。柑橘系フルーツの汁を少し加えると飲みやすくなります。

用語解説

- **合併症**
ある病気がもとになって起こる別の病気のこと。
- **脱水症**
体内の水分と電解質が失われて起こる症状。重症になると低血圧やショック症状を起こすことも。
- **ベビー用イオン飲料**
赤ちゃんがより効率的に水分補給できるようにイオンの種類や量を調節した飲料で、大人用のスポーツドリンクとは違います。

＼かかりました！／

1才のとき

日中はなんともなかったけど夜中に39度の発熱

公園でたくさん遊んだ日、離乳食も普通に食べて寝たのに、夜中に激しい夜泣きが始まりました。抱っこすると体が熱い。熱をはかったら39度も！タオルを巻いた保冷剤で熱をしずめて、翌朝には平熱に。念のため受診すると、熱中症と言われました。熱がこもっていたようです。

＼かかりました！／

1才5カ月のとき

暑くなった車内で娘の体温が39度になり、脱水症寸前！

わが家の車は黒いせいか、夏はエアコンも効きにくいのです。ある日、チャイルドシートに座らせていた娘を見ると、真っ赤な顔で汗がダラダラ。体温をはかると39度も！ 水分をこまめに与えてなんとか目的地に着き、涼しくしたら、37度に下がり、ホッとしました。気をつけないと危険ですね。

目の病気

見る力が発達途上にある赤ちゃんにとって、目の病気は視力に影響することもあります。普段から赤ちゃんの目をよく観察して、早めに病気を発見しましょう。

結膜炎《けつまくえん》

これがサイン

- 目やにがひどく出る
- 白目が充血している
- まぶたがはれぼったい
- 目をかゆがる、涙目になっている

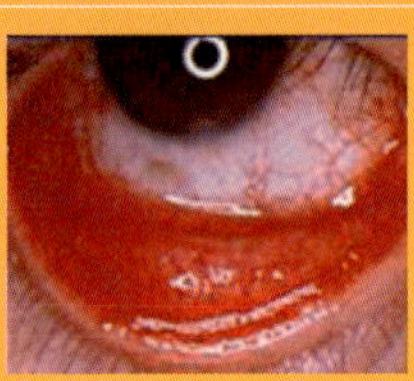

原因と症状

結膜とは上下のまぶたの裏側と白目の部分をおおっている粘膜のことで、ここに炎症が起こるのが結膜炎です。細菌やウイルスの感染によるもの、アレルギーによるものがあります。

赤ちゃんによく見られるのは細菌感染による結膜炎。原因はインフルエンザ菌、肺炎球菌、ブドウ球菌です。まれにですが淋菌などもあります。ウイルスでは、アデノウイルスやエンテロウイルスが原因になる感染力の強い結膜炎があります。

【重症化しやすい細菌性結膜炎】

細菌性結膜炎の症状は、黄色っぽい目やにがたくさん出る、白目やまぶたが強く充血するなど。鼻水をこすった手で目にさわって発症することが多く、かかると重症化しやすいので、すぐに眼科を受診して。

【感染力の強いウイルス性結膜炎】

ウイルス性結膜炎にかかると、目が開けられないほど大量の目やにが出たり、白目やまぶたの裏側が充血したりするほか、目が痛くなることも。なかでも注意したいのが、アデノウイルスが原因で起こる「流行性角結膜炎」。感染力が非常に強く、症状も重くなります。特徴は、突然結膜炎が始まること、耳の前のリンパ節がはれることなどで、出血を伴うこともあります。

【かゆいアレルギー性結膜炎】

アレルギー性結膜は、目やには少ないのですが、かゆみが強く、涙がたくさん出ます。

治療

原因に応じて、抗菌薬や抗アレルギー薬などを使います。どの結膜炎も重症化や合併症を防ぐため、完治するまで治療を続けることが大切です。

ホームケア

目やにはお湯でぬらしたガーゼなどでそっとふき、ふいたガーゼは必ず捨てましょう。うつりやすいので、タオルも別々にします。家族への感染予防は徹底した手洗いが基本です。

さかさまつ毛は自然に治ることも多い

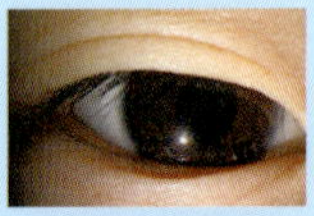

まつ毛がまぶたの皮膚に押されて内側に向かい、黒目や白目に当たっている状態が「さかさまつ毛」。生後6カ月ごろまでよく見られます。目やにや涙が多く、しきりに目をこすることも。自然に治ることが多いので、1才過ぎごろまでは様子を見ます。

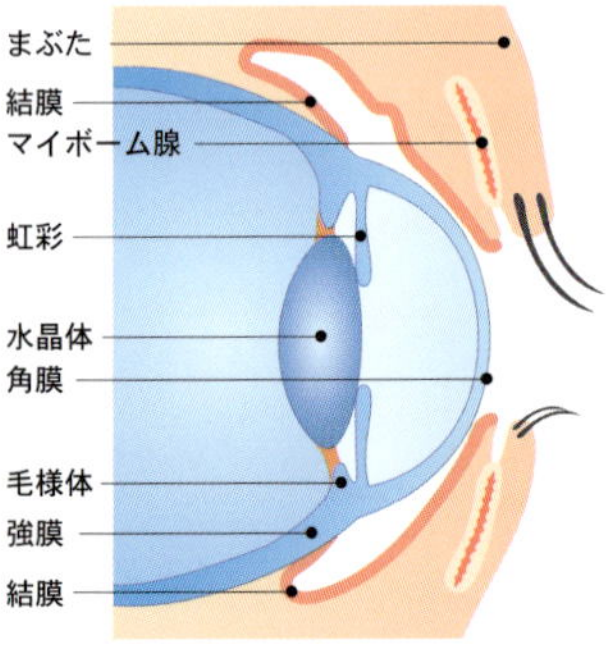

マイボーム腺が細菌に感染したり詰まったりすると「ものもらい」に

まぶたの内側にあるマイボーム腺が細菌に感染したり詰まったりすると、赤くはれたり、しこりができて痛んだりします。これが「ものもらい」で、治療には抗菌薬入りの点眼薬や眼軟膏、飲み薬が処方されます。

先天性鼻涙管閉塞《せんてんせいびるいかんへいそく》

これがサイン
- 目がいつもうるんだように見える
- 目やにがたくさん出続ける

原因と症状

涙は目の表面を保護し、ゴミを洗い流しています。涙腺から分泌された涙は涙嚢を通り、鼻涙管を流れ、鼻の奥に流れます。この管は普通、胎児期に開通しますが、ときに薄い膜が残ってしまうことがあり、これが先天性鼻涙管閉塞です。目やにや炎症を起こす原因になるなど、赤ちゃんには比較的よく見られるトラブルです。

鼻涙管閉塞はたいてい、片目だけに起こります。涙が鼻に流れていかないため、生後間もなくからいつも目がうるんでいたり、目やにがたくさん出たりします。涙嚢にたまった涙に細菌が繁殖すると、炎症を起こして「新生児涙嚢炎」になることもあります。

治療

生後3カ月くらいまでで症状が軽ければ、ぬるま湯にひたしたガーゼでこまめに目やにをふいて様子を見ていると、自然に治ることもあります。また、眼科で鼻涙管に水を通したり、点眼薬を使ったマッサージで改善することも。しかし3カ月を過ぎても目やにがひどい、充血する、目頭を押すとウミが出るなどの場合は、ブジーという器具を鼻涙管に通します。局所麻酔で短時間にすみますが、こわがらせないためにもなるべく低月齢のうちに受けましょう。

ブジーを使っても治らないときはシリコーンチューブの留置手術が行われることがあります。

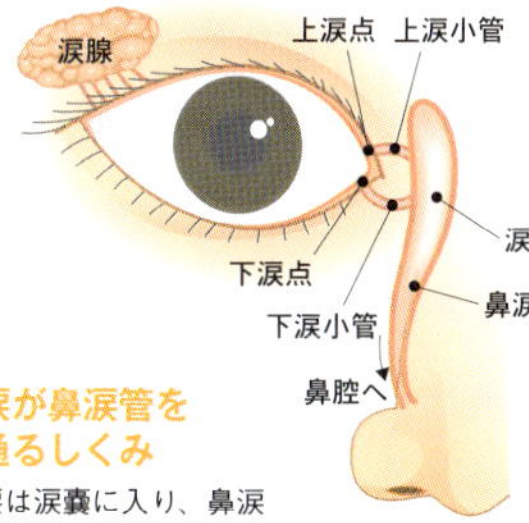

涙が鼻涙管を通るしくみ
涙は涙嚢に入り、鼻涙管を通って鼻からのどへ流れていきます。鼻涙管が詰まると、目やにが出たり、目がいつもうるんだように。

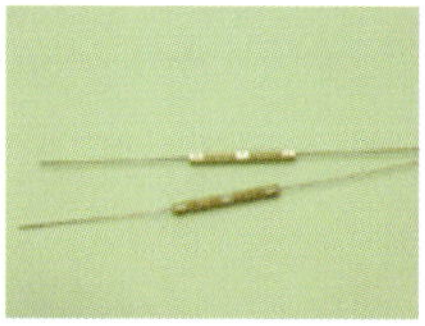

ブジー
直径0.2㎜ほどの金属製の針金。局所麻酔をしたあと、鼻涙管に通します。傷は残りません。

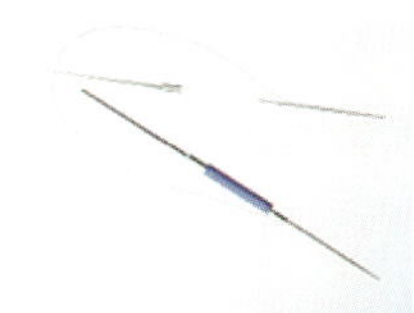

シリコーンチューブ
シリコーン製のやわらかい管。ブジーで治らないときに、鼻涙管の閉じた部分に入れて開通させます。

ホームケア

目やにはお湯にひたしたガーゼやティッシュでふき取りましょう。

片目だけ涙や目やにが出る場合は、目頭をママの小指でクリクリと押さえるようにマッサージします。3日間続けても変化がなければ受診しましょう。

用語解説

・抗菌薬
細菌の増殖を抑えたり殺したりする薬で、細菌性の感染症に使われます。「抗生物質」と呼ばれることも。

・合併症
ある病気がもとになって起こる別の病気のこと。

・眼軟膏
チューブに入った軟膏で、目に入れて使います。液体の点眼薬より効き目が長時間持続します。

＼先天性鼻涙管閉塞でした／

1カ月のとき

ブジーにびっくり！ 1カ月後に再発し、再度処置

生後1週間ごろから目やにが出始め、左目は目やにで開かなくなることも。鼻涙管にゴミが詰まって細菌感染を起こしており、ブジー処置を行うことに。痛みはないと聞いていましたが、本人は驚いたようで大泣きでした。そのときは治ったが1カ月後に再発し、もう一度処置を受けました。

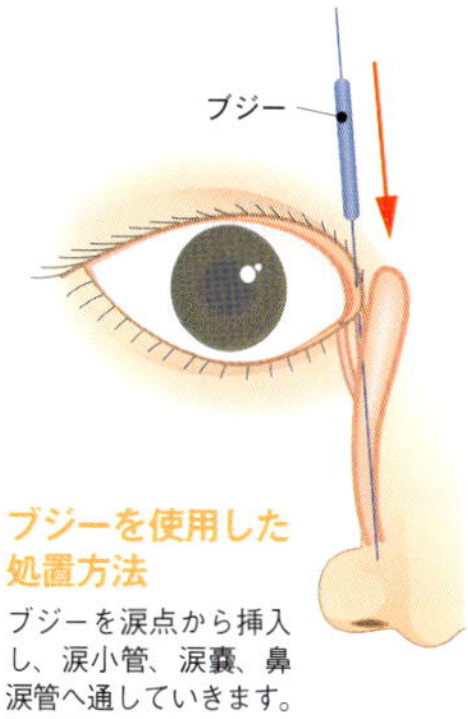

ブジーを使用した処置方法
ブジーを涙点から挿入し、涙小管、涙嚢、鼻涙管へ通していきます。短時間ですみます。

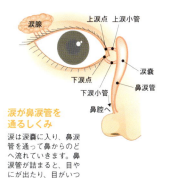

斜視《しゃし》

これがサイン

- **正面から見ると寄り目に見える**
- **写真を撮るとカメラのフラッシュの光が黒目の中心からずれる**

原因と症状

ものを見ようとするときに、片目は正面を向いていても、もう一方の目が違う方向を向いてしまうのを斜視といいます。

斜視には、片方の黒目が正常な位置にあるときに、もう片方が内側に寄る「内斜視」、外側に寄る「外斜視」、まれですが黒目が上や下に寄る「上斜視」「下斜視」があります。また、いつも斜視の状態にある「恒常性斜視」と、ときどき黒目がずれる「間欠性斜視」があります。

斜視の原因はさまざまですが、眼球を動かす筋肉や神経の先天的な異常のほか、強い遠視で起こることもあります。

【斜視の70%は内斜視】

最も多いのは内斜視で、斜視の70%ほどを占めます。

内斜視には種類が2つあります。1つは主に2～3才で発症する「調節性内斜視」です。これは強い遠視が原因で、近くのものにピントを合わせようとすると目が過剰に内側に寄ってしまうというものです。

もう1つは生後6カ月以内の早期に発症する「先天性内斜視」で、常に黒目が内側に寄った状態です。

生後6カ月までに発症した内斜視のことをまとめて「乳児内斜視」ともいいます。これは治療開始が遅くなると回復が難しくなるため、早期発見、早期治療が大変重要です。3カ月健診で発見されることが多いので、健診はきちんと受けましょう。

【本当の斜視ではないことも】

ただ、赤ちゃんは「寄り目」に見えやすいもの。鼻のつけ根が低く、その部分の皮膚が目の内側の白目にかぶさって内側の白目部分が少なく見えるため、黒目が内側に寄っているように見えるのです。これは「偽内斜視《ぎないしゃし》」といって、成長とともに目立たなくなり、目の機能にも影響しません（下コラム）。気になるときは赤ちゃんの目にペンライトを当ててみましょう。両目の黒目の中央で光が反射していれば偽内斜視です。

【斜視の種類】

内斜視（最も多い）

片方の黒目が内側に寄った状態。光源を当てると、光は瞳孔の外側にくる。

外斜視

片方の黒目が外側に寄った状態。光源を当てると、光は瞳孔の内側にくる。

上斜視

片方の黒目が上側に寄った状態。光源を当てると、光は瞳孔の下側にくる。

下斜視

片方の黒目が下側に寄った状態。光源を当てると、光は瞳孔の上側にくる。

＼斜視でした／

0～1才代

視線がややずれているような感じ、寄り目っぽい感じを受けることがあったが、あまり気にしていなかった。はじめての子どもだったこともあり「赤ちゃんはこんなものかも」と思っていました。

3才

3才児健診で遠視を指摘され、「見る訓練をしないと弱視になる」と言われる。メガネを作り、左目には1日数時間アイパッチを。おとなしい子だったが、メガネをかけるとすぐにとても活発になり驚きました。

現在7才

遠視はかなり強かったらしく、メガネを使わずにすむようになるかどうかは不明。矯正視力が1.2あり、弱視の危険はなくなりました。

赤ちゃんに多い偽内斜視

赤ちゃんはこんなふうに寄り目に見えます。鼻のつけ根をつまんでみると黒目が中心にあるのがわかります。

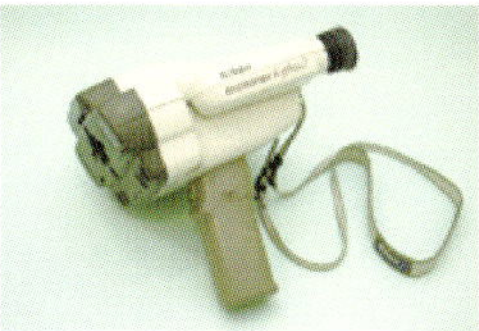

オートレフラクトメーター
コンピューター制御による自動視力測定機。目に光が入るときの屈折の度合いなどもはかれます。機械に顔を固定するのが難しい乳幼児に。

3D検査用のステレオテスト
メガネをかけて絵を両目で見ると、両眼視できている場合は3D画像に見えます。両眼視がしっかりできているかどうかの検査をするために使います。

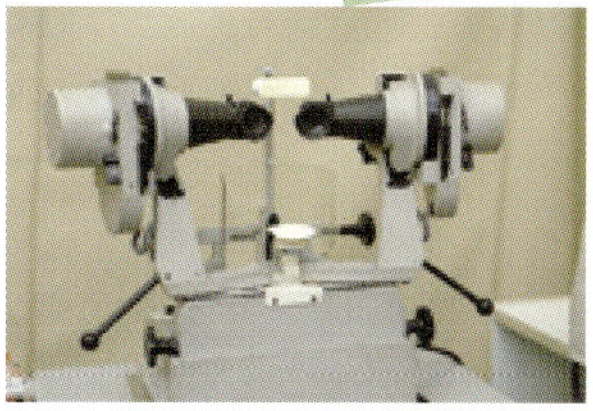

大型弱視鏡と検査用カード
この機械を通してカードを見せ、左右それぞれの目で見たものを脳で1つにできるか、立体的にものを見ることができるかを調べます。

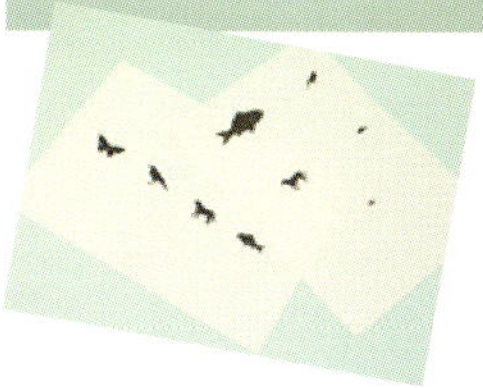

視力検査用のカード、ペーパー
（上）カードによってうさぎの目の大きさが違っていて、どの大きさまで見えるかをチェック。（下）家庭で使う、視力検査の練習用ペーパー。

治療

斜視があると、その目を無意識に使わなくなり、左右どちらか一方の目だけでものを見るようになります。そのため、立体的にものを感じる力（両眼視機能）が発達しにくくなり、少しの段差でもつまずいたり、階段の上り下りをこわがったりすることがあります。また、使わないほうの目の視力が発達しないために、弱視（斜視弱視）になることも。

治療は、遠視が原因の調節性内斜視なら、メガネで矯正することで治るケースもあります。遠視以外の原因による斜視や、メガネの治療効果が見られない内斜視には、早めの手術が必要となります。

手術は、正しく両目を使ってものを見るようサポートしたり、弱視を予防したりするために行われますが、その時期は斜視の種類や程度によって違ってきます。ただ、両目でものを見て遠近感や立体感をつかむ両眼視機能は6才くらいで完成してしまいます。よりよい視力と立体視のため、2〜3才までの乳幼児期に行われることが多いようです。

なお、外斜視や上下斜視は3才以上の子に多く見られ、弱視になりにくいため、手術を急ぎません。また、視力や外見に問題なければ手術しないことも。

【弱視には時間をかけて視力の正しい発達を促す】

斜視の目は無意識に使わないため、視力が発達せず、弱視になることがあります。

弱視とは、メガネやコンタクトで矯正しても視力が出ない状態のこと。斜視だけでなく、強度の遠視、近視、乱視などがあって視力が上がらなかったケース、先天性の白内障など目の重い病気によるケースなどがあります。

治療には時間をかけて経過を観察しつつ、視力の正しい発達を促すことがポイントです。正常な目をアイパッチで遮断し、弱いほうの目でものを見る訓練を、視能訓練士とも相談しながら根気よく続けていきます。小さいうちから適切な治療を受ければ、多くの場合、正常な視力を得られるようになります。

ホームケア

メガネやアイパッチをじゃまに感じて装着をいやがる子も多いのですが、「はずしてはダメ」と毅然とした態度で繰り返し言い聞かせましょう。幼児期以降は、小さな絵や文字を読むことで見る力を訓練します。

用語解説
・**遠視**
「近くが見にくい」「遠くのものは見える」というのは間違い。目に力を入れないと近くにも遠くにもピントが合わない状態をいいます。乳幼児の目は発達途中なので遠視は珍しくありませんが、度が強いと斜視や弱視の原因に。

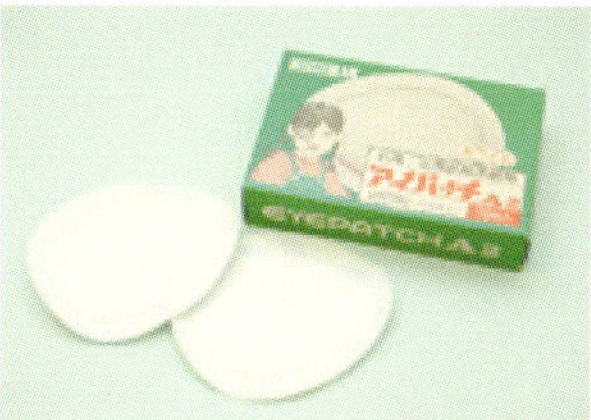

アイパッチ
斜視のある目を使うように、正常なほうの目に貼りつけるアイパッチ。2才まで用と3才以上用があります。このほか、メガネをカバーする布製タイプも。

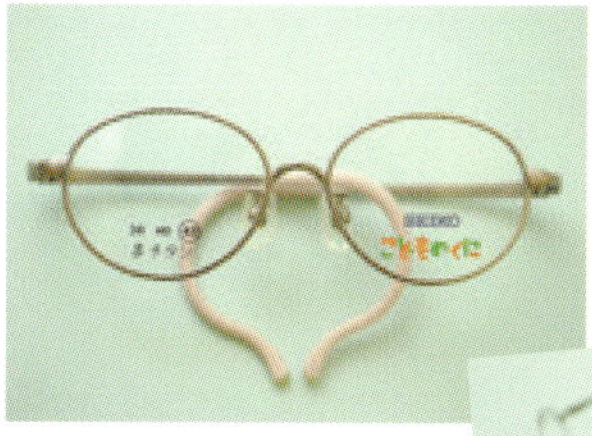

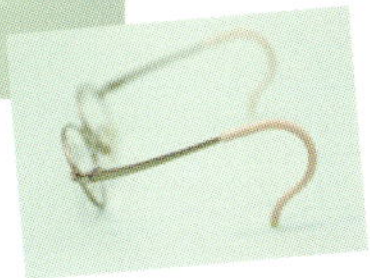

乳児用メガネ
耳にかける部分のカーブが深く、はずれにくいデザイン。バンドでつけるタイプのものも。メガネによる治療は生後3カ月ごろから可能です。

耳・鼻・口の病気

耳の病気で最も多いのは中耳炎（p42）ですが、聞こえに関係するトラブルも。耳鼻咽喉科の中で、子どもに多い病気を解説します。

外耳道炎《がいじどうえん》

これがサイン

- 耳にふれると痛がる、機嫌が悪い
- 耳がにおう
- 黄色い耳だれが出る
- 微熱が出る（出ないことも）

原因と症状

耳の入り口から鼓膜までを外耳道といいます。外耳道炎の原因の多くは、耳掃除のしすぎや、ひっかいてできた傷から細菌が入って炎症を起こすこと。乳幼児の場合は、耳の入り口にできたアトピー性皮膚炎の湿疹をひっかいて化膿させるケースも目立ちます。中耳炎で鼓膜が破れ、外耳に流れたウミが原因で外耳道炎になることもあります。

軽くふれただけでもひどく痛がるのが特徴で、着替えのときなどに衣類やママの手がふれただけで泣くといった様子で気づくことも。耳が痛いので機嫌が悪く、耳をよくさわる、耳がにおう、黄色い耳だれが出るなどで気づくことも多いでしょう。

高熱は出ませんが、37度くらいの微熱が出ることもあります。

治療

基本は消毒と抗菌薬の飲み薬です。必要に応じて軟膏や点耳薬が処方されます。初期で、あまりひどくない症状ならこれでおさまるでしょう。

痛みが強いときは鎮痛解熱薬を使ったり、耳を冷やしたりというケアをします。

患部が化膿してしまった場合は、薬液をしみ込ませた綿球を耳に入れたり、切開してウミを出す処置をしたりします。ウミを出してしまえば痛みもやわらぎます。

ホームケア

耳だれが出たら、清潔なガーゼなどで軽くふき取るようにします。綿棒を奥まで突っ込んでふくのはやめましょう。

化膿したあと、自然にウミが出ることもあります。その場合も耳の中はいじらず、消毒液で耳のまわりをふくだけにしましょう。回復してくると耳をかゆがりますが、なるべくかかせないような工夫が必要です。

予防のため、普段から耳掃除はほどほどにして、赤ちゃんのつめはきちんと切り、耳が直接ふれる枕やシーツはいつも清潔にしておきましょう。

＼かかりました！／

6カ月のとき・完治まで12日

朝から機嫌が悪く、耳だれで発見！微熱も出ました

- **1日目** 夜、顔をふいていたら耳だれを発見。どうりで朝から機嫌が悪いはず。
- **2日目** 耳鼻科を受診。外耳道炎ということで抗炎症薬の飲み薬をもらった。帰宅後熱っぽかったのではかったら38度も。
- **3～8日目** 熱は下がったが、耳だれは8日目でやっと止まる。かゆがるので夜は手袋を。
- **12日目** もう薬は飲まなくてもいいと先生に言われ、通院もやっと終了。

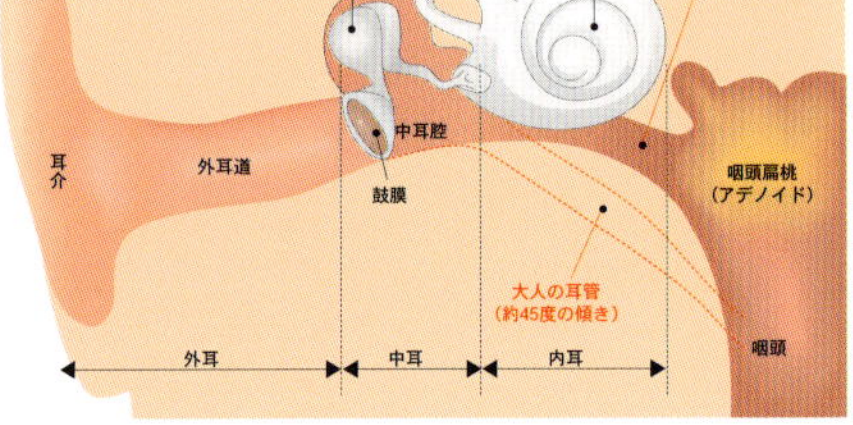

細菌やウイルスが入りやすい乳児の耳管

鼻の奥の上咽頭と中耳腔は耳管でつながっています。赤ちゃんの耳管は大人よりも太くて短く、その傾きはほぼ水平。そのため、鼻やのどから細菌やウイルスが侵入しやすいのです。

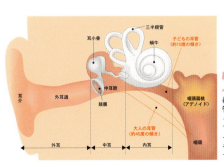

耳垢栓塞《じこうせんそく》

これがサイン

- 耳がにおう・耳だれが出ている
- 聞こえが悪くなる

原因と症状

外耳道には自浄作用があり、耳アカは自然に外に出ることが多いのですが、たまり方には個人差があります。体質的にベタベタとした湿った耳アカの場合は自然に出にくく、耳の奥にたまってしまうことがあります。また、慢性中耳炎による耳だれが奥にたまることも。耳アカが外耳道をふさぐまでたまってしまった状態を耳垢栓塞といい、聞こえの悪くなることがあります。耳がにおう、耳だれがあるなどのときは耳鼻科で受診を。

治療

耳鼻科では専用の器具を使って耳アカを取ります。かたまった大きめの耳アカには点耳薬を入れ、ふやかしてから取ります。家で取ろうとしても、かえって奥に入れてしまうことが多いので、耳鼻科を受診したほうが安心です。

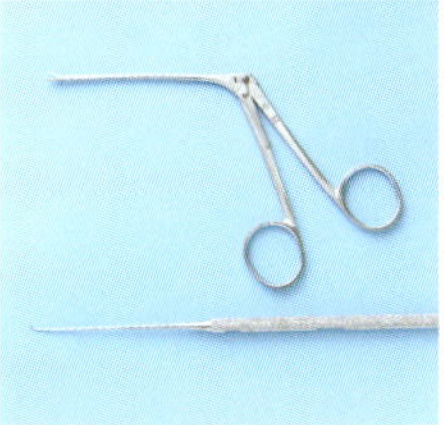

耳鼻科では専用の器具で耳アカを取ります
はさみの先端部分で耳アカをはさんで取るタイプと、かき出すタイプが。外耳道を傷つけないよう、耳に専用の器具を入れてから使用します。

ホームケア

家庭での耳掃除は入浴後に耳の入り口部分だけを綿棒で軽くふきましょう。決して耳の奥まで入れないこと。外耳道の長さは大人でも3㎝ほどで、赤ちゃんはその半分ほど。耳アカがたまるのは出口から半分ぐらいですから、綿棒の先で耳の入り口付近をらせん状にそっとぬぐう程度で十分です。

これといった症状がなくても、耳アカのたまりやすい子は3カ月に1度ぐらいの頻度で耳鼻科を受診し、耳掃除をしてもらうと安心です。

難聴《なんちょう》

これがサイン

- 大きな音に驚かない・反応しない
- 2才を過ぎても意味のある言葉が出ない

原因と症状

難聴とは音を聞く力が弱いこと。外耳や中耳の機能障害により音が伝わらない「伝音性難聴」、音を脳に伝える機能が働かない「感音性難聴」、両方ある「混合性難聴」の3種類があります。

伝音性難聴の原因の多くは滲出性中耳炎（p43）です。感音性難聴の原因は1／3が遺伝によるもの。1／3は母親が妊娠中にかかった感染症や早産、出生後の頭部外傷、乳幼児期にかかった感染症（ムンプス難聴p62）など。残る1／3は原因不明です。

治療

新生児聴覚スクリーニング検査が普及して、生後すぐに難聴が見つかることが多くなりました。乳幼児健診で受診をすすめられることもあります。難聴はできるだけ早く発見し、治療を開始することが大切です。

中耳炎が原因の伝音性難聴は中耳炎を治療すれば聴力が戻ることも。感音性難聴は聴力を戻すための治療法がなく、補聴器や人工内耳で聴力をサポートしながら、専門の施設で機能訓練や言語訓練を受けます。

気になる様子があったら早めに受診を

生後0～3カ月ごろ
- □ドアが勢いよく閉まるなどの大きな音に反応しない、ビクッとしない。（ただし、2カ月ごろまでは反応しないこともある）

生後6カ月ごろ
- □ママやパパが呼びかけても振り向かない
- □音楽やおもちゃの音がしても反応しない
- □声を出して笑わない

1～2才ごろ
- □「おいで」「バイバイ」などの簡単な言葉に反応しない
- □意味のある言葉が全く出てこない

用語解説

・抗菌薬
細菌の増殖を抑えたり殺したりする薬で、細菌性の感染症に使われます。「抗生物質」と呼ばれることも。

・点耳薬
耳に直接たらす液体の薬。目薬と同じように、1滴ずつ出せるボトルに入っています。

副《ふく》鼻《び》腔《くう》炎《えん》

これがサイン

- 黄色や黄緑色の粘りのある鼻汁がずっと出ている
- せきやたんが出る

原因と症状

副鼻腔の粘膜にウイルスや細菌が感染して炎症を起こす病気です。副鼻腔にウミがたまるため、黄色や黄緑色の粘りのある鼻汁が続きます。鼻詰まりがひどくて口で息をする、鼻水がのどにたまってせきやたんが出るなどの症状もあります。

急性副鼻腔炎と慢性副鼻腔炎があり、急性副鼻腔炎はほとんどがかぜのあとに発症します。副鼻腔炎に一度かかると、かぜをひいたときに繰り返しやすいので注意が必要です。

もう1つの慢性副鼻腔炎は、いわゆる蓄膿症《ちくのうしょう》のことです。急性副鼻腔炎が慢性化するほか、鼻中隔（鼻腔を左右に分けている骨や軟骨の壁）の湾曲、ポリープ、アデノイド（肥大した咽頭扁桃）、虫歯、アレルギー性鼻炎が関係して発症することもあります。急性副鼻腔炎にくらべて治りにくいのが特徴です。

治療

急性でも慢性でも、治療では鼻水の吸引、薬を空気に混ぜて鼻に送り込む「ネブライザー吸入」、抗ヒスタミン薬や抗炎症薬の服用などが行われます。

急性副鼻腔炎をほうっておくと慢性副鼻腔炎に移行したり、中耳炎につながったりすることがあるため、完治まで根気よく治療を続けることが必要です。

ホームケア

赤ちゃんは口呼吸が苦手です。鼻が詰まると呼吸がしにくく、すぐに苦しくなってしまうので、こまめに鼻水を吸い取ります。口で吸ってあげてもいいし、市販の鼻水吸い器もいろいろ出ています。粘りけのある鼻水は、蒸しタオルで熱くない程度に蒸気を当てると出やすくなります。

慢性副鼻腔炎（蓄膿症）の場合、昔は手術をすることが多かったのですが、成長するに従って自然治癒することがほとんどなので、薬で治療しながら様子を見るようになっています。

鼻炎と副鼻腔炎は違うもの？

鼻の粘膜が炎症を起こすのが鼻炎、水っぽい鼻水が出るのが特徴

鼻炎とは鼻の粘膜が炎症を起こす病気で、水っぽい鼻水がたくさん出ます。副鼻腔が炎症を起こして粘りけのある黄色い鼻水が出る副鼻腔炎とはここが違います。

鼻炎にはウイルスや細菌などが原因の「急性鼻炎」と、花粉、ダニ、ハウスダストなどが鼻の粘膜につくことで起こる「アレルギー性鼻炎」があります。アレルギー性鼻炎は鼻水のほか、鼻をかゆがるのが特徴。鼻詰まりや鼻の下のただれのほか、炎症やかゆみのせいで鼻血も出やすくなります。

こまめに鼻水を吸引してあげることが大切。これは副鼻腔炎と同じ

治療は、細菌が原因なら抗菌薬、アレルギー性なら、かゆみをやわらげる抗ヒスタミン薬、抗炎症薬が処方されます。慢性化すると中耳炎につながったり、鼻の炎症が気管支に達して気管支炎を併発したりするので、早めの治療が大切。鼻が詰まっているときはこまめに鼻水を吸引してあげます。

\かかりました！/

11カ月のとき・完治まで約1カ月

診断がつくまで時間がかかり、完治まで1カ月も

- **1日目** 37度台の熱、鼻水、せき、たんの症状があったので受診。かぜとの診断で薬を処方される。
- **2～7日目** よくならないので7日目に再受診。薬を替えてもらったが症状は変わらず。鼻水とたんがひどい。
- **8日目～1カ月** その後2回受診し、やっと「副鼻腔炎」と。治るまで時間がかかると言われたが、実際に完治まで1カ月ほどかかった。

鼻の両わきにある副鼻腔

鼻の両側の、骨に囲まれた空洞が副鼻腔。0～1才代のときはとても小さく、2～3才で小指の先くらいの大きさになります。

口内炎《こうないえん》

これがサイン
- 飲んだり食べたりするのをいやがる
- よだれが多くなる

原因と症状

ウイルスや細菌に感染して、歯肉や口の中に潰瘍ができた状態。粘膜の組織が傷ついて、真ん中が白くまわりがピンク色の水ぶくれが唇の内側や舌などにできます。

原因ウイルスとしては単純ヘルペスが一番多く、はじめてこのウイルスに感染して口内炎を起こした場合は、歯肉がはれてひどい炎症を起こし、強い痛みを感じたり、高熱が続いたりすることがあります。ほかに口内炎を起こすウイルスとして、コクサッキーA群（ヘルパンギーナp75）などがあります。

免疫のトラブルで起こるアフタ性口内炎は、歯をみがいたり、口の粘膜をかんだりしただけで起こります。栄養が偏ったり、かぜなどで体力が落ちたときなどにもよく再発します。

赤ちゃんに多いのは外傷性口内炎。歩き始めのころは転んで口をぶつけることがよくあり、傷のついた部分が感染して口内炎ができることがあります。

治療とケア

ウイルス性口内炎やアフタ性口内炎は1週間程度で自然に治りますが、痛むので赤ちゃんは機嫌が悪くなり、食欲も落ちます。潰瘍の数が増えると口を半開きにしてよだれがたくさん出ます。ときには細菌感染して化膿することもあるので、ひどいようなら小児科を受診しましょう。口の中につける軟膏などを処方してもらえます。

食べたり飲んだりするのがつらいので、スープ、うどんなど口当たりのよいものを。水分だけはたっぷり与えてください。

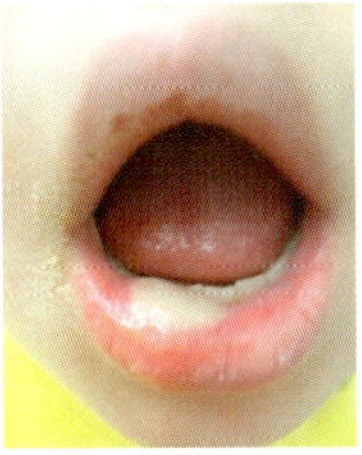

細菌が入り込んだ膿胞

傷口から入り込んだ細菌のかたまり。痛みを伴います。

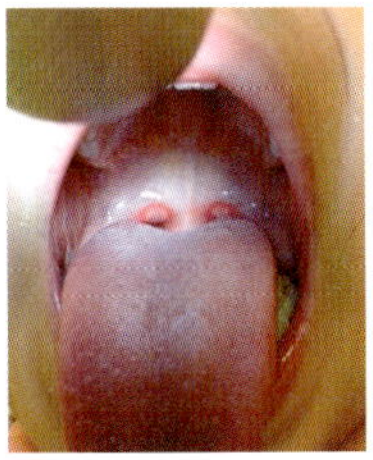

ヘルパンギーナの水疱

コクサッキーA群ウイルスが原因のヘルパンギーナはのどの奥に水疱ができ、それがつぶれてとても痛みます。

口の中にカビ!? 鵞口瘡《がこうそう》はほうっておいてもいい？

口の中や舌にミルクカスのような白いものがついていることがあります。ふいても取れないようなら鵞口瘡です。原因はカンジダという真菌（カビ）の一種。機嫌がよく、おっぱいの飲みもよいならほうっておいても数週間で治りますが、飲みが悪い、口の中に広がった、などのときは小児科へ。

\痛くて食べないときも水分補給はしっかり/

水分、ビタミン、ミネラルがとれるおすすめメニュー

桃のなめらかドリンク（5カ月ごろから）

よく熟した新鮮な桃1/4個の果肉を裏ごしし、湯大さじ2でのばす。

かぶのスープ（5カ月ごろから）

かぶ小1/8個の皮をむき、ひたひたの水でやわらかくゆでて裏ごしする。BFの野菜スープ1袋をゆで汁大さじ3でとき、かぶに加えて混ぜる。

さっぱりシャーベット（1才ごろから）

ベビー用イオン飲料適量を保存容器などに入れて凍らせる。室温に置いて砕けるかたさになったら砕き、少しずつ口に含ませる。

避けたい食品

・かたいもの／せんべい、クッキー、揚げ物など
・すっぱいもの／かんきつ類、ポン酢、ドレッシング、酢の物など

用語解説

・**炎症**
細菌やウイルスに感染したとき、それに反応して体の一部が赤くはれたり、痛んだり、発熱したりすること。

・**抗ヒスタミン薬**
鼻やのどの粘膜に炎症が起こると、ヒスタミンという物質が細胞から放出され、末梢神経を刺激してかゆみや鼻水を引き起こします。このヒスタミンの作用を抑制する薬が抗ヒスタミン薬です。

腹部・性器・お尻回りの病気

50音順で引きやすい

ときには外科的な治療を必要とするものもあります。おむつ替えや入浴のときに気づくことも多いので、お世話のときによく観察しましょう。

陰嚢水腫（いんのうすいしゅ）

これがサイン
- 陰嚢のふくらみの大きさが変化する
- 陰嚢がやわらかくてプヨプヨしている
- 陰嚢に懐中電灯を当てると赤く透ける

原因と症状

精巣のまわりに体液がたまって陰嚢がふくらんだ状態のことです。原因は鼠径ヘルニア（p95）と同じで、鼠径部におなかとつながっている通路（鼠径管）が閉じずに残り、おなかの中にある水（体液）が陰嚢内に下りてくることで起こります。生まれたばかりの男の赤ちゃんには比較的よくある状態です。

体液がたまった陰嚢はプヨプヨとしてやわらかく、赤ちゃんが痛がることはありません。鼠径ヘルニアのように中に腸や脂肪が入っているわけではないので、部屋を暗くして懐中電灯を押し当てると赤く透けて見えますが、一般的には超音波検査を行って診断します。

陰嚢水腫は通路によっておなかとつながっているため、体液の量によって大きくなったり小さくなったりすることがあります。1～2才ごろまでにおなかとの通路が自然に閉じて消失することがあるので、様子を見ていて問題ありません。受診が必要なのは、痛みがある場合、腸が脱出していたり細菌感染が疑われたりする場合です。

治療

3才ごろになっても陰嚢がふくらんでいるときには、手術を検討します。これは、幼稚園や保育園で集団生活をするようになると、男の子が性器を意識し始めるためです。また、まれではありますが、腸が出てくる可能性もあります。

手術は開いたままの通路を閉じるものです。全身麻酔で行い、鼠径部を約2cm横に切り開き、腹膜が飛び出しているつけ根を切り離して糸でしばります。手術後の出血や感染はごくまれです。手術のあと数日は陰嚢に水のたまることがありますが、心配ありません。

ホームケア

将来の生殖機能に問題はないといわれており、生活上での注意点は特にありません。

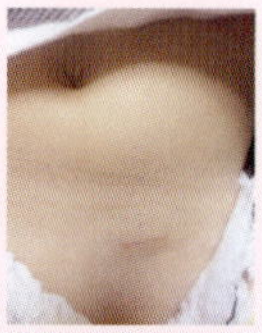

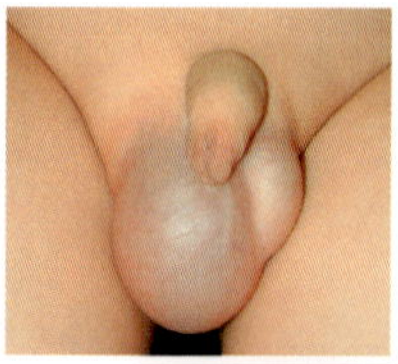

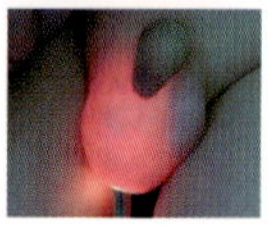

体液で大きくふくらんだ陰嚢
向かって左側の陰嚢がふくらんでいます。陰嚢内にあるのは体液のため、光を当てると赤く透けます。この点が、腸が飛び出している鼠径ヘルニアとは違います。

\かかりました！/
1才3カ月のとき

小児外科で手術をすすめられ、日帰り手術を受ける

1才直前に左の陰嚢がはれているのに気づき、小児科に行くと「水がたまっているけれど、自然にひくかもしれない」と言われ、様子を見ることに。1才3カ月になっても変化がないため検査を行い、陰嚢水腫と診断されました。手術をすすめられたので、受けることに。事前に「おなかと陰嚢の間にある、水が下りる管を糸でしばる手術です」など詳しい説明がありました。
当日は朝9時から全身麻酔。手術は30分ほどで、麻酔は1時間後に切れました。しばらく病院で様子を見て4時には帰宅。陰嚢は少しむくんだものの、2～3日後には普通に戻りました。

下腹部を1.6cmほど切開。傷が目立たないよう横方向に切ってもらった。

外陰部腟炎《がいいんぶちつえん》

これがサイン
- 外陰部から腟のまわりが赤くはれる
- 黄色や血液の混じったおりものが出る

原因と症状

女の子の外陰部から腟にかけて細菌が感染するトラブルです。

女の子の性器は複雑な構造をしていて汚れがたまりやすく、おむつや下着の中はおしっこやうんちのせいでいつも湿っています。そこにブドウ球菌や大腸菌が繁殖して、炎症を起こすことが原因です。

外陰部や腟周辺が赤くはれたり、黄色や血液の混じったおりものが出たりします。おりものはにおうこともあり、ときにはウミが出ることもあります。

治療

外陰部を清潔にして、抗菌薬の軟膏で治療します。

ホームケア

普段から外陰部を清潔にすることを心がけましょう。お風呂に入ったときなど、ていねいに洗って汚れを落とします。おむつもこまめに替えて。お尻のふき方が悪いために細菌感染を起こすこともあります。おしっこやうんちのときは必ず前から後ろにふきます。幼児期になったら本人にも教えましょう。

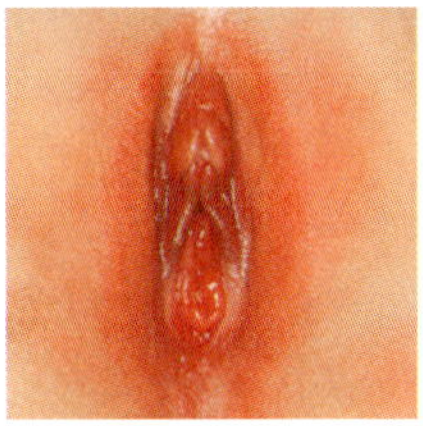

外陰部が真っ赤にはれる
おしっこやうんちにふれやすい外陰部は細菌が繁殖しやすいもの。この写真は外陰炎で、真っ赤にはれて痛がります。

亀頭包皮炎《きとうほうひえん》

これがサイン
- おちんちんの先が赤くはれる
- おむつに黄色っぽいウミがつく

原因と症状

おちんちんの先端を亀頭といいますが、そこに細菌が感染して炎症を起こすのが亀頭包皮炎です。

赤ちゃんは亀頭が包皮に包まれた状態なので、亀頭と包皮の間に分泌物やアカがたまりやすく、それが細菌感染の主な原因です。

おちんちん全体がはれあがったり、亀頭部や根元部分だけが赤くはれたりします。おしっこをするとしみて痛みます。おむつに黄色っぽいウミがついたり、おちんちんをしぼるとクリーム状のアカが出てきたりすることもあります。

治療

炎症を起こしている部分に抗菌薬の軟膏を塗って治します。

ホームケア

治療しても、アカがたまれば再発しやすいので、清潔を心がけることが大切。一度起こした赤ちゃんは、予防のためにもお風呂のときに包皮をむいて亀頭を出し、そっと洗ってあげるといいでしょう。

幼児期になると汚れた手でおちんちんをさわって細菌感染することも。汚れた手でさわらないように教えましょう。

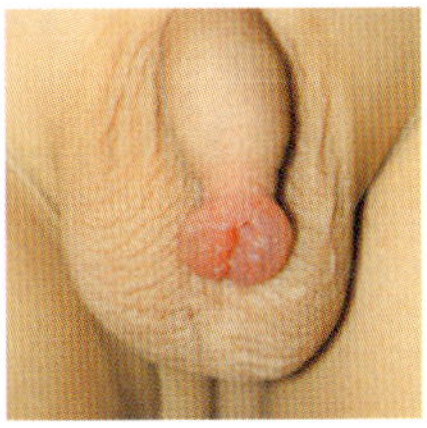

おちんちんの先が赤くはれる
亀頭と包皮の間にアカがたまり、そこに細菌が繁殖して炎症を起こした状態。赤くはれています。ウミが出ることもあります。

用語解説

- **陰嚢**
精巣（睾丸）の入っている袋。縮んだりゆるんだりして温度調節します。
- **鼠径部**
足のつけ根、下腹部の内側のあたりのこと。
- **抗菌薬**
細菌の増殖を抑えたり殺したりする薬で、細菌性の感染症に使われます。「抗生物質」と呼ばれることも。

肛門周囲膿瘍《こうもんしゅういのうよう》・肛門裂《こうもんれつ》

これがサイン

- おむつやうんちに血がつく
- 肛門のまわりが赤くはれている
- 肛門のまわりにウミがたまっている
- 排便を痛がる、痛くて泣く

原因と症状

【細菌感染してウミがたまる肛門周囲膿瘍】

肛門周囲膿瘍は、肛門のまわりが炎症を起こしてはれあがったり、皮膚の下にウミがたまったりする病気です。

赤ちゃんの肛門周辺は直腸の粘膜との境界が複雑に入り組んでいるため、下痢などをすると肛門腺にうんちが入ってしまうことがあります。そこに細菌が感染すると肛門周囲膿瘍になります。また、ウミが出て肛門の外に道ができた状態を「乳児痔ろう」といいます。

生後間もなくから症状の出ることがありますが、おむつかぶれがきっかけとなって起こることもあります。男の子に多く女の子にはあまり見られません。

肛門の両側など数カ所に同時にできることがあり、その痛みで赤ちゃんはグズグズしたり泣いたりします。

【肛門裂は大人でいう「切れ痔」】

肛門裂は肛門の粘膜に亀裂が入った状態です。こちらは男の子より女の子に多く、ほとんどが肛門を中心として0時または6時の方向に切れます。便秘でうんちがかたい、下痢でうんちの回数が多いなど、肛門に負担がかかることで起こります。

肛門裂になると赤ちゃんはうんちを出すときに痛みで泣くことがあり、亀裂から出血するので、おむつやうんちには血がつきます。繰り返しているうちに、切れた肛門粘膜に細菌が感染し、亀裂の外側の皮膚が隆起して「みはりいぼ」ができることもあります。

治療

少し前までは、患部を押したり切開したりして、ウミを出すのが主流でした。最近では、抵抗力をつけるために漢方薬を使うケースも増えていて、効果を上げています。この病気が1才を過ぎるとなくなることから、体の免疫力に深い関係があると考えられているためです。漢方薬の服用を続けても1才過ぎまで治らない場合は、手術による治療を行います。

一方、肛門裂は、便秘や下痢を起こさないよう、便通を整えることが一番の治療法です。便秘や下痢がひどいときは、うんちをやわらかくする薬や整腸剤を使うこともあります。

ホームケア

どちらも排便のたびにお尻をお湯できれいに洗うことが大切。肛門裂は離乳食を見直して食物繊維の豊富なメニューにし、正しい排便習慣をつけることから始めましょう。

\かかりました！/

1カ月のとき

下痢が続いて肛門のまわりが真っ赤にただれ、潰瘍に

水っぽい下痢便が何度も出て、数日すると肛門のまわりが真っ赤にただれ、潰瘍に。小児科では市販のお尻ふきをやめ、ぬるま湯にひたした布で清潔にし、おむつ替えをこまめに、と言われました。清潔を心がけたら、潰瘍部分に薄い膜が張るような感じで治っていきました。

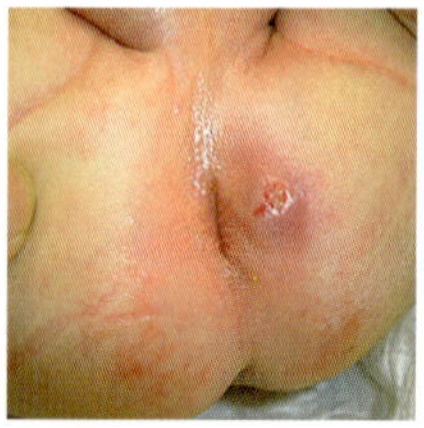

ウミの出口がある肛門周囲膿瘍

このように肛門から離れたところにできたり、2つ、3つとできることもあります。

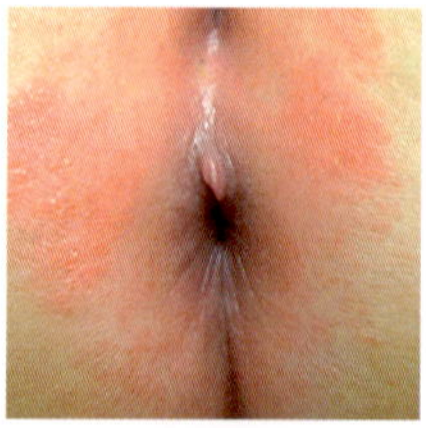

肛門裂を繰り返すとできる「みはりいぼ」

肛門の0時方向にあるくちばしのような突起が、みはりいぼ。この根元には必ず肛門裂があります。

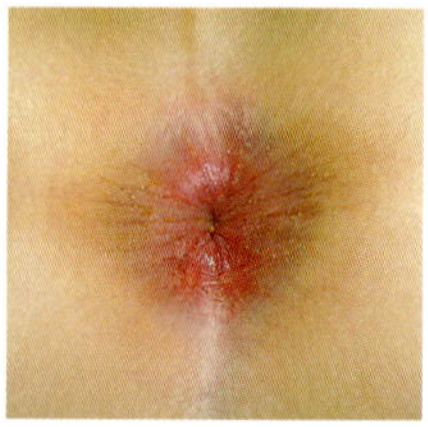

肛門の粘膜が切れて出血する

女の子の肛門裂。肛門が6時の方向に縦に切れ、扇形に裂けて血がにじみ出ているのがわかります。

臍《さい》ヘルニア

これがサイン

- おへそが出っぱっている
- 泣いたりいきんだりするとおへその部分が出っぱる

原因と症状

出産時、臍帯を切ると、赤ちゃんのおなかにはへその緒が残りますが、これは生後2～3週間で自然にとれます。普通はこの間に、腹壁にあった臍帯の通り道（臍輪）がふさがります。

しかし、何らかの原因で臍輪がふさがらないことがあります。臍輪の中心部は腹壁の中でも最も薄く弱い部分。きちんと閉じていない状態で腹圧がかかると、腸が外に飛び出てしまいます。これが臍ヘルニアで、日本人の約4％に見られ、男女差はほとんどありません。体の機能が整っていないまま生まれた未熟児の場合、一般の新生児より臍ヘルニアになりやすいともいわれています。

赤ちゃんが泣いたり、うんちのときにいきんだりして腹圧がかかると、おへそが出っぱります。その大きさは、ウズラの卵くらいからピンポン玉程度が多いのですが、個人差があります。出っぱり始める時期も個人差があり、へその緒が取れた直後から始まることもあれば、おすわりのころに発症することもあります。

治療

腹筋が発達してくると自然にヘルニア門が閉じて治ることが多く、1才までに80％、2才までには90％が目立たなくなります。そのため、普通は特に何もせずに経過を見ます。

ただし最近は、清潔な綿球などで圧迫する方法がとられることもあります。自己流でやってはいけませんが、医師の指導のもとで正しく行えば、早くきれいになることが多いようです。

1才半を過ぎても飛び出す場合や、ヘルニアが大きく、おへその部分の皮膚がたるんでへこまないような場合は手術をすることも。手術が必要ならいつがいいのかは医師に相談しましょう。

臍ヘルニアの「経過観察」をしたケース

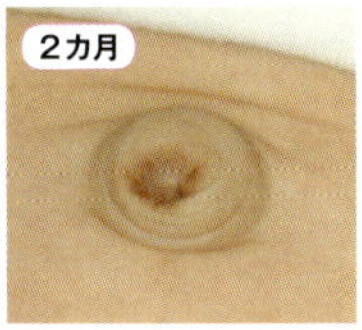

飛び出しの直径は10円玉ぐらい
へその緒が取れておへそが乾いたあとも出っぱったまま。かなり目立つ大きさ。

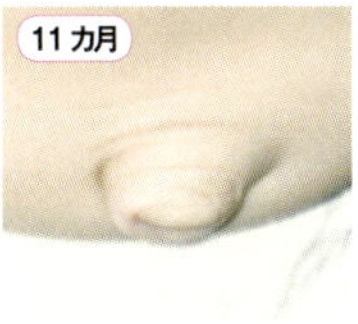

一時へこんだように見えたけれど……
生後半年のころ少しへこんだように見えたが再び飛び出してきた。日によって飛び出し方には違いがある。

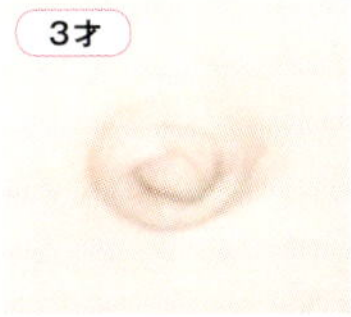

手術しないで様子を見る
だいぶへこんできたがまだ立派な「出べそ」。もう少し様子を見ましょうと言われ、手術はしないことに。

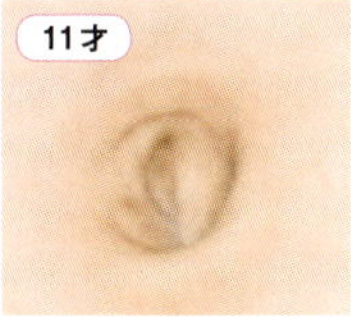

小学校入学ごろにはほとんど目立たなく
結局手術はしないまま、小学校入学のころには目立たなくなった。11才の時点では、ややくぼみぎみに。

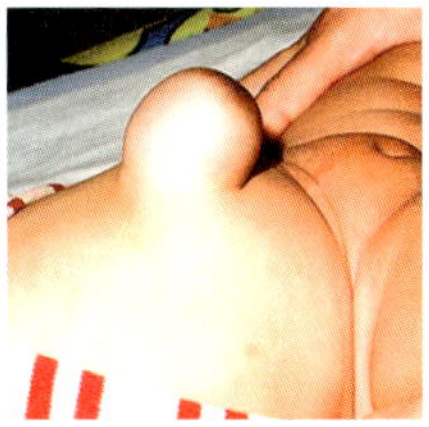

あまりに大きいと手術が必要
巨大サイズの臍ヘルニアで、手術が必要になったケース。こんなに大きくても、飛び出した腸が元に戻らないということはまずありません。

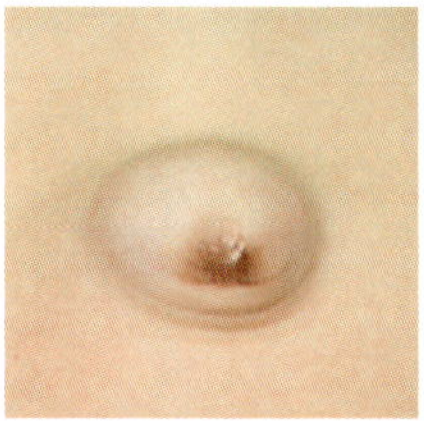

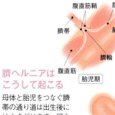

1才過ぎには自然に治った例
ウズラの卵大の臍ヘルニア。このくらいの状態なら自然に治ることも多く、この子も1才過ぎには目立たなくなりました。

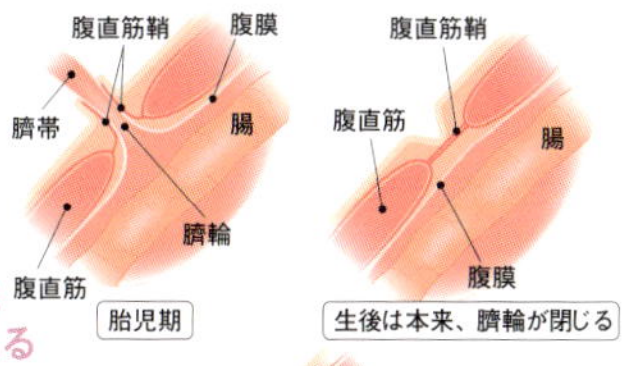

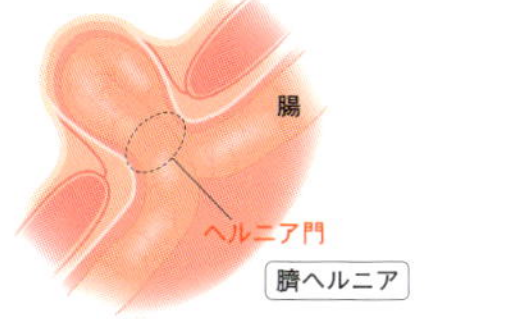

臍ヘルニアはこうして起こる
母体と胎児をつなぐ臍帯の通り道は出生後にはふさがります。何らかの原因でふさがれないと、ヘルニア門となり、腹圧がかかったときにそこから腸が飛び出てしまいます。

用語解説

- **炎症**
  細菌やウイルスに感染したとき、それに反応して体の一部が赤くはれたり、痛んだり、発熱したりすること。
- **漢方薬**
  肛門周囲膿瘍には「十全大補湯」という漢方薬がよく使われます。
- **ヘルニア**
  臓器などが本来の場所から別の場所に飛び出した状態。鼠径ヘルニア、臍ヘルニア、椎間板ヘルニアなど。

臍《さい》炎《えん》・臍《さい》周《しゅう》囲《い》炎《えん》・臍《さい》肉《にく》芽《が》腫《しゅ》

これがサイン

- おへそがいつまでも乾かない
- おへそやその周囲が赤い
- おへそからウミが出る
- おへその中にしこりがある
- おへそが赤く盛り上がりジュクジュクしている

原因と症状

臍炎は生後2～3週間後にへその緒が取れたとき、そこに黄色ブドウ球菌などの細菌が感染して炎症を起こした状態。それがおへそのまわりにまで広がったものが臍周囲炎です。

臍肉芽腫は、へその緒が取れたあと、おへその中に残ったピンク色のしこりのことで、臍帯組織の一部が残って増殖し、盛り上がったものです。もろくて感染しやすく、炎症を起こしやすいので注意が必要です。

症状は、臍炎はへその緒が取れたあと、おへそがいつまでも乾かずにジュクジュクし、赤くなります。臍周囲炎は炎症が広がっておへそのまわりまで赤くなり、ウミが出ることも。どちらも痛みを伴い、赤ちゃんは不機嫌になります。

臍肉芽腫は、それ自体は特に問題はないのですが、炎症を起こすとおへその中が赤く盛り上がってジュクジュクしたり、出血したりします。

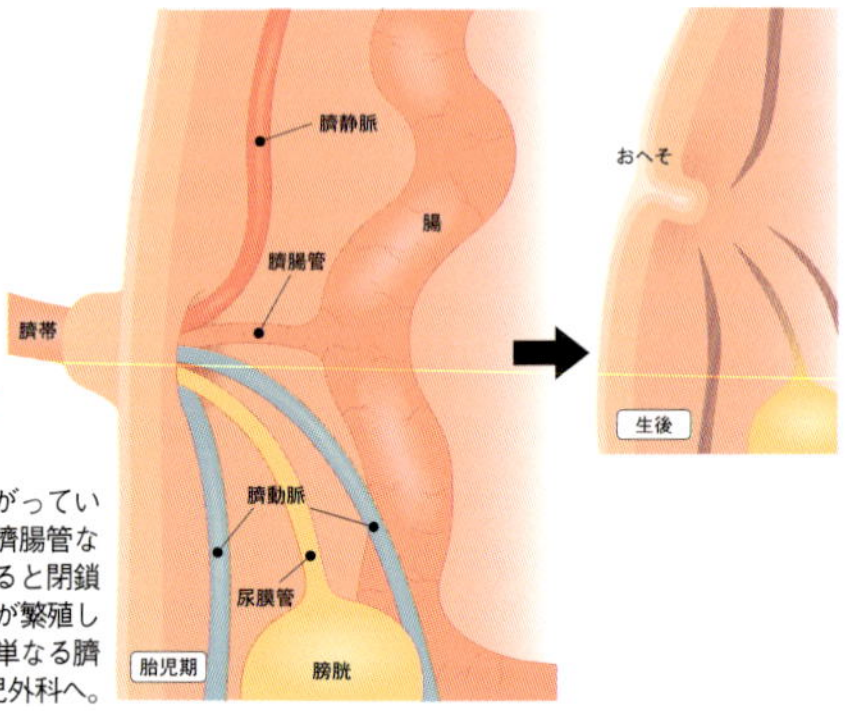

単なる臍炎などではない場合

胎児期に臍帯とつながっている臍動脈、臍静脈、臍腸管などは、生後臍帯を切ると閉鎖しますが、残ると細菌が繁殖して炎症を起こします。単なる臍炎ではないので、小児外科へ。

治療

臍炎や臍周囲炎は、ジュクジュクしているだけなら特に治療の必要はありませんが、炎症がひどい場合は小児科を受診して。抗菌薬の軟膏などを処方されることがあります。

臍肉芽腫の場合は、炎症が悪化したら、さわらないようにしてなるべく早く病院へ。治療は小児科か、小児外科で行います。小さいものなら硝酸銀溶液で焼いて消毒すれば、普通は1回できれいになります。大きなものは何度か繰り返して焼くほか、切除が必要になるケースも。

おへそのトラブルがあまりに長引く場合は、細菌感染以外の別な原因も考えられます。一度小児外科を受診しましょう。

ホームケア

何よりも清潔を心がけることが大切。毎日シャワーや沐浴などで汚れを洗い流しましょう。

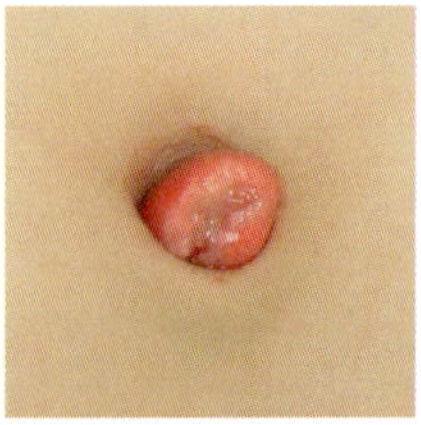

臍帯組織の一部が残った臍肉芽腫

おへその中全体に赤く盛り上がっているのが臍肉芽腫。硝酸銀溶液で焼くなどの処置をします。

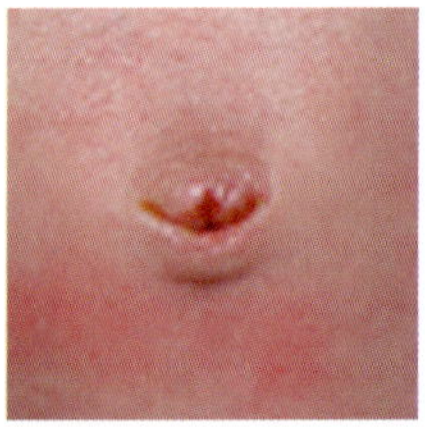

おへそが乾かずに赤くなる

臍炎を起こしているおへそ。ジュクジュクして赤くなっています。実は腸とつながっている「臍腸管遺残」だったケースです。

鼠《そ》径《けい》ヘルニア

これがサイン

- 泣いたりいきんだりすると鼠径部や陰嚢がふくらむ
- ふくらみは、押すと元に戻る

原因と症状

鼠径ヘルニアとは、本来おなかの中にあるべき腸が鼠径部に飛び出してしまう病気。女の子では腸のほか、卵巣や卵管が出ることもあります。泣いたり、排便のときにいきんだりして腹圧がかかると、足のつけ根がふくらみます。男の子では陰嚢が、女の子では性器のそばの下腹部がふくらむことも。左右差があり、押すと戻るのが特徴です。

胎児は鼠径部に通路が開いています。誕生が近づくと、男の子の場合はおなかの中で作られた精巣が陰嚢に、女の子は円靭帯が恥骨まで下りるときに、この通路を通ります。そのとき腹膜もいっしょに伸び、それぞれが固定されると腹膜は戻り、通路も閉じます。ところが腹膜が戻らないと、この通路が閉じず、そこに腸が飛び出してしまうのです。

鼠径ヘルニアは20人に1人くらいの割合で起こり、男の子に多い傾向があります。

【嵌頓《かんとん》のときは大至急病院へ】

気をつけたいのは、嵌頓といって、飛び出した腸などが元に戻らなくなり、締めつけられてしまうことです。

飛び出した腸の血流が悪くなり、強い痛みや嘔吐を伴うことも。放置すると腸管壊死を起こすこともあるので、激しく泣く、ふくらみがいつもよりかたい、元に戻らないなどの場合は、夜中でも大至急受診してください。

治療

鼠径ヘルニアは自然に治ることは少なく、手術をすることになりますが、体力や麻酔の安全性などを考え、生後3〜5カ月ぐらいまでは経過を観察するケースが多くなります。

いずれも気づいた時点で一度小児外科を受診し、手術が必要かどうか、必要な場合の手術時期はいつかなどを医師と相談しましょう。

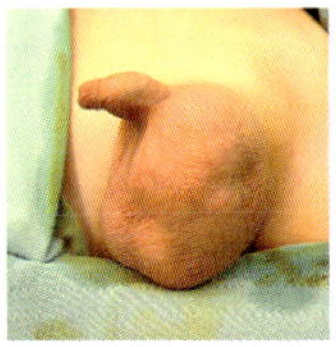
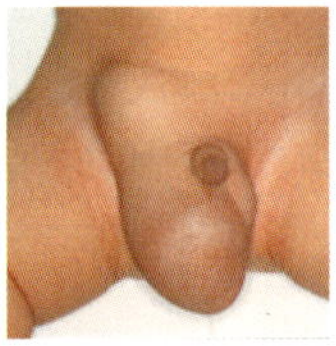

男の子の鼠径ヘルニア
（上）男の子の場合は陰嚢まで臓器が飛び出すことも。（下）飛び出した腸が長いとふくらみも巨大に。

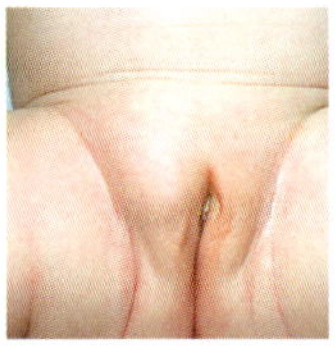
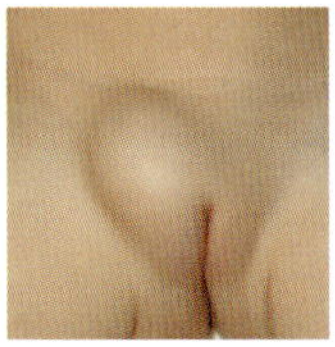

女の子の鼠径ヘルニア
（上）向かって左側にヘルニアがあり、卵巣が飛び出しています。（下）鼠径部に腸が飛び出している例。

用語解説

- **ヘルニア**
  臓器などが本来の場所から別の場所に飛び出した状態。鼠径ヘルニア、臍ヘルニア、椎間板ヘルニアなど。
- **嵌頓**
  腸などの器官がすき間から飛び出して、締めつけられてはれあがり、元に戻らなくなる状態。
- **硝酸銀溶液**
  銀を硝酸水溶液で溶かしたもの。肉芽腫を焼くのに使われます。

＼かかりました！／

9カ月のとき

陰嚢のふくらみを発見。紹介された小児外科で手術を

ある日、右の陰嚢がポコンと大きいのに気がつきました。小児科で相談すると鼠径ヘルニアとの診断。泣いたり、うんちでいきんだりすると左より2倍くらいにふくらみます。紹介された小児外科で3週間後に手術しました。手術後、痛がったりする様子はなく、4日目には無事退院しました。

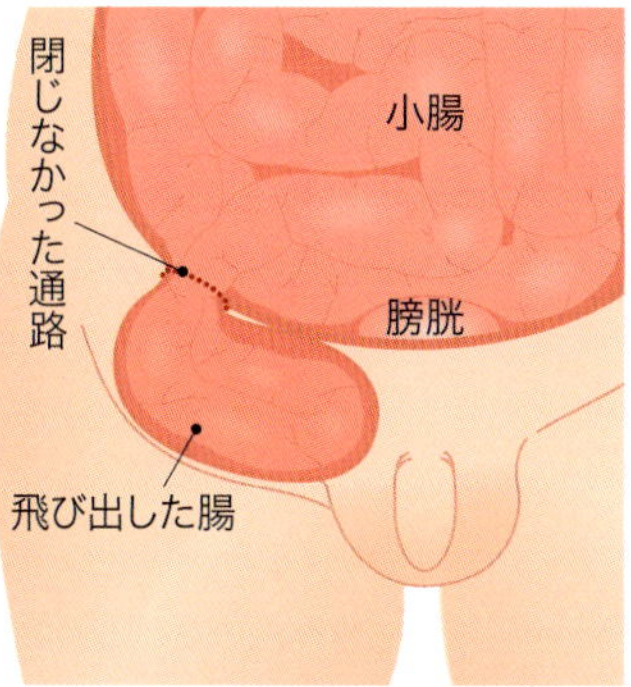

閉じなかった通路に腸などが飛び出す
胎児のころの通路が閉じないまま生まれてしまう。女の子は卵巣が飛び出してくることも。

腸《ちょう》重《じゅう》積《せき》症《しょう》

これがサイン

- 激しく泣いたりおさまったりを繰り返す。間欠的に泣く
- いちごゼリーのような血便が出る（浣腸してはじめて出ることも多い）

原因と症状

腸の一部が腸の中に入り込んでしまうのが腸重積症です。原因ははっきりしませんが、かぜなどの感染症をきっかけにして腸のリンパ節がはれ、腸の壁がかたく厚くなり、そこから入り込んでしまうのではないかといわれています。

生後4カ月から2才ぐらいまでに起こりやすいのですが、新生児や幼児に起こることも。2対1ぐらいの割合で男の子のほうが多いといわれます。

腸重積症の特徴は、赤ちゃんが突然不機嫌になって激しく泣き出す、しばらくするとおさまる、少したつとまたグズって泣くという状態を繰り返すことです。これは腸が重なり合った部分の通りが悪くなるため、腸のぜん動運動が起こると痛みが強くなり、終わると痛みがおさまるからといわれています。

また、普通の便のところどころにいちごゼリーをたらしたような血便が出るのも重要なサインです。もぐり込んだ腸が締めつけられて出血したり、粘膜がはがれたりするためですが、病院で浣腸してはじめて出ることもあり、家庭で見られるとは限りません。

発症から時間がたつと、腸の血流が妨げられて壊死してしまう危険があります。間欠的に顔色が悪くなる、吐く、泣くなどの様子が見られたら、夜中でも大至急受診しましょう。小児外科と小児科の両方がある総合病院だと安心です。

治療

問診と超音波検査ですぐに診断がつきます。発症してから24時間以内であれば、造影剤や空気、生理食塩水などを肛門から高圧で注入し、入り込んでいる腸を押し戻す「高圧注腸」という方法で元に戻ることが多いのですが、約10％は当日中に再発するので、入院して様子を見ることもあります。

発症から時間がたって腸閉塞を起こしていたり、高圧注腸でも元に戻らない場合は、開腹手術になります。血流が悪くなって腸が壊死していたら、壊死した部分を切ってつなげる手術をします。

ホームケア

高圧注腸で腸を戻したあとに再発することがあるので、帰宅後1～2時間は様子をよく観察しましょう。

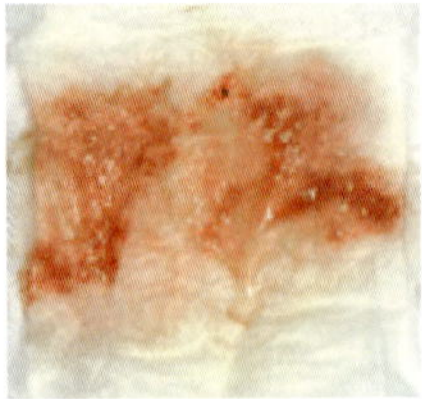

いちごゼリーのような血便も重要なサイン

腸重積症の特徴はいちごゼリーをたらしたような血便ですが、病気の始まりには出ないことが多く、病院で浣腸してはじめてわかることもあります。

＼かかりました！／

10カ月のとき

熱もないのに何度も嘔吐し、泣いて、血便も出た

急に不機嫌になり、嘔吐を繰り返しました。20分おきくらいに背中を丸めて泣いていて、そのうちゼリーのような血便が！　あわてておむつを持って救急外来へ行ったら小児外科に回され、腸重積症と診断されました。高圧バリウムの注腸で整復術を受け、治りました。

原因は腸の一部がはれること

左のように、小腸の終わり（回腸）がはれてかたくなり、大腸の始まる部分（盲腸）に入り込んでしまうのが典型的なケースです。

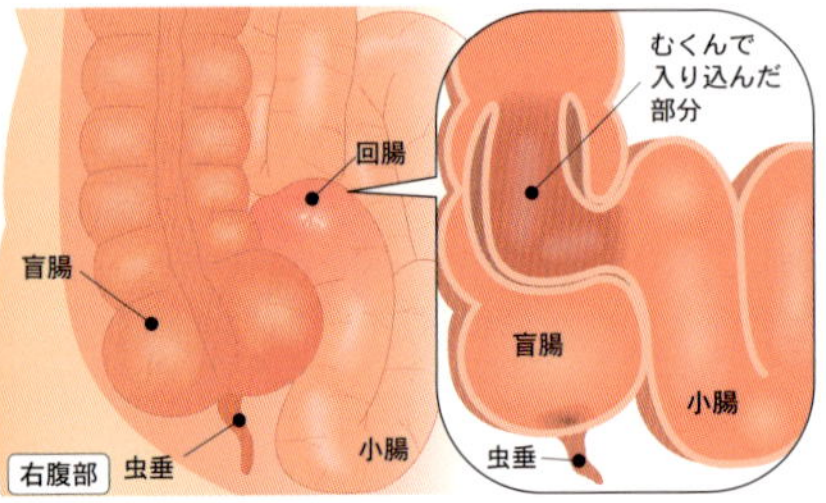

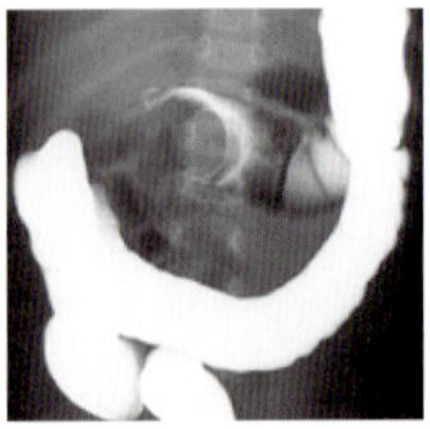

高圧注腸の造影写真による診断

真ん中あたりに白く三日月のように見えるのが、入り込んでいる腸の先端。「カニ爪状陰影欠損」といい、腸重積症の特徴です。

停《てい》留《りゅう》精《せい》巣《そう》

これがサイン
- 陰嚢内にコリコリしたタマがふれない
- 陰嚢の大きさが左右で違う

原因と症状

陰嚢の中に精巣（タマタマ）が入っていない状態をいい、多くは鼠径ヘルニアを合併しています。男の子の精巣は胎児期におなかの中で作られ、出生前に腹膜をひきずって陰嚢まで下りてきますが、このとき何らかの原因で精巣が下りてこないことがあります。男の子の先天的なトラブルとしては最も多く、満期産で生まれた男の子の約3％、早産で生まれた子はもう少し高率で発生します。

陰嚢をさわったときにコリコリしたタマにふれない、陰嚢の大きさが左右で違うなどが停留精巣の特徴。おむつ替えや入浴のときに気づくこともよくあります。

治療

生後6カ月までには自然に下りてくる場合があり、1才では1％ぐらいになります。そのため、停留精巣と診断されても、生後6カ月までは様子を見ていてかまいません。

ただし6カ月を過ぎても陰嚢内に精巣がふれない場合は、治療を考える必要が出てきます。これは、精巣が陰嚢に下りてくるための指令を出すホルモンのうち、男性ホルモンの分泌量が生後6カ月を過ぎると少なくなるためです。

【手術をする場合は1才前後】

腹腔内は陰嚢よりも1～2度体温が高く、思春期以降の精子の形成能力への影響や、精巣のがん化の危険性が高まる可能性があるため、1才前後、遅くとも2才までに手術をします。精巣が2つあって、生殖器の見た目が整っていることは、男の子の性アイデンティティとして重要なので、本人が自覚する前に手術をするという意味もあります。

停留精巣のうち、精巣が足のつけ根にふれるタイプでは、精巣を陰嚢まで下ろして糸で固定する「精巣固定術」を行います。精巣が体の表面からふれないときはおなかの中を腹腔鏡でチェックし、精巣があるかどうかを調べ、手術が必要かどうか、必要ならいつ行うかを決めます。

停留精巣とは別に、2才ぐらいからは陰嚢内に精巣がふれたりふれなかったりすることがあり、これは「移動性精巣」と呼ばれます。精巣には筋肉がついていて、それが収縮すると鼠径部の中に上がるためですが、これは幼児では正常な反応です。リラックスしたときに陰嚢内に左右同じ大きさの精巣を確認できれば、基本的に治療は必要ありません。

用語解説

・陰嚢
精巣（睾丸）の入っている袋。縮んだりゆるんだりして温度調節します。

・壊死
体の一部の組織や細胞が死んでしまうこと。血流障害や外傷、細菌やウイルス感染、熱傷などによって起こります。

＼かかりました！／
1才半のとき

マッサージしつつ経過観察中に自然に下りてきた

1才半健診のときに停留精巣が判明してびっくり。2才まで改善が見られなかったら手術することになると言われ、お風呂上がりやおむつ替えのときに上から下に押し下げるようなマッサージをすすめられました。半月後に小児科を受診したら、先生に「下りてきていますよ」と言われ、ひと安心。

精巣が停留する位置には個人差が

おなかの中、鼠径管の上部、下部、陰嚢の近くなど、とどまる位置はさまざま。片側だけでなく、両側に起こることもあります。

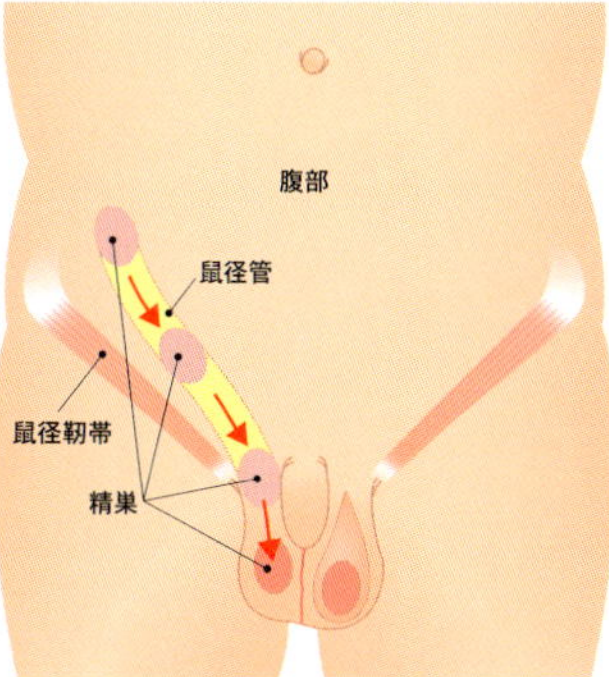

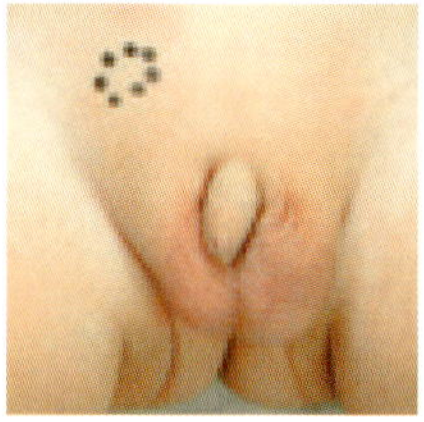

右側の腹部に停留している精巣

右の精巣（向かって左側）が点線部分にとどまっています。左右の陰嚢の大きさが違い、右の陰嚢には精巣がふれません。

乳《にゅう》糖《とう》不《ふ》耐《たい》症《しょう》

これがサイン

- 授乳するとすぐに、すっぱいにおいのする便が出る
- 下痢っぽい便が続く
- 離乳食を食べているのにかたまった便が全く出ない

原因と症状

おっぱいやミルクに含まれる糖質＝乳糖は、酵素によってブドウ糖とガラクトースに分解されてはじめて体内に吸収されます。この乳糖を分解できず、赤ちゃんが下痢をしてしまうのが乳糖不耐症で、先天的なものと後天的なものがあります。

【先天的な乳糖不耐症】

先天的なものは、母乳やミルクを飲み始めてすぐに、すっぱいにおいのする水っぽい便をひんぱんにします。これは腸の中のラクターゼという乳糖分解酵素が生まれつき欠けているためです。

このような状態をほうっておくと脱水症や発育障害を起こす原因になるので、1カ月健診を待たずに急いで小児科を受診することが大切。医師による継続的なフォローが必要です。

【後天的な乳糖不耐症】

後天的なものはウイルス性胃腸炎（p40）のあとなどに起こります。炎症を起こした腸の粘膜がただれたり破れたりして、粉ミルクや牛乳に含まれる乳糖を消化吸収する酵素が一時的に出なくなってしまうためで、乳糖不耐症のほとんどがこの後天的なものです。

胃腸炎は治ったはずなのにいつまでも下痢っぽいうんちが続く、離乳食を食べているのにかたまったうんちが出ないなどの症状があったら、小児科を受診してください。

受診するときに便の写真をスマートフォンなどで撮影していくと、診断がつきやすいものです。便の回数、状態、色、におい、嘔吐や発熱などの症状についてもメモしておきましょう。

治療とホームケア

後天的な乳糖不耐症は、ミルクをしばらくやめれば特に治療をしなくても自然に治ります。

しかし、ミルクはむやみにやめるわけにはいきません。栄養不足にならないために、離乳が完了していない場合は適切なケアが必要になります。対策としては、乳糖分解酵素（ラクターゼ）の粉薬をミルクに混ぜるか、乳糖を含まない特殊なミルクに切り替えることになります（下コラム）。ミルクを切り替える必要があるか、切り替えた場合、いつまで使い続けるのかなどは、医師の指示に従ってください。

すっぱいにおいの水っぽい便

長引く下痢、水っぽい便、すっぱいにおいなどが特徴。乳糖不耐症は先天的なものは少なく、ウイルス性胃腸炎などのあとに起こるものがほとんどです。

乳糖を含まない特殊ミルク

無乳糖ミルク（ラクトレス、ノンラクト）、大豆乳（ボンラクト）、加水分解乳（ミルフィー）などがあり、薬局で買えます。栄養的な問題はないので、医師の指示があれば替えてみましょう。ただ、これらは味が普通のミルクとかなり異なるので、いやがる赤ちゃんもいます。

＼かかりました！／

5カ月のとき

ノロウイルスによる胃腸炎から下痢が続き、ミルクを替えた

夜に2回続けて下痢し、翌日は7回下痢。嘔吐も始まり、受診するとノロウイルス胃腸炎との診断が。下痢は5日たっても続き、6日目に再受診すると、乳糖不耐症と言われました。ミルクを「ラクトレス」にしたら下痢の回数は減ってきましたが、便の状態がよくなったのはようやく20日目でした。

尿《にょう》路《ろ》異《い》常《じょう》

これがサイン

- おなかをさわるとしこりにふれる
- せきや鼻水などのかぜ症状がなく高熱が続く

水《すい》腎《じん》症《しょう》

原因と症状

尿は、尿管、膀胱、尿道をへて排泄されます。この流れの途中に狭いところや流れの悪いところがあると、そこから上がふさがれて尿管や腎臓に尿がたまり、ふくらみます。これが水腎症で、赤ちゃんの場合は先天的に細い部分があることがほとんどです。症状のないことが多いのですが、腎臓が大きくふくらんでいると、おなかにしこりがふれることがあります。

治療

水腎症は経過観察が基本です。1才までは約3カ月おきに超音波検査でチェックします。尿路感染症（p70）を繰り返したり、腎臓の機能が低下している場合は手術が必要になります。

ホームケア

尿路感染症にかからないように注意しましょう。外陰部は清潔にし、うんちはぬるま湯で洗い流します。便秘もよくないので、離乳食では食物繊維をしっかりとりましょう。

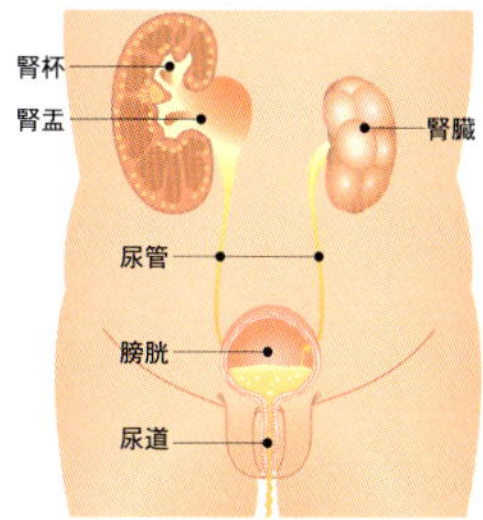

腎臓から尿道までの尿の通り道

腎臓で作られた尿は、尿管、膀胱、尿道を通ります。このどこかが狭かったり流れが悪かったりすると、腎臓や尿管に尿がたまります。

膀《ぼう》胱《こう》尿《にょう》管《かん》逆《ぎゃく》流《りゅう》

原因と症状

尿が膀胱から腎臓へ逆戻りする病気です。排尿のときは、膀胱と尿管とのつなぎ目が閉じて尿道にだけ尿が流れるようになっているのですが、このつなぎ目が閉じず、尿管に逆流してしまいます。見つかるきっかけは尿路感染症（p70）で赤ちゃんが高熱を出すこと。排尿のたびに尿が逆流するので、尿に含まれる細菌で腎盂腎炎を起こします。

治療

成長とともに軽くなることが多いので、1年間は抗菌薬を1日1回飲んで経過を見る「予防投与法」で治療します。しかし、その間に腎盂腎炎を繰り返したり、1～2年たっても軽くならないときは手術を行います。

ホームケア

かぜ症状もないのに高熱が続くときは小児科で尿検査をしてもらいましょう。膀胱尿管逆流と診断されたら、抗菌薬をきっちり服用することが大切です。

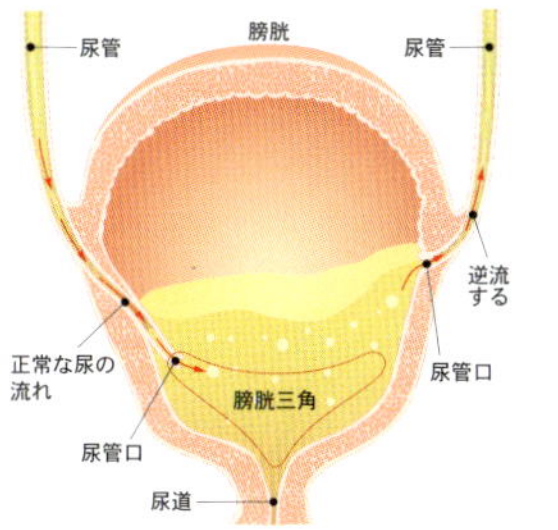

下へ流れるはずの尿が上へ戻る

膀胱尿管逆流では膀胱から尿道へ出るはずの尿が尿管のほうへ逆流する状態。尿に含まれる細菌が腎臓に達し、腎盂腎炎を起こします。

用語解説

・乳糖分解酵素

乳糖分解酵素（ラクターゼ）は小腸粘膜の先端にあるため、胃腸炎のために腸粘膜が傷つくと酵素の活性が低下します。小腸を休ませて粘膜が回復すれば、また乳糖を分解することができるようになります。

・抗菌薬

細菌の増殖を抑えたり殺したりする薬で、細菌性の感染症に使われます。「抗生物質」と呼ばれることもあります。

肥《ひ》厚《こう》性《せい》幽《ゆう》門《もん》狭《きょう》窄《さく》症《しょう》

これがサイン

- 授乳のたびに吐く
- 吐き方がだんだん激しくなる。噴水状になる
- 体重が増えない、減る

原因と症状

肥厚性幽門狭窄症の赤ちゃんは、胃の出口である幽門の筋肉が厚くなっていて、十二指腸に通じる部分がとても狭くなっています。そのため、授乳をしても母乳やミルクが十二指腸に運ばれず、口に逆流してきてしまいます。

幽門の筋肉が厚くなるのは先天的なもの、またはホルモンが関係しているのではないかともいわれていますが、原因ははっきりわかっていません。生後2〜3週間から2カ月ごろに発症することが多く、男の子、特に第1子に多く見られます。

赤ちゃんの胃は大人の胃と違ってとっくりのような形をしているので、もともと吐きやすいもの。飲んだ母乳などをだらだらと吐くことはよくあります。機嫌がよく、体重も順調に増えていれば問題ありません。しかし、最初は吐く回数が1日に1〜2回ほどだったのが、次第に多くなり、そのうちに飲むたびに吐くようになって、勢いよく噴水のように吐くという場合はこの病気を考えなくてはなりません。

吐いたあとも赤ちゃんはおっぱいを欲しがりますが、飲んでは吐くのを繰り返すので、体重は増えません。出生時より減ってしまうこともあります。

治療

このような症状があるときは、1カ月健診を待たずに至急受診しましょう。病院では超音波検査などで診断します。一般的に治療は手術がすすめられており、厚くなった幽門部分の筋肉を切って広げます。入院は5日ほどですが、手術をすれば再発はなく、合併症の心配もありません。手術後は早い時期から授乳も再開できます。

手術以外の治療法もないわけではありません。筋肉の緊張をやわらげる薬を静脈から、またはチューブで胃から入れるという方法です。

ただしこの方法は、長期入院になり、退院後も通院が必要になることがあります。また、その効果にも個人差があって、結果として手術が必要になることも。生後間もない赤ちゃんにはかなり負担になるでしょう。治療法については医師とよく相談しましょう。

ホームケア

授乳しても吐いてしまうので、水分不足で脱水症を起こすこともあります。尿の量が減ったり、皮膚がカサつくような場合は要注意です。命にかかわるので、この病気が疑われるときは至急小児外科を受診してください。

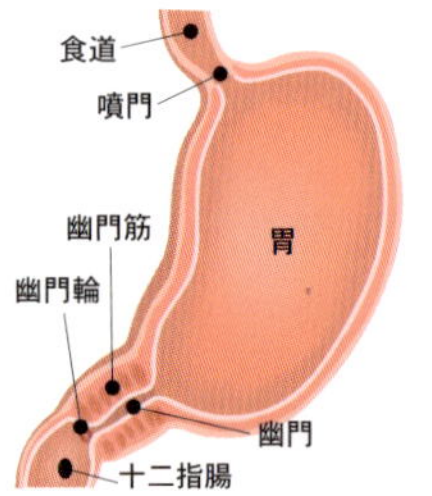

母乳を飲んでも流れていかない

胃の出口部分（幽門）の筋肉が厚くなっているため、授乳したものが胃から下へ行かずに食道のほうへ逆流してしまいます。

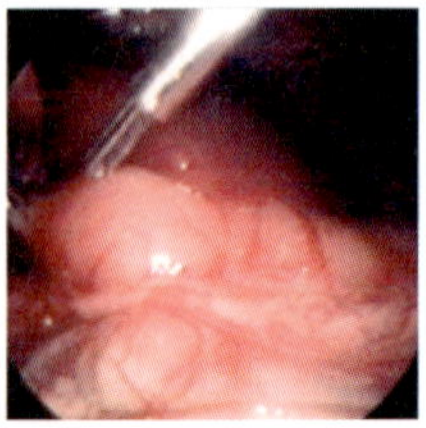

腹腔鏡手術で厚い部分を切開

ふくれているのが筋肉の厚くなっている部分で、おなかの上からさわるとしこりを感じます。ここを切って広げます。

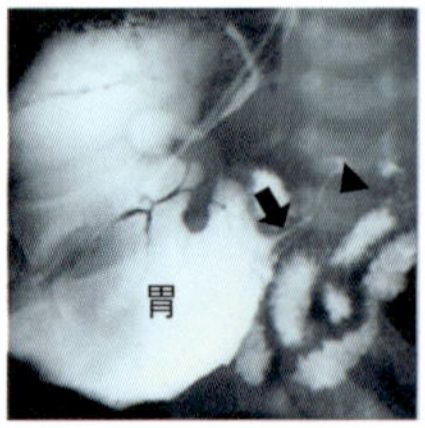

消化管造影写真による診断

幽門が狭くなっている部位（矢印）と、幽門から出たところで造影剤が広がっている部位（三角印）。

包《ほう》茎《けい》

これがサイン

- おちんちんの先端の包皮がむけず亀頭部が出ない
- 赤ちゃんや子どもは包茎が普通

原因と症状

　包茎とは、おちんちんの先端の包皮口が狭いために、包皮をむいて亀頭部を完全に出すことができない状態。包皮をむこうとしてもむけず、尿道口が見えないものを「真性包茎」、むくことはできるものの、普段は包皮をかぶっていて尿道口が見えないものを「仮性包茎」といいます。ただし、これはあくまでも成人の話です。

　包皮はおちんちんの先端で内側に折り返しています。赤ちゃんや子どもではこの包皮口が狭く包皮と亀頭表面とが完全に分かれないでくっついています。ですから赤ちゃんのおちんちんは包茎の状態が普通なのです。逆に亀頭部全体が包皮におおわれていないようなら、尿道下裂などの異常を考えなくてはなりません。

　多くは14～15才ごろの思春期に生殖器が急に成長して、包皮がむけるようになります。思春期を過ぎて本当に包皮がむけないというケースは少ないので、基本的には赤ちゃんのときに手術する必要はありません。

【包茎で気になること】

　次にあげるようないくつかの点が気になるかもしれません。

　1つは、排尿時におちんちんの先端が風船のようにふくらむため、尿が予想もしない方向に飛び散ること。しかし、包茎のために尿の出が悪くなるといった機能的な問題はありません。

　2つ目は、亀頭包皮炎（p91）が起こりやすいということ。清潔には注意してあげてほしいですが、何度も繰り返すのでなければあまり心配はいりません。

　3つ目は、包皮の下に黄色い脂肪のかたまりのようなものがたまること。これは皮膚表面の新陳代謝によってできた「恥垢」というアカです。気になるかもしれませんが、恥垢によって包皮と亀頭表面の分離が進み、包皮がむけやすくなるという面があります。包皮がむければ自然に出てくるものなので、特に治療はしません。

治療

　前述のように、特に治療はしないことが多いのですが、最近は亀頭先端に軟膏を塗って少しずつむく「軟膏療法」が広く行われ、関心が持たれています。

ホームケア

　清潔にすることに神経質になりすぎないように。入浴の際には体のほかの部位と同じように洗ってあげましょう。包皮はむいて洗ってもいいのですが無理にむいて「嵌頓《かんとん》」（p132）を起こさないよう注意して。

用語解説

・尿道下裂
普通は亀頭部にある尿道口が、おちんちんの根元側にある先天的な病気。

・合併症
ある病気がもとになって起こる別の病気のこと。

・嵌頓
腸などの器官がすき間から飛び出して、締めつけられてはれ、元に戻らなくなる状態。

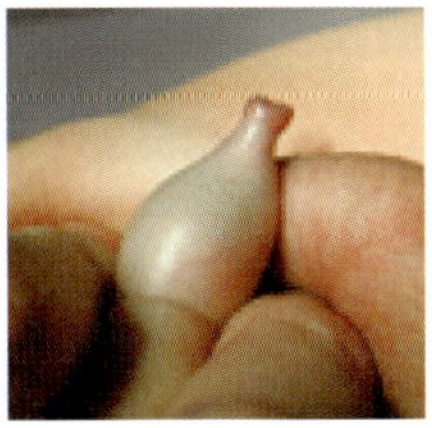

おちんちんの先端がすぼまっていることも
先端がこのようにすぼまっていても、包皮をつけ根のほうに押し下げると亀頭部や尿道口が見えます。

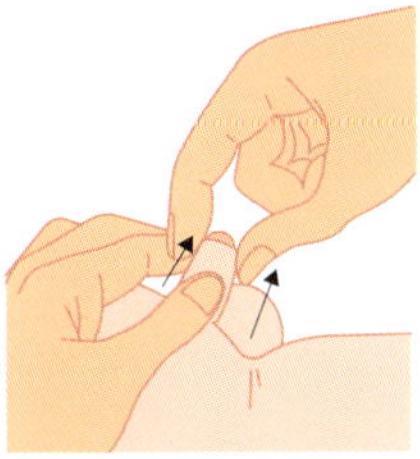

包皮が戻らないときはゆっくり押し上げて
包皮を無理にむくと嵌頓を起こすことも。あわてずに下からゆっくり包皮を押し上げますが、治らなければ大至急泌尿器科へ。

骨・筋肉・関節の病気

赤ちゃんの骨や筋肉、関節は発達の途中です。弱い面もありますが、治るのも早いもの。日ごろから赤ちゃんの動きをよく見て、早く発見し、適切な治療を受けましょう。

内反足《ないはんそく》

これがサイン

● 生まれつき足の裏が内側を向いている

原因と症状

生まれつきの変形により、足の裏が内側を向いている状態が内反足です。足を外に向けようとしても、抵抗があって動きません。2対1の割合で男の子に多く見られます。アキレス腱や靭帯などの組織が生まれつき縮まっていたり、かかと周辺の骨の並び方に異常があったりすることが原因ですが、なぜこうしたことが起こるのかは、まだわかっていません。

治療

多くの場合、内反足は生まれてすぐ診断がつきます。早めの治療開始が効果的なので、生後1週間ごろから整形外科で治療を始めます。

ただ、1カ月健診時など、あとからわかることもあるのが現状です。「足首の動きが悪い」「動きに左右差がある」「曲がり方がおかしい」などと感じたら、健診を待たずに早めに整形外科や小児科に相談してください。

治療は、まず医師が手の力で足を正しい位置に整えて、ギプスで足を固定します。その後、定期的に通院して、固定の状態を確かめて直しながら、経過を見ていきます。

ギプスで治らない場合は、矯正用の装具を使います。症状によって治療にかかる時間に差があり、5才ごろまで装具靴をはいての治療が必要になることもあります。

病院によっては生後1～2カ月を過ぎた赤ちゃんに手術をすることも。アキレス腱の裏側を切ってかかとの骨を引き下げ、足を正しい位置に整えてギプスを巻く治療を行います。

ホームケア

症状によっては治療に長期間かかることがありますし、装具靴を使用するようになると、日中と夜間では靴のタイプを替える必要も出てきます。ですから家族や、その子にかかわる人たちの治療に対する理解がとても大切になります。整形外科医とともに根気よく取り組んでいきましょう。

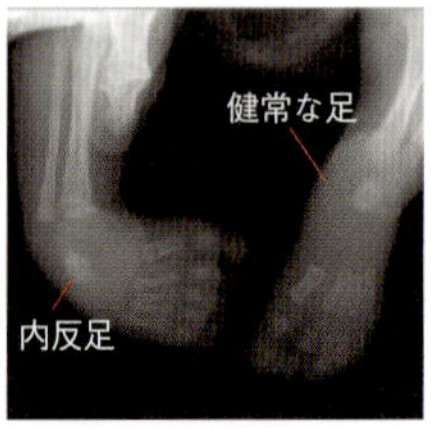

片側の足が内側に曲がっているX線写真

片側が内反足の例。健常な足にくらべ、内反足は足首から全体が内側にひねったような状態です。1000人に1人の割合で起こります。

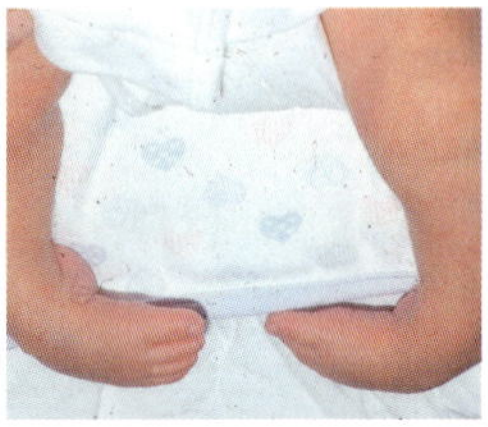

足が内側に曲がっています

健常な足にくらべ、足首から足全体が内側ににひねったようになっています。1000人に１人の割合で起こります。

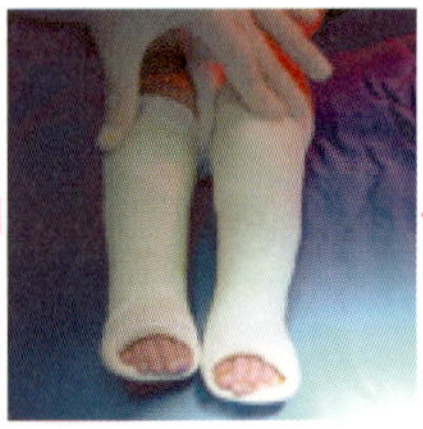

ギプスで固定して治療

医師が手で足の形を整えるか、ケースによっては手術をしてからギプスを巻きます。ギプスは定期的に取り替えながら経過を見ます。

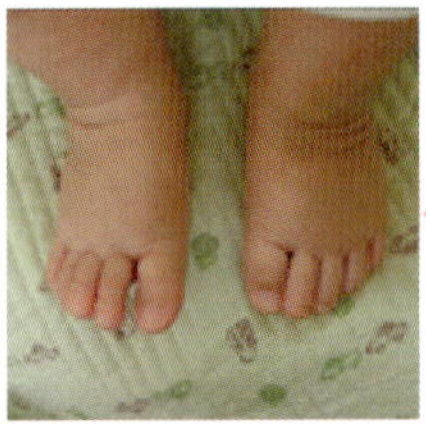

数カ月の固定で治りました

両足とも内反足で、ギプスによる固定を続け、通常の状態になった足。内側についていた足の裏がまっすぐになっているのがわかります。

発《はつ》育《いく》性《せい》股《こ》関《かん》節《せつ》形《けい》成《せい》不《ふ》全《ぜん》（股《こ》関《かん》節《せつ》脱《だっ》臼《きゅう》）

これがサイン

- 両ひざを曲げた状態で股を広げるとカクッという感覚がある
- 両ひざを曲げた状態で股を開こうとすると、片方または両足が開きにくい
- 太もものシワの数やシワのみぞの深さが左右で異なる
- 足の長さが違う（股関節形成不全の側の足の太ももが短くなる）

原因と症状

股関節は太ももの骨（大腿骨）の頭が骨盤にある受け皿（臼蓋《きゅうがい》）にはまり込んでいて、足が自由に動くようになっています。この太ももの骨が臼蓋からはずれてしまった状態が発育性股関節形成不全です。また、はずれていなくても、骨盤の受け皿の面積が十分でない臼蓋形成不全のために、股関節が不安定になっている場合もさします。以前は「先天性股関節脱臼」といわれていましたが、実際には後天的な要因の大きいことがわかり、現在では「発育性股関節形成不全」という呼び名に変わりました。股関節の形成不全は、整形外科での超音波診断などで、早期に発見されることも多いです。

原因のひとつとして、おむつの当て方などの育児環境があります。もともと赤ちゃんの足はカエルのように広がったM字形。しかし関節がまだゆるいので、足を伸ばした状態で抱っこしたり、おむつを当てたりすると、股関節がはずれることがあるのです。

治療

生後3～6カ月ごろから治療を始めればたいてい治ります。健診で見つかることが多いので、1カ月健診、3カ月健診はきちんと受けることが大切。また、家庭でも気をつけて、上記の「これがサイン」のような症状を見つけたら整形外科を受診しましょう。

軽症ならおむつをゆるめに当てたり、股を開いて抱っこするなどで治ることも。それでも治らない完全脱臼の場合はリーメンビューゲルというバンドをつけ、股関節を広げた状態を保つようにします。入院して牽引をしたり、手術をすることもあります。

ホームケア

おむつはゆるめに当て、赤ちゃんがしっかりと股を開いた姿勢が保てるようにします。抱っこは足を伸ばさず、足をしっかり開かせて抱っこをする習慣づけを。

リーメンビューゲルで治療
この装具をつけることで足がM字形に開いた姿勢を維持します。装着期間は3～4カ月が一般的です。

正しい抱っこ
赤ちゃんの足をM字形に広げ、赤ちゃんが足を自由に動かせるようにします。

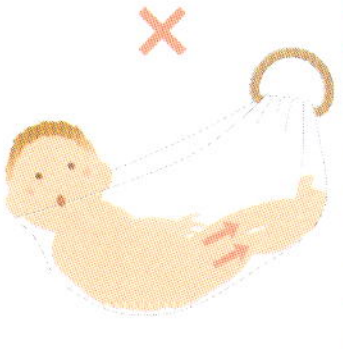

症状を悪化させやすい抱っこ
股を閉じて両足を伸ばしたり、足を自由に動かしにくい姿勢は避けて。スリングを使うときには注意。

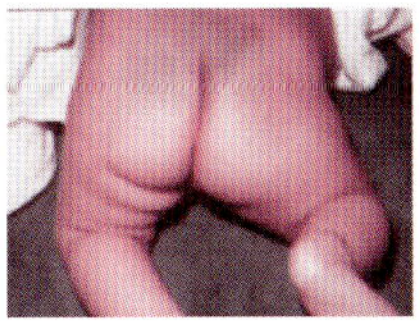

太もものシワが左右で違う
普通太もものシワはないか、あっても1～2本。開排制限があると太ももに深いシワが。

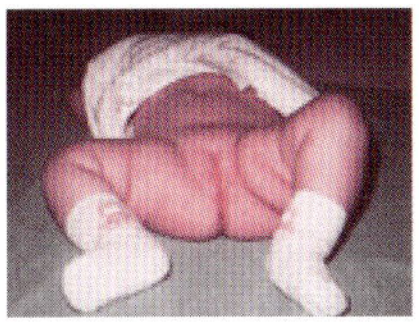

左足の開きが悪い
あおむけでひざを曲げさせると、左右の高さが違います。高いほうが形成不全の側。

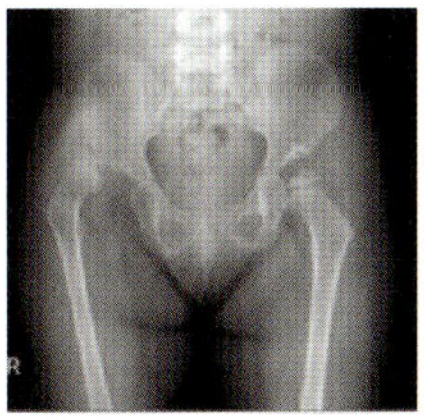

X線で見る股関節形成不全の症例
正面から撮ったもの。右足（向かって左側）は大腿骨骨頭が骨盤からはずれ、斜め横にずれています。乳児期に気づかれず重症化した症例。

用語解説

・小児整形外科
小児整形外科は、大人と違って日々成長する赤ちゃんの骨や筋肉、関節の病気やケガを治療します。小児科医に紹介してもらうのが安心です。

・股関節
股関節は体重を支え、歩いたり走ったりするために重要な関節。股関節形成不全をきちんと治しておかないと、将来痛みや歩行困難を起こすことも。

\かかりました！/
3カ月のとき

半年間のベルト着用。10カ月の今はつかまり立ちを

3カ月健診で股の開きが悪いと言われ、整形外科でのX線検査で左足の股関節形成不全が判明。すぐにリーメンビューゲルをつけることに。2週間に一度の通院と、お風呂の禁止で毎日タオルでふいてあげる生活が続きました。半年後にようやく装具が取れ、今はつかまり立ちの真っ最中。

肘《ちゅう》内《ない》障《しょう》

これがサイン

- 手を動かそうとしない
- さわると痛がって泣く
- 手がぶらんと下がる

原因と症状

子どもの手（ひじから下）を強く引っぱったときや、体を使った遊びをしていたときなどに、「ひじが抜けた」といわれる状態になることがあります。「抜けた」と表現されますが、これは肘内障といって、ひじの関節の靭帯がずれた状態。5才以下くらいの靭帯が未発達の乳幼児に起こりやすく、サインは、突然大泣きする、手を動かそうとせず、さわると痛がって泣く、手がぶらんと下がっている、などです。

治療とホームケア

時間がたつと治しにくくなるので、すぐに整形外科を受診して元に戻してもらいましょう。夜間でも痛みが強い場合は救急外来へ。そしてしばらくは無理をさせないで様子を見ます。

何度も繰り返しやすいため、日常生活では赤ちゃんや子どもの手を強く引っぱらないよう注意を。やむをえず引っぱるときは、ひじから上を持つようにします。6才を過ぎると靭帯が十分に発達し、次第に起こらなくなります。

手を持ち上げる遊びは要注意

よくパパとママがこんなふうに子どもの手をつかんで持ち上げ、ぶら下げて遊びますが、これは肘内障を起こしやすいので要注意です。

筋《きん》性《せい》斜《しゃ》頸《けい》

これがサイン

- 片方の首の横にそら豆大のしこりができる
- 頭が常に一方を向いている

原因と症状

耳の後ろから鎖骨まで延びている筋肉（胸鎖乳突筋）が生まれつき短く、頭が常に一方を向いている状態。短いほうの筋肉に首が引っぱられて、頭が傾くのです。

生後間もなく片方の耳の横にそら豆大のしこりができ、生後2～3週間で最大になりますが、しこりが小さいと1カ月健診まで見つからないことも。中耳炎や扁桃炎のあとに起こることもあります。

治療とホームケア

特に治療しなくても、日常生活で向きにくいほうを向かせる工夫で、1才ごろまでには8～9割が自然に治ります。①赤ちゃんに話しかけるときは必ずしこりのある側から、②音の出るおもちゃなどをしこりのある側に置く、③しこりのある側に明るい窓がくるように寝かせる、④添い寝をするときはしこりのある側にママが寝る、など。

2～3才になっても治らないときは、顔の形が非対称になったり、背骨が曲がったりする心配があるので、適切な時期に首の筋肉の一部を切り離す手術を行うことがあります。

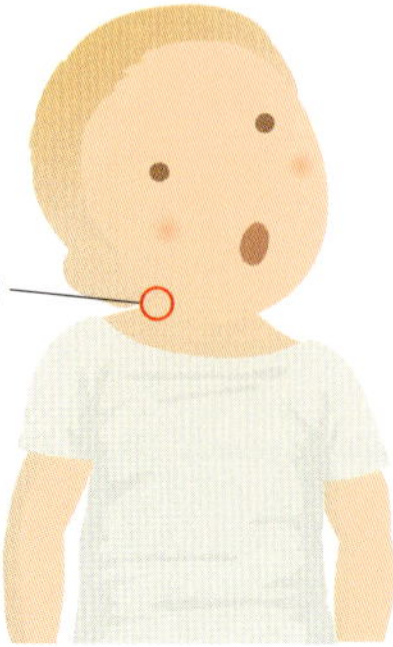

しこりがあるほうへ顔が傾く

片方の耳の横にできるしこりがサイン。赤ちゃんはしこりのある側に頭を傾けます。顔はしこりのない側に向けた状態になります。

O脚《おーきゃく》・X脚《えっくすきゃく》

これがサイン

- 両足をそろえて立たせたとき、ひざの間が大きく開く
- 両足をそろえて立たせたとき、ひざがくっついてくるぶしの間が大きく開く

原因と症状

赤ちゃんの多くはO脚ですが、歩くようになると目立たなくなり、5才ごろまでにはまっすぐになります。一方、関節がゆるく、筋肉が弱い体質の場合は、3才ごろになるとX脚になることもありますが、これも7才ごろにはまっすぐになってきます。

治療とホームケア

多くのO脚、X脚は心配いりませんが、2才過ぎてもO脚で、「自分の足にひっかかって転ぶ」「ひざの間に大人の握りこぶしが入ってしまう」という場合は、念のために整形外科を受診して。

X脚も程度が強い場合や、2才以下でくるぶしの間が広いときは受診しましょう。

O脚を経過観察したケース

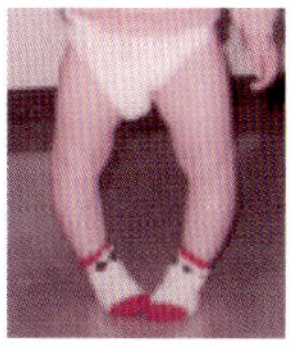

2才
O脚が強いと受診してきた女の子。X線検査では異常がなかったので経過を見ることに。

2才半
まだO脚ぎみではありますが、もうほとんど気にならない程度に。

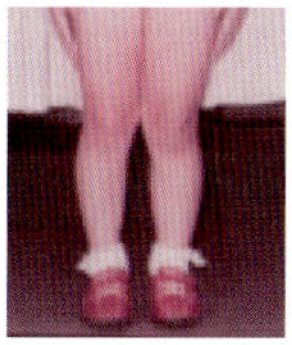

3才9カ月
同じ子が、今度はX脚ぎみに。骨関節がやわらかいという体質が関係しています。

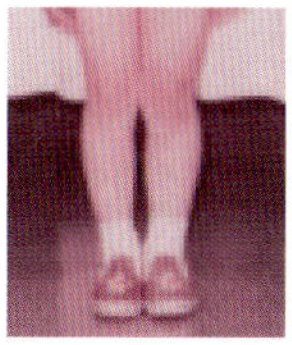

6才4カ月
X脚もほとんど治り、まっすぐになってきました。

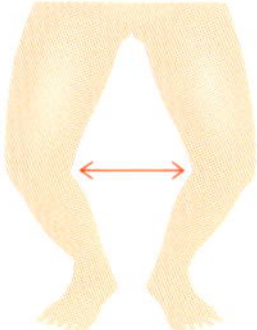

ひざの間があいている
2～3才になってもあきが大きく気になるときは、整形外科を受診すると安心。たいていは経過観察に。

くるぶしの間があいている
3才ごろからはX脚になることも。程度が強い場合や、2才以下でくるぶしの間が広いときは受診を。

外《がい》反《はん》扁《へん》平《ぺい》足《そく》

これがサイン

- 3才過ぎても土踏まずができない
- 歩く姿が不安定、歩くのをいやがる、疲れやすい

原因と症状

足の裏には縦アーチ（土踏まず）と横アーチがありますが、このうち土踏まず部分がなく、足裏全体が地面にベタッとついている、またはつきそうな状態を外反扁平足といいます。

足裏のアーチは、歩くようになって体重が足の裏にかかることで作られ、土踏まず部分も3才ごろにできてきますが、体質的に足の靭帯が弱く関節がゆるんでいたり、筋肉が弱くて体を支えられないなどで、土踏まずのできにくいことがあります。

治療とホームケア

3才を過ぎても土踏まずができず、歩く姿が不安定、歩くのをいやがる、疲れやすいなどの様子が見られたら、整形外科で相談を。まれに骨の異常による先天的な扁平足もあります。X線などで確認しますが、病的な扁平足でないことがほとんど。なるべく裸足の生活を心がけ、よく歩くなど日常のケアで自然に治ります。

治療が必要な場合には、アーチサポート（足底板）や矯正靴を使うこともあります。

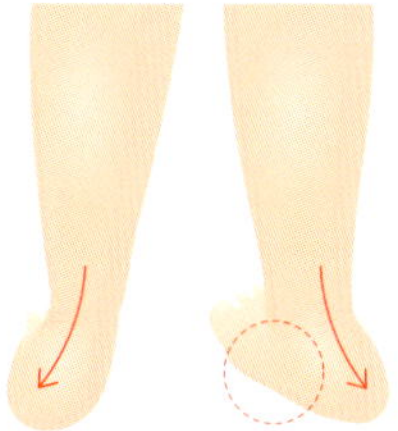

後ろから見た外反扁平足
土踏まずがなく、足の内側がふくらんだような状態。足の外側が浮いたようになり、かかとが「ハ」の字になるのも特徴です。

用語解説

・靭帯
骨と骨をつなぎ、関節を形作る丈夫な組織。ひじの関節には細い輪状の靭帯があります。

・土踏まず
足裏のアーチ部分。土踏まずの役割はたくさんあります。体のバランスをとる、片足で体を支えて動く、踏ん張るなど足指の働きをよくする、跳ぶ、飛び降りるときにクッションの役割を果たす、など。

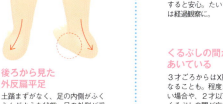

心臓・腎臓の病気

心臓病、腎臓病の中でも比較的よくある病気についての解説です。気になる症状があったら、何はともあれ専門の医師に相談してください。

心《しん》室《しつ》中《ちゅう》隔《かく》欠《けっ》損《そん》症《しょう》・心《しん》房《ぼう》中《ちゅう》隔《かく》欠《けっ》損《そん》症《しょう》

これがサイン

- 心雑音がある
- 泣き声が小さい
- 哺乳量が少ない、哺乳力が低い
- 体重が増えない
- 息づかいが荒い
- 汗をかきやすく手足が冷たい

どんな病気?

心《しん》室《しつ》中《ちゅう》隔《かく》欠《けつ》損《そん》症《しょう》

生まれつき左右の心室の間の壁に穴があいているために、左心室の血液が右心室に流れ込んでしまう病気です。この病気特有のかなり大きな心雑音が聞こえるため、生後すぐでも発見されることが多いものです。

人間の心臓は二心房、二心室。全身をめぐった血は右心房から右心室を経て肺に流れ、肺で酸素をもらい、左心房から左心室に流れ、再び全身をめぐります。左心室は全身に血液を送り出せるように、右心室より圧力が高めになっています。この圧力の差があるので、右心室との間に穴があいていると、左心室から右心室へと血液が流れてしまうのです。

「これがサイン」の症状が同じように出ていても、軽い場合から心不全を伴う重い場合まで、深刻さは一様ではありません。

心《しん》房《ぼう》中《ちゅう》隔《かく》欠《けつ》損《そん》症《しょう》

生まれつき左右の心房の間に穴があいている病気です。心室中隔欠損症にくらべると、左右を行き来する血液量が少ないので、心雑音は聞き取れないほど小さいことも多く、気づくのが遅くなることがあります。

肺から酸素をもらって戻ってきた新鮮な血液は、通常は左心房から左心室に入り全身に送られるわけですが、それが左心房から右心房へ一部逆流してしまい、その血液は体に回ることができません。右心房、右心室に流れる血液量が多く、それが体の負担になります。

このために疲れやすかったり、やせぎみだったりする子もいますが、あまり目立った症状がないことも多いため、小学校入学のころになって見つかることもあります。

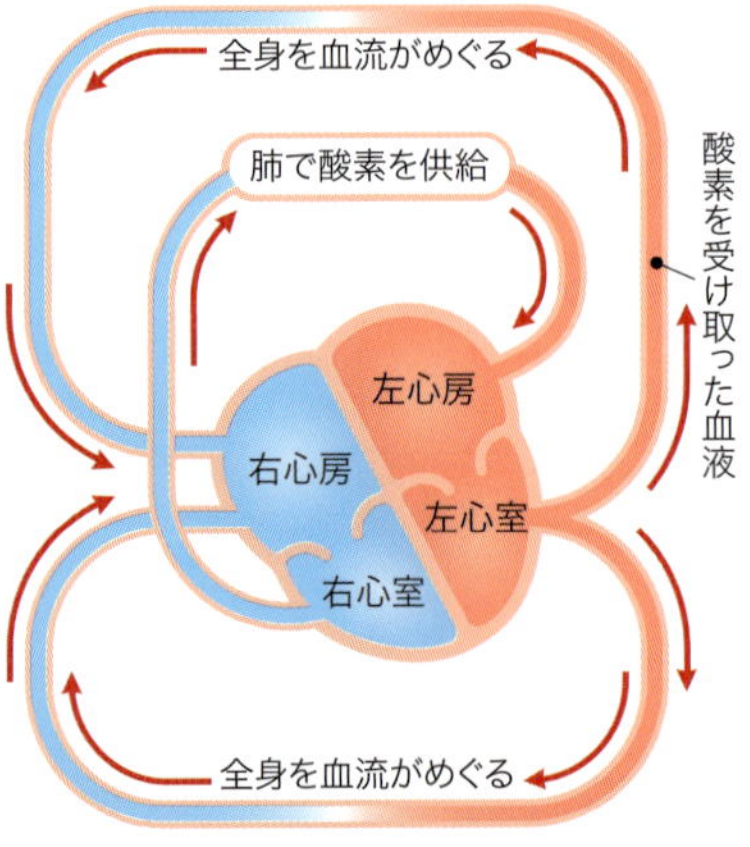

血液は心臓を経由して全身を循環する

全身をめぐった血液は右心房に戻り、右心室を経て肺に送られます。肺で酸素を供給された血液は左心房～左心室を経て、再び全身へ。血液はこの循環を繰り返しています。

心雑音があると言われたら

約30%は病気の心配のない心雑音

健診などで「心雑音がありますね」と言われると心配になりますが、心雑音はそんなに珍しいことではなく、心臓が正常な場合でも約30%の人にあります。このような、特に病気の心配のない心雑音を「機能的心雑音」といいます。これは血液が流れるときに心臓の壁や血管にぶつかって出る音で、鼓動の間に規則正しく「ザッザッ」と聞こえます。専門医が聞けば病的な心雑音との違いはすぐにわかります。

病気の場合はほかにも次のような症状が

心臓の異常があるときは、心雑音に伴い、次のような症状が見られることも。体重が増えない、おしっこの量が少なく体がむくんでいる、泣き声が小さい、息づかいが荒い、チアノーゼが起きる、哺乳量・哺乳力が少ない、顔色が悪い、手足の指先が広がって太くなる（2〜3才ごろ）、などですが、穴が小さければ心雑音以外は無症状のこともあります。

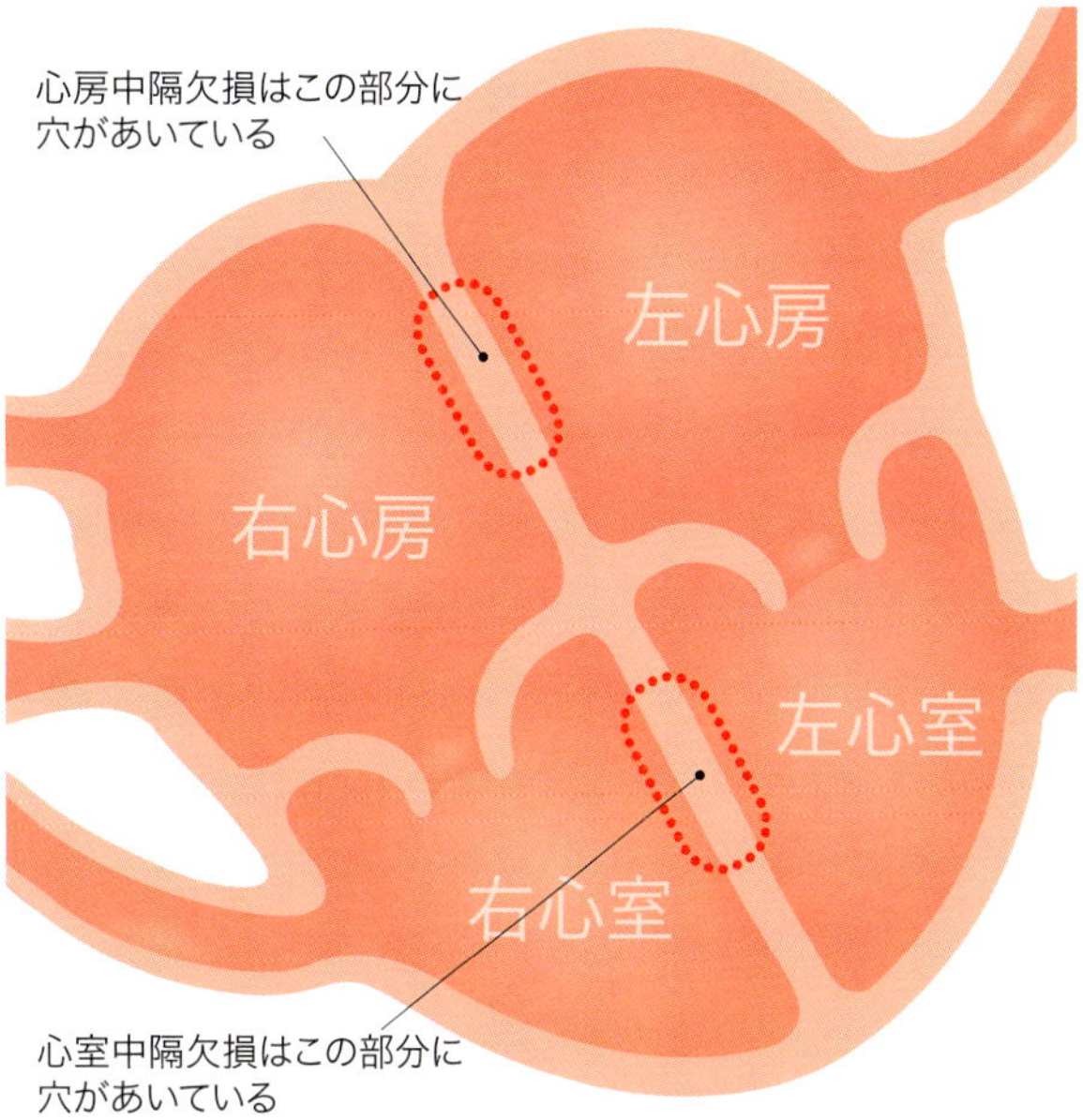

治療とケア

【心室中隔欠損症】

成長に伴って自然に穴がふさがることがあるため、穴が小さい場合は、体調を管理しながら2〜3才まで経過を見ます。穴の大きさが4㎜以下の場合は自然に閉じる可能性が特に高いようです。ただし穴が閉じない場合は、そのままにしておくと心臓内の血液がよどんだり、乱流が起きたりして、そこから細菌感染し、細菌性心内膜炎を起こすこともあります。穴が小さくなる兆候がなかったり、穴がもともと大きくて体に負担がかかるような場合は手術を行います。

【心房中隔欠損症】

自然に穴がふさがることはあまり期待できません。疲れやすかったり、左から右への流れ込みがひどい場合は、小学校入学前に手術で穴をふさいだり、カテーテル治療を行うことがが。ただし手術をせずに経過観察ですむこともあるので、専門医とよく相談しながら治療を進めます。

小学校の心臓検査で見つかった「期外収縮」

7才のときに検査でひっかかる

特に大きな病気もせずに小学校入学を迎えましたが、入学後の心臓検査で「要精密検査」と言われてびっくり。専門病院で検査を受けたところ不整脈の一種である「心室性期外収縮」と言われました。

年に1回の検査で経過を観察

確かに脈が途切れることがあり不安でしたが「成長期には珍しくないので経過を見ましょう」と、運動制限もなし。年に1回検査を受け、6年生のときに「問題なし。今後は検査も不要」と言われました。

用語解説

・チアノーゼ
血液に含まれる酸素の量が少なくなって、皮膚や粘膜が紫色になること。唇、つめ、指先などで目立ちます。

・不整脈
脈拍のリズムが乱れて不規則になったもの。不整脈のほとんどはあまり心配する必要のない、一時的なものですが、なかには注意を要するものもあります。

RSウイルス感染症に注意して

先天性の心臓病のある赤ちゃんがRSウイルス感染症（p60）にかかると、重症化のリスクが高まります。シナジスという薬を流行初期から毎月1回注射をすると重症化が防げます。疾患がある場合は保険が適用されるので、医師に相談を。

＼かかりました！／

生後2日目のとき

心室中隔欠損症で穴は4㎜。生後10カ月には小さくなった

生後2日目の診察で心雑音があり、その場でエコー検査。4㎜の穴があるとのことで、小児心臓病の専門医を紹介され、検査の結果、心室中隔欠損症でした。3カ月目の再検査で穴は変わらないものの元気なので、予防接種もOK。10カ月目の再検査で穴は小さくなり、手術はしませんでした。

急性腎炎《きゅうせいじんえん》

これがサイン

- おしっこに血が混じっている、血尿が出る
- むくんで目のまわりがはれぼったい
- 指がむくんでいる
- だるそう、食欲がなくゴロゴロしている

どんな病気？

腎臓にはボーマン嚢という、袋に包まれたボール状の毛細血管のかたまりがあります。これを糸球体といい、血液をろ過する役目を持っています。腎臓の炎症の多くはこの糸球体で起こるもので、これが急性腎炎（糸球体腎炎）です。小学生から中学生までによく見られ、赤ちゃんにはほとんどありません。

炎症は多くの場合、溶連菌感染症（ｐ77）が原因です。溶連菌がのどに感染することで体内に免疫反応が起き、その反応が糸球体の働きを阻害し、低下させるために起こります。

症状

主な症状は血尿、むくみ、高血圧です。炎症を起こした糸球体から血液がしみ出した結果、血尿が出て、重症になると赤ワイン色になることも。また、たんぱく質がもれ出してたんぱく尿になったりもします。むくみは腎臓が不必要な体内の水分を排出できなくなったために起こり、目のまわりがはれぼったくなったり、指がむくんで握りにくくなったりします。

さらに血圧が上がるせいで、だるくなり、子どもでもゴロゴロして、食欲が落ちてきます。

治療

特別な治療法はないので、安静と食事療法が中心になります。むくみが強かったり、高血圧の症状が顕著なときは、入院して利尿薬や降圧薬を使い、安静、保温、食事療法を徹底して行います。退院後もしばらくは医師の指示に従い、経過の観察を行います。

ホームケア

家庭での食事療法は、腎臓に負担のかからないように、塩分と水分を制限します。むくみが取れ、血圧が下がってきたら、少しずつ体を動かし、食事の制限をゆるめていきます。

普通は3～6カ月、長くても1年で回復しますが、こじれて慢性になると、生涯この病気とつき合う可能性もあります。そのため、溶連菌感染症にかかったら、早期に適切な治療を受けることが大切です。

育ち盛り、遊び盛りの子どもに運動制限をすることは、体の発達を遅らせ、ストレスがたまって精神面に悪影響を及ぼすという考え方もあります。最近では、入院しても退院後はできるだけ運動制限をしないような指導になってきました。

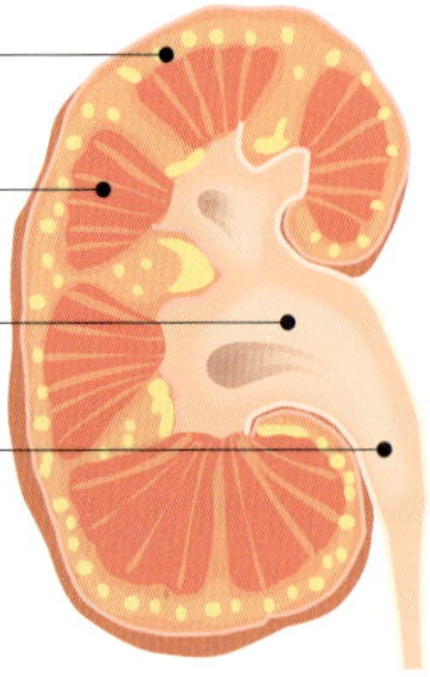

腎臓の断面図と腎臓の働き

腎臓は血液をろ過して老廃物や塩分を尿として体外に排出し、体に必要なものを再吸収する大切な器官。糸球体は血液をろ過する役目をします。

ネフローゼ症候群《しょうこうぐん》

これがサイン

- まぶたや手足がはれぼったい、ひどくむくんでいる
- 体重が増える
- だるそう、食欲がなくゴロゴロしている

どんな病気？

ネフローゼとは、尿にたんぱく質がたくさん出てしまうために血液中のたんぱく質が減り（低たんぱく血症）、その結果むくみが起こる病気です。低たんぱく血症になると血管の中の水分が減り、血管の外に水分と塩分が増えるためにむくんでしまうのです。原因は不明ですが、免疫の異常によるものではないかと推定されています。3〜6才の幼児に多い病気です。

症状

はじめはまぶたがはれぼったくなったり、手足がむくんで靴がきつくなったりしますが、だんだん顔全体がむくんできます。むくみのために体重が増え、男の子は陰嚢に水がたまることもあります。

一方、尿の量が減り、尿検査をしてみると多量のたんぱく質がみとめられます。顔色が悪くなり、食欲不振、だるいなどの症状も現れます。

治療

入院をして安静を保ち、ステロイド薬を大量に投与してたんぱく尿を陰性化させてから、徐々にステロイド薬を減らしていきます。ある程度減らした時点で退院し、通院治療になります。入院期間は一般的に2カ月ほどになります。

ステロイドの治療効果は高いのですが、薬の投与をやめると半数以上が再発することから、数年にわたり飲み続ける場合もあります。ステロイド薬の副作用で、顔がむくんだり（ムーンフェイス）、肥満、高血圧、白内障などが見られることもあり、その場合はステロイド薬を減らすために、強力な免疫抑制薬を使用することもあります。

ホームケア

むくみが強いときは、とにかく安静が第一。食事はバランスのとれた消化のよいもので、塩分は制限されることが多いでしょう。再発しやすい特徴がありますが、再発しても多くの場合、高校生になるころには治ってきます。それまでの間はできるだけステロイド薬の量をコントロールし、副作用が起きないようにしながら経過を見ることが大切です。

入院を終えると自宅療養になります。通院を続けながら普通の生活をして大丈夫ですが、かぜや水ぼうそうなどにかかると悪化することがあるので、感染症には特に注意が必要です。予防接種、肥満、低身長などについては主治医とよく相談していきましょう。

用語解説

・ステロイド薬
ストレスに対処するなどの働きのある副腎皮質ホルモンから作られる薬。アトピー性皮膚炎などで使うのは塗り薬ですが、ネフローゼの治療などには飲み薬が処方されます。

・免疫抑制薬
体内で過剰に起こっている免疫反応を抑える薬。ネフローゼではステロイド薬だけでは効果が乏しい場合などに使用されます。

親の会で人の輪を広げよう

治療が長期にわたるネフローゼのほか、全国にはさまざまな病気の子どもを持つ親の会があります。そうした会に入って情報収集をするのも、不安解消の助けになってくれそうです。会員同士でアドバイスし合いながら、前向きに治療に向き合いたいですね。

小児がん

子どものがんは胎児期に発生するものもあり原因不明が多いのですが、治療法は昔にくらべて格段に進歩しています。早期発見すれば、治癒率も飛躍的に高くなっています。

神《しん》経《けい》芽《が》細《さい》胞《ぼう》腫《しゅ》

これがサイン

- おなかにしこりがある
- 顔色が悪い
- 体重が減る

どんな病気？

交感神経節から発生するがんで、腎臓の上にある副腎から発生することが最も多く、その場合、おなかにしこりがあることで気づきます。原因は不明ですが、約7割が3才までに発症しています。

症状

おなかのしこりのほか、顔色が悪い、体重が減る、イライラするなどが主な症状です。腹痛、呼吸困難、眼球が飛び出る、皮下のしこりなどが見られることもあります。がんが背骨の近くから発生すると、腫瘍が脊髄を圧迫し、急激な下半身のまひが起きることもあります。

治療

早い時期から転移を起こしやすいため、残念ながら発見したときにはすでに手遅れとなっているケースもあります。できるだけ早く発見し、原則的には手術で腫瘍を摘出します。その後、抗がん剤の投与、放射線治療を行います。

神経芽細胞腫は、年齢、腫瘍の性質とその広がり方によって治療法はかなり違ってきます。治療方針は専門の施設で十分に検討したうえで決定されます。

子どもとお風呂に入ったときなどに、子どものおなかをさわってしこりがないかどうか、日ごろからチェックを心がけましょう。

網《もう》膜《まく》芽《が》細《さい》胞《ぼう》腫《しゅ》

これがサイン

- 瞳孔が白く光って見える
- 斜視や視力低下が起こる

どんな病気？

目の網膜にできるがんで、ほとんどが3才までに発症します。片目または両目に起こり視力が低下しますが、赤ちゃんは視力の状態を自分で説明することができません。目の内で大きくなった腫瘍に光が反射し、瞳孔が白く見えることで気づくことが多いものです。

症状

視力の低下のほか、斜視や結膜の充血を伴うこともあります。進行して脳に転移すると、頭痛や嘔吐を起こします。

治療

腫瘍が小さく視力が十分に残っている場合は、光凝固や冷凍凝固など局所治療だけですむこともあります。また、抗がん剤による治療で腫瘍を小さくしてから局所治療をします。腫瘍が大きい場合は生存を第一に考え、眼球を摘出します。

眼球摘出を避けるために、なるべく早く気づいてあげることが大切です。目の様子がおかしいと思ったら小児科、眼科の医師に相談しましょう。

芽腫って何？

胎児期に、本来は正常に育つはずの細胞ががん化したもの。神経芽細胞腫は神経細胞が成長の途中で異常に増え始め、網膜芽細胞腫は未分化な網膜芽細胞から発生します。

ウィルムス腫瘍《しゅよう》

これがサイン

- おなかがふくらんでくる
- おなかを痛がる、おしっこに血が混じる

どんな病気？

胎児期に腎芽細胞が異常に増殖して腫瘍になるもので、多くは2～3才までに発症します。原因は不明ですが、遺伝的な要因も考えられます。多くは片方の腎臓にできますが、両方にできることも。

症状

腫瘍はかなり大きくならないと症状が出ませんが、おなかがふくらんでくることで気づきます。頭痛や血尿、肺に転移したことによるせきや呼吸困難を起こすこともあります。

治療

ウィルムス腫瘍は、腫瘍ができる子どものがんの中では最も治療成績のよいものです。

手術で腫瘍のできた腎臓を摘出するのが一般的ですが、最近では手術前に化学療法で腫瘍を小さくして、腫瘍のみを摘出する方法も取られ始めています。

用語解説

・交感神経節
自律神経の中でも、体を活発に活動させるときに働くのが交感神経。神経芽腫はこの交感神経の母細胞（もとになる細胞）から発生してきます。

・寛解
症状が一時的あるいは断続的に軽減、消失すること。そのまま治る可能性も、再発する可能性もある状態。

白血病《はっけつびょう》

これがサイン

- 元気がなくなり、顔色が悪くなる、熱が出る、食欲がない
- 貧血、関節痛、皮膚の出血斑

どんな病気？

白血球ががん化して異常に増殖し、骨髄の血液を造る働きを低下させる病気。

慢性白血病と急性白血病があり、子どもの場合は多くが急性。うち3／4がリンパ性白血病、1／4が骨髄性白血病です。

症状

元気がない、発熱、食欲がない、貧血、関節痛、皮膚の出血斑など。リンパ節、肝臓、脾臓などがはれることもあります。

治療

抗がん剤を使った化学療法が中心。第一の目標は、全身に広がる白血病細胞を減らし造血機能を回復させることで、これがうまくいくと寛解状態になります。この状態をなるべく長引かせるのが次の目標です。

近年では治療法が格段に進歩し、5年間再発なしの生存率が7～8割以上になりました。

小児がんの発生しやすい年齢

乳幼児のがんは、年齢によって発生しやすい種類が違います。

神経芽腫、ウィルムス腫瘍などの芽腫：0～5才
白血病：0～10才
脳腫瘍：5～10才
悪性リンパ腫：5～15才
肉腫：10才代

最も多いのは白血病で、子どものがんの約半数を占めます。いっぽう、大人に多い胃、肺、腸、乳がんなどは、乳幼児にはほとんど見られません。

アレルギーの病気

アレルギー体質は変えられませんが、アレルギー症状が出るかどうかには、体質以外にさまざまな要因があります。症状が出ないように、そしてもし症状が出たら最善のケアができるように、正しい知識を持ちましょう。

アレルギーって何でしょう？

「アレルギー」は異物に対する過剰な防御反応のこと

人の体には、ウイルスや細菌などの病原体から身を守るための「抗原抗体反応」というしくみが備わっています。体内に病原体などの異物（抗原）が入ると、体はそれに立ち向かうために「抗体」を作ります。二度目に同じ異物が侵入すると、前に抗体を作ったことを覚えていて、その異物を撃退しようとします。これが「抗原抗体反応」。

本来は体を守るために働くシステムですが、特定の異物に対して過剰に反応し、さまざまな症状を引き起こすのがアレルギーです。

「アレルギー体質」とは、抗原抗体反応が過剰に働きがちな体質のこと。親がアレルギー体質だと、子どももアレルギー体質の可能性が高くなります。

アレルギー症状は成長とともに出方が変わることがあり、これをアレルギーマーチといいます。乳児期はアトピー性皮膚炎、学童期には気管支ぜんそく、思春期には結膜炎や鼻炎が主な症状になったりします。成長に伴い、自然に症状が消えることもありますが、成人期まで症状が出続けることもあります。

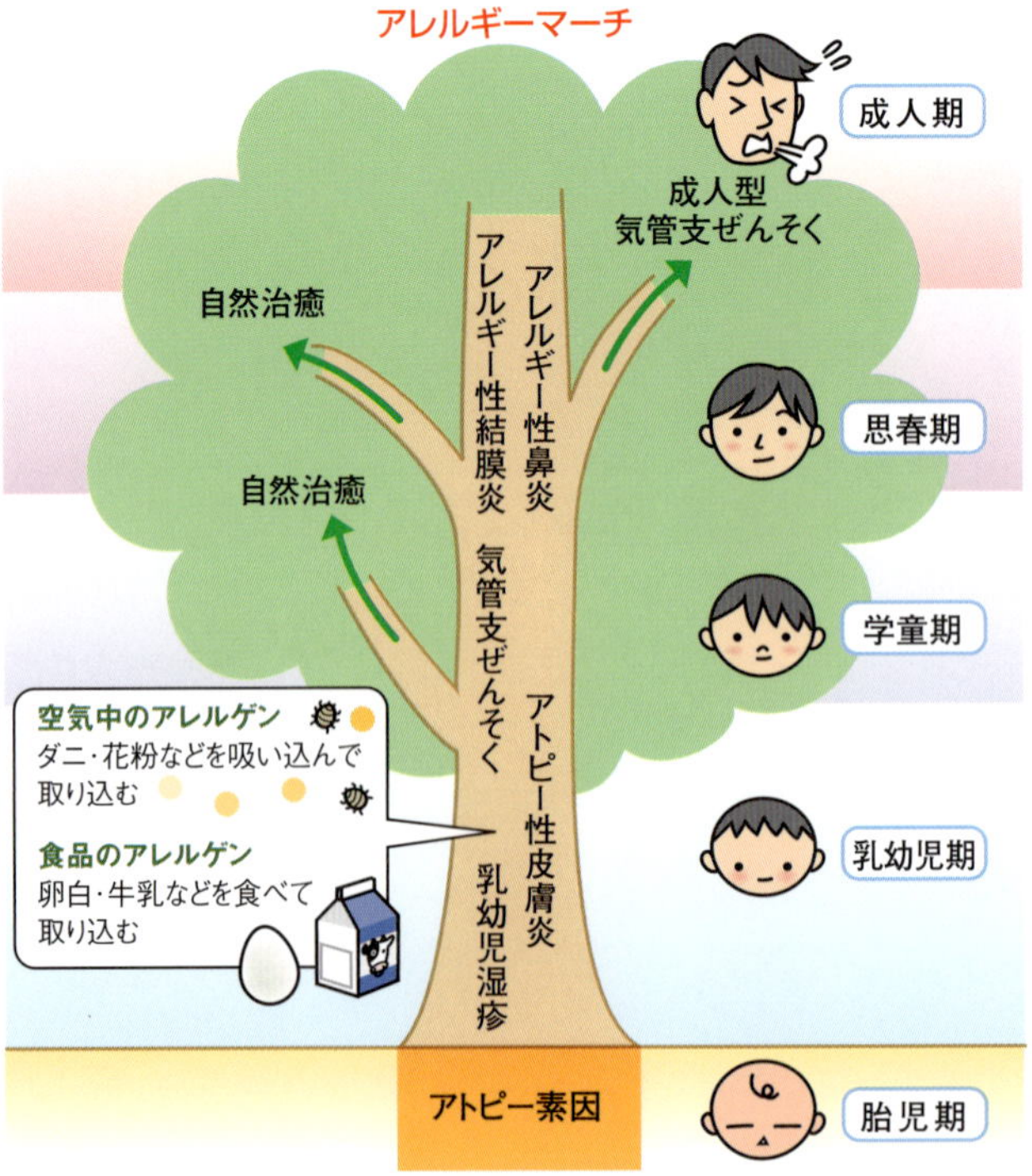

年齢とともに、現れるアレルギー症状に変化が。最近は、皮膚の湿疹からアレルゲンを取り込むという考え方が注目されています。

アレルギーの検査

血液検査の数値はめやすと考えて

アレルギー検査の一つである血液検査は、血液中の成分を調べることでアレルギーの程度や原因物質を探ります。食物アレルギーは卵や牛乳などの抗体検査、喘息やアレルギー性鼻炎はダニやハウスダストなどの抗体検査が行われることが多いのですが、検査の数値はあくまで目安にすぎません。アレルギーの診断は検査で出た数値を参考にしながら、総合的に判断されます。

皮膚テストや食物の除去・負荷試験も

どのような物質にアレルギー反応を起こすのか、皮膚に刺激を与えて確認するのが皮膚テスト。プリックテスト、皮内テストなどがあります。また、食物アレルギーでは、アレルギーが疑われる食物の除去試験、負荷試験が行われることも。細心の注意が必要なので、必ず医師の指導のもとに行います。

プリックテストの例

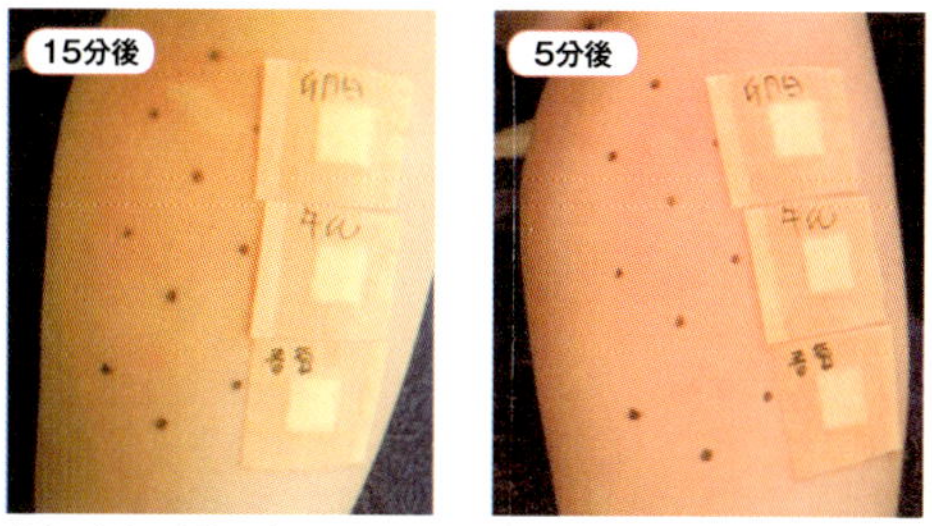

卵白、牛乳、春菊のプリックテスト。卵白と牛乳に反応が出ています。春菊はアレルゲンではなさそうとの判断です。

アレルギーは治るの？

「体質」は治らないが症状はコントロールできる

アレルギー体質が「治る」ことはありません。でも、アレルギー体質だからといって必ずアレルギー症状が出るわけではありません。アレルギーの病気の発症には、体質に加えて環境も大きく関係しているからです。

たとえアレルギー体質でも、アレルゲンが体内に入らなければ、あるいは入る量が少なければ、病気が発症しない・症状が悪化しないこともあります。赤ちゃんがアレルギー体質だとわかると「こまめに掃除をして、室内のダニやカビを少なくしましょう」などとアドバイスされるのは、このためです。環境にはアレルゲンだけでなく、体調や天候、精神的なものなども含まれます。アレルギーの病気の発症には、さまざまな要因がからんでいるのです。

成長するにつれ症状が出なくなることも

また、成長に伴って抵抗力がつき、自然に症状が出なくなることもあります。なかでも食物アレルギーは、消化機能の発達に伴い、食べられるようになることが多いものです。

持って生まれた体質を変えることはできませんが、その年齢の子どもとして順調に発達していけるよう、症状をコントロールすることはできるのです。

暮らしの注意ポイント

アレルギー体質の子どもは、暮らしの中でいくつか気をつけたいポイントがあります。

ていねいなスキンケアを

皮膚からアレルゲンが侵入するのを避けるためにも、清潔と保湿を心がけます。汚れは刺激の少ない石けんをよく泡立ててやさしく落とし、しっかり洗い流したらタオルで押しぶきを。ふいたあとには保湿剤を塗りましょう。

ダニ、カビを減らす

ダニの発生を防ぐためには部屋の湿度を50%以下にし、畳、カーペット、布ソファ、ぬいぐるみなど、ダニの温床になるものを避けること。布団はよく干し、シーツはまめに取り替えます。観葉植物などの鉢植えは土にカビが生えることもあるため、なるべく置かないようにします。また、毛のあるペットを飼うのもやめたほうがいいでしょう。

タバコを避ける

煙はもちろん、衣服についたにおいのもとの物質も刺激になります。赤ちゃんや子どもがいる部屋での喫煙は厳禁。家族にスモーカーがいる場合は、ぜひ禁煙を。外出先でのタバコの煙にも注意しましょう。

アレルギーQ&A

予防接種に制限はありますか？

たとえばはしかやインフルエンザワクチンには卵の成分が使われていますが、多くの場合は問題なく接種できます。かかりつけ医とよく相談して受けましょう。

ペットを飼い続けてもいい？

犬や猫、うさぎ、ハムスターなど、毛のあるペットは飼わないほうがいいでしょう。毛がアレルゲンになるほか、ペットがいることでダニやカビが増える原因にもなります。

アトピー性《せい》皮《ひ》膚《ふ》炎《えん》

これがサイン

- 顔や頭にジュクジュクした赤い湿疹が出る
- 耳のつけ根が切れる
- ほおや頭をよくかく
- 薬を塗っていったんよくなってもぶり返す

原因

アトピー性皮膚炎の特徴は、
①よくなったり悪くなったりを繰り返す慢性の湿疹
②強いかゆみがある
③多くの場合、家族にアレルギーの人がいる
④湿疹のでき方に特徴がある
という4つの点です。

原因として体質＝遺伝子の異常が近年注目されていますが、赤ちゃんの場合は皮膚のバリア機能の弱いことが最大の原因です。

赤ちゃんの皮膚は非常に薄く、汗やホコリといった外部の刺激に反応して炎症を起こしやすくなっています。それをかくうちに皮膚の表面が傷つき、バリア機能が壊れた皮膚を通じてさまざまなアレルゲンが侵入しやすくなり、ほかのアレルギー疾患を発症しやすくなると考えられています。予防のためには、早めに治療をしてバリア機能を取り戻すことが大切です。

症状

0才代のアトピー性皮膚炎は生後2～3カ月以降に、顔や頭にジュクジュクした湿疹が出ることから始まり、だんだん体の下に下りてきてます。湿疹は次第に首やおなか、背中、もものつけ根、手足の関節の内側へと広がっていきます。耳のつけ根が切れる「耳切れ」も特徴的です。

治療

アトピー性皮膚炎は正しいケアをすればよくなります。よくなったり悪くなったりを繰り返しながら、時間をかけて治す病気だと知っておきましょう。

大切なのは皮膚のバリア機能を回復させることです。そのために大事なのは「かかないこと」と「保湿剤を使うこと」。

かゆみを抑えるためにはステロイドの塗り薬で炎症を抑えることが有効です。塗り薬の量を勝手に控えたり、やめてしまったりする

食物アレルギーとアトピー性皮膚炎

アトピー性皮膚炎だからといって食物アレルギーになるとは限りませんが、重症なアトピー性皮膚炎の乳児は、食物アレルギーを発症する可能性が高いとされています。
湿疹があると、もともと備わっている皮膚のバリア機能が下がります。そこからアレルゲンが入り込み、そのアレルゲンを体が異物と認識することで、食物によるアレルギー反応が起きやすくなってしまうためです。
また、アレルゲンが皮膚から入ると食物アレルギーを引き起こしますが、口から入ると食物アレルギーに対して耐性ができると考えられています。ですから、食物アレルギーの予防のためには、食物除去をするのではなく、早めに食べさせた方がよいと考えられるようになりました。ただし、すでに食物アレルギーを発症している場合は、専門医に相談しましょう。

乳児湿疹が多いとアトピーになりやすい？

乳児湿疹（p50）がひどいからといって、アトピー性皮膚炎に移行するわけではありません。この2つは別物ですが、見分けがつきにくいトラブルでもあります。長引いたり、かゆみがある湿疹は、アトピー性皮膚炎の可能性があります。

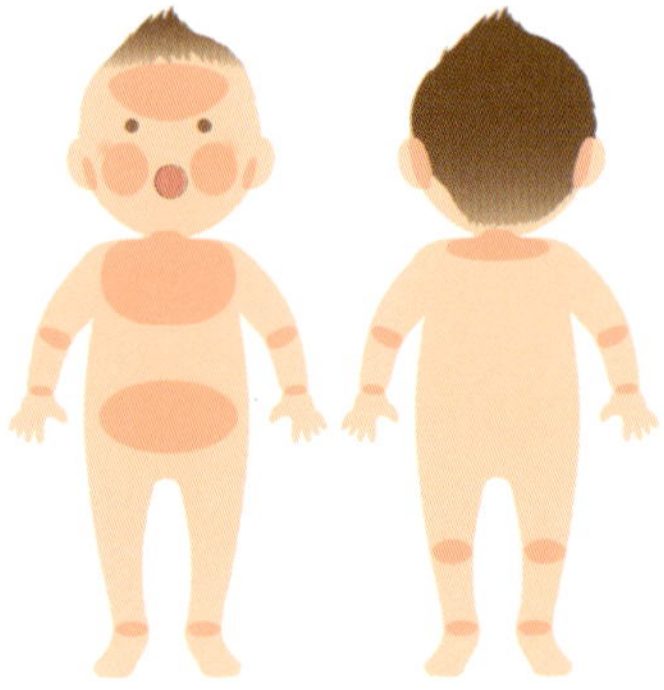

乳児期は顔から湿疹が出始める
イラストは、アトピー性皮膚炎が出やすい部位。かゆい湿疹が顔、頭から始まり、首から胸、手足の関節、わきの下、おなかなどに広がっていきます。

繰り返すときは予防的外用法を

アトピー性皮膚炎は、もともとの体質が関係しているため、一時的に良くなっても塗り薬をやめると悪化を繰り返すことが少なくありません。そんなときは近年注目されている「プロアクティブ療法」がおすすめです。症状がなくても週に何回か、予防的に抗炎症の塗り薬を続けることで、最終的に薬の使用量を減らし、副作用も抑えられます。

アトピー性皮膚炎と間違えやすいカポジー水痘様発疹症

単純ヘルペスウイルスが原因で起こるカポジー水痘様発疹症は、顔や目のまわりに水疱ができやすく、その大きさが均一なのが特徴です。水疱はかくことで広がり、全身が真っ赤になることもあります。痛みがあるほか、初感染では発熱することもあり、入院するのが原則です。症状がアトピー性皮膚炎に似ているため、アトピーが悪化したと思い込んで、ステロイド薬を塗ってしまうことがありますが、ステロイド薬はヘルペスウイルスの増殖を助けるため、かえって悪化させてしまいます。いつもより激しく広がっている水疱が見られたら、すぐに受診して。抗ウイルス薬による治療が効果的です。早めに治療すれば1週間程度で軽快します。

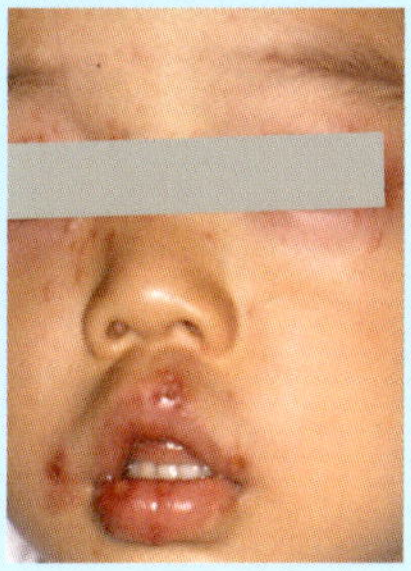

ステロイドの塗り薬はきちんと使う

アトピー性皮膚炎では、ステロイドの塗り薬が処方されます。ステロイド薬をこわがる人もいますが、医師は症状や部位を見ながら最も適切な強さの薬を処方します。自己判断で使ったり使わなかったり、指導された量や回数を変えたりしないこと。正しい使い方をすれば副作用の心配はありません。

強い（Strong）

ステロイドにはより強い作用のもの(Very Strong、Strongest)もありますが、乳児なら処方されるのはこのレベルまで。主な薬／プロパデルム、リンデロンVなど

弱い（Mild）

効果の強いステロイド薬で症状が改善したら、よりマイルドなランクのものに切り替えます。主な薬／キンダベート軟膏、ロコイドクリームなど

非常に弱い（Weak）

乳児には最も穏やかな効き目のステロイド薬が処方されることもあります。主な薬／コルテス、オイラックスHなど

と、皮膚の状態は悪化して元に戻ってしまいます。

かゆみなどの症状が強い場合は抗ヒスタミン薬や抗アレルギーの飲み薬が処方され、ステロイドの塗り薬と併用することもあります。湿疹はぶり返すこともありますが、「ひどくなる前に抑える」ことを心がけましょう。

症状がおさまってくると、保湿ケアが中心となることも。いずれも医師の指示に従い、根気よくケアしましょう。

ホームケア

ステロイドの塗り薬は、医師に指示された量と回数をきちんと守って使うことが何より大切です。

家庭では肌の清潔と保湿がポイント。毎日入浴かシャワーで皮膚を清潔に保ちます。洗うときはこすらずに、刺激の少ない石けんをよく泡立てて手で包むように洗います。ふくときもこすらずにタオルで押さえるように。入浴後は保湿剤で保湿します。入浴後以外でもこまめに保湿剤を使いましょう。

衣服は刺激の少ない清潔なものを。

かゆいのでかきむしると悪化します。赤ちゃんのつめは常に短く丸く切ってあげましょう。

\かかりました!/

4カ月のとき

アトピー性皮膚炎と食物アレルギーのダブルパンチ

4カ月のときに、アトピー性皮膚炎と卵乳アレルギーが判明しました。ひどいときには、かいたところから体液が出てぐちゃぐちゃに。かかないよう、ミトンをして寝かせていました。9カ月の今はスキンケアや飲み薬・塗り薬の使用でかなりきれいになりました。今でも体調が悪いときは荒れることもありますが、顔の湿疹は2才ごろまでには出なくなるといわれています。

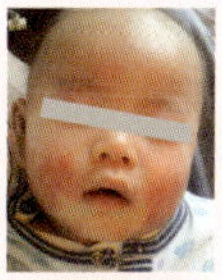

一番ひどいとき

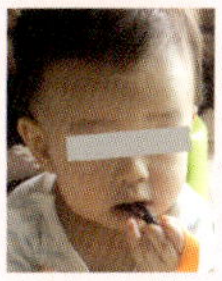

よくなったころ

用語解説

・バリア機能
外部の有害物質が入り込むのをシャットアウトする力。外部の機械的刺激で傷つくことから守る力も。

・保湿剤
乾燥などで失われた水分を補い、水分を逃がさないように膜を作る薬剤。パスタロン、ヒルドイドなどの処方薬のほか、市販薬も数多くあります。

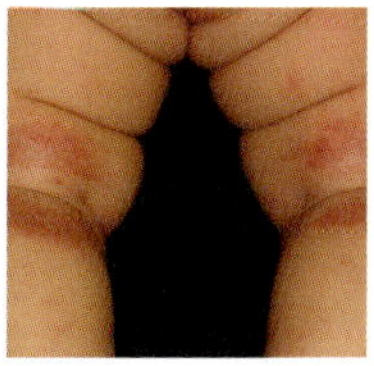

ひざの裏、こすれやすいところにも
ひざの裏、ひじの内側など汗や汚れがたまりやすく、こすれやすいところにも炎症が。

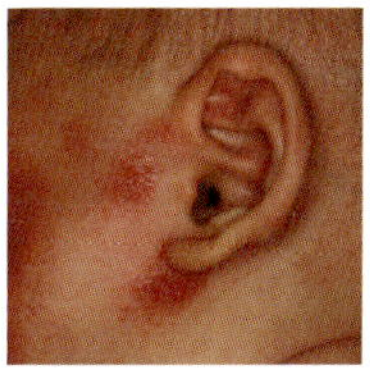

耳切れもアトピー性皮膚炎の特徴
耳のつけ根がただれたり、切れたりするのもアトピー性皮膚炎の特徴の一つ。

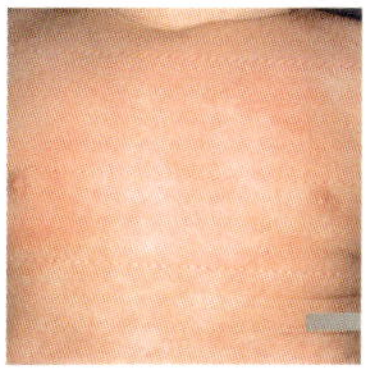

かゆみが強いのでひっかいてしまう
湿疹はかゆみが強く、かきむしって皮膚がはがれ、さらに皮膚のバリア機能が低下します。

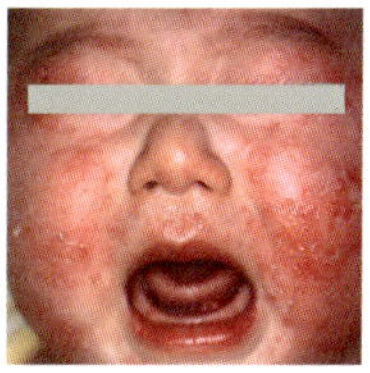

ほお、あご、おでこに真っ赤な湿疹が
赤ちゃんのアトピー性皮膚炎の特徴は顔に出やすいこと。手でかきむしるので真っ赤に。

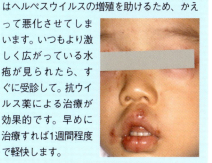

食《しょく》物《もつ》アレルギー

これがサイン

- 特定の食べ物を口にしたあと、口のまわり、その他の部位がはれたり、じんましんが出たりする
- 特定の食べ物を口にしたあと、下痢をする

緊急

- 特定の食べ物を口にしたあと、呼吸が苦しそうになった
- 特定の食べ物を口にしたあと、ぐったりとして意識がなくなった

原因

特定の食べ物を口にしたときに、免疫反応によって症状が出るものを食物アレルギーといい、赤ちゃんでは5～10％にあるといわれます。

赤ちゃんに多い理由は、消化・分解能の未熟性が原因と言われてきましたが、近年、湿疹などで荒れた皮膚から、アレルギーの原因物質（アレルゲン）が体内に侵入してアレルギーの原因になるという「経皮感作」の考え方が注目されています。そのため、赤ちゃんに湿疹があると、食物アレルギーを発症するリスクが高まると考えられるようになりました。

原因になる食品としては、卵、乳製品、小麦など。最近は、クルミなどの木の実類のアレルギーが増えています。特に注意したい食品には下記のようなものがあります。

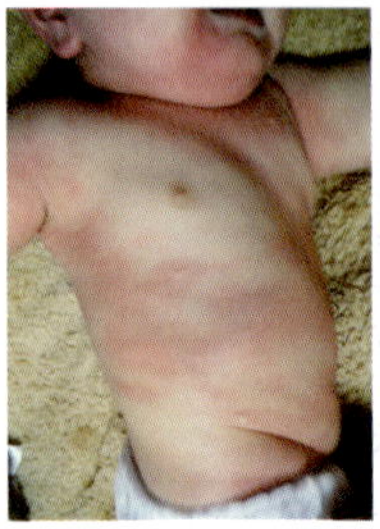

９カ月のとき。全卵を食べたら体中に発疹が。病院で薬をもらい、完全に赤みがひくまで１週間ほどかかった。

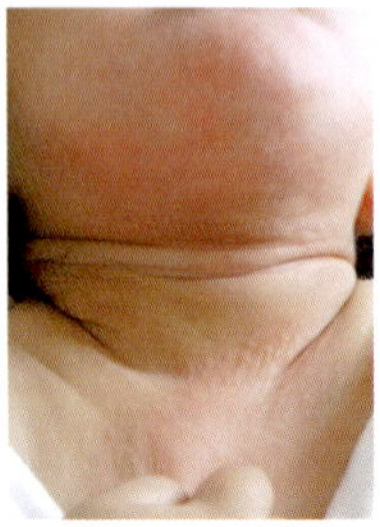

11カ月のとき。フレンチトーストを食べて約５分後、口から胸にかけて赤い発疹が。発疹は30分ほどで消えた。

症状

じんましんやかゆみなどの皮膚症状が最も多く、他に、口やのどの違和感、せき、喘鳴、くしゃみ、鼻水、嘔吐、下痢などさまざまな症状が見られます。体調が悪いときには反応が出やすくなります。

症状の出現は、アレルゲンを摂取してから2時間以内の即時型が多く、呼吸困難やぐったりするなどの重い症状がみられるときは、速やかな治療が必要になります。

治療

症状が軽い場合は抗ヒスタミン薬が処方されます。重症の場合はエピネフリンの注射や点滴などの治療を行います。自己注射薬の「エピペン」が処方されることもあります。

アレルギーの原因となる食物をつきとめるためには、食事内容を詳しく調査し、必要に応じて血液検査、皮膚テストなどを行いますが、確定診断は負荷試験により行います。

乳幼児期の卵、乳製品、小麦などのアレルギーは成長とともに自然に治ることが多いとされています。安全に食べられる量があれば、少しずつ食べていく方がよいと考えられているので、摂取可能な量、調理法、代替食品について医師とよく相談しましょう。

急激に症状が悪化する「アナフィラキシー」

アナフィラキシーとは、アレルギー反応によって、じんましんなどの皮膚症状、腹痛、嘔吐などの消化器症状、せきや呼吸困難などの呼吸器症状が、複数同時に、かつ急速に激しく出てくる状態です。血圧が低下し、意識状態の悪化も起こった場合は「アナフィラキシーショック」といって、死に至るケースもあります。

注意したい食品

3大アレルゲン

卵
アレルギーを起こす率が最も高い食品です。主な原因は卵白に含まれるたんぱく質なので、卵黄よりも卵白に注意して。

牛乳・乳製品
牛乳のほか、チーズやヨーグルト、アイスクリームなどもアレルゲンになることがあります。市販品には十分注意しましょう。

小麦
パンやパスタなど、小麦粉を食べる機会が増えるにつれ、日本人の小麦アレルギーは増加してきました。

そのほかの注意したい食品

- 木の実類
- ピーナッツ
- キウイ
- いくら
- えび・かに
- そば
- 大豆
- 魚
- ごま

理論上は、どんな食品でもアレルゲンになる可能性があります。なかでも、乳幼児期に注意したいのはこれらの食品。離乳食ではじめて食べさせるときは、よく加熱したものを少量与えてみて、様子を見ながら増やしましょう。

じんましん

これがサイン

- 赤く盛り上がった発疹が出る
- しばらくすると発疹が消える
- 発疹はとてもかゆい

原因と症状

突然、体のあちらこちらに膨疹《ぼうしん》という赤い発疹が出て、強いかゆみを感じます。発疹の大きさや形はさまざまですが、赤く盛り上がり、周囲の皮膚との境目がはっきりしていることが特徴です。じんましんはほうっておいても2〜3時間、長くても1日で症状はおさまります。

原因はわからないことも多いのですが、赤ちゃんの場合、特定の食品、動植物への接触、薬剤など、アレルギー性のじんましんの場合もあります。普段は問題のない食品でも、体調が悪いときや疲れているときは十分な消化ができず、じんましんが出ることもあります。

このほか、赤ちゃんには少ないのですが、非アレルギー性のじんましんとして、急激な温度の変化（寒冷じんましん、温熱じんましん）、光線、ストレスが原因になることも。

食物不耐によるじんましんも

赤ちゃんの場合は食物アレルギーによる反応であることが多いのですが、それだけではありません。内臓が未発達なために、十分消化しきれずに体内に取り込んでしまい、アレルギーに似た反応が起こることがあります。これを食物不耐といい、グルテン不耐症などがあります。また、仮性アレルゲンとして、ヒスタミンを多く含むほうれんそうやなす、トマトなどによってじんましんが出ることがあります。

治療

じんましんが出たときには、程度にかかわらず全身状態をチェックするために、小児科や皮膚科を必ず受診しましょう。

特に唇や粘膜がはれていると、気道にもじんましんが出ている可能性があり、呼吸困難を起こすこともあります。顔にじんましんが出ていて、目や口がはれているときにも受診しましょう。

原因と考えられる食品や薬剤があれば、受診のときに必ず医師に伝えること。必要があればアレルギーテストを行って確かめます。食品によってはアナフィラキシーショックを起こすこともあるので、原因物質を遠ざけることも治療の一環です。

治療には抗ヒスタミン薬、抗アレルギー薬が処方されます。

ホームケア

かゆみを止めてあげることが第一。冷たくしぼったタオルなどで冷やしてあげましょう。お風呂はぬるめに、できればシャワーがいいでしょう。

用語解説

・除去試験
アレルゲンと疑われる食品を約2週間完全に除去して、症状が軽くなればその食品の疑いは濃厚に。

・負荷試験
疑われる食べ物を実際に食べてどのような反応が起こるか（あるいは起こらないか）を見ます。

・グルテン不耐症
小麦、大麦などに含まれるたんぱく質のグルテンを消化できない病気。

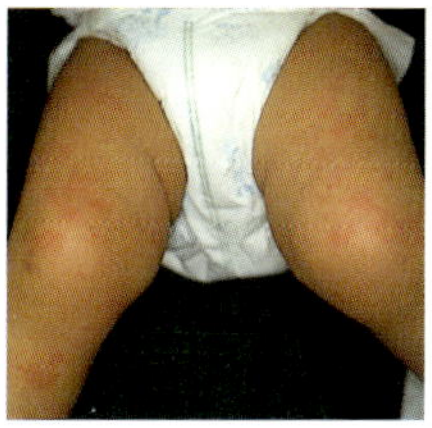

虫刺されにも見えるじんましん
足にブツブツ赤く出ているじんましんは一見虫刺されのようにも。じんましんが出たときは、何を食べたかメモしておきましょう。

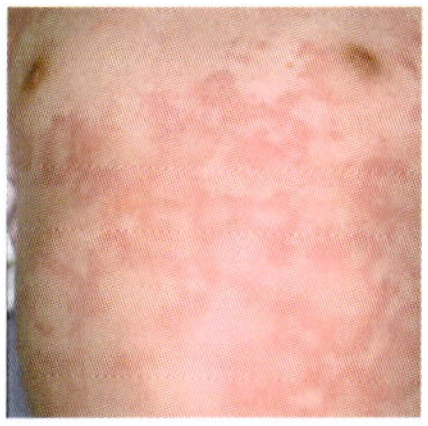

体にポツポツ出るだけのことも
赤く盛り上がった、境目のはっきりした発疹。このようにおなかに少しだけ出て、短時間で消えてしまうこともあります。

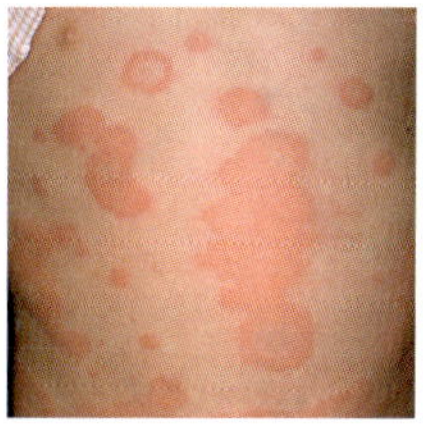

まだら模様に見えるものも
赤い地図のように浮き上がったじんましん。おなかだけでなく、腕や足などどこにでも出ます。見るからにかゆそう。

気《き》管《かん》支《し》ぜんそく

これがサイン

- 熱などほかの症状はないが、軽いせきが続く
- 息をすると「ゼーゼー」「ヒューヒュー」という音がする
- 呼吸が苦しそう

緊急

- 息をするときに胸が明らかにへこむ
- 唇が紫色になり、ぐったりしている

原因と症状

小児ぜんそくはアレルギー反応によって呼吸困難の発作を繰り返す病気です。呼吸するときに「ゼーゼー」「ヒューヒュー」という音がして苦しそうになり、せき込んだりします。

発作は、空気の通り道である気道が、そこを通るあらゆるものに対して敏感に反応することで起こります。多くはハウスダストのホコリやダニ、カビといわれますが、ペットの毛、かぜなどのウイルス、気温の変化、食べ物なども発作の引き金になることがあります。一度発作が起こると、敏感になった気道は、さらにさまざまな刺激によって発作を繰り返しやすくなるため、次第に慢性化していくと考えられています。

1才未満の赤ちゃんの場合、ゼロゼロしているときはぜんそく様気管支炎（ｐ63）のことが多く、気管支ぜんそくはそれほど多くありません。発作は赤ちゃん時代にあっても診断が難しく、2～3才ごろまでに診断のつくことが多いでしょう。症状が落ち着く時期には個人差があり、7割の人が成人までに症状がなくなります。

治療

現在のぜんそく治療は、発作を起こさないための予防治療が重点となっていて、抗アレルギー薬、吸入ステロイド薬などを使います。吸入ステロイド薬は気道だけに作用するので副作用が少なく、ぜんそくの症状の改善と発作の予防にとても有効な薬剤です。また、室内の環境を整えること、日常生活に気をつけることなどが大事になってきます。発作が起きてしまったときには、狭くなった気道を広げるために、気管支拡張薬を使います。

ホームケア

発作が起きたら、抱き起こして少し前かがみに座らせるか、たて抱きにするとラクになります。水分を少しずつたっぷりと与えます。発作がおさまらない場合は、気管支拡張の飲み薬や吸入薬を医師の指示に従って使います。せき込みがひどくなり、チアノーゼが現れたりしたら、すぐに病院へ行きましょう。

気管支ぜんそくの原因の多くはダニやハウスダストと考えられます。部屋はいつもきれいに掃除をし、ときどき窓を開け放して換気することを心がけましょう。寝具は日光や乾燥機などで乾燥させ、その後掃除機を当ててダニを吸い取ります。ダニやカビの温床になりやすいカーペットは、できればはずしましょう。

タバコとペットの毛はぜんそくの大敵

気管支ぜんそくはハウスダストのホコリやダニ、カビなどを吸い込んで、過敏になった気道に刺激を与えて起こることがほとんどです。なかでも大敵はペットの毛とタバコの煙。犬、猫、ハムスター、鳥など毛の生えているペットは飼わないこと。タバコは厳禁。禁煙してください。

吸入式の薬は医師の指導で

吸入ステロイド薬は炎症を抑える効果が高く、継続して使います。使い方にコツがあるので、医師の指導をきちんと受けて。

アレルギー性《せい》鼻《び》炎《えん》

これがサイン

- 鼻が詰まっている
- 水っぽい鼻水が出る
- 続けざまに何度もくしゃみをする

原因と症状

鼻炎は鼻の粘膜が炎症を起こす病気ですが、ハウスダストやカビなどの胞子、羽毛、動物の毛などが鼻の粘膜につくことで起こる鼻炎をアレルギー性鼻炎といいます。最近では発症の低年齢化が進み、子どものアレルギー性鼻炎が多く見られるようになりました。

発作的に繰り返しくしゃみをしたり、鼻水が出たり、鼻が詰まったりするのが主な症状ですが、子どもの場合くしゃみは少なく、鼻水と鼻のかゆみの強いのが特徴です。乳幼児は鼻が詰まるとミルクが飲めなくなったり、食事が食べられなくなったりします。

子どもは自分の症状をうまく伝えることができず、病気を悪化させてしまうこともあります。気になる症状が見られたら、早めに医師に相談を。

治療

かゆみをやわらげる抗ヒスタミン薬、抗アレルギー薬、抗炎症作用のあるステロイドの点鼻薬などが処方されます。薬の使用と同時に、アレルゲンを避けることも大切になります。

ホームケア

アレルギー性鼻炎と診断されたら、アレルギーの原因となる物質を避ける工夫を。これはアレルギーの病気全般についていえることです。ハウスダストや動物の毛などが原因のことが多いので、部屋の掃除や換気を十分にします。カーペットや畳をフローリングに替える、寝具は日光に当てて乾燥させ掃除機をかける、ぬいぐるみなどのホコリがつきやすいおもちゃはこまめに洗って清潔を保つ、なども心がけましょう。

花《か》粉《ふん》症《しょう》

これがサイン

- しきりに目をこする
- 白目が充血している
- 鼻水が出る、よくくしゃみをする

原因と症状

アレルギーが原因で起こる炎症の中で、季節性のものを花粉症といいます。昔は子どもの患者はあまり見かけませんでしたが、最近ではまれですが1才代で発症するケースもあります。

アレルゲンはさまざまな花粉です。花粉症の主な症状はくしゃみ、鼻水、目のかゆみですが、子どもの場合はあまりくしゃみが出ず、鼻詰まりが多い傾向にあります。鼻が小さいので詰まりやすく、詰まると花粉が入ってこないためくしゃみが出ないということのようです。

また、子どもは目の充血や目のまわりのむくみなど、目に発症するケースも多く、しきりに目のあたりをこすったりします。

治療

症状に応じて抗アレルギーの内服薬や点眼薬、ステロイドの点鼻薬などが処方されます。

ホームケア

家族も含め、外出先から帰宅したときは玄関先で花粉をはらう、花粉がつきにくい素材の服を着るなどの工夫をしましょう。

主な花粉の飛散時期

(地域により異なります)

スギ科：1月〜4月

ヒノキ科：2月初め〜5月初め

イネ科：3月末〜10月半ば

花粉症を引き起こしやすい植物にはいくつか種類がありますが、ほぼ1年を通じて飛散しています。複数の花粉が原因になることもあります。

用語解説

・ハウスダスト
ダニのフンや死骸、カビやペットの毛などが含まれた室内のちりやホコリのこと。アレルギーの原因に。

・気管支拡張薬
気管支を広げる働きのある薬。飲み薬、吸入薬、貼り薬があります。

・チアノーゼ
血液に含まれる酸素の量が少なくなって、唇やつめ、指先など、皮膚や粘膜が紫色になること。

肌のトラブル

赤ちゃんの肌はとても薄くてデリケート。ちょっとした刺激でも傷ついてしまいます。細菌やウイルスにも感染しやすいので、早めの発見、治療を心がけて。

乳《にゅう》児《じ》脂《し》漏《ろう》性《せい》湿《しっ》疹《しん》

これがサイン

- 生後2～3カ月までの間に、顔や首、体に赤いブツブツが出る
- 生後2～3カ月までの間に、頭部やまゆ毛に黄色いかさぶたが出る
- 皮脂のかたまりやジュクジュクした脂が出る

原因と症状

生後すぐから2カ月くらいまでの赤ちゃんは、皮脂の分泌がとても盛んです。つまり脂っぽいのです。本来赤ちゃんの肌は人間の一生の中で最も乾燥しやすいのですが、誕生から約2カ月間だけは、胎内でお母さんからもらったホルモンが影響して、皮脂量が多くなります。そのため、頭皮、ひたいから鼻、わきの下など皮脂腺の多い場所に赤い湿疹ができたり、黄色い脂やフケのようなものがつき、かさぶたになったりします。これが乳児脂漏性湿疹です。

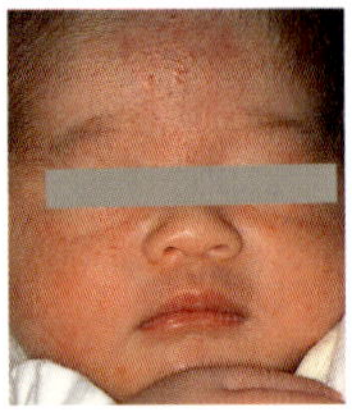

顔が赤くなり湿疹がおでこ全体に

赤いブツブツが眉間を中心に広がっています。ほおにも湿疹が。かゆくはないので、きちんとしたケアをすれば治っていきます。

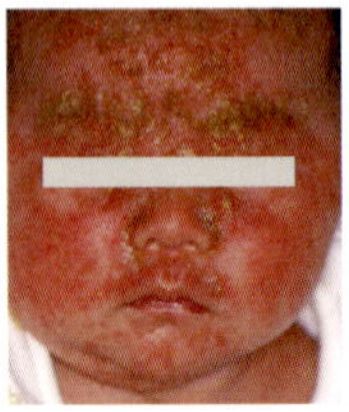

おでこを中心にかさぶたが広範囲に

おでこ、まゆ毛、鼻のまわりなどにかさぶたが。石けんでていねいに洗い、保湿してケアしたら、生後3カ月にはすっきりしました。

治療

石けんでよく洗っても脂漏性のかさぶたが厚くて取れにくいときには、無理にはがさず受診しましょう。オリーブ油でかさぶたを取り除き、亜鉛華軟膏や、炎症があるようならステロイド薬が短期間処方されることもあります。

薬を繰り返し使っても治らない場合は再度受診して薬を替えてもらいます。皮膚の状態は変化するので、以前の薬が効かないこともあるからです。それでも治らない場合や、かゆみがある場合はアトピー性皮膚炎（p114）の可能性も。ただし、乳児脂漏性湿疹がひどいからといってアトピーになるというわけではありません。治るほうがずっと多いのです。

ホームケア

生後2~3カ月を過ぎると、皮脂分泌量は減少していくので、脂漏性湿疹はおさまってきます。ただしここで油断しないで。その後赤ちゃんの肌は乾燥が進むので、引き続き保湿を中心とした肌ケアを。

できやすい部位

髪やまゆの生えぎわ、頭皮全体に出やすい傾向が。湿疹は顔、首、体に出ます。

＼かかりました！／

1カ月ごろから

ホームケアだけではなかなか改善しなかった

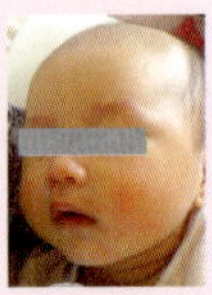

生後1カ月を過ぎたころから、ほっぺにポツポツと湿疹が出始めました。洗顔と保湿でなんとかなると思ったのですが、湿疹はどんどん増えるばかり。結局皮膚科を受診し、薬を処方してもらいました。指導されたとおりに薬を塗ったら2週間ほどで改善し、7カ月の現在はきれいな肌になっています。

＼かかりました！／

3週間ごろから

急にひどくなって受診。塗り薬で落ち着いてきました

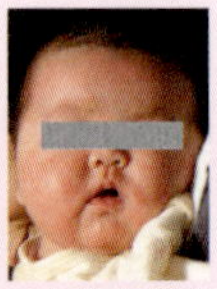

生後3週間目ごろから顔に湿疹が出始め、全身に。3月の花粉の時期と重なり、アレルギー反応のように急にひどくなったこともあって受診。ステロイドの塗り薬で落ち着いてきました。脂漏性湿疹と診断され、こまめに洗顔をしていました。それがいやだったのか、今でも顔をさわるといやがります。

あせも

これがサイン

- あせをかいたあと、かゆそうにしている
- くびれや生え際わに赤いブツブツが出ている

原因と症状

人は大量に汗をかくと、皮膚がふやけて汗の出る穴がふさがれてしまいます。行き場を失った汗は皮膚の内側にたまり、炎症を起こして、水疱、丘疹ができます。これがあせもで、同じ大きさの細かい丘疹がバラバラと並ぶのが特徴です。首のまわり、ひたい、わきの下、手足のくびれなど、汗をかきやすいところにできやすく、ひどい場合には水ぶくれになることも。かゆみがあるので、かきこわして細菌に感染し、「あせものより」（p51）やとびひ（p１２３）になることもあります。

赤ちゃんは特にあせもになりやすい傾向があります。小さな体に大人と同じ数の汗孔（汗の出る穴）があるためで、単位面積で比較した場合、大人の2～3倍も汗をかくといわれます。

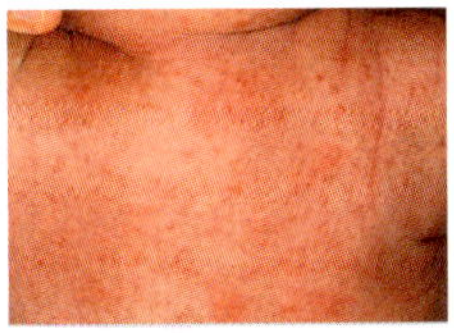

背中一面に真っ赤なあせもが

背中一面にあせもが出て、かゆみも強いので、ステロイド軟膏で炎症を抑えます。エアコンで温度調節や汗をすぐ洗い流すなどのケアを。

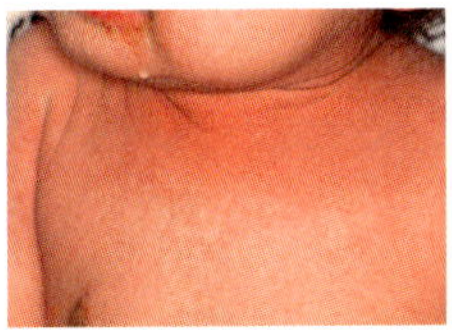

首のまわりにびっしりあせもが

蒸し暑い時期に首のこすれる部分にあせものブツブツがいっぱい。まずは汗をきれいに洗い流してから薬をつけます。

治療

あせもの面積が広い場合やかゆみが強いときは早めに皮膚科を受診しましょう。炎症を抑えるために弱いステロイド薬の軟膏を処方されることが多く、細菌感染があれば抗菌薬入りのステロイド軟膏を使用します。アトピー性皮膚炎のある子は悪化しがちなので特に気をつけて。

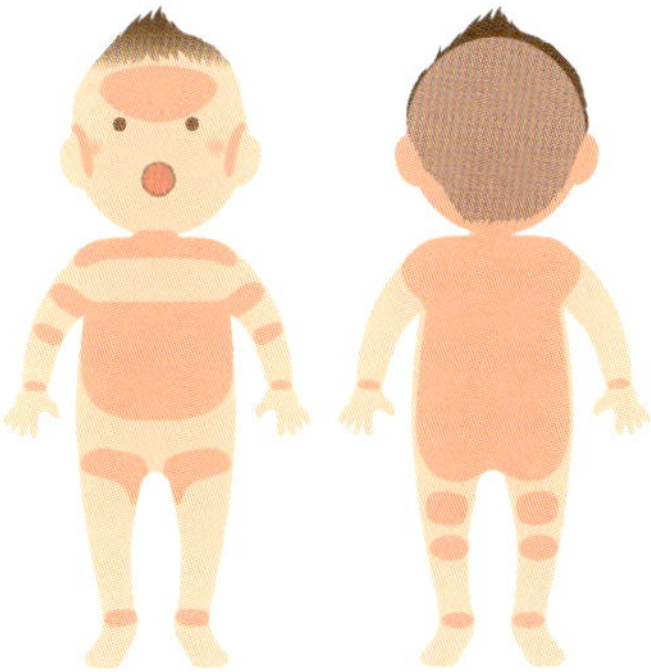

できやすい部位

くびれた部分に汗がたまりやすい

ひたい、首のまわり、手足のくびれなど、汗をかきやすいところが要注意。背中や後頭部も蒸れるのであせもができやすいものです。

ホームケア

衣服は通気性のよいものを選び、汗をかいたら替えましょう。暑い季節はエアコンで温度を調節し、シャワーでこまめに汗を流します。軽いあせもならこうしたケアでよくなります。

用語解説

・亜鉛華軟膏
ジュクジュクした湿疹からしみ出す汁を吸収し、乾燥させ、皮膚の再生を促す、酸化亜鉛が主体の薬。細菌感染を防ぐ働きもあります。

・丘疹
発疹の一つで、皮膚にできた小さな盛り上がり。

・あせものより
汗の穴に細菌が感染して化膿したもの。はれて熱を持つことも。

かかりました！　6カ月のころ

背中全体にあせもが。薬を処方してもらいました

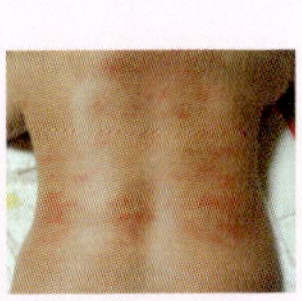

残暑が厳しいときに、あせもになってしまいました。真夏が過ぎ、少し薄手の長そでを着せていたのが原因。あせもは背中全体に広がりました。市販の薬を塗って様子を見ましたが、よくならないので小児科を受診。処方してもらった薬を塗ったら徐々によくなり、1週間ほどで治りました。

かかりました！　5カ月のころ

夏の間ずっとあせもに悩まされました

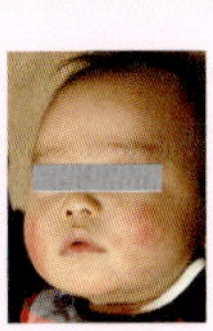

5カ月のころ、顔全体にあせもが。かゆがって、顔をシーツにこすりつけていました。ホームケアでは改善せず、受診して軽いステロイド薬をもらいましたが、薬を塗られるのが大嫌い。できるだけ清潔にし、汗はすぐにふき取るようにするなど努力しましたが、夏の間中あせもに悩まされました。

おむつかぶれ

これがサイン

- お尻がうっすら赤くなっている
- お尻に小さな赤いブツブツがある
- お尻をふくと痛がる

原因と症状

おむつが当たる部分や肛門の周囲が赤くはれ、ブツブツした赤い湿疹が出ます。悪化させると範囲が広がり、皮がむけ、お尻をふくとひどく痛がります。

原因は、長時間おむつを替えなかったこと。おむつの中は密閉されているので、尿やうんちの湿気によって皮膚が蒸れ、そこに便中の消化酵素やアンモニアが刺激を与えて、炎症を起こすのです。特に下痢のときのうんちは刺激が強いので、あっという間にかぶれてしまいます。

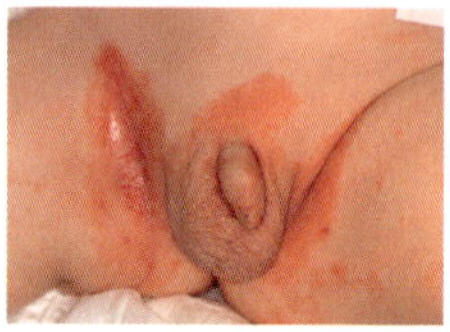

肛門からもものつけ根まで真っ赤に

下痢が続いたため、肛門からもものつけ根まで真っ赤で、皮がむけているところも。ふくと痛いので、ぬるま湯でやさしく洗って。

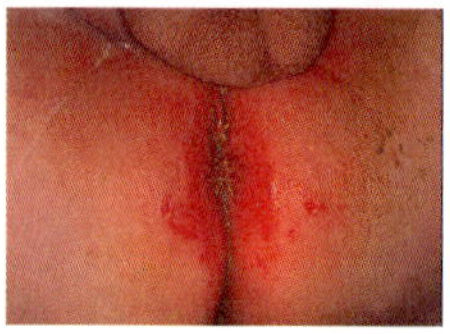

肛門周辺がこすれて皮がむけている

肛門のまわりに赤い湿疹ができ、それがこすれて皮がむけています。決してこすらずにぬるま湯でそっと洗ってあげましょう。

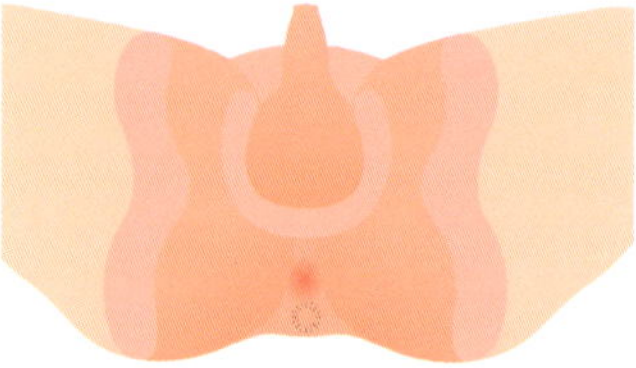

できやすい部位

おむつの当たる部分と肛門周辺

おむつがふれている部分に炎症が起きます。くびれの内側など直接おむつがふれない部分は出にくいのです。

治療

うっすらと赤くなっているという程度なら、家庭での適切なケアでよくなります。すでに赤みや湿疹が広がっている場合には、皮膚科を受診しましょう。

軽い段階なら亜鉛華軟膏などでよくなりますが、炎症が広がっている場合は、弱いステロイド軟膏が処方されます。

ホームケア

おむつがぬれたらすぐに取り替えることが、おむつかぶれを防ぐ最も大事なことです。

お尻に赤みを見つけたら、市販のお尻ふきやウエットティッシュは使わず、ぬるま湯のシャワーなどでそのつど洗い流します。もしくは、お湯を含ませたコットンや薄いタオルでやさしく洗いましょう。ゴシゴシこするのは禁物です。洗ったあともやわらかいタオルで水分を吸い取るようにして乾かします。こうしたていねいなホームケアで、軽いおむつかぶれはよくなります。

ケアしたあとに、ワセリンなど油分の多い保湿剤でお尻を保護しましょう。

おむつかぶれと間違えやすい

カンジダ皮膚炎

カンジダ皮膚炎の原因はカンジダという真菌(カビ)。おむつがふれている部分を中心に炎症や湿疹が出るおむつかぶれと違って、おむつがふれないくびれ部分にも出ます。薬が全く違うので、おむつかぶれではないと感じたら、すぐに皮膚科を受診してください。

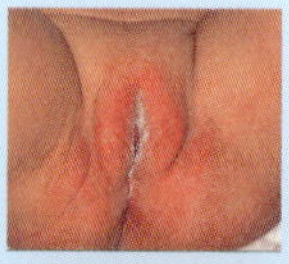

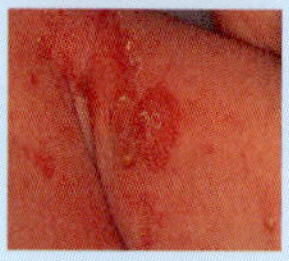

\かかりました!/

7カ月のころ

離乳食が2回になりうんちの形状が変わったら……

離乳食が1日2回になったころから、コロコロの固まったうんちをするようになりました。かためのうんちを1日に何回か出していたのですが、刺激が強かったのかおむつかぶれに。これ以上ひどくならないように、こまめにおむつを替え、お尻をきれいに保つようにしています。

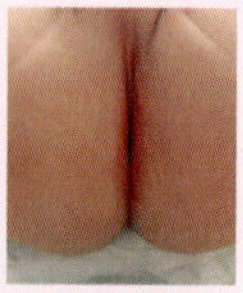

とびひ（伝《でん》染《せん》性《せい》膿《のう》痂《か》疹《しん》）

これがサイン

- 小さな水ぶくれが突然現れる
- 水ぶくれがどんどん増えていく

原因と症状

正式な名称は「伝染性膿痂疹」ですが、火が飛び広がるように全身に広がるため「とびひ」と呼ばれます。原因は、黄色ブドウ球菌やA群溶血レンサ球菌などの細菌ですが、子どもに多いのは黄色ブドウ球菌によるもの。6〜7月の高温多湿の時期になると増えます。黄色ブドウ球菌は鼻の中やのど、皮膚、便などに常在する細菌で、アトピー性皮膚炎や虫刺され、あせもなどをかきむしって二次感染することも少なくありません。

最初は、皮膚にかゆみのある水疱が1つか2つできます。この中には菌がたっぷり入っているうえ、とてもやわらかく、かくとすぐにつぶれてしまいます。かいた手には菌が付着しているため、その手でほかのところにさわるとそこにも菌がついて水疱ができます。このようにしてあっという間に全身に広がってしまいます。

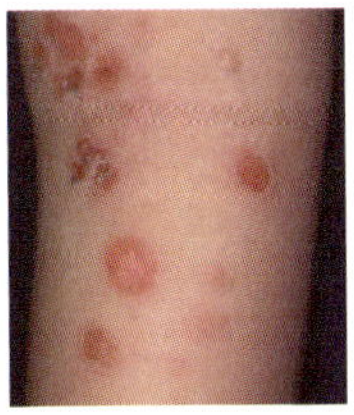

水ぶくれがつぶれてかさぶたに

腕にできた水ぶくれがつぶれて、少しずつかさぶたになっています。乾き始めているものもありますが、まだ油断はできません。

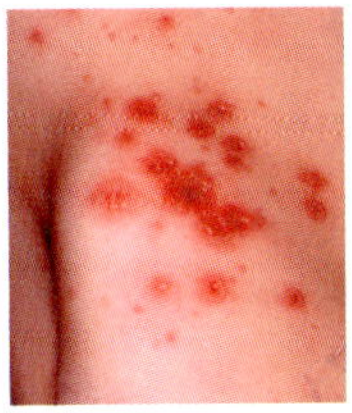

大小さまざまな水ぶくれが

とびひによる水疱は大小さまざま。広がらないうちにガーゼやリント布でおおって、急いで皮膚科に行きましょう。

治療

病院では抗菌薬の塗り薬と内服薬を処方されます。通常は1週間ほどでよくなります。抗菌薬に耐性のある黄色ブドウ球菌（MRSA）もあるため、医師の適切な判断が必要です。

ホームケア

水疱を見つけたらガーゼなどでおおってすぐに病院へ。ばんそうこうなどを水疱に貼るとさらに菌が増殖するので、絶対にやめましょう。また、安易に手持ちの抗菌薬を塗ってもいけません。赤ちゃんのつめを切り、かきこわさないように注意を。

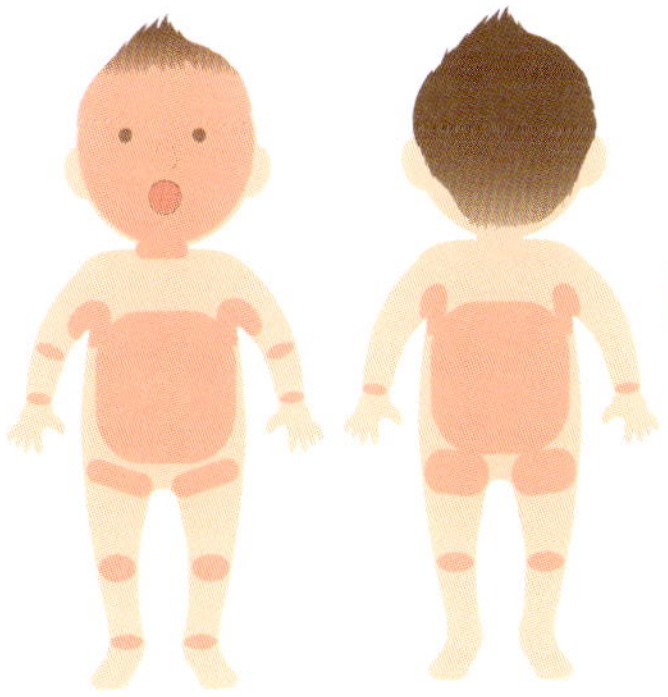

できやすい部位

手が届く範囲ならどこにでも

水疱をかきこわした指先がふれたところに次の水疱ができます。特に多いのは顔、腕、体幹部など。

用語解説

- **ワセリン**
  皮膚表面に油性の保護膜を作り、水分蒸発を防ぐ外用剤。白色ワセリンの名前で市販されています。
- **カンジダ菌**
  口の中や便に常在する真菌（カビ）で、弱っている皮膚に感染します。
- **MRSA**
  メチシリンという抗菌薬に耐性を獲得した黄色ブドウ球菌のこと。

黄色ブドウ球菌が全身に感染すると起きるトラブル

SSSS（ブドウ球菌性熱傷様皮膚症候群）

黄色ブドウ球菌が出す毒素が原因の皮膚の病気。全身の皮膚がやけどのようにぺろりとむけるのが特徴です。発熱で始まり、口や鼻、目のまわりが赤くなり、水疱や目やにが出ます。やがてわきの下、首のまわりなどがはれ、次第に全身の皮膚が赤くむけてきます。抗菌薬の内服や点滴が必要なので、大至急病院へ。

接《せっ》触《しょく》性《せい》皮《ひ》膚《ふ》炎《えん》

これがサイン

- 特定のものにふれた部分が赤くなる
- 赤くなった部分に水疱ができたり、かゆくなったりする

原因と症状

いわゆる「かぶれ」です。かぶれには、刺激によるものとアレルギー反応によるものの2種類があります。赤ちゃんの場合、よだれの刺激による口のまわりのかぶれはよく見られますし、卵や牛乳にアレルギーがあると、それを食べたり飲んだり、口にふれることで、口のまわりがかゆくなったり、赤くなったりします。

市販の消毒液や虫刺されの薬などの化学物質によるかぶれもありますが、その場合はすぐに使用を中止します。

治療とホームケア

かぶれてしまったときは、患部をよく洗って抗炎症薬を塗ります。症状がひどい場合は皮膚科でステロイド薬の軟膏が処方されます。

赤ちゃんの場合、生活の範囲が限られるので、原因を探すのは比較的簡単です。原因が見つかったらそれを遠ざけることが一番の予防法です。原因がわからない場合や、原因にふれさせないことが難しい場合でも、手や顔をこまめにふく、手づかみで食べさせないなどの気配りで、かなり予防することができます。

かぶれを起こしやすい物質

- **植物**
  うるし、さくら草、ぎんなん など
- **金属**
  ニッケル、コバルト、クロム など
- **医薬品・化粧品**
  湿布薬、塗り薬、香水 など
- **食べ物**
  果物、えび、かに、里いも など
- **衣服**
  化学繊維、ゴム など

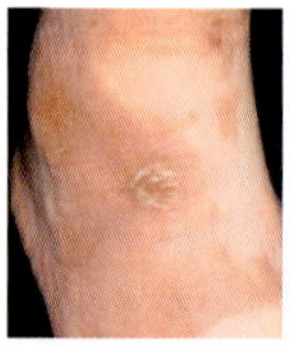

湿布薬を貼った足にかぶれ
湿布薬による接触性皮膚炎。貼った部分が赤くはれています。

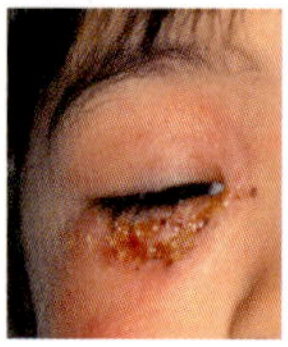

薬でかぶれることも
市販の塗り薬による接触性皮膚炎。薬に含まれている何らかの成分がかぶれの原因に。

水《みず》いぼ

これがサイン

- 皮膚と同色で、表面につやのあるいぼができる
- いぼの中央がややへこんでいる
- いぼが増えていく

原因と症状

伝染性軟属腫ウイルスに感染してできるいぼのこと。通常のいぼと違い、表面に光沢があり、少しかたくて、中央がややへこんでいます。いぼ自体は痛くもかゆくもないのですが、アトピー性皮膚炎やあせもの肌に感染しやすく、その場合はかゆみを伴います。かきこわすといぼの中のウイルスが指先につき、そこからどんどん広がります。

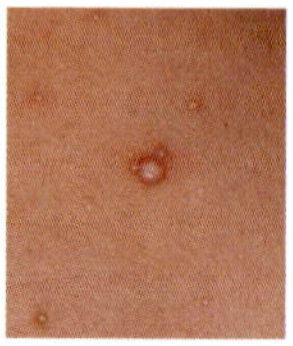

つるりとして光沢のあるいぼ
典型的な水いぼ。表面は少しかたく、光沢があり、中央がややへこんでいます。この中にウイルスが入っていて、つぶれると広がります。

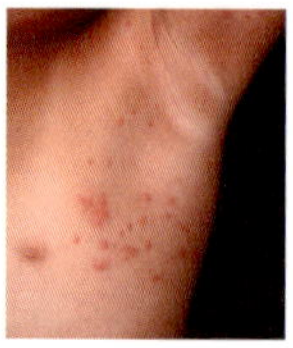

わきの下などにできやすい
わきの下から胸の横側にかけてできた水いぼ。ピンセットで取るのは痛みを伴うので、数が少ないうちに取りたいもの。

治療とホームケア

皮膚科でピンセットでつまみ取る方法が中心です。麻酔テープを使いますが、子どもにとっては負担なので、なるべく数が少ないうちに除去を。ほうっておくとどんどん増え、人にもうつりますが、ほとんどが1年ほどで自然消滅します。

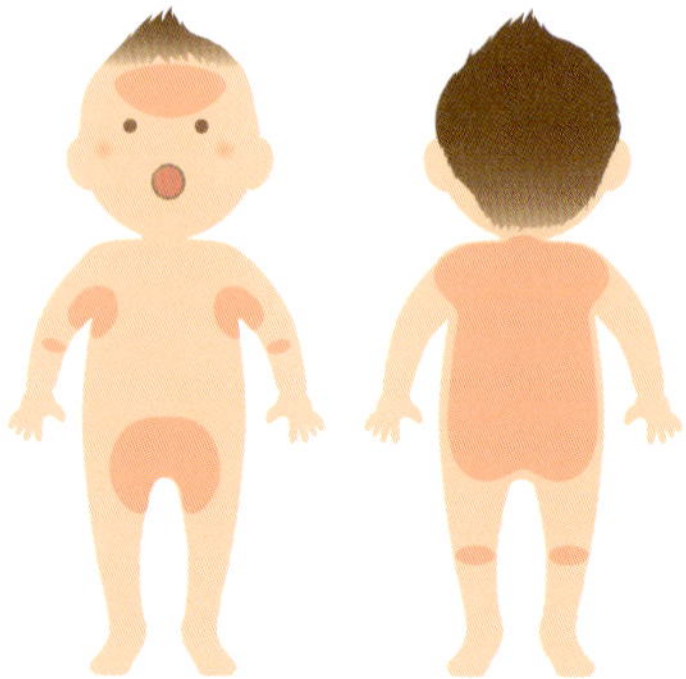

できやすい部位

全身にできる可能性が
指のふれるところは、どこにでもできますが、乳幼児にできやすいのはわきの下、わき腹、外陰部など皮膚がこすれやすい部位。

やけど・日《ひ》焼《や》け

これがサイン
- 熱いものにふれたり浴びたりして皮膚が赤くなったり、水ぶくれになる
- 日光に当たった部分が赤くはれる
- ひりひりした痛みがある

原因と症状

やけどは軽いものなら赤くなる程度ですが、ひどくなると水ぶくれに。さらに深刻になると、白あるいは黒く変色し、痛みもない状態になってしまいます。

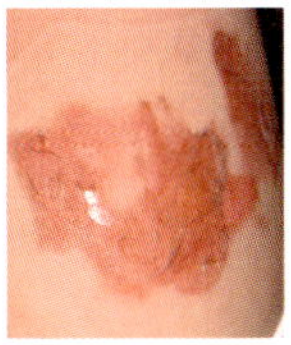

衣服の上から熱湯を浴びた
脱がせているうちに皮膚の深い部分に熱が達してしまうので、衣服の上から冷水を当てます。至急病院へ。

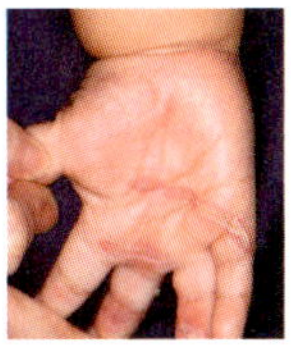

ファンヒーターにさわってやけど
ファンヒーターをさわったためにやけどに。ヒーターのフレームをさわったあとが残っています。やけどはとにかく予防が大事。

日焼けの原因は紫外線ですが、一種のやけどと考えて。はれたり、水ぶくれになったりします。

治療とホームケア

やけどは、範囲が狭くて水ぶくれがないなら流水で20分以上冷やします。範囲が手のひら大か、範囲が小さくても水ぶくれがあるなら、冷やしたあとで病院へ。範囲が体表面積の10％以上ならぬらしたバスタオルで体をくるんで大至急病院へ。

日焼けも皮膚が真っ赤になったり、水ぶくれになったりしたら、やけどと同じケアを。

用語解説

・ハチによるショック症状
過去に一度ハチに刺されたことがあり、体の中で抗体ができている場合、もう一度刺されるとショックを起こすことがあります。

・チャドクガ
ツバキ、サザンカ、茶などツバキ科の植物に発生するため「茶毒蛾」という名前に。幼虫も成虫も毒針毛を持っており、刺す毛虫として有名。

虫《むし》刺《さ》され

これがサイン
- 手足などに突然強いかゆみが起こる
- 赤くはれることが多い
- 毛虫の場合はおなかなどに小さな赤いブツブツが広がる

蚊やダニなど血を吸う虫

大人なら赤くかゆくなる程度ですが、赤ちゃんの場合、反応が強く出ることも。かきむしってとびひ（p123）などにならないよう、かゆみを抑えることが大切。

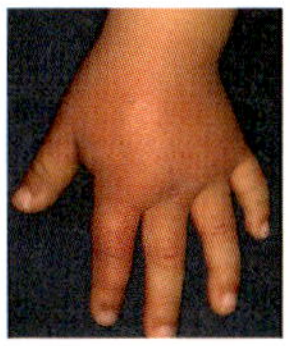

蚊に刺されて手がはれることも
手の甲を蚊に刺されてパンパンにはれてしまったケース。冷やしてもよくならないときは皮膚科へ。適切な薬を処方してもらえます。

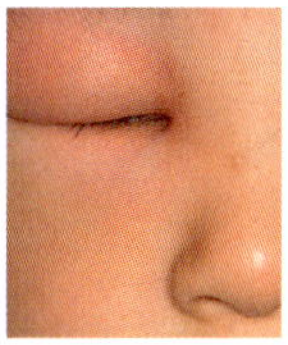

まぶたがはれて目が開かないほど
まぶたを虫に刺されて、はれあがりました。冷たいタオルなどでよく冷やして、市販の薬を塗りましょう。よくならないときは皮膚科へ。

刺されたところを水で洗い、冷たくしぼったタオルなどで冷やします。市販薬を塗ってしばらくすればおさまることが多いのですが、はれたり、しこりになったりしたら皮膚科へ。

ハチなど刺す・かみつく虫

ハチやムカデの場合、はれや痛みが強いので、患部を冷やしながら皮膚科へ。ハチによってはショック症状を起こすことも。そのときは救急車を呼びます。

毛虫などふれるとかぶれる虫

春から夏にかけて公園や宅地ではチャドクガの幼虫が発生することがあります。毛虫の毒毛にふれると、おなかや腕、足など、ふれた部分一面に赤い発疹が出て、強いかゆみがあります。衣服を脱がせ、ついた毛は絶対にこすらず、シャワーなどで洗い流して。

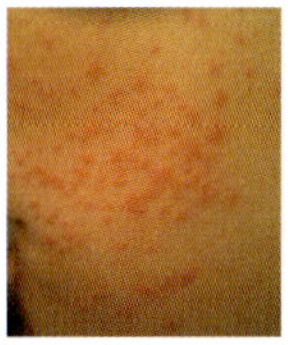

チャドクガの幼虫の毛がおなかに
チャドクガの幼虫の毒毛によるもので、おなか一面に赤くてかゆいブツブツが。かいた指がふれたところにまた症状が出ます。

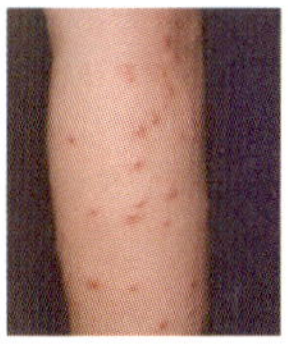

チャドクガによる腕のブツブツ
チャドクガの幼虫の毛にふれた腕。このように、幼虫の毛がふれたところ一面に赤いブツブツができます。洗い流すのが一番。

あざ

あざが自然に消えることもあります

あざが自然に消えることはありません

！ 早期レーザー治療で薄くなるなどの効果が期待できます

!? 早期レーザー治療は可能。反応が悪いこともあります

原因と症状

あざは生まれたときからある皮膚の部分的な異変です。色素細胞や上皮細胞の異常によるもの（母斑）と、血管の異常によるもの（血管腫）があり、色によって「赤」「青」「黒」「茶」に分けられます。

赤いあざの多くは血管が皮膚の浅い部分で増えたり、太くなっている「血管腫」。青、黒、茶のあざは、真皮のメラニン色素の沈着が原因となって起こる「母斑」で、深い位置にあるものは青く、浅い位置にあると黒く、中間は茶色に見えるのです。

あざができる原因はまだはっきりとわかってはいませんが、胎児期に何らかの異常が発生したためと考えられています。これは遺伝でも、妊娠中の過ごし方の問題でもありません。ただ、どんなあざでも、一度皮膚科を受診しておきましょう。

治療

あざの種類、面積、場所によって自然に消えるものと消えないものがあります。以前は自然に消えないあざの治療法はほとんどありませんでしたが、現在ではレーザー治療によって薄くしたり、ほぼ消せるものもあります。黒いあざなど手術で取るものもありますが、レーザー治療が第一の選択肢となっています。小児の場合は保険が効くケースがかなりあります。

あざに気づいたら、早めに皮膚科専門医を受診しましょう。赤ちゃんの皮膚は非常に薄く、皮膚の下の色素細胞にレーザーの影響が届きやすいため、早くからスタートすることで効果が高まります。レーザー治療できない場合でも、あざの種類によっては重大な病気が背後にある可能性もあるので、医師の診断を受けておくと安心です。

あざとほくろは何が違う？

ほくろは黒あざの一種とされています。黒く小さな点であればほくろ、面積が広ければあざというわけで、厳密に違いがあるわけではありません。どちらもメラニン色素の沈着による母斑ということでは同じです。

あざの治療は専門の皮膚科へ

あざの種類によって、使うレーザーの波長が違います。正確に診断したうえで、適切なレーザー機器の選択を行い、きめ細かな治療が必要です。そういう意味でもあざの治療は専門の皮膚科に行くのが望ましいといえます。

レーザー治療はあざの色素細胞を破壊して色を薄くします

レーザー療法は、患部にレーザー光線を当て、あざの原因になる異常な色素細胞や血管を破壊して、あざを消したり薄くしたりします。入院の必要はなく、局部麻酔のみで治療可能で、出血することも、あとが残ることもほとんどありません。数回かかることも、1回ですむこともあります。保険の適用もあります。

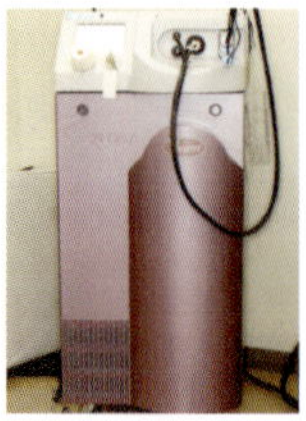
赤いあざを取るためのレーザー

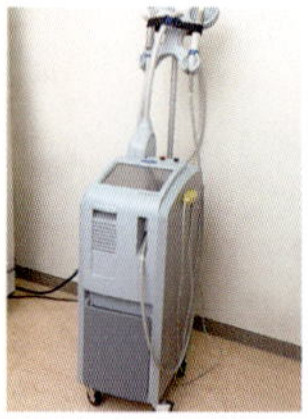
赤いあざやしみ、そばかすを取るレーザー

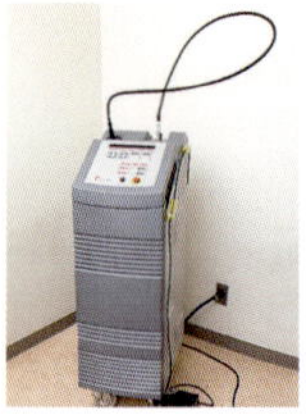
茶色や青いあざを取るレーザー

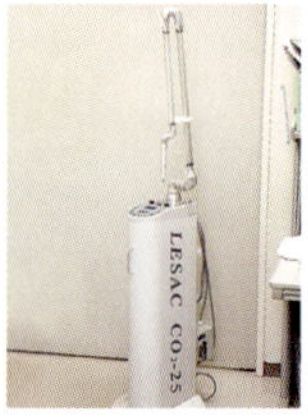

ほくろなどを取るレーザー

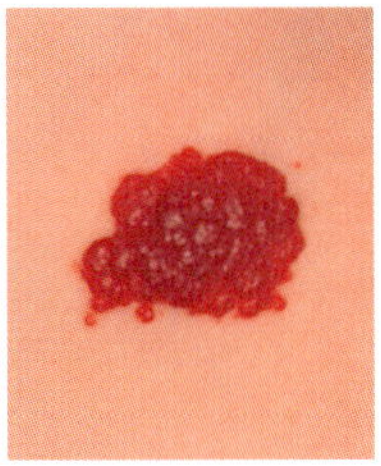

いちご状血管腫

生後3週間ごろから現れるふくらんだ赤いあざ。6カ月ごろをピークに小さくなり、4～5才で約半数が消えます。消えたあとにシワやたるみが残るので、早期治療を。

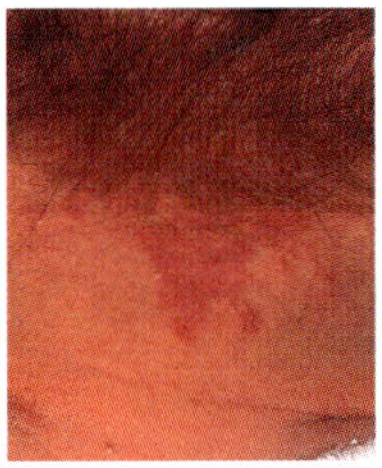

ウンナ母斑

後頭部やうなじにできる、平らな赤いあざ。赤ちゃんの1割にあるといわれ、ずっと残ることも。早期のレーザー治療が有効ですが､髪で隠れるのでそのままにするケースも。

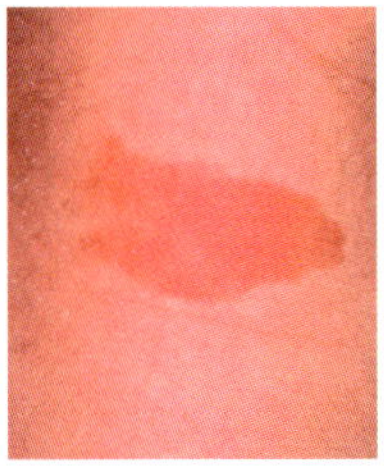

ポートワイン母斑

頭部や顔の表面、腕や足などにある、くっきりとした平らな赤いあざ。単純性血管腫ともいいます。自然には消えませんが､特に顔部分は早期レーザー治療の効果大です。

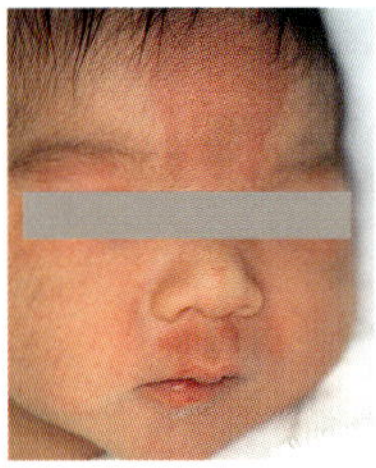

サーモンパッチ

まぶたやひたいの中央、眉間、上くちびるなどに出る平らでうっすらと赤いあざ。1才半ごろまでに自然に消えることが多く、消えない場合もレーザー治療で薄くなります。

赤いあざ

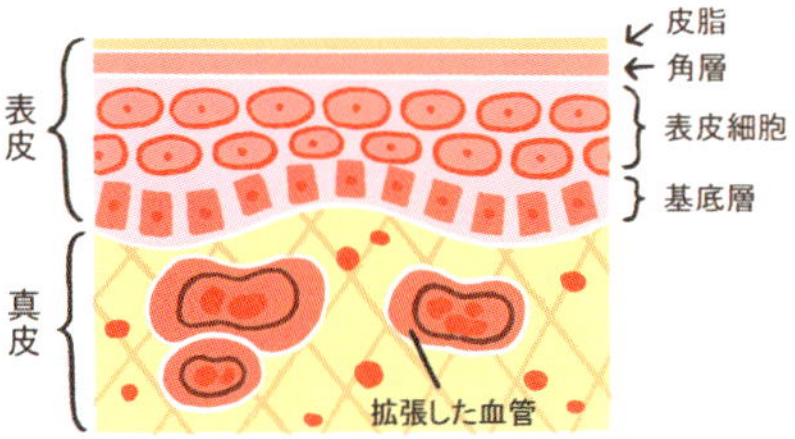

赤いあざのできるしくみ

皮膚には真皮と表皮という2つの層があり、表皮の下にある真皮には血管が豊富にあります。これらの毛細血管が何らかの原因で多く作られたり拡張したりすることがあり、その結果、血液中のヘモグロビンが皮膚を通して赤く見え、あざになります。

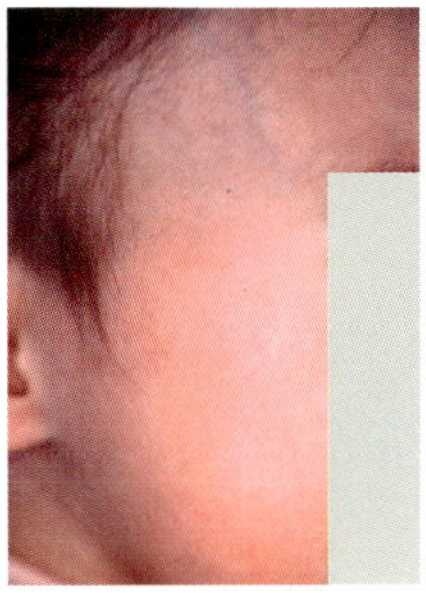

レーザー治療後

おでこから耳まで広範囲に広がっていた青いあざが、気にならない程度まで薄くなっていることがわかります。

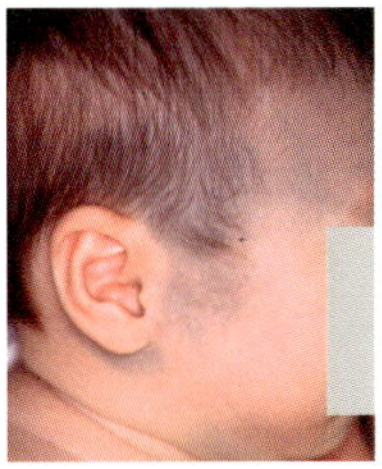

太田母斑

顔の片側や目の周辺、こめかみなどにできる青いあざ。成長につれて色が濃くなりますが、レーザー治療でほぼ完治が期待できるので、気づいたら早期に治療を始めます。

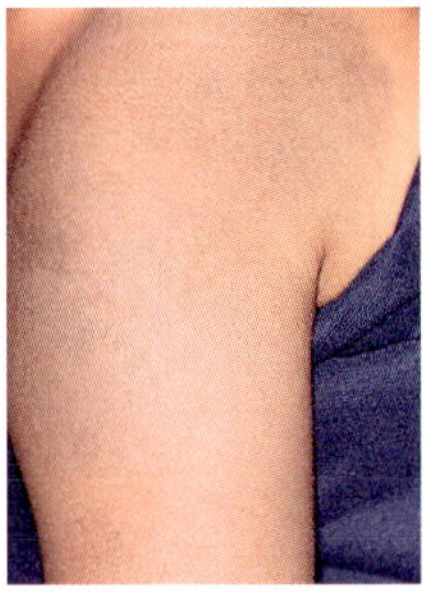

レーザー治療後

目立つ場所にある場合には治療することが望ましい。肩にできた異所性蒙古斑は数回のレーザー治療で薄くなり、目立たなくなりました。

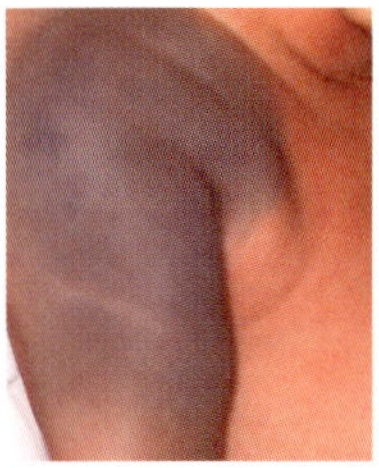

異所性蒙古斑

お尻以外の部位にできる蒙古斑。蒙古斑は自然に消えるものですが、違う場所にできたもので、面積が広い、色が濃い場合には消えにくいことも。早期レーザー治療が有効です。

青いあざ

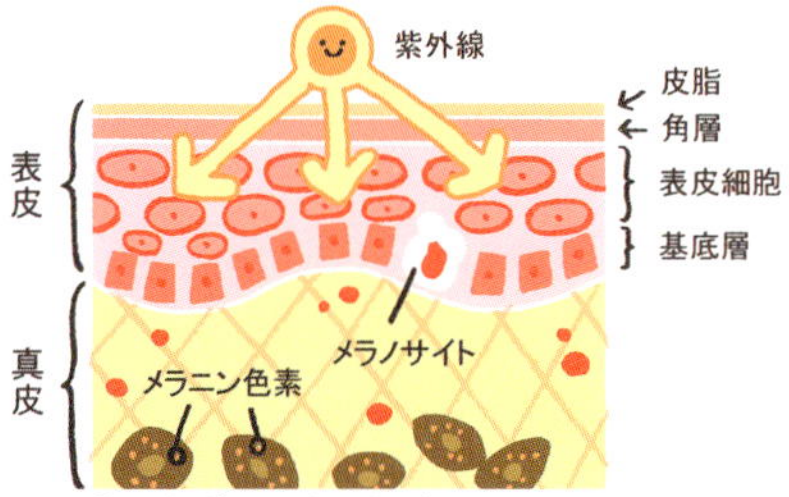

青いあざのできるしくみ

表皮の基底層にはメラノサイトと呼ばれる色素細胞があり、これが紫外線を浴びるとメラニン色素を作ります。メラニン色素を持った細胞が何らかの原因で真皮に増え、それが皮膚の深いところにあるため青く見えます。

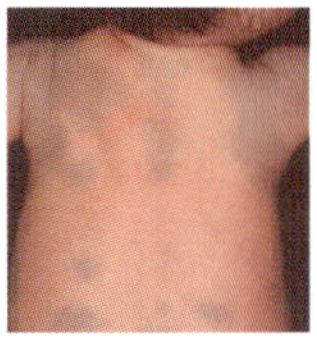

典型的な症例

異所性蒙古斑は、このように肩や背中などに広範囲に点在するケースが多いです。レーザー治療の効果が期待できますが、すべてを消すのは時間がかかります。

用 語 解 説

・**サーモンパッチ**
産卵期のサケの体に現れる赤い模様に似ているのが名前の由来。

・**メラノサイト**
皮膚を構成する細胞の一つで、これが紫外線を浴びると、肌を守るためにメラニン色素を作ります。

・**太田母斑**
異所性蒙古斑のうち、目のまわりのものをこう呼びます。白目の部分の色素斑は治療してもとれません。

その他のあざ

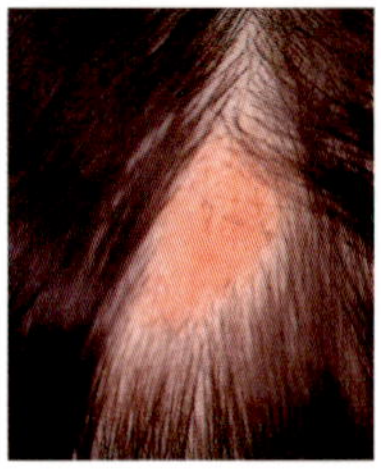

脂腺母斑

毛穴部分にあるあざで、このあざがあると毛が生えません。深い部分で異変が起こっているのでレーザーではなく、あざ部分の皮膚を切り取る手術をします。

＼手術しました！／

1才10カ月のとき

手術は1時間半ぐらい。2日間の入院でした

脂腺母斑の手術は1時間半ほど。現在3才で傷あともきれいですが、その部分には髪が生えないのでうまく隠しています。

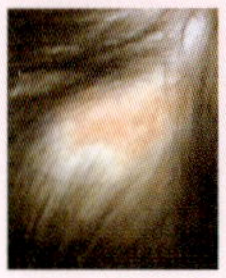

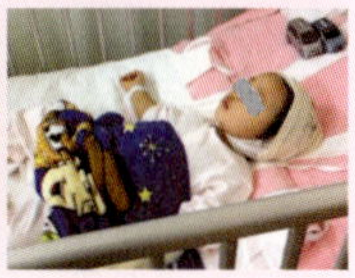

黒いあざ

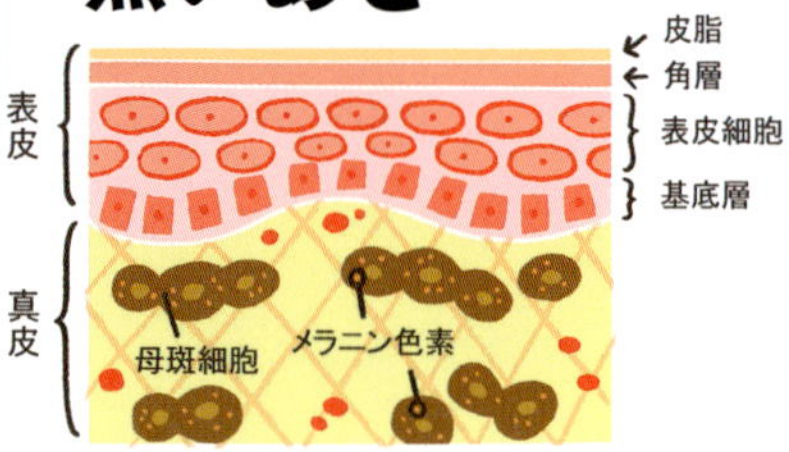

黒いあざができるしくみ

神経やメラニン色素を作る細胞になるはずのものが、何らかの原因で間違ってできたものが母斑細胞で、メラニン色素をたくさん含んでいます。この母斑細胞が皮膚の深いところにたくさん集まってできたのが黒いあざです。

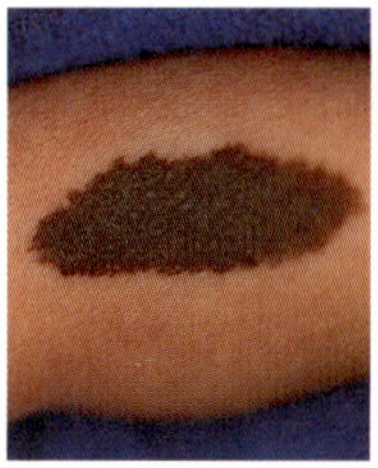

色素性母斑

生まれつきある黒いあざで、盛り上がったもの、平らなものといろいろです。大きなもの、毛の生えているものは悪性化することがあるので皮膚科を受診。時期や大きさによってはレーザーの効果が期待できず、手術で切除します。

茶色いあざ

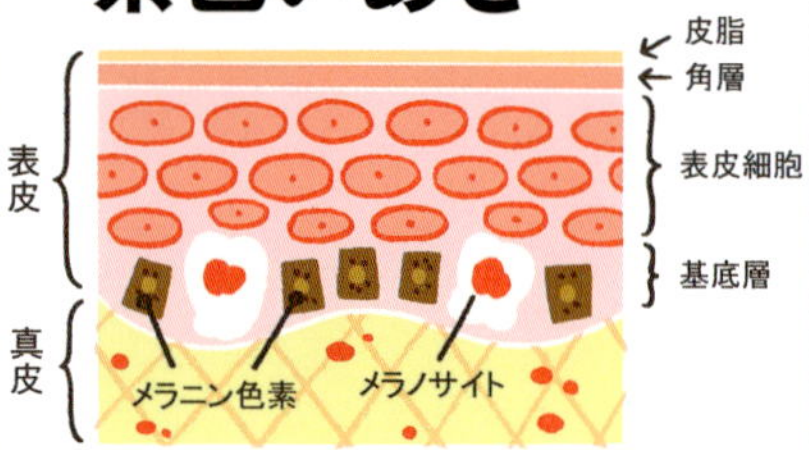

茶色いあざができるしくみ

青いあざと同じように、メラニン色素を持った細胞が何らかの原因で増えたもので、青いあざはその細胞が皮膚の深いところにあるため青く見え、茶色のあざは皮膚の浅いところ（表皮の基底層）にあるため茶色く見えます。

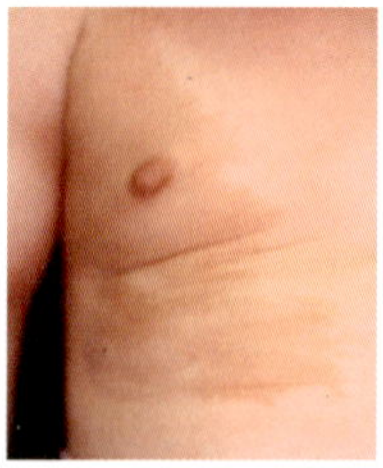

扁平母斑

赤ちゃんの1～2割に出る、平らな茶色いあざ。悪性化することはめったにありませんが、成長とともに色が濃くなります。早期レーザー治療で薄くなる可能性がありますが、再発することも。

あざQ&A

あざが成長とともに大きくなることはありますか？

体が大きくなればあざも大きくなります

あざの比率は変わらないので、赤ちゃんが成長して体が大きくなれば、その分だけあざも大きくなるのが普通。ただ、いちご状血管腫のように、現れ始めると急激に大きくなるあざもあります。

いったん治療したあざが再び出てくることはありますか？

再発しないことがほとんど。ただ例外はあります

多くのあざは、レーザーで治療すれば再発する可能性はないでしょう。ただ、太田母斑は思春期のころに現れるものもあるので、小さいころに治療をしても、また出る場合があります。

あざと遺伝とは関係がありますか？

原因不明なものも多く、一概には言い切れません

遺伝と関係していると考えられるものも、ないものもあります。「カフェオレ斑」という茶色いあざや、サーモンパッチ、ウンナ母斑などは遺伝性があるといわれていますが、発生原因が不明なものも多く、一概には判断できません。

ほくろが盛り上がっています。大丈夫でしょうか？

ほくろはそもそも盛り上がっているものです

ほくろがドーム状に盛り上がるのは自然なこと。普通のほくろが急激に盛り上がってくるような場合には悪性黒色腫の可能性もありますが、「盛り上がっているようだ」というだけなら心配いりません。

用語解説

・カフェオレ斑

扁平母斑の一種ですが、500円玉以上の大きさのものが6個以上ある場合はカフェオレ斑といい、遺伝性のレックリングハウゼン病という病気を疑います。すぐに受診が必要です。

・悪性黒色腫

メラノサイト（色素細胞）ががん化したもの。悪性度の高い腫瘍です。普通のほくろや黒いあざは心配いりません。

PART 3

心と体 気になる「知りたい!」トピックス

明らかな病気ではなくても、気になることがあります。
たとえば性器について、身長の伸び方について、
発達障害について……。
心と体にまつわる気になるトピックスを解説します。

おちんちんとおまた

赤ちゃんの性器のケアは、よくわからないことが多いもの。特におちんちんはママにとって未知の世界です。素朴な疑問を解消しましょう。

おちんちん

おちんちんのケアは清潔第一で

見た目を気にする人が多いようですが、ほとんどの場合、まず心配のないものです。赤ちゃん時代のおちんちんのケアは清潔第一。おむつ替えのときには、裏側のシワの中までしっかりきれいに。包皮口にはアカがたまりやすいので、炎症などが起きていないかどうか気をつけてあげましょう。

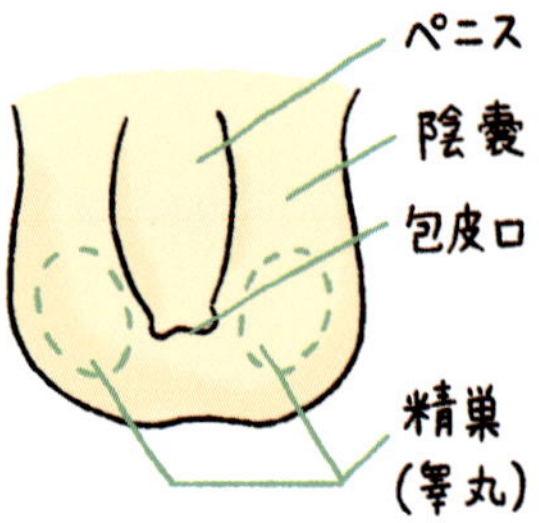

外陰部の基本構造。おちんちんと呼んでいる部分はペニス。陰嚢は「タマタマ」などと呼ぶことも。陰嚢の中にはコロッとした睾丸がふれるはず。

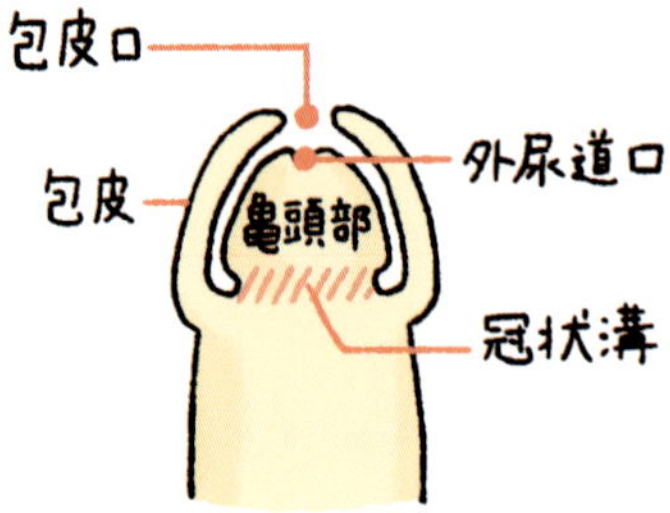

おちんちんの構造。先端を亀頭部、それをおおっている皮膚が包皮、その先端を包皮口といいます。亀頭部の根元の少し狭くなっているところが冠状溝。

見た目の違い

色や形は個人差。おしっこが勢いよく出ていれば機能に問題はありません

おちんちんの色や形といった見た目には個人差があります。おしっこが勢いよくシャーッと出ていれば心配はいりません。色や形のことを気にするよりも、おしっこの出方を観察することが大事。いつもと違う様子があったら受診します。

色 タマタマの色が黒いのはホルモンの関係

生まれて間もない赤ちゃんの陰嚢は、比較的色が黒い傾向にあります。これは、おなかにいたときにママのホルモンの影響で黒ずみ、生まれたあともその名残がしばらく続くためです。黒い色は次第に薄くなっていきます。色の濃さには個人差がありますが、機能的な問題ではないので、心配する必要はありません。

形 見えているのがすべてではなく、皮下脂肪に隠れている

体にくらべてペニスが小さいように見えても、ほとんどの場合、発達に問題はありません。赤ちゃんは皮下脂肪が多く、おなかの恥骨周辺がぷっくりしています。おちんちんが小さく短く見えるのは、おなかの肉に埋もれて、見えていないだけということが多いのです。おちんちんの根元を押すと意外と長かったりすることも。成長につれてどんどん変わります。

大きさ 気温や緊張で大きさが変化する

陰嚢は、伸びたり縮んだりします。実は、陰嚢は放熱器の役目を果たしているのです。中に入っている睾丸を守るため、暑いときにはシワを伸ばしてダランと伸び、表面積を大きくして放熱します。反対に寒いときにはシワシワになり、表面積をキュッと縮めて放熱を防いでいるのです。また、緊張したり驚いたりすると、精巣がグッと上がって大きさが変化します。

向き おちんちんの向きは寝グセのようなもの

赤ちゃんのおちんちんはたいてい、左右どちらかに向いています。おむつの当て方、しまい方などのクセで若干湾曲することがありますが、機能的には問題ありません。ただ、おしっこが前に飛ばず、常に大きく曲がって飛ぶような場合は、医師に相談しましょう。病気が隠れている可能性があります。

状態 赤ちゃんは日常的に勃起する

おちんちんの中の尿道は陰茎海綿体でおおわれ、ここに血液が送り込まれると勃起します。実は赤ちゃんは1日に何度も勃起しています。これは性的な意味のものではなく、ペニスの成長過程の一つです。寝ているときにピョコンと立ち上がったり、おむつ替えのときにかたくなったりすることも。

お手入れの仕方

おしっこのときも、おちんちんの先をふく

おしっこだけでは汚れているように見えないのですが、ふき残しがあると、細菌が繁殖して炎症を起こすことが。おちんちんの先はもちろん、シワの間もていねいにふき取りましょう。ふいたあとは空気に当てて乾かしてからおむつをします。

洗い方 体のほかの部位と同じように洗う

体を洗うときと同様に、石けんとお湯で洗います。便がシワの間に入り込んでいることがあるので、細かいところもていねいに。ただし、赤ちゃんのおちんちんは包茎の状態が普通なので、洗い方によっては包皮と亀頭部の間に石けんが残り、炎症を起こすことが。石けんで洗ったあとは、しっかりお湯で流しましょう。

おむつ替え 男の子編

1 おしっこを飛ばされないよう、ティッシュをかぶせる

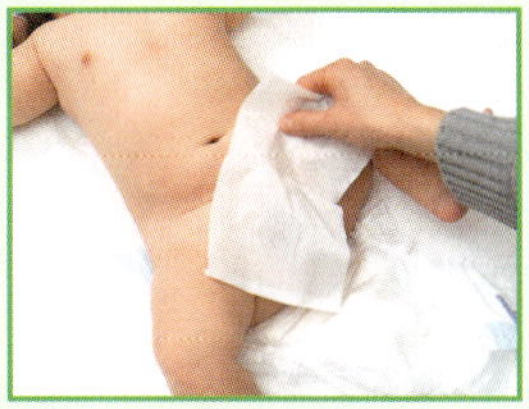

おむつをはずしたとたんにおしっこをする赤ちゃんは多いのです。男の子はおしっこが遠くまで飛ぶので、おむつをはずしたら、まずティッシュをかぶせると安心です。

2 おちんちんの裏側も忘れずにふく

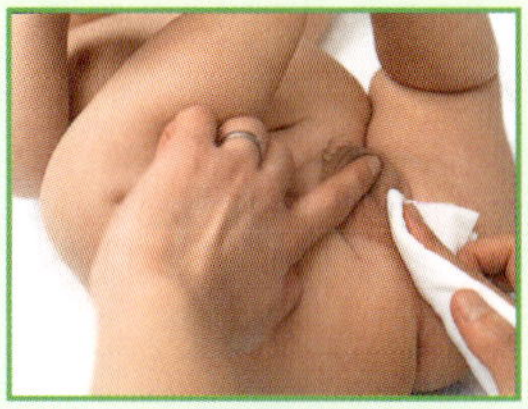

おちんちんの裏側やタマタマの裏、シワの間などは汚れの残りやすい部分。うんちのときはもちろん、おしっこだけのときも、ていねいにふきましょう。

3 足のつけ根のくびれもチェック

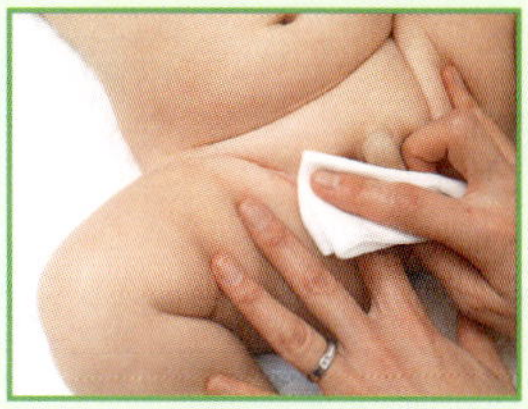

おしっこやうんちは足のつけ根のシワの中にも入り込んでいます。男の子だけでなく、女の子も、この部分はしっかりふいて。ふき残しは肌トラブルの原因になります。

おちんちんにも個性が

赤ちゃんのおちんちんは十人十色。色や形を気にするママは多いのですが、まだまだ成長過程です。同じ月齢でもこんなに個性があります。

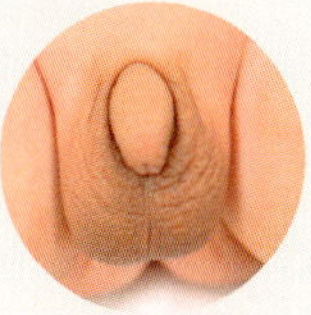

タマタマが重たそう。貫禄のある姿です。

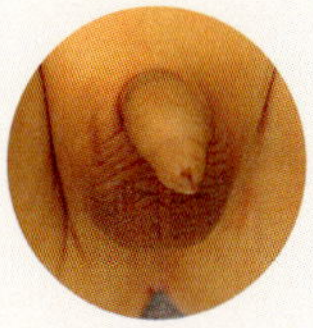

コンパクトな印象のおちんちんとタマタマ。

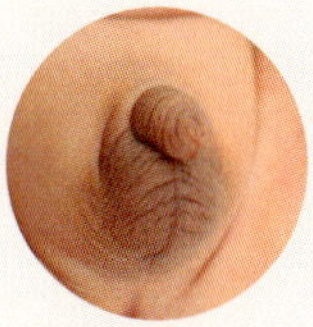

おちんちんとタマタマの色が濃いめです。

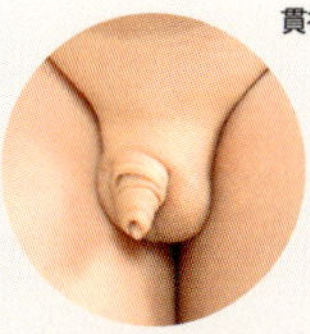

深いシワがたくさん。伸ばしたくなるけど……。

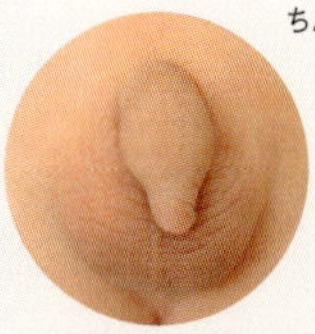

先っぽがキュッと細くなっています。

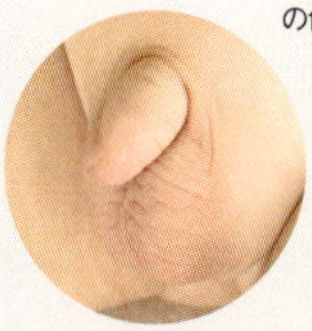

若干右向きのおちんちん。向きグセです。

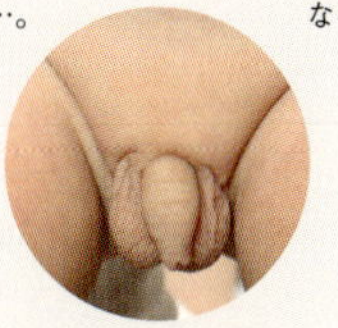

シワシワのタマタマに張りのいいおちんちん。

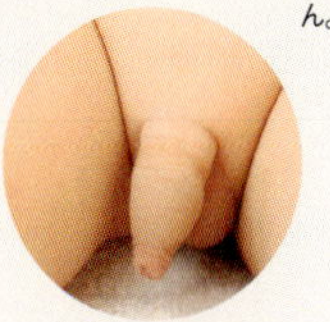

おちんちんが長くてタマタマはコンパクト。

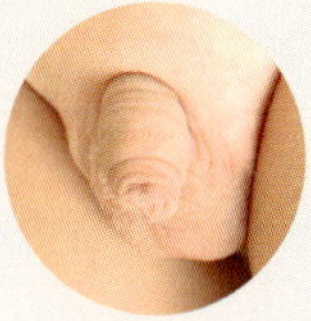

クロワッサンのようなおちんちん。

むく？ むかない？

赤ちゃん時代は「包茎」が正常な状態

包茎とは、亀頭部が包皮におおわれた状態のこと。先がすぼまっていても、包皮をずらすと亀頭部の露出するのが「仮性包茎」ですが、赤ちゃん時代はこれが正常な状態です。皮がずらせなくても、きちんと尿が出ているなら様子を見ます。

むくことで清潔は保ちやすくなる

おちんちんの成長とともに、亀頭と包皮は自然にはがれて皮がむけるようになってきます。ですから、必ずしもむかなければいけないものではありません。ただ、むいて洗うことで清潔を保ちやすくなるのは事実。包皮口にたまりやすいアカや汚れを軽く落とすことで、炎症などのリスクを減らすことができます。

包茎の状態だと包皮と亀頭部の間に汚れやアカがたまりやすく、雑菌が繁殖して炎症を起こすことも。

むき方講座

おちんちんの衛生が気になるからむくという選択肢も。一気にむくのではなく、毎日少しずつむきましょう。無理にむくと皮が戻らなくなる嵌頓を起こすことがあるので注意して。

ポイント 1　むいたら戻す

包皮をむいて亀頭部を露出したままにしておくと、亀頭部がむくんで包皮が戻らなくなることがあります。亀頭部を清潔にしたら必ず包皮を戻します。

ポイント 2　繰り返すことでむけやすく

「むいて戻す」を繰り返します。回数を重ねることで包皮口が広がり、むけやすくなるのです。おむつ替えやお風呂のときを利用して、むいてみましょう。

ポイント 3　むけなくても様子を見て

炎症を繰り返す、おしっこの出方がおかしいなどのトラブルがなければ、むけなくても様子を見ます。迷ったら医師に確認しますが、最終的には思春期まで待つことも。

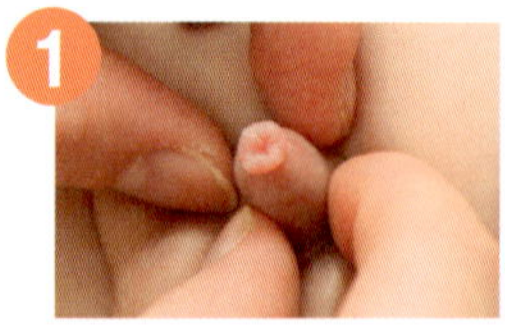

1　両手の親指と人さし指を使っておちんちんの根元を持ち、下にゆっくり下ろします。指先に突っ張りを感じたら、手を離さずそのままキープします。

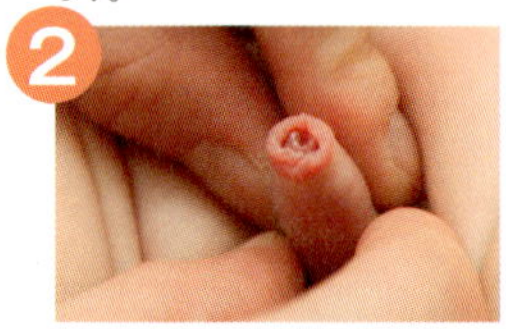

2　包皮に包まれていた亀頭の先が見えてきます。包皮が伸びないので、すり傷のようなものができることがありますが、赤ちゃんは痛くないので大丈夫。

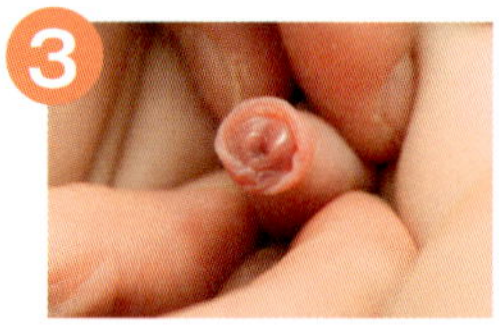

3　先端の包皮口が狭いので、つい力が入って、むこうとすると指の位置がずれてしまいがち。力を入れすぎず、必ず根元を持ってむきましょう。

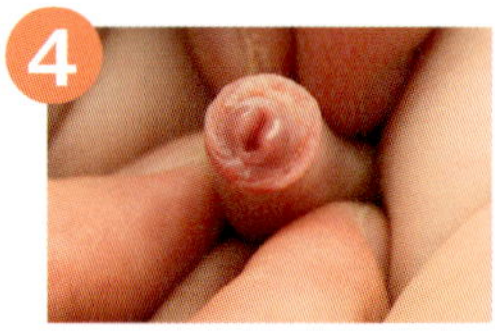

4　亀頭が写真くらいまで出てきたらOK。白いアカがたまっていることもありますが、無理に取らなくてもかまいません。ここまでむいたら、包皮を元の状態に戻します。

おちんちん&おまた Q&A

おちんちんが赤くなっています

炎症が起こっている可能性があります

おちんちんが赤くなるということは、ただれているのかもしれません。おちんちんが不潔で、炎症とまではいかないにしても、それに近い状態になっていたのかも。受診して、清潔にしてください。

おちんちんのつけ根から出血。消毒が必要？

おちんちんの皮膚は丈夫なので心配無用

おちんちんの皮膚は意外に丈夫なのです。タオルやお尻ふきでやさしくふいて、清潔にしておきましょう。出血があっても、赤ちゃんが泣いていなければ、痛くはないので安心して。

おちんちんをむこうとするといやがります

いやがるなら無理をしないで

6カ月を過ぎると亀頭部への刺激をいやがる赤ちゃんが出てきます。むくことには次第に慣れますが、いやがるなら無理にむく必要はありません。軟膏ですべりをよくすると、むきやすくなることも。

おちんちんを引っぱりたがるけど、大丈夫？

炎症がないのなら、ただの好奇心でしょう

おちんちんがかゆくてさわっている場合があります。まず炎症がないかチェックを。炎症がなければ単なる好奇心。自分の体にある「おちんちん」を発見し、不思議に思ってさわっているのです。

おまた

構造が複雑なうえにデリケートなので、やさしくケアを

女の子のおまたは男の子のおちんちんほど、個性的ではありませんが、新生児の女の子のおまたは、内側のひだ（小陰唇）が大きくはみ出していることがあります。これは成長するうちに外側のふくらみ（大陰唇）に隠れるので心配はいりません。

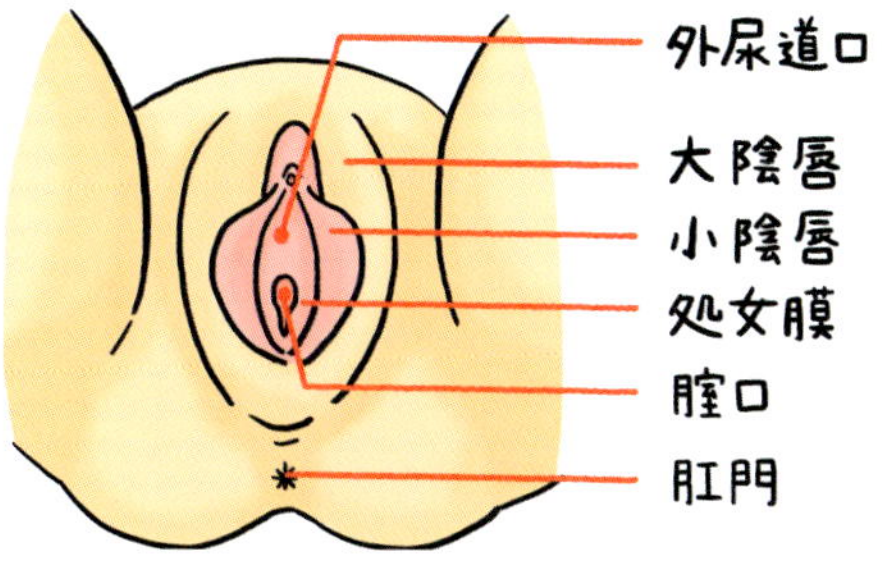

女の子の外陰部の基本構造。赤ちゃんは小陰唇が大きくはみ出していることがあります。

色 ホルモンの関係でおまたの色が黒っぽいことも

性器をじっくり見る機会はなかなかないので、おまたを見て不安に感じるママも少なくないようです。その1つが色。おまたはピンク色のイメージですが、実はちょっと黒ずんでいることが多いのです。それも全体だったり、部分的だったり。これは男の子のタマタマが黒っぽいのと同様、胎児時代のホルモンの影響です。病気ではないので心配無用です。

形 成長に従って肉づきがよくなり見慣れた形に

新生児のころのおまたは、お肉がついていないので、小陰唇が大きく出っぱっていることがあります。成長するにつれ、大陰唇で隠れるようになりますが、隠れなかったとしても異常ではありません。性器の形は非対称ですし、大きさに個人差があって自然です。また、膣からピンク色の粘膜のようなものが出ている場合も。これは処女膜で、成長するに従い引っ込むことがほとんどです。

ずりばいでおちんちんはすりむけないの？

裸でもすりむくことはないので安心して

うつぶせでおちんちんがつぶれたり、すりむけたりしないか心配するママもいるようですね。床に危険なものがなければ、丈夫な包皮が少しやわらかい亀頭部を守っているので問題ありません。

転んでおちんちんをぶつけないか心配

強打することはまずありません

おちんちんは両足の間にあり、また皮下脂肪に埋もれているので、バランスをくずして転んでも、強打することはありません。ただ、勃起時には手などをぶつけないように。

おまたからおりもののようなものが……

少量であれば問題ありません

赤ちゃんでもおりものが出ることはあります。少量であればまず心配はありません。ただ、急におりものが増えたり、においが強かったりする場合は炎症の可能性が。小児科を受診しましょう。

おまたに白いカスがついているけど大丈夫？

胎脂やママのホルモンからの分泌物の可能性大

白いカスは、胎内で赤ちゃんを保護していた胎脂や、ママのホルモンからの分泌物。無理にゴシゴシとふき取る必要はありません。気になるようならぬらしたガーゼでやさしくふき取ってください。

おむつ替え

女の子編

1 必ず、前から後ろにふく

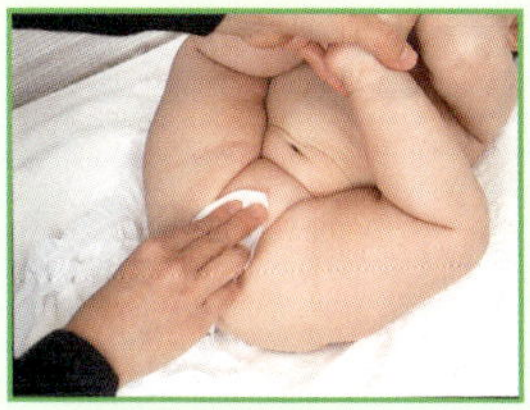

女の子はうんちが性器に入り込んで細菌感染を起こすことがあるので、それを防ぐために、必ず前から後ろに、われめからお尻のほうへふき下ろすのが鉄則です。

2 われめもていねいに

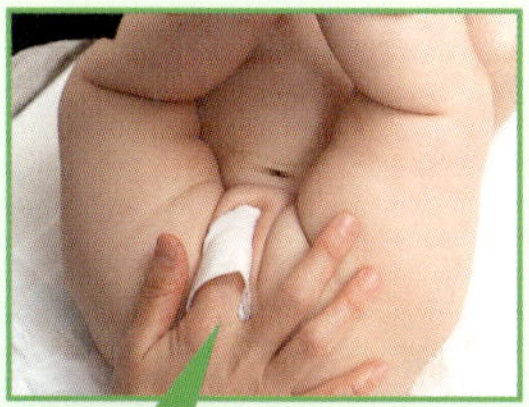

われめの汚れはやさしくふき取ります。細かいところをふくときは、お尻ふきやガーゼを指に巻きつけるとやりやすいでしょう。ひだの奥まで念入りにふきましょう。

歯と歯並び

虫歯は将来の歯並びにも影響します。1本でも生えたらケアをスタート。乳歯のときからきちんとケアして、きれいな歯と歯並びを手に入れましょう。

虫歯にしたくない！

虫歯になりやすい乳歯。将来の悪循環を予防して

乳歯は永久歯に生えかわるまでしか使いませんが、だからといって「虫歯にしても大丈夫」ではありません。乳歯が虫歯になって早く抜けると、歯並びに影響します。そしてまた、歯並びが悪いとみがきにくくて虫歯が増える悪循環にも。

乳歯はエナメル質や象牙質が薄く、虫歯になると虫歯菌が出す酸であっという間に進行します。すると口の中に虫歯菌が増え、永久歯も虫歯になりやすいので、また、乳歯に虫歯ができると、痛みがある歯を避けてかむクセがつき、あごの成長が不十分で歯並びが悪くなることも。さまざまなところに影響が出てくる乳歯の虫歯は、しっかり予防しましょう。

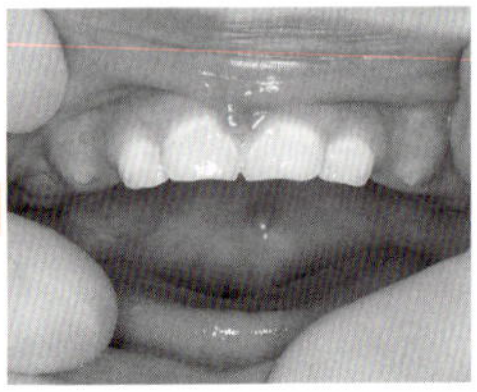

表面のエナメル質が溶けて、初期虫歯になった乳歯。歯の根元の部分が白濁しています。

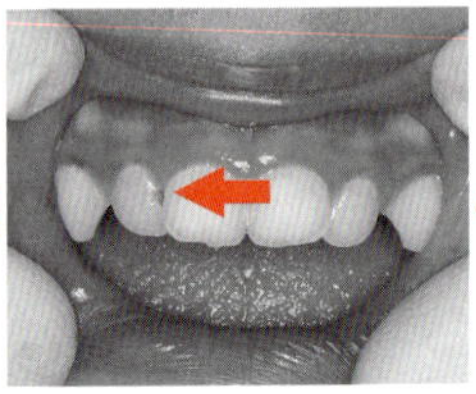

白濁が進んで象牙質に穴（矢印の部分）が開いた、中程度の虫歯です。歯が茶色く見えたら歯科を受診しましょう。

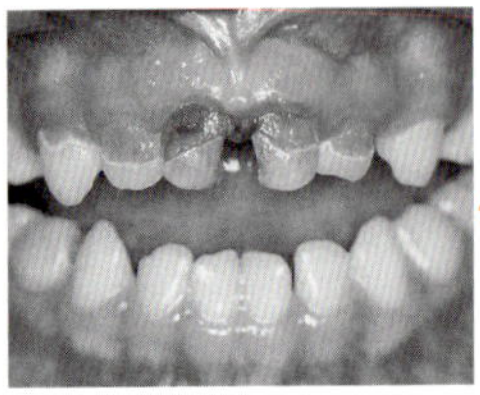

象牙質から歯髄まで進んだ重度の虫歯。抜歯や神経を抜くなどの治療が必要になるケースもあります。

写真提供・倉治ななえ先生

虫歯と歯みがきの Q&A

歯みがき剤はいつごろからどんなものを使えばいいですか？

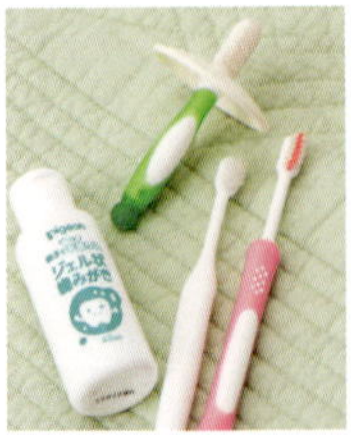

基本的には、みがいたあとの歯みがき剤をプクプクペーッと吐き出せるようになってからですが、乳歯の表面のエナメル質を守るには、歯の生え始めから使いたいもの。フッ素含有量が500ppm未満の歯みがき剤を、ゴマ粒大×年齢という量が目安です。フッ素含有量が歯みがき剤に書いていない場合は、メーカーに問い合わせてみてください。

夜、添い乳で寝ていると虫歯になりますか？

おっぱいの甘みである乳糖は、歯垢が残っていなければ虫歯の原因にはなりません。添い乳をしているならなおのこと、寝る前にきちんと歯みがきをして、歯垢を残さないようにしましょう。

キシリトールは虫歯予防に有効ですか？

有効です。キシリトールは天然素材甘味料です。砂糖と違って、虫歯菌が食べても酸やプラークを出せないどころか、虫歯菌の活動を弱らせる働きがあります。キシリトール入りの歯みがき剤も市販されています。

歯みがきイヤイヤ対策を教えてください

親が必死の形相で無理にみがこうとすると、子どもはこわくなってしまいます。「いやがったら１回お休み」ぐらいの気持ちのゆとりを。歌を歌ってあげながらなど、気をそらすのもいいでしょう。自分で何でもやりたがる時期は、自分みがき用の歯ブラシを持たせて親子で歯みがきごっこ。仕上げは大人がしてあげましょう。

ぬいぐるみを歯みがき。「今度は○○ちゃんね」と誘ってみましょう。

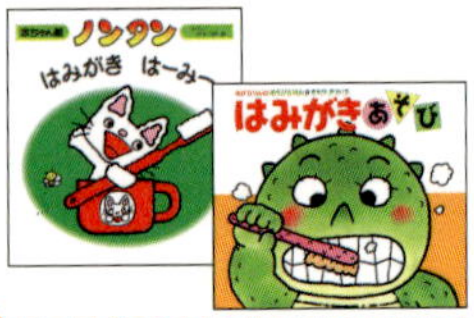

おしゃべりがまだの赤ちゃんでも、「楽しい」雰囲気は伝わります。絵本を通じて「歯みがきは楽しいよ、こわくない」と教えてあげても。

毎日必ず歯みがきしなくてはいけませんか？

歯みがきは毎日してほしいですが、逃げて暴れる赤ちゃんと毎回格闘するのは大変。あまりにもいやがるようなら、毎日みがくのはあきらめても。そのかわり週に１回は、ママがみがく係、パパが押さえる係などと分担して、まとめてしっかりケアする日をつくりましょう。

監修・倉治ななえ先生（クラジ歯科院長）

気になるトピックス●歯と歯並び

0～6才 歯の生え方

1本でも生えてきたら歯みがきスタート

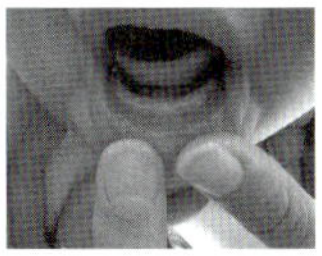

6カ月ごろ

下の前歯が生え始める

1本生えるとすぐに2本目も生えてくることが多いようです。上の歯が先に生える場合もあります。

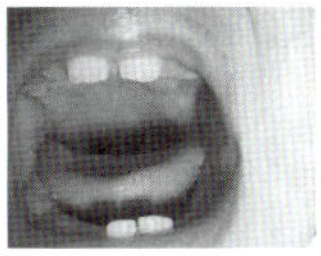

10カ月ごろ

上下の前歯4本が生えてくる

下の前歯2本が生えたあと、上の前歯2本が生えそろってくるケースが多いようです。

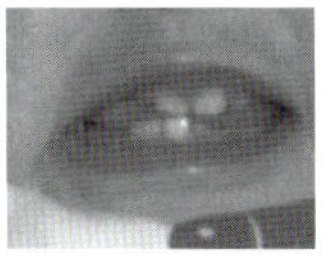

1才ごろ

真ん中の歯の隣の歯が上下とも生える

上下8本がそろったころ、離乳食もほぼ完了します。食べ物は歯ぐきでしっかりかめるかたさに。

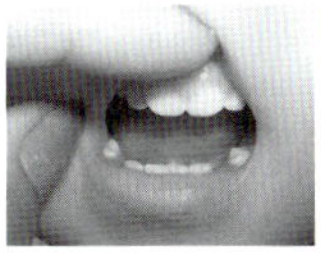

1才半ごろ

中央から数えて4本目、第1乳臼歯が生える

ほとんどの自治体で、1才半健診で歯科検診が受けられます。気になることを相談しましょう。

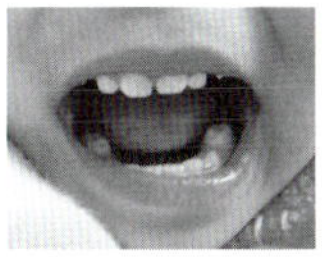

2才ごろ

前歯と乳臼歯の間に犬歯が生える

虫歯菌に感染するピークは2才ごろといわれています。大人の虫歯がうつらないよう大人も歯のケアを。

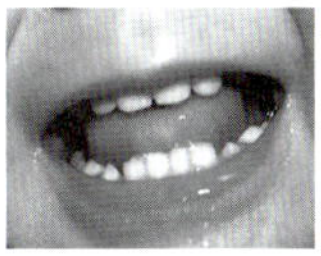

2才半ごろ

奥歯(第2乳臼歯)が生えて上下20本に

乳歯が全部生えそろった状態。健康な永久歯が生えるよう、歯のケアにますます気をつけましょう。

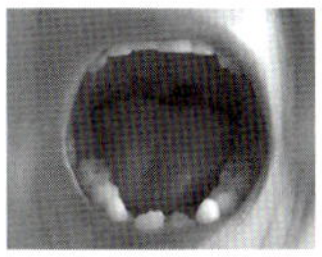

6才ごろ

乳歯が抜け始める

小学校入学のころに前歯から抜け始めます。写真は下の前歯が抜け、永久歯が生え始めています。

乳歯は20本

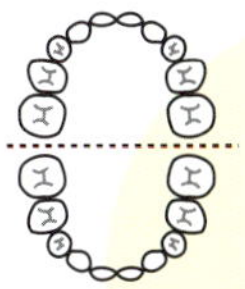

永久歯は32本

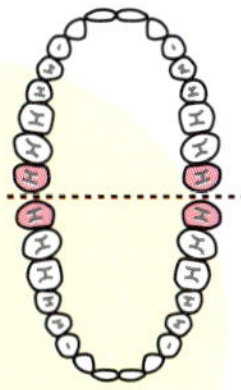

永久歯のうち、色の違う4本は「親知らず」と呼ばれる第3大臼歯。20才前後に生えますが、生えないことも。

歯ブラシの選び方

仕上げみがき用歯ブラシは、やわらかく毛足の短いものを

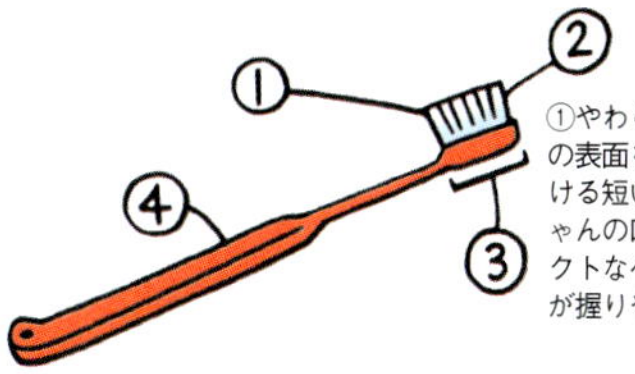

①やわらかい毛、②歯の表面をしっかりみがける短い毛足、③赤ちゃんの口に入るコンパクトなヘッド、④大人が握りやすい柄の形。

自分みがき用と仕上げみがき用の2本を準備

赤ちゃんが自分で持ってカミカミする「自分みがき用」歯ブラシでは、歯みがきにはなりません。これは、棒状のものを口に入れる練習用。自分みがきのあとは、大人がしっかり仕上げみがきを。

基本のみがき方

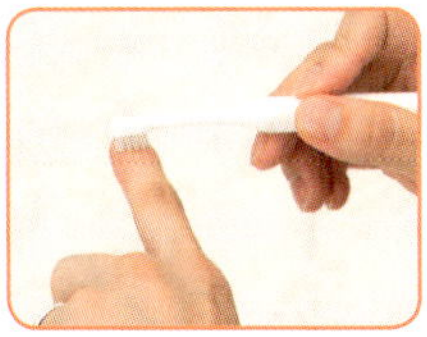

力の入れ具合を指で確認

仕上げみがき用の歯ブラシを、ママのつめの生えぎわに当ててみて。力の入れ方は、くすぐったいと感じるぐらいでOK。強くこすると痛がっていやがったり、歯ぐきを傷つけたりしてしまいます。

歯が少ない時期は「かぶせみがき」

歯1本ずつ、ブラシをさっくりとかぶせて、クルクルと回転させる「かぶせみがき」を。1本につき3秒で終了。上下4本なら12秒。これなら、あっという間にできるので、赤ちゃんもいやがりません。

奥歯が生えてきたら全面をみがく

奥歯は前歯にくらべて、「面」がより多い形です。側面を含めて、歯の表面をまんべんなくみがくようにしましょう。ただし、勢いよくこすると、歯ぐきを傷つけることがあるのでほどほどの力で。

仕上げみがきの歯ブラシは鉛筆持ちで

歯ブラシはギュッと握るのではなく、鉛筆を持つようにするとムダな力がかかりません。はじめのうちはできるだけブラシに近いほうを持ちましょう。歯ブラシを固定しやすく、力が加減できます。

時期別みがき方

奥歯が生えてきたら

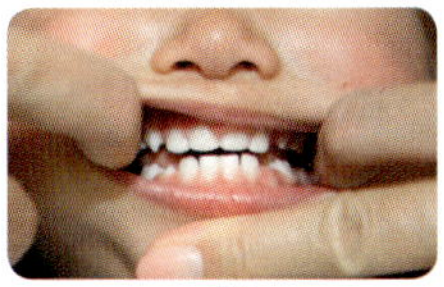

歯みがきを生活習慣の一部に

歯みがきを定着させるには、「歯をみがくこと」を特別扱いしないのも大事。お風呂→歯みがき→絵本→ねんねなどのように、毎日当たり前に行う生活習慣として組み込むのです。

上下2本ずつ生えたころ

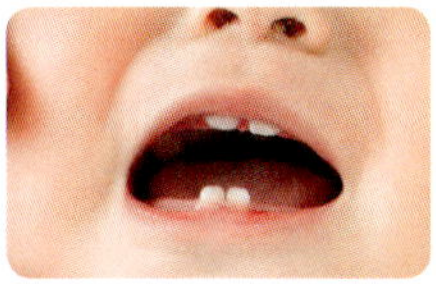

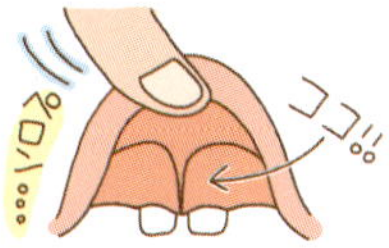

上唇小帯を傷つけないように注意して

仕上げみがきをいやがる場合、みがき方が痛い可能性が。注意したいのが「上唇小帯」。上唇と歯ぐきをつなぐ筋で歯の間まで伸びていることも多く、ガードしないと歯みがきで傷つけることがあります。

生え始め

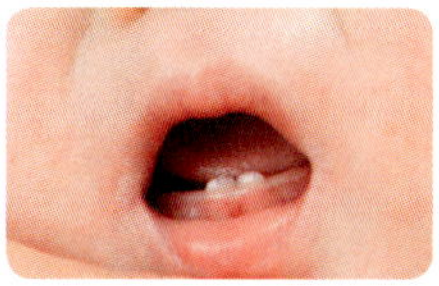

最初の1本から歯ブラシに慣らす

歯が生え始めのころは口の中の汚れをふき取る歯みがきナップでふいてあげるのもいいのですが、最初から自分みがき用の歯ブラシをカミカミさせても。歯ブラシに慣れるので、のちのちがラクに。

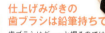

歯並びのいい子にしたい！

きれいな歯並びは赤ちゃん時代のケアが何より大事

歯並びやかみ合わせが悪いことを不正咬合といいます。不正咬合にはいろいろな種類があります。親ゆずりの骨格など遺伝子的要素もありますが、要因の半分くらいは生活習慣といわれています。

きれいな歯並びで永久歯が生えてくるためには、乳歯のころから、食生活を含めた生活習慣の注意が必要になります。

「虫歯予防」と「あごを育てる」のがポイント

いい歯並びのためには、乳歯のときから歯みがきをしっかりすることが大切です。乳歯が虫歯になって早めに抜けてしまうと、正しい位置に永久歯が生えないことがあるのです。また、あごの骨が十分発育しないと永久歯が生えるスペースが不足する原因になります。あごは「よくかむ」ことで発育します。哺乳びんを使う場合は、しっかりかまないと中身が出ないタイプを選びましょう。離乳食がスタートしたら、よくかんで食べる習慣づけを心がけて。離乳食後期になったら、かみごたえのあるメニューを作ってあげましょう。毎日の積み重ねが、いい歯並びにしてくれるのです。

心配なかみ合わせは歯列矯正で

骨格などの影響が強く、どうしても歯並びがよくならない場合は、歯列矯正をします。やり方はさまざまで、永久歯が生えそろってからスタートする場合もあれば、乳歯と永久歯が交じっている時点でスタートしたほうがいい場合もあります。早くても4才以降ですが、治療期間や料金はさまざまです。ケースバイケースなので、小児歯科や矯正歯科に相談しましょう。

代表的な不正咬合

写真提供・大野粛英先生

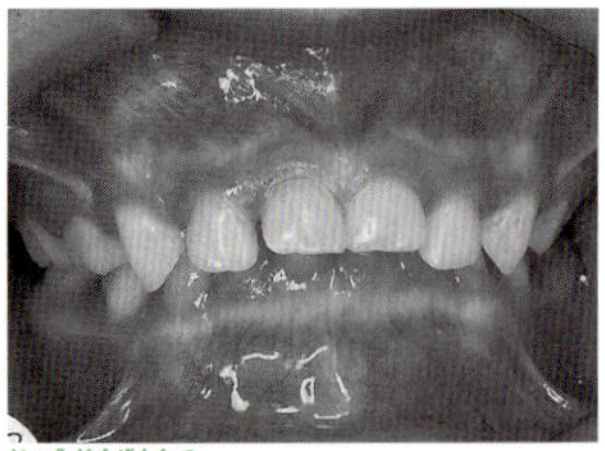

上顎前突《じょうがくぜんとつ》（出っ歯）

上の前歯や上あごが前に突き出しているかみ合わせで、日本人に多い不正咬合です。下あごの発達が不十分なために、出っぱって見える場合もあります。

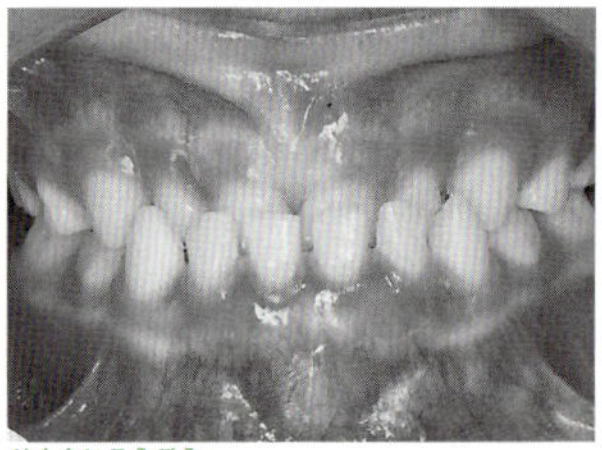

反対咬合《はんたいこうごう》（受け口）

かみ合わせたときに、下の前歯が上の前歯より前に出ている状態。遺伝によるものも多いのですが、幼児期からの矯正で骨格改善が期待できます。

かみ合わせをチェックしてみよう

□ 顔の中心線はまっすぐ？

顔を真正面から見てみましょう。「みけん→鼻先→唇の中央→あごの先端」がまっすぐなライン上に並びますか？　ズレがある場合には、交叉咬合など、かみ合わせに問題がある可能性が。子どもの顔を確認するときは、頭のてっぺんから見下ろすとわかりやすいです。

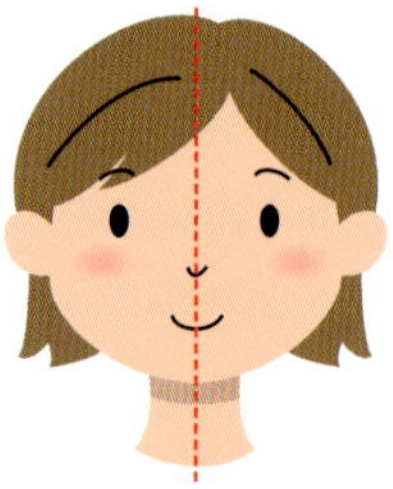

□ 横から見た上下のあごのラインは？

上下の歯をかみ合わせた状態で横から見ます。鼻の先とあごの先を結んだ線に対し、唇がやや内側か線上にあるのが理想的（Eライン）。上の歯が前に出ていたり、受け口になっていると唇がEラインの外側に出ます。このような場合は、かみ合わせに問題がある場合も。

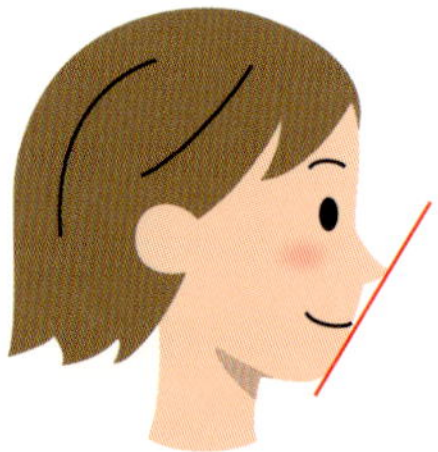

□ イーッとしたときの歯並びは？

イーッとかみ合わせたとき、上下の歯の正中線（上下の前歯の間を結ぶ線）がそろっていて、上の前歯が下の前歯を2㎜程度おおうのが理想的です。下の前歯が上の前歯の手前に出ていないかどうかもチェックしましょう。

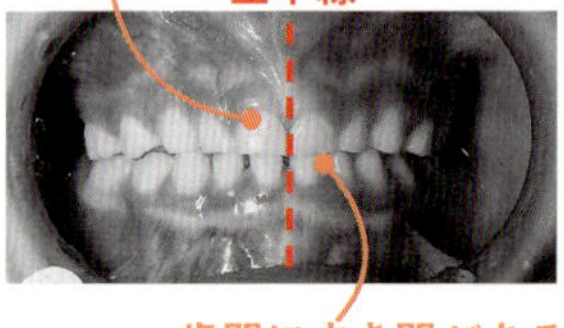

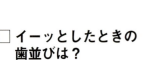

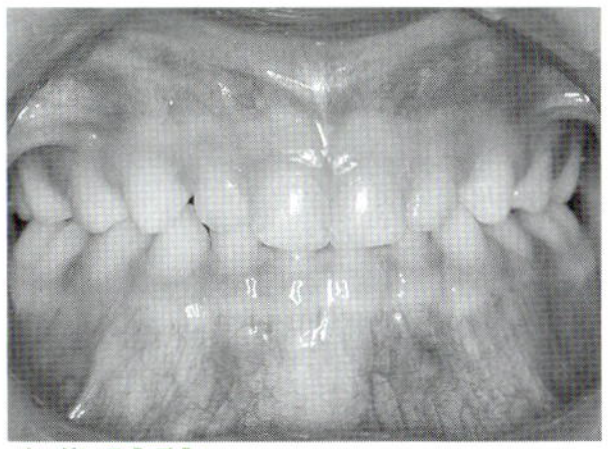

過蓋咬合《かがいこうごう》

下の歯が見えないほど上の歯を深くかみしめている状態です。猫背や奥歯の脱落などが原因で起こることもあります。

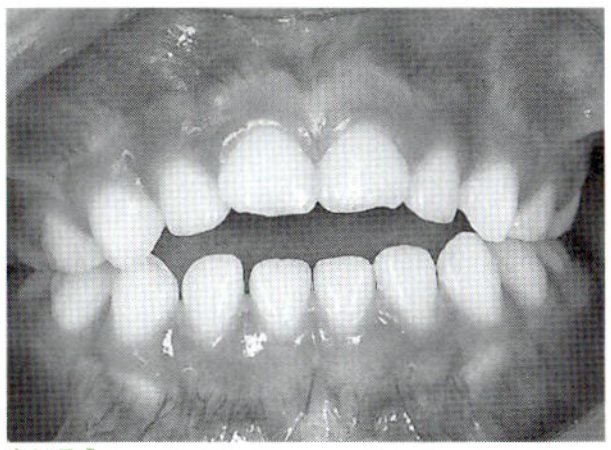

開咬《かいこう》（オープンバイト）

奥歯をかみ合わせているのに、前歯が開いている状態です。上の前歯と下の前歯の間にすき間ができています。

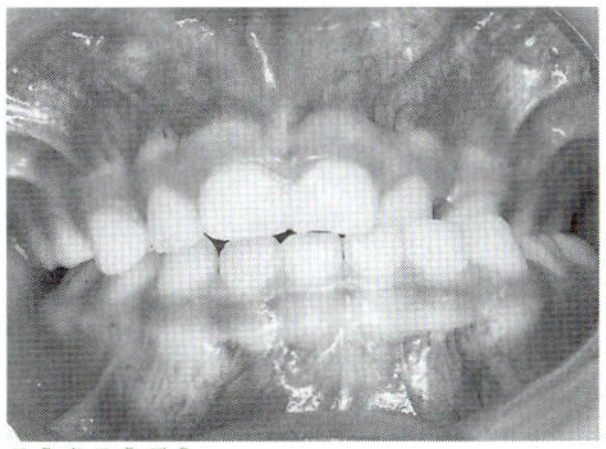

交叉咬合《こうさこうごう》（クロスバイト）

上下の奥歯が横にずれてかみ合わされている状態です。正面から見ると前歯の正中線がずれています。ほうっておくと、顎変形症になりかねません。

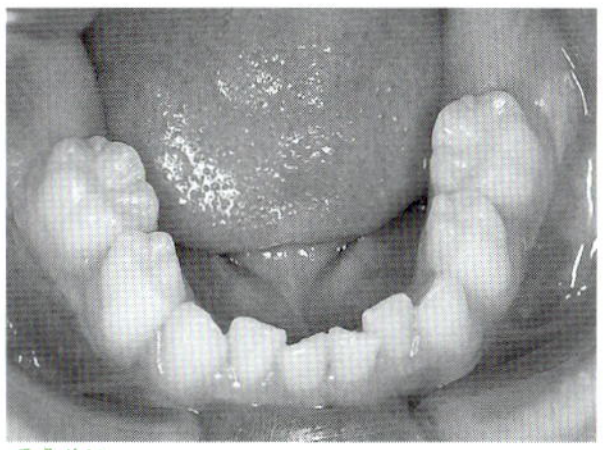

叢生《そうせい》（乱ぐい歯）

歯が並びきらずデコボコに並んでいる状態で、八重歯もこの一つです。あごが小さいために永久歯が並ぶスペースが足りなかったり、乳歯が虫歯になったりしたことが原因です。

歯の生え方や生える時期には個人差が

最初の歯が生えたのはいつ？

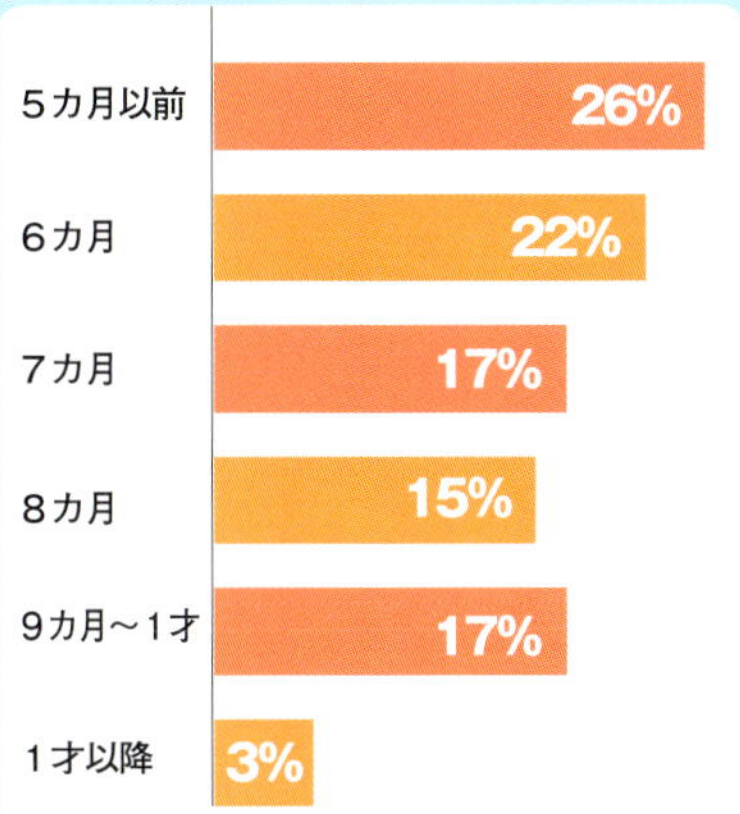

5カ月以前もいれば、1才以降の子もいます。生え始めには大きな幅が。多かったのは6～8カ月ごろです。

歯が生える時期は、個人差が大きいもの。「魔歯」といって、生まれつき歯が生えている子もいます。逆に、生え始めが遅くても、1才過ぎで歯ぐきがかたくなっていれば、歯の根はできているはずです。いずれ生えますから、様子を見ていいでしょう。歯の生え始めが遅い子は、パパやママが遅めだったということも多いようです。不安なら小児歯科で相談を。

生え方

歯の生え方には個人差が。目安はあくまでも目安

歯の生える時期や順番には、ばらつきがあります。1才過ぎから生え始める子、上の歯から生える子などさまざま。プラスマイナス半年程度のズレなら、心配いりません。

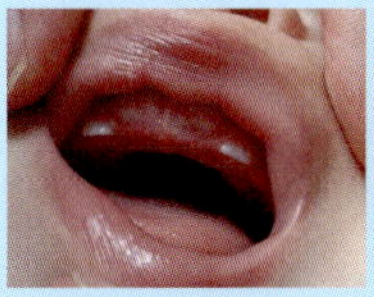

中心ではなく左右2番目の歯が先に生え、その後中心の2本も生えて4本に。

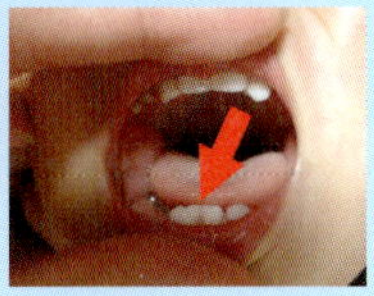

歯と歯がくっついている「癒合歯（ゆごうし）」。永久歯の本数は歯科で確認して。

形や大きさ

歯の大きさや形はさまざま。個性だと思って

下の歯にくらべて上の前歯が大きいと感じるママが多いよう。それは、歯に対して赤ちゃんの口が小さいからかも。とはいえ、歯の形や大きさは個人差があります。きょうだいでも違うので神経質になる必要はありませんが、心配なら小児歯科を一度受診してみても。

いい歯並びの Q&A

乳歯がすきっ歯です。歯並びが悪くなりますか？

乳歯は20本、永久歯は28本と数が多いうえ、乳歯よりも大きい歯です。乳歯のすき間は、今後、永久歯が生えてくるスペースです。逆に、乳歯がすき間なく生えているほうが心配。乳歯のすきっ歯は「よい歯並び」の大前提です。

歯列矯正はいつごろから始められますか？

歯列矯正は、通常は少なくとも4才を過ぎてから行います。最近では、小学校低学年からあごを広げる「早期矯正」も増えています。また、子どもの歯並びやかみ合わせによっては、永久歯に生え変わるのを待ってから、本格的な矯正をする場合もあります。ケースバイケースなので、いちがいにいつから始められる、とは言えません。

おしゃぶりや指しゃぶりは歯並びに影響しますか？

4才を過ぎても、おしゃぶりや指しゃぶりをしていると、永久歯の歯並びに影響することがあります。それ以前の赤ちゃん時代なら、無理にやめさせなくてもいいのですが、長時間の使用は避けるように努めましょう。

はじめての小児歯科へはいつ行く？

はじめて歯医者さんに診てもらうのは、多くの場合1才半健診ですが、それ以前にかかりつけの歯医者さんを見つけておくのはいいことです。歯のプロに、赤ちゃんの歯の成長過程を見守ってもらえば心強いでしょう。歯みがき指導もしてくれます。

ぶつけて欠けた歯はほうっておいてもいいの？

歯が欠けたり、もぐるほどの衝撃があった場合は、骨の中にある永久歯にも影響する場合があります。玉突き事故のような状態で、永久歯が生えてきたときに一部、変色していることも。歯ぐきから出血したりぐらつきが激しいときは、小児歯科を受診しましょう。

遺伝？ 生活環境？ 身長の伸び

背の高い低いは遺伝で決まるのか、それとも生活環境によるもの？
身長の伸びについて、気になる疑問にお答えします。

背が伸びるのは「子ども時代」だけ

人は約50㎝ほどの身長で生まれ、成人までに3～3・5倍まで大きくなります。しかし、身長が伸びるのは、人生の最初の十数年間、子ども時代だけ。この時期をどう過ごすかで、伸び方に違いが出ます。

身長が伸びるということは、骨が伸びるということ。そこには成長ホルモンや栄養、運動による刺激など、さまざまな要因がからみ合っています。

男の子は声変わり後女の子は初潮が来ると伸び止まり

女子は初潮、男子は声変わりをすると以後はあまり伸びません。たとえば女子の場合、初潮後の伸びは平均で6㎝です。この伸び止まりの手前、陰毛がチラホラ生え始める思春期入り口にぐんぐん伸びますが、この時期の伸び方に個人差はあまりありません。つまり、身長は「思春期前にどれだけ伸びたか」で決まるのです。

背が伸びる要素は遺伝＋生活環境

身長は遺伝の要素が大きいのですが、生活環境の影響も無視できません。左の計算式の右端にある「＋α」。これが遺伝以上に伸びるかどうかのカギ。これには食事、睡眠、運動、家庭環境など、さまざまな要素が含まれます。環境によってはマイナスに作用することもあります。身長を伸ばしたいなら、まずは子どもの生活環境を見直してみましょう。

身長の伸びに関係するキーワード

成長ホルモン
成長ホルモンの分泌が少ないと身長は伸びません。

睡眠
成長ホルモンは睡眠中に最も多く分泌されます。よい睡眠を。

思春期
思春期の２年間が最も伸びる時期。ここがラストチャンス。

栄養
たんぱく質は骨を伸ばす材料。カルシウムは骨を強くします。

わが子は何cmになる？
子どもの最終身長を予測する計算式

男の子

$$\frac{\text{父親の身長}+(\text{母親の身長}+13)}{2}+\alpha$$

女の子

$$\frac{(\text{父親の身長}-13)+\text{母親の身長}}{2}+\alpha$$

男女の身長差は平均13㎝。男の子はママの身長に13足し、女の子はパパの身長から13引いたうえで、両親の身長を足して２で割ります。これがベースの予測身長。あとはプラスαを少しでも増やす、よい習慣を。

治療が必要な「成長障害」とは

低身長の基準
（2000年度版標準身長から求めたもの）

年齢	男子	女子
3才	86.1cm	84.4cm
4才	92.3cm	91.1cm
5才	97.9cm	97.9cm
6才	103.7cm	103.5cm
7才	109.5cm	108.8cm
8才	114.7cm	113.9cm
9才	119.7cm	118.8cm
10才	124.5cm	123.9cm
11才	128.9cm	130.2cm
12才	133.9cm	137.0cm
13才	140.7cm	142.3cm
14才	148.6cm	145.3cm
15才	154.7cm	146.5cm

1年間の身長増加の基準

年齢	男子	女子
3～4才	6.0cm	6.0cm
4～5才	5.4cm	5.6cm
5～6才	4.9cm	5.2cm
6～7才	4.5cm	4.9cm
7～8才	4.5cm	4.4cm
8～9才	4.3cm	4.1cm
9～10才	4.0cm	4.4cm
10～11才	4.0cm	5.9cm
11～12才	4.5cm	6.1cm
12～13才	6.9cm	2.9cm
13～14才	6.9cm	1.1cm
14～15才	3.3cm	0.4cm

身長の高い低いにはかなりの個人差がありますが、基準を大きく下回る（あるいは上回る）場合は、ホルモン分泌の異常などによる成長障害かもしれません。上の「低身長の基準」の数値を下回るようならその可能性が。また、「１年間の身長増加の基準」を２年連続で下回る場合も、検査をしたほうがいいでしょう。受診は子ども専門病院や大学病院の「内分泌科」へ。手の骨のエックス線検査や尿検査、血液検査などを行い、必要ならホルモン薬服用などの治療を行います。

身長の伸び 気がかり Q&A

小食だと身長が伸びにくいですか？
小食の子は、口に入れるものの栄養価を上げましょう

身長が伸びるためには適切な栄養も必要です。まず、食事中のテレビ、運動不足、運動しすぎなど、食欲を奪う要素を取り除きましょう。そのうえで、食事やおやつにたんぱく質とカルシウムを積極的にとらせます。また炭水化物も大事な栄養素なので、ご飯やパンも食べさせて。

太っている子は身長が伸びにくいですか？
最初は大きいけれど、あとで伸び悩む傾向があります

女の子の伸び止まりである初潮の目安は体重が38kgを超えること。肥満ぎみだと早くに38kgを超えて初潮を迎えてしまい、身長が伸びる時期が短くなる傾向が。男の子も同様です。肥満による早熟を防ぐ食生活を心がけて。

何時間ぐらい寝るのがいいのでしょうか？
幼児期なら10時間は寝てほしいところ

成長のために必要な睡眠時間には個人差がありますが、幼児期～思春期以前の子どもであれば、10時間は寝てほしいところです。中学生になると成長のラストスパートを迎えます。この時期、体が完全に成熟するまでは、9時間半は眠ってほしいものです。

毎日牛乳をたっぷり飲めば身長が伸びますか？
これだけで身長が伸びる！ そんな完全食品はありません

牛乳に含まれるカルシウムは身長を伸ばすうえで大事な栄養素です。しかし、牛乳さえ飲めば伸びるわけではありません。身長を伸ばすには骨や肉などの体の組織の材料になるたんぱく質も大切です。そこに、骨を強くするカルシウムが加わるのが理想的。また、牛乳は１日500mℓ以上飲むと脂肪のとりすぎに。身長が伸びる魔法の食品はないので、バランスを心がけて。

伸びる！栄養のとり方

たんぱく質
骨や筋肉をつくり、成長ホルモンの分泌を促す作用が。動物性と植物性をバランスよくとります。

カルシウム
骨を丈夫にする栄養素。目安は５才で500mg、８才で600mg。乳製品と野菜や小魚を半々で摂取を。

亜鉛とマグネシウム
微量でも大事。亜鉛は成長ホルモンの分泌を促し、マグネシウムはカルシウムの定着を助けます。

低脂肪
栄養のつもりが脂肪過多で肥満。これでは身長の伸びも悪くなるので、低脂肪食品を選びましょう。

朝食
必要な栄養素は朝食でとることが大事。パンに牛乳とゆで卵を足せば、たんぱく質が増量されます。

NO！添加物
カルシウムやマグネシウムを排出してしまう食品添加物も。加工食品のとりすぎに注意。

身長を伸ばすスポーツはありますか？
好きなスポーツで適度に楽しく運動するのが一番です

「これをやれば身長が伸びる」というスポーツはありません。しかし、身長を伸ばすうえで運動はとても重要です。食欲が出ますし、よく眠れます。さらに骨の刺激になって成長を促します。激しすぎる運動は身長の伸びを阻害することがあるので、適度に楽しく、を基本にして。

「寝る子は育つ」って本当ですか？
本当です。子どもは寝ている間に育ちます

右のグラフを見ると、成長ホルモンが就寝直後に大量に分泌されていることがわかります。成長ホルモンは、入眠直後の深い眠りのときに最も多く分泌され、起きているときより眠っているときに多く分泌されます。「寝る子は育つ」は真実なのです。また、成長ホルモンの分泌を促すためには、睡眠時間だけでなく、眠りの「質」も重要。就寝前に食べると、成長ホルモンの分泌量は低下します。食事は睡眠の２時間前までにすませましょう。寝る前のテレビやゲームも睡眠の質を落とし、ホルモンの分泌を阻害します。

成長ホルモンの分泌パターン

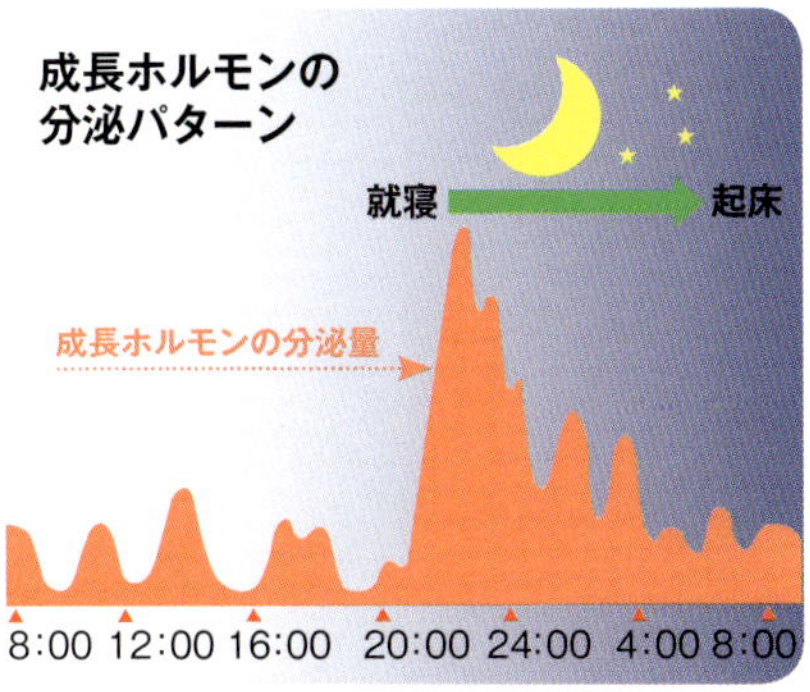

遺伝？生活環境？視力

目はとても重要な器官。赤ちゃんの見え方は外からはわかりづらいのですが、日ごろの状態を観察して、気になる様子があったら早めに眼科を受診しましょう。

視力は1〜3才にかけて急速に発達します

生まれたての赤ちゃんの視力は0・01程度。視力は1才を過ぎるころから急激に発達し、3〜6才には1・0ぐらいに。小学校高学年になるころには大人と同じように見えるようになっています。

1〜8才は目の発達の黄金期。目の機能だけでなく、脳も発達し、猛スピードで「見る」能力が発達していく時期です。

視力発達の目安

6才	5才	4才	3才	2才	1才	0〜1才	年齢
	1.0		0.9	0.5	0.3	0.01〜0.2	視力
早い子は3才ごろには視力が1.0に。6才までに目の構造はほとんど完成し、視力、色覚ともに大人並みになります。この時期の目の発達は、一生にかかわる大切な時期です。				生まれたてはぼんやりとした視界。徐々に見る力が発達し、1才ごろには脳の成長とともに視力も急激に発達します。遠くと近くの区別や、ものを立体的にとらえる両眼視は、2才ごろにできるようになります。			発達の目安

6〜8才を過ぎると発達のチャンスは減少

目は、視力、色覚、両眼視が同時に発達します。この3つは6〜8才までにほぼ完成します。つまり6〜8才が発達の臨界期というわけです。

乳幼児期に、何らかの原因で目の発達が滞った場合は、早期発見がとても大切です。たとえば、左右の目でものを見て1つの立体的な像として認識する両眼視は、一度習得すればその能力は失われません。しかし、6〜8才の臨界期までに習得しないと、その後はもう発達しないのです。健診などで異常を指摘されたら、できるだけ早く眼科を受診しましょう。

視力発達3つの柱

視力 ものを見分ける能力。視力は脳の発達とともに成長し、1才で0.3、3〜6才にはおおむね1.0と大人と同程度になります。

色覚 色を見分ける力。生後3カ月ごろから徐々にでき始め、6〜10才で大人と同じような感覚を持つようになります。

両眼視 左右それぞれの目で見た2つのものを脳で1つにまとめる機能。生後3〜4カ月から発達し始め、6才ごろに完成します。

視力の気がかり Q&A

近視は一度なったら治せないのですか？

治らない場合と治る場合があります

目の奥行きが長い、いわゆる近視の場合は、訓練しても奥行きを短くはできないので治りません。メガネで矯正します。一方、一時的に遠くが見えにくくなる「調節痙攣《けいれん》」は治ります。近視なのか調整痙攣なのかは、眼科医が診ればわかります。

親が近視なら子どもも近視になりますか？

近視と遺伝の関係ははっきりわかりません

遺伝については諸説あります。細かい作業をしていても近視が出る子、出ない子がいます。出る子は作業の刺激で、近視の遺伝子が活性化したのではないか、など言われることもありますが、遺伝との関係はよくわかっていません。

近視用のメガネはどのくらいの視力から使いますか？

0・7ぐらいで、必要ならかけるようにしては

0・7程度であれば、メガネを作っておいて、必要なときにかける、でよいかもしれません。0・2、0・3といった視力なら、常時かけておいたほうがいいでしょう。まずは眼科できちんと視力をはかり、医師に相談しましょう。

目が悪いとは?

近視、遠視、乱視などで、はっきりと見えない状態

「見る力」を妨げる、近視、遠視、乱視。これらはどれも屈折異常(屈折のバリエーション)です。目は光が入ってくるとレンズの役割をする角膜と水晶体が光を屈折させ、網膜で像を結びます。屈折がちょうどよければ正視という問題のない状態ですが、近視、遠視、乱視があると像が網膜の前や後ろで結ばれてしまい、はっきりと見えない状態が起きるのです。

なかでも近視は小学生以降に増える傾向が。必要に応じて弱い凹レンズのメガネをかけて、目に入る光のルートを変えるなどして矯正をします。

「弱視」の原因になる遠視に注意

小学校に上がるまでの子どもは遠視(近くにも遠くにもピントが合いにくい状態)が多いのですが、度合いが強くなっているのを放置すると弱視の原因になることがあります。弱視とは、メガネなどをかけても視力が出ないこと。目と脳の発達期に、ぼんやりした画像を脳に送り続けたため、脳が画像として分析する機能が育っていないのです。脳が「見る」ことを学習していないわけですね。

遠視は、早めに気づいて訓練をすれば、きちんと視力が出るようになります。

裸眼視力が1.0に満たない子ども

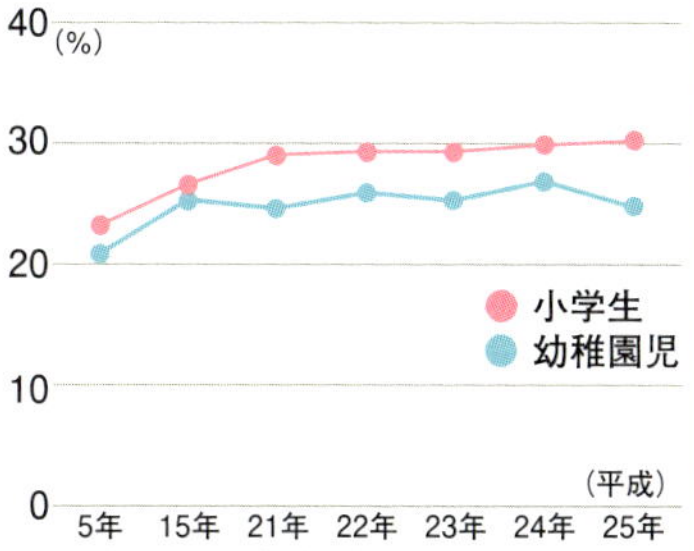

平成25年度文部科学省学校保健統計調査より

一般に裸眼視力が1.0以上ある子どもの割合が最も高いのは男女ともに7才前後。しかし最近では、7才ごろから視力が低下する子どもが増えています。幼稚園児、小学生ともに、裸眼視力が1.0に満たない子どもは微増傾向に。

近視と遠視の見え方

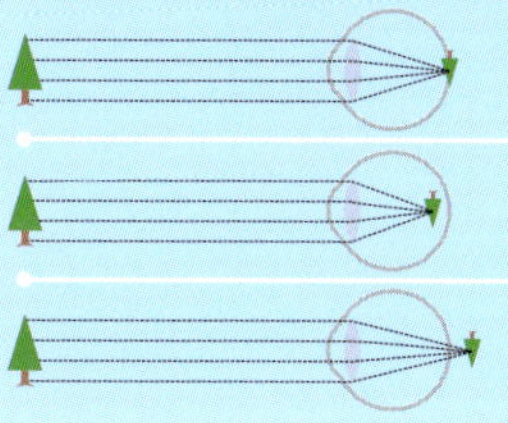

正視 目に入ってきた映像に対して角膜や水晶体が適切に屈折し、網膜の上にピントを結ぶ状態。近くや遠く、上下ともよく見え、両目で立体的に見る機能に問題がない。

近視 ピントが網膜の手前で結ばれてしまう状態。水晶体がふくらんだまま、もしくは目の奥行きが長すぎるのが原因。近くのものは比較的見えますが、遠くはよく見えません。

遠視 網膜の後ろにピントが合ってしまい、遠くも近くもぼやけます。遠視のほとんどは、生まれつき目の奥行きが短いのが原因。水晶体の調整力が弱い場合にも起こります。

メガネをかけると近視が進むのではないかと不安です

必要なのにかけなければ視力は落ちます

「近視が進む」のは、メガネをかけているのにそれまでと同じように目を近づけて見ているからです。適正な距離で見るように心がけて。むしろ、メガネが必要なのにかけず、ものを近くで見ていると、近視は進みます。

ゲームをしすぎると近視になりますか?

誘因にはなっていそう。携帯型ゲーム機は要注意

近視は小学校4~5年生で急増します。原因はいろいろ考えられますが、ゲームの影響もあるでしょう。特に携帯型ゲーム機は画面が小さいので目への負担大。時間を決めて遊び、ときには目を休ませて、遠くを見ましょう。

子どもでもコンタクトレンズを使えますか?

自分で管理ができるまでメガネのほうが安心

コンタクトレンズは自分で出し入れし、ゴミが入ったらはずす、衛生管理ができる、夜つけたまま寝ないなど、しっかりした自己管理が必要です。また、メガネより目への負担は大きいです。子どもにはおすすめできません。

子どもの目にいい食べ物はありますか?

バランスのいい食事が目にもいいのです

昔はウナギが目にいいとされていましたが、さまざまな食材が豊富な現代では、偏食をせず、栄養バランスのいい食事をすることが一番大事。目にいいからと、サプリメントに頼るのはやめましょう。

早期の対応が大切 発達障害

発達障害は脳の機能障害です。育て方が原因で起こるものではありません。早期に発見し、適切な対応をすることで、子どもの「生きづらさ」を少しでも軽くしてあげたいですね。

監修・黒澤礼子先生（順天堂大学医学部附属病院小児科 臨床心理士）

発達障害は育て方や性格の問題ではありません

発達障害にはいくつかの種類があります（下表参照）。いずれも、脳の機能に何らかの先天的な不全があることが原因です。親の育て方とか、本人の性格の問題ではありません。

何かに強いこだわりがあったり、人とうまくかかわれなかったり、などといった特性を持つことが多く、成長するにつれて、居場所のなさや生きづらさを感じることがあります。

発達障害は病気ではなく、脳にもともとある障害なので、根本的に「治す」ことはできません。でも、発達障害という言葉にとらわれすぎて、のびやかな子育てができないのはとてももったいないことです。親は子どもの気質や特性をありのままに受け止め、その生きづらさを軽減するように働きかけてあげてください。

発達障害は増えている!?

平成14年からの10年間で、特別支援教育の対象児童は倍増しています。すべての対象児童が発達障害ではありませんが、増えているのは確かなようです。環境化学物質や高齢出産の増加が原因ではと言うむきもありますが、なぜなのかはよくわかっていません。

特別支援教育の対象児童・生徒数

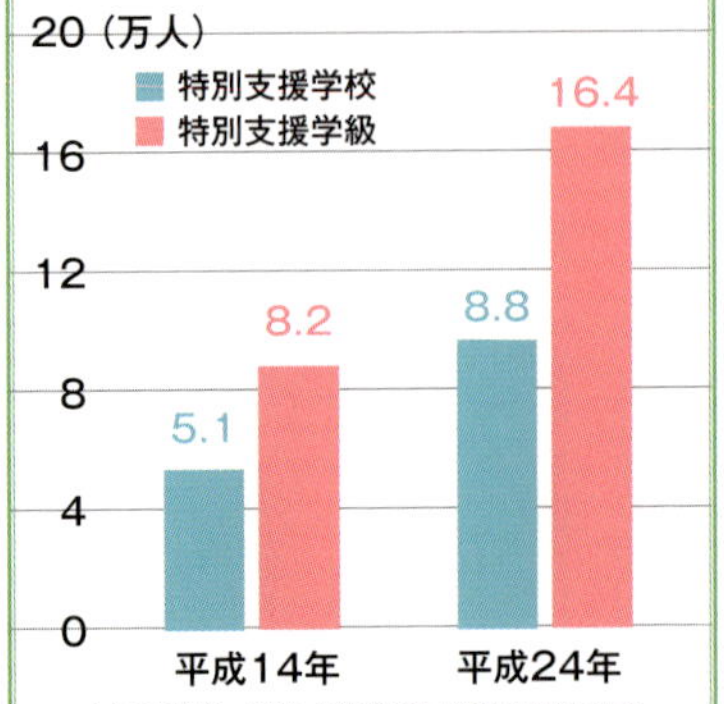

文部科学省 初等中等教育局特別支援教育課のデータより

コミュニケーション症

言葉の遅れが目立つ、発音にわかりにくさがある、音節をくり返すなど、スムーズに話せない。大きくなってもあいさつが返せない、相手に合わせて話し方を変えられない、冗談や皮肉が理解できないなど、社会的に適切なコミュニケーションがとれない。

自閉スペクトラム症

表情が乏しくあまり笑わない、話しかけても目が合わない、ものを並べるなどの決まった遊びを飽きずに続けるなど、コミュニケーションがとりにくい、こだわりが強い、感覚が過敏といった特徴がある。そのため、集団からはずれやすい。

ADHD（注意欠如／多動症）

飽きっぽい、じっとしていられない、がまんができないなどが大きな特徴。乳幼児期にこうした特徴があっても、幼いからと見過ごされがち。しかし成長するにつれ、落ち着きのなさや衝動性が目立つようになり、気づかれることが多い。

運動症

ボタンがかけられない、ハサミがうまく使えないなど、手先の不器用さが目立つ。ボールが蹴れない、なわとびや鉄棒ができないなど、目立って運動が苦手。意味のない反復運動をくり返したり、チックが見られたりすることもある。

知的能力障害

考える力、解決する力、経験から学習する力などの知的な力が弱いため、さまざまな環境に適応することがむずかしい。おすわり、はいはいなどの運動面、食事や排泄などの生活面など、発達全体に遅れが見られる。専門の支援や療育が必要。

LD（限局性学習症）

読み、書き、算数などの学習能力の一部が困難で、小学校に入ってから目立ってくる。すべてができないわけではないので理解されにくく、努力が足りないと見られることも。ADHDと重なっている場合もある。

※2013年改訂、アメリカ精神医学会の診断基準第５版（DSM５）をもとに図式化したもの。
※障害の出かたや程度はさまざまで、いくつかが重なっていることもある。

発達障害が疑われる乳幼児の様子

乳幼児の特徴なのか、発達障害なのか……。気になる様子が見られたら健診の機会に相談を

　発達障害はなかなか判断しづらいもの。特に乳幼児期は、育てにくさが幼児特有のものなのか、障害なのかを見きわめるのは難しいですね。

　親は「障害であってほしくない」という気持ちもありますから、むずがる子どもへ、つい厳しく接してしまうこともあります。

　難しいことですが、赤ちゃん時代から左にあげるような強いこだわりや変わった様子が見られたら、健診などの機会に相談してみてください。

★睡眠のサイクルがいつまでも定まらない

一般的に生後3～5カ月で昼夜の区別がついて睡眠サイクルができてきます。睡眠のサイクルは脳の発達と関係しますが、発達障害では脳の機能にうまく働かないところがあることがわかっています。睡眠サイクルの不定は、重要な兆候の一つと考えられます。

★非常に激しい夜泣きが続く

夜泣きは、特別心配することではありません。昼間興奮したり、体調が悪かったりすると特に、激しくなるかもしれません。しかし、突然激しく泣き叫びながら起きる、泣き方が激しくて汗をかくなど、「普通ではないな」と感じる夜泣きが続くのは要注意です。

★偏食、小食の度合いが極端

単なる「好き嫌い」のレベルを超えた偏食や小食です。ご飯やうどんといった白いものしか食べない、決まった食感でないと口に入れないなど、こだわりの度合いが非常に強い場合は要注意。極端に小食で、食べ物に全く興味を示さないこともあります。

★母親や周囲となじまない、母親と離れても泣かない

子どもだけを部屋に残して母親がいなくなっても平気です。しばらくして母親が部屋に戻っても、母親を見ようとしません。黙々と好きなことをしています。授乳の際も母親の目を見ようとしません。母親以外の家族や周囲の人へも関心を示しません。こうした様子が見られたら自閉症の傾向が。

★言葉が出ない、言葉で意思疎通ができない

0才代にはあまり泣かず、手がかからない子だと思われることも。1才～1才半ごろにはいくつか単語が出るようになる子が多いのですが、言葉がなかなか出てこなかったり、出てもオウム返しだったり意味不明な言葉だったりするときは、注意が必要です。

★抱っこをいやがる

そっくり返っていやがるので、非常に抱きづらい赤ちゃんがいます。おすわりをしていると急に後ろにひっくり返ることもあります。歩き回るようになると、クルクルその場で回ったり、手をパタパタさせるなどの不思議な動きをすることがあります。

★特定のものへのこだわりがとても強い

扇風機をじっと見るなど、回るものが好きで、興味を示します。またキラキラ光るものも大好きです。おもちゃで遊んでいても、そのおもちゃ本来の遊び方をしません。自動車のタイヤをクルクル回し続け、母親の声かけにも反応しないことがあります。自閉症の特性と考えられる場合が多いようです。

★落ち着かない、じっとしていられない

握っている手を振りほどいて、いきなり飛び出し、どこまでも走って行ってしまいます。「待ちなさい！」と声をかけても振り向きませんし、迎えに行かない限り自分からは戻ってきません。手を離すことができず、道路や人混みなど、危険な場所では抱えるか、背負うしかなくなります。

もしかしたら……？と感じることは大切です

わが子が発達障害かもしれない、とは考えたくないものです。でも、「もしかしたら？」と感じることはとても大切。その小さな疑いを抱きながら子どもをよく観察し、その子の成長に一番有益な接し方を探しましょう。

発達障害かな？と思ったら

1 普通のしつけを根気よく、スモールステップで行う

発達障害の子は、社会の中で「不適切」とされる行動をしがちです。でも、不適切な行動を見つけて正していくのは、障害のない子のしつけでも同じことですね。では、何が違うのか。違いは「普通の子育てにくらべて5倍根気よく、〝スモールステップ〟でしつけを行う」ということです。

発達障害の子のしつけでは、少しがんばったらできるレベルのことを目標に、具体的に何をすればいいのかを教え、それができたらほめるということを繰り返します。

あれもこれもと欲張らず、社会の中で生きていくために必要なことを時間をかけて教えていく。普通のしつけを、普通の子よりもう少していねいに、根気よく伝えていく。そんな親の姿勢があれば、きっと子どもはのびのびと成長できるでしょう。

2 信頼できる相談先、相談者を見つける

発達障害かもしれないと思ったら、ひとりで悩まずに専門機関に相談しましょう。発達障害の子を支援する機関や団体はたくさんあります。

1カ所に決める必要はありません。この人なら信頼できる、ここなら安心して相談できるというところが見つかるまで、いろいろな場所に顔を出してみましょう。

身につけさせたいことは発達障害があってもなくても同じ

やってよいことと悪いことの判断

乱暴をしない、暴言をはかない、人のものをとらない。してはいけないことには毅然とした態度を。

がまんする力

おやつは「○○が終わったら」と約束した時間までがまんさせるなど、何でも思いどおりにはさせないこと。

人の気持ちを理解する能力

発達障害の子は苦手です。絵本を読みながら主人公の気持ちを代弁するなど、毎日の積み重ねを。

感情をコントロールできること

怒ったときにはものを投げつけるのではなく、言葉で「いやだ」と伝えること。根気よく伝えましょう。

さまざまな相談先

★児童相談所

子どもに関する相談の総合的な窓口。発達検査や診断、支援機関の紹介も。

★教育相談機関

教育センター、教育研究所など。臨床心理士などが相談に応じます。

★発達障害者支援センター

各都道府県に順次作られています。発達障害者支援のシステム作りを担当。

★医療機関

小児神経科、児童精神科がいいでしょう。かかりつけ医に紹介してもらいましょう。

★保健所、保健センター、健康サポートセンター

健診や育児相談を行っている、身近な相談機関。地域の自治体が運営しています。

★子ども家庭支援センター、子育て相談センター

子育てに関する相談や、発達の相談に応じてくれます。

★幼児教育支援センター

各地域に整備され始めています。

★地域の療育センター、民間の療育機関

名称はさまざまですが、心身に障害がある子どものための機関です。

3 適切な接し方を実践する

発達障害の子は「根気よく、わかりやすく」教えるのがポイント。では具体的に、どのような接し方をすればいいのでしょうか。いくつかのヒントをご紹介します。

これらの接し方は、発達障害のない子のしつけにももちろん有効です。ゆっくり、じっくり、そして目的意識を持って、しつけを実践しましょう。

伝えたいことをわかりやすく伝える工夫を

「ダメ」ではなく、「これはママのだよ。こっちで遊ぼうね」など、具体的にどうしたらよいかを伝えます。

さわってはいけないものや場所には大きな×印をつけておくなど、絵や写真、記号など視覚的な情報を。

一度にたくさんのことを伝えないこと。伝えることは一度に1つ。短い文章で、はっきりと伝えます。

感情的にならず、落ち着いて伝えます。ダラダラとお説教をしても伝わりません。簡潔に、明確に。

時間がかかることを織り込んだ「スモールステップ」を心がける

歩きたくないと駄々をこねて大泣きになるなら「10歩抱っこするから5歩は歩こうね」と提案する。

実際には1～2歩しか歩けなくても、ほめる。これを繰り返す。ゲーム感覚で楽しくトライさせる。

自分で歩く歩数を少しずつ増やす。「あの信号まで歩こうね」などと、目標を示すのもよい。

変化や新しいことは前もって伝える

変化を不安に感じます。「明日この人が来るよ」と写真を見せるなど、前もって伝えます。

頭ごなし、高圧的な言い方をしない

力で押さえつけるような話し方は恐怖心しか与えません。子どもはパニックになることも。

言いなりにならず、お互いに譲歩し合う

ダメなものダメと伝える。でも、「家の中で30分ならOK」など、譲れるところは譲って。

善悪の基準をブレさせない

前ダメだったことが今日はいい、となると混乱します。親の気分で善悪の基準を変えない。

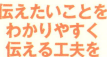

イザというときにあわてない

検査・入院の基礎知識

小さな子どもの検査や入院には、不安がつのります。落ち着いて対処できるように、基本的な知識を身につけておきましょう。

検査

気になることは事前にしっかり聞きましょう

「検査が必要」と言われると、不安になりますね。でも、不必要な検査はしませんし、子どもの体への負担は最小限になるように考慮されています。

検査をすることになったら、「なぜ必要なのか」「どんな検査なのか」「事前の注意」を必ず確認しましょう。わからないことはそのままにせず、納得するまで聞くことが大事です。

尿検査

赤ちゃんは乳児用の採尿パックをつけて

尿にはさまざまな情報が入っています。かぜなどの身近な病気から、尿路感染症や腎臓病、先天性の糖尿病なども尿検査で確認します。赤ちゃんの採尿は乳児用の採尿パックを使います。粘着テープのついたビニール袋を、赤ちゃんの股に貼りつけて採尿します。

乳児用の採尿パック。粘着テープで股に貼って使用します。上からおむつをしてもOK。

検査メモ

こんな症状が疑われるとき

- かぜ以外の感染症
- 腎臓病
- 糖尿病
- 脱水、自家中毒　など

検査にかかる時間

不定

痛み

ありません

血液検査

手や足の甲から採血することも

熱がなかなか下がらないとき、アレルギーの程度やアレルゲンを調べるときなどに行います。採血は注射器で行います。ムチムチとした赤ちゃんの腕は採血しにくいため、専用の注射器で手や足の甲から血を取ることもあります。

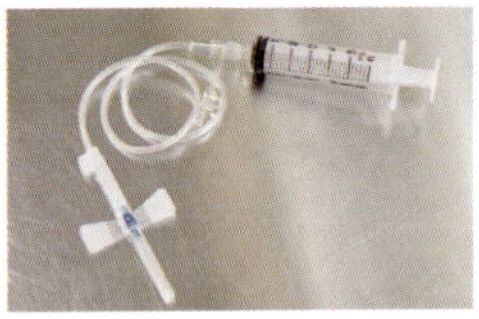

針を細くし、痛みが軽減するようになっている「トンボ針」。

検査メモ

こんな症状が疑われるとき

- かぜ以外の感染症
- 脳炎、髄膜炎
- アレルギー　など

検査にかかる時間

ごく短時間

痛み

針を刺すときにチクッとします

X線検査

乳幼児用の専用台を使う病院も

X線と呼ばれる放射線を照射し、体の中を調べます。肺や心臓の炎症や肥大、骨折、脱臼の有無も確認できます。放射線に抵抗を感じるかもしれませんが、検査での1回の被ばく量は微量。心配はいりません。検査は短時間ですが、赤ちゃん専用の台がある病院も。

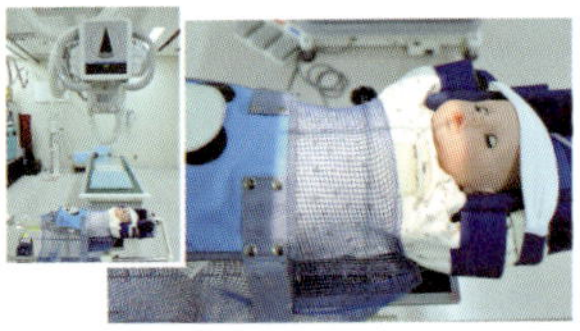

体はネットで、頭と腕はベルトで固定する専用台。生殖腺のプロテクターも装着します。

検査メモ

こんな症状が疑われるとき

- 肺炎、肺結核
- 心臓疾患
- 股関節脱臼　など

検査にかかる時間

ごく短時間

痛み

ありません

CTスキャン

麻酔で眠らせて撮影することも

X線検査と同様に、微量の放射線を照射して調べます。X線検査は平面的ですが、CTスキャンは立体的に体の中を調べます。乳幼児がこの検査を受けるケースでこわいのが、転落による頭部外傷。念のため麻酔で眠らせて行う病院もあります。

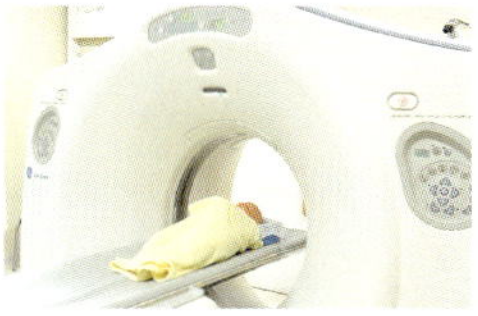

CTスキャンの撮影は短時間ですが、動いたり、泣いたりしないよう、麻酔で眠らせて行うことも。

検査メモ

こんな症状が疑われるとき
- 腫瘍
- 肺結核
- 頭部外傷　など

検査にかかる時間
頭部の撮影で１分ほど

痛み
ありません

脳波検査

てんかんの診断には必ず行われる検査

脳が発している電気信号の様子を調べます。てんかんの診断、てんかん発作の型の見きわめには必ず行われます。検査では電極を頭部につけ、起きているときと寝ているとき、1時間ずつ行います。痛みはありませんが、違和感で泣いてしまう子もいます。

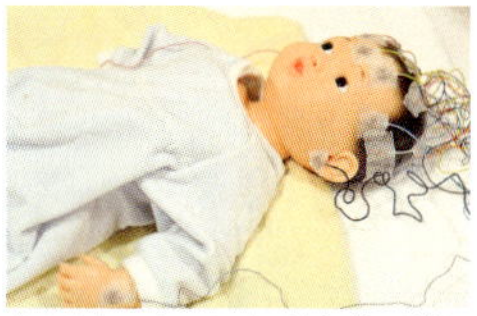

痛みはありませんが、違和感や恐怖心が軽くなるように、ママやパパがそばにいてあげましょう。

検査メモ

こんな症状が疑われるとき
- てんかん
- 頭蓋内の病気
- 頭を打ったあと　など

検査にかかる時間
寝ているときと起きているときで各１時間ぐらい

痛み
ありません

心電図

電極の誘導には細いシートを使います

心臓の発する電気信号を調べます。心臓の病気が疑われるときに行います。短時間の検査ですが、興奮していると正しく測定できないので、必ず落ち着いた状態で行います。体の小さな赤ちゃんは、心臓付近の面積が小さいので、細いシートで電極を誘導します。

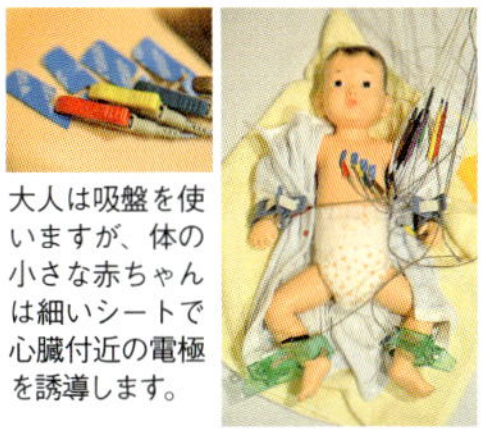

大人は吸盤を使いますが、体の小さな赤ちゃんは細いシートで心臓付近の電極を誘導します。

検査メモ

こんな症状が疑われるとき
- 心臓疾患　など

検査にかかる時間
数分間

痛み
ありません

皮膚テスト

アレルギーの原因物質特定のために行います

どのような物質にアレルギー反応を起こすのか、皮膚に刺激を与えて確認します。いくつか方法がありますが、最も一般的なのは、ごく微細な傷をつけた皮膚にアレルギーの原因物質のエキスをつけて反応を見る、プリックテストやスクラッチテストです。

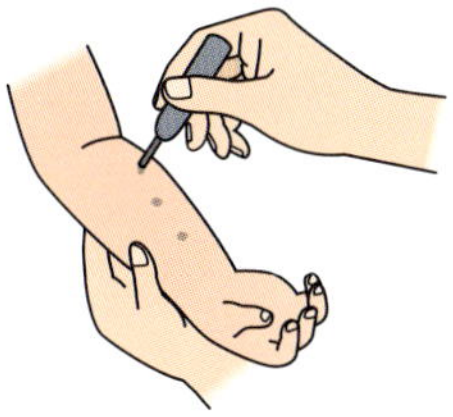

食物除去試験・負荷試験

自己診断せず、医師の指導のもとで

食物アレルギーの検査である「除去試験」はアレルギーが疑われる食物を一定期間食べないで症状の変化を見ます。除去試験で目安がついたら、アレルゲンと思われる食物を徐々に与える「負荷試験」を行います。どちらも医師の指導で行います。

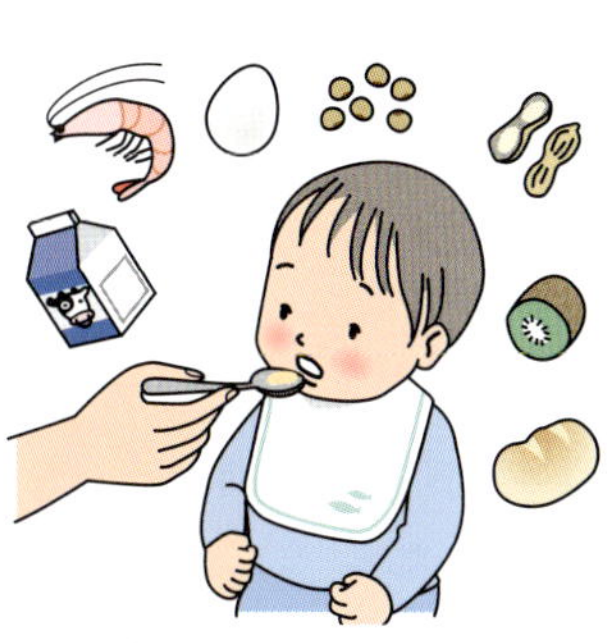

肺機能検査・ピークフロー検査

検査ができるのはある程度の年齢から

肺がどの程度機能しているか、吐き出す息の量や勢いで呼吸する力を調べます。多くはぜんそくの重症度を調べるために行います。検査は、医師の指示がわかる5～6才から受けられます。ピークフローメーターなら3才ぐらいから。

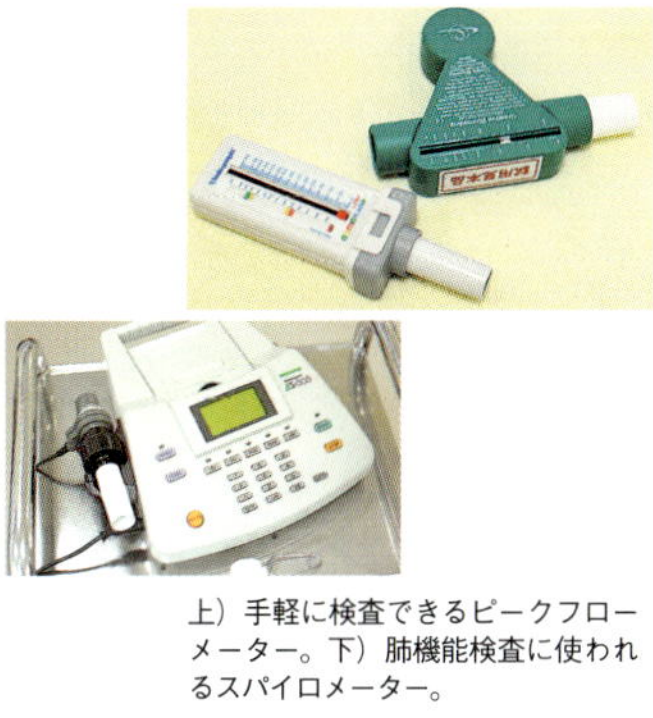

上）手軽に検査できるピークフローメーター。下）肺機能検査に使われるスパイロメーター。

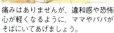

（入院）

病状が急激に進んで入院になることも

赤ちゃんの病気は、あっという間に症状が進むことがあります。そのため、入院は珍しいことではありません。特に低月齢の赤ちゃんは、危険な病気の可能性がないかどうかを確認するため、熱が出たその日のうちに入院になることもあります。

理由や期間などを医師に確認して

病状や治療内容を確認し、入院の必要性を親が理解することが大切です。たとえば大人なら数時間で終わる点滴でも、赤ちゃんは入院になることがあります。体に負担がないよう、ゆっくりと薬を入れるからです。疑問はそのままにせず、きちんと確認しましょう。

入院で心がけたい７つのこと

入院は急に決まることも多いもの。いざというときにあわてずにすむように、７つのポイントを押さえておきましょう。

1 看護師に持ち物を確認

入院が決まったら、まず何を用意すればいいのかを、担当の看護師に確認しましょう。病院によっては持ち物が制限されることがあります。また、タオルやおむつなどは、病院にあるものを使うように指示される場合も。赤ちゃんの入院経験があるママたちによると、ベッドのシーツの上に敷く大判のバスタオルが役に立つようです。

2 病院の看護態勢をチェック

赤ちゃんの入院には親は当然つきそえると思いがちですが、病院によってはつきそいは昼間だけとか、面会時間に限る、というところも。限られた時間しかつきそえない場合、時間のやりくりをする必要があります。
24時間つきそいOKの病院では、熱をはかるのも、終わった点滴をはずすのも親、という場合も。病院の看護態勢をしっかり確認しておきましょう。

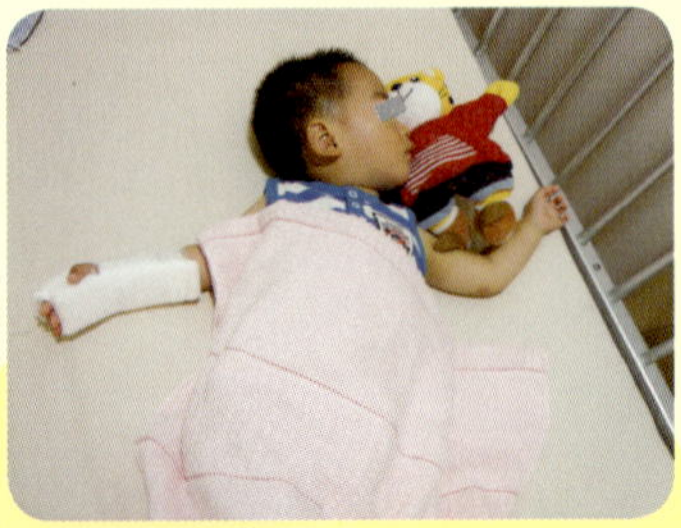

↑１才３カ月。点滴をしながら眠ってしまいました。

←アデノイド手術のために入院しました。病院でのお食事タイム。

3 点滴をするなら紙おむつは多めに

点滴をするとおしっこの回数が多くなります。紙おむつがなくなっても、赤ちゃんが泣くのでそばを離れられず、買いに行けないなどということも。点滴治療がある入院の場合は、普段使う量よりかなり多めに紙おむつを用意しておきましょう。ただし、病室のスペースは限られているので、お見舞いのときに届けてもらうなど、家族の協力態勢をつくっておくといいでしょう。

4 母乳を休む場合はおっぱいケアを

入院中の赤ちゃんの食事についても確認が必要です。母乳の場合は面会時間にあげていいところと、入院中は母乳ではなくミルクにするよう指示されるところがあります。面会時間以外に授乳が必要なら、あらかじめ搾乳しておいた母乳を預けておけば、看護師が飲ませてくれるところもあります。いずれにせよ、母乳を休む場合は、おっぱいケアを忘れずに。出が悪くなるとあとが大変です。

5 病院でのうっかり事故に注意

病院内でうっかり事故にあってしまうことがあります。最も多いのが、ベッドからの転落。赤ちゃんのそばを離れるときは、ベッドの柵は必ず上げましょう。つきそいができない病院なら、赤ちゃんの発達状態を具体的に伝えておくことが大切です。ベッド回りは狭く、普段赤ちゃんの手の届く範囲に置かないようなものも近くにあるので、誤飲事故にも注意してください。

6 夜泣き、あと追いは覚悟して

家では落ち着いていたのに、入院したら急に夜泣きがひどくなる赤ちゃんは多いもの。あと追いも激しくなることがあります。面会に来たパパが帰るときに大泣きする、などということも。赤ちゃんには入院の事情などわかりませんし、家とは違う環境にいてベッドの上で過ごしているのは、不安で仕方がないはずです。甘えが強くなるのは当然のことと受け止めて。

7 親は前向きな気持ちで

入院となると、毎日いっしょに過ごしていた赤ちゃんと過ごす時間が減ります。つきそい時間が限られている病院ではなおさらです。親は悲しかったり不安に思ったりするかもしれませんが、そんな気持ちは赤ちゃんに伝わります。心配でも前向きな気持ちで赤ちゃんに接したいもの。容体については、まめに医師や看護師に確認しましょう。ママやパパの笑顔で、赤ちゃんは安心します。

時期別・不安&気がかりQ&A

はじめての育児では、ささいなことが不安や心配のタネになります。実はたくさんのママ&パパが気になっている、時期別の気がかりをここで解消しましょう。

0~3カ月

Q 頭の形がいびつです。向きグセのせいでしょうか?

A 自分で首を動かせるようになると、少しずつ直ってきます

赤ちゃんの頭はとてもやわらかいので、いつも同じ向きに寝ているといびつな形になることがよくあります。明るいほうを向いて寝る本能もあるので、向きグセがつくことも。自分で首を動かせるようになれば自然と改善し、その子本来の頭の形になっていきます。

Q そり返りの度合いが強いような気がします

A いやがるときにグーンとそり返るのは、まず心配ありません

そり返りが強いと「脳性まひ?」と心配する人がいます。脳性まひの赤ちゃんのそり返りは、本人の意思とは無関係に体がかたく突っ張り、緊張するのが特徴です。抱っこをいやがってそり返る、ベッドにおろすと怒ったようにそり返る、などの状態なら、まず心配はありません。

Q 音がしているのに反応しないようです

A ときどきビクッとするようなら聞こえています

聞こえているはずなのに反応しないこともあります。3カ月ごろまでは、大きな音にときどきビクッと反応するようなら聞こえているでしょう。6カ月ごろになると、おもちゃなどを鳴らせばそちらを見たりします。ただし、どんな音がしても全く反応しないようなら、早めに小児科を受診して聴覚検査を受けましょう。

Q 耳の横に小さな穴があいています

A 胎児期に耳ができるときのなごり。膿んでこなければ大丈夫

胎児のころ、耳が作られる過程でくぼんだ皮膚が残ったためにできたものです。脂や汗がたまると白いものが出ることがありますが、基本的にそのままにしておいてかまいません。ただし、細菌感染を繰り返し、ウミが出てジクジクしてくるようなら穴をふさぐ手術をすることも。

Q しょっちゅうしゃっくりが出ます

A 低月齢の赤ちゃんにはよくあること。心配いりません

しゃっくりは横隔膜のけいれんで、生理的に起こる現象です。低月齢の赤ちゃんにはよく見られます。赤ちゃんは苦しいわけでもないので心配しないで。あまり長く続いて気になるようなら、抱き上げて背中をやさしくトントンしてあげてもいいでしょう。

Q 頻繁にくしゃみをします

A 睡眠や授乳に影響がないなら心配しないで

生後間もない時期の赤ちゃんでも、温度差やホコリなど、何らかの原因で鼻の粘膜が刺激されれば、くしゃみが出ます。かぜをひいているわけでもないのに、くしゃみをするのは珍しいことではありません。あまり頻繁なようなら、室内の環境を見直してみましょう。窓から冷たい空気が入ってきたり、ホコリっぽかったりしませんか？　くしゃみで眠れない、母乳やミルクが飲めない、といったことがなければ、心配することはありません。

Q 真っ赤な顔をしていきむのですが

A まだ何をするにも加減がわからない月齢です

生まれたばかりの赤ちゃんは、「何を、どのくらいすれば、どの程度できる」という加減がわかりません。この世界で何をするのもはじめてなので、うなることも、いきむことも、うまくできないのです。ときどきいきんでいるのは苦しいわけではなく、おそらく「いきんでみたいからいきんでいる」のでしょう。とりたてて心配することではありません。自分であれこれ試しているのだと思って、見守ってください。

Q ゲップが出ません。出ないまま寝かせても大丈夫？

A トントンしても出ないようなら寝かせてＯＫ

生後間もない赤ちゃんは母乳やミルクといっしょに空気を飲み込んでしまうため、飲んだあとはゲップをさせます。ただ、ゲップをあまりしない子もいます。じょうずに飲めているということなのかもしれません。しばらくトントンしても出ないなら、寝かせてかまいません。赤ちゃんののどを伸ばすようにあごを軽く上げ、少し前かがみの姿勢でトントンすると出やすくなるようです。

Q 車の振動が脳に影響することはありませんか？

A 月齢に合ったチャイルドシートでしっかり固定して

車の振動で脳の発達が阻害されることはまずありませんが、赤ちゃんを車に乗せるときには必ず月齢に合ったチャイルドシートを使いましょう。チャイルドシートには、車の振動を吸収して赤ちゃんに伝わりにくくしたり、振動から頭を保護する機能も備わっています。正しく確実に座席に固定し、定期的に点検することも忘れずに。安全のためにも助手席ではなく後部座席に装着しましょう。

Q 呼吸がとても速いように思います

A 呼吸数が1分間に50～60を超えず元気なら様子を見て

赤ちゃんの呼吸は、大人にくらべると速いもの。呼吸の機能が未熟なため、その不十分さを補うために速くなるのです。心配なら呼吸数を数えてみてください。1分間に50～60を超え、鼻がピクピクしていたり、うめいたりするようなら至急受診を。また、おっぱいやミルクの飲みが悪い、機嫌が悪いときにも早めの受診が必要です。そうした様子が見られず、機嫌がよく、おっぱいやミルクが飲めているようなら、心配はいらないでしょう。

Q 足をさわるといつも冷たいのですが

A 季節にもよりますが体をあたためる工夫をしてみて

季節にもよりますが、まずは体をあたためる工夫をしてみましょう。体が冷えると、内臓の熱を保とうとして手足に十分な血液が行き渡らずに冷たくなります。ですから、手足が冷たいときは、体の中心部をあたためると効果的。ベストを着せる、おなかにタオルを1枚かける、といった方法がおすすめです。ただし、赤ちゃんは体温調節機能が未熟なため、寒くなくても手足が冷たくなることが。汗ばむようならあたためすぎです。

4カ月～1才

Q おしっこに血のようなものが混じります

A おしっこに含まれる尿酸塩という成分の可能性が

おむつについた赤いしみは血液のこともありますが、暑い季節などにはおしっこに含まれる尿酸塩という成分が赤やピンクのしみに見えることがあります。小児科で診れば、すぐに血液かどうかはわかるので、何度も繰り返し見られる場合は、おむつを持って受診してください。

Q あやしても声を出して笑いません

A ママやパパが声をかけながら様子を見て

生後3～4カ月ごろからあやすと笑ったり、「あー、うー」と声を出したりするようになります。ただ、発達には個人差があるもの。妊娠中や分娩時に特にトラブルがなかったのなら、5カ月ごろまでは様子を見ましょう。ママやパパは「おはよう」「気持ちいいね」など、折にふれ積極的に声をかけてあげてください。

Q まっすぐにすわれないのは骨盤が弱いから？

A 生後4～5カ月ではまだ体をしっかりと支えられません

一般的には、6～7カ月ごろに寝返りやおすわりができるようになります。それ以前だとベビーカーに乗せても自分の体を長く支えられないので、まっすぐすわれないのは自然なこと。ほかに心配な症状がなく、普段から体がくにゃくにゃとやわらかい、あるいは突っ張っている、などの様子がなければ心配いりません。

Q はいはいのときに左右の足の向きが違います

A 関節の動きに問題がないなら心配いりません

はいはいのときに片足が体の下に入ったり、片足だけ曲げたりするのはよく見られること。健診で股関節や膝関節、足関節などの動きをチェックして問題ないようなら、クセのようなものと考えていいでしょう。はいはいをし始めたころ、たまたまそういう形でしてみたらやりやすかったなど、その子にとっては楽しいのでしょう。発達の異常ではないので心配いりません。

Q 早く歩き始めるのは足によくない？

A 無理に歩かせるのではなく、自分から歩くなら心配なし

歩き始める時期が早くても、足がO脚になるなど悪い影響はありません。自分から進んで立って、歩き始めたなら、心配せずに歩かせてあげましょう。歩き始めは足元が不安定で、ちょっと歩いてはすぐに転ぶ、ということを繰り返します。室内にある不要なものは片づけ、転倒でケガをしないように気をつけてください。

Q バイバイやちょうだいができません

A 大人のまねが苦手な子はなかなかしません

赤ちゃんは大人の行動を観察していて、大人に「バイバイね」と教えられることでまねをし始めます。大人のまねの中で最初にできるようになるのが「バイバイ」や「ちょうだい」ですが、まねっこの好きな赤ちゃんばかりではありません。興味を持たなければなかなかまねをしませんが、無理に教え込む必要はありません。

Q 小さなものがうまくつかめません
A のんびり屋さんなら1才半ぐらいまでつかまないことも

赤ちゃんが指先で小さなものをつかむのは、実はとても難しいこと。早い子でも9カ月ごろ、ゆっくりめの子なら1才半ぐらいでようやくつかめるようになります。食事や遊びを通じて自然に体が覚えていくことですが、この時期にできなくても全く問題ありません。もし赤ちゃんが小さなものをつかもうとしていたら、手を出さずに見守ってあげてください。そして、つかんだものを誤飲しないように、よく注意して。

Q 人見知りを全くしません
A 環境や性格によっては、人見知りをしない子もいます

人見知りが始まるのは、一般的には7～8カ月ごろ。見慣れない大人が近づくと大泣きして逃げたりします。いつもそばにいる家族と、ほかの人とが区別できるようになった現れなんですね。とはいえ、人見知りの度合いにはかなり個人差があります。大家族でにぎやかに育った赤ちゃんは人見知りをしないことも。もともとものおじしない性格という場合もありますから、人見知りをしないというだけで心配することはありません。

Q 意味のわからない奇声を上げるのは脳の障害？
A 言葉の発達段階で、のどや唇を使った音を出しています

聞きなれない奇声にギョッとするかもしれませんが、これは正常な発達のプロセスです。赤ちゃんの言葉の発達は、「あー」「うー」などの喃語から始まり、やがて「ぶー」「ばっばっ」などの唇を使った音や、「がー」とのどを鳴らすような音を出し始めます。意味のない音を繰り返したりしますが、この時期を過ぎると、だんだん意味のある言葉が出始めます。

Q 気に入らないことがあると床に頭を打ちつけます
A すぐに抱き上げてたっぷりとかわいがってあげて

これは「ヘッドバンギング」と呼ばれる行為で、大人にかまってもらえない赤ちゃんがすることが多いようです。大人は十分にかわいがっているつもりでも、赤ちゃんにとっては不十分だったり、タイミングが悪かったりすることも。よく観察していると、赤ちゃんが頭を打ちつけそうなタイミングがわかってきます。直前に抱き上げてあやし、なだめてあげると、少しずつ頭を打ちつけることは減ってくるでしょう。

Q 乳幼児突然死症候群を防ぐには？
A 禁煙と、かための布団で寝かせることを心がけましょう

1才ぐらいまでは、なるべくかたい布団で寝かせましょう。うつぶせ寝をさせないことも気をつけたいですが、なかにはうつぶせ寝が好きな子もいます。その場合はいっそう、赤ちゃんの顔が布団にうずまらないように注意しましょう。ほかに、禁煙する（赤ちゃんを煙にさらさない）、あたためすぎない、赤ちゃんと同じ部屋で寝る、なども予防のために大切といわれています。

Q 正確な血液型がわかるのはいつ？
A 1才を過ぎてからのほうが正確に調べられます

血液型を調べるときには、A型やB型の抗体があるかどうかを見ます。ただ、1才以前の赤ちゃんではその抗体を作る力が弱いので、本当はA型やB型なのにO型に出てしまうことがあります。「生まれたあとで血液型が変わる」と言う人がいますが、これは間違い。「生後すぐには正しく判定できないことがある」ということです。血液型を調べるなら、1才を過ぎてからのほうが確実な結果が得られると考えられます。

1〜2才

Q 離乳食よりおっぱいが好き。栄養が不安です
A 体重の増えが悪い場合は卒乳も視野に入れて

離乳食はそろそろ完了期に入る時期。母乳の栄養だけでは子どもの成長をまかない切れなくなってきています。1才を過ぎてもおっぱいメインの場合に、陥りがちなのが鉄分不足。まぶたの裏やつめが白っぽくなる様子があったら、鉄欠乏性貧血を起こしているかもしれません。体重の増えが悪く、1才で7kgに満たない場合や、母子健康手帳の体重・身長の基準値から大きくはずれるような場合には、卒乳も視野に入れて、早めに医師に相談しましょう。

体重が標準で貧血もないなら、しばらくは母乳を続けながら「気が向いたら食べる」という状態でもいいので、1日3回の離乳食を続けていきましょう。

Q しょっちゅう鼻血を出します
A 乳幼児は鼻の粘膜が薄く、鼻血を出しやすい

小さい子どもは鼻の粘膜が薄く、ちょっと鼻をいじったりぶつけたりしただけで鼻血が出ます。頻繁でもあまり心配はいりません。鼻血が出たら出血しているほうの小鼻を指で押さえ、顔を下向きにしてすわらせます。この状態で4〜5分押さえているとたいていは止まります。ただし、出血が大量だったり、処置すれば止まるというパターンを週に何度も繰り返す場合は、まれに重大な病気が隠れていることがあるので、小児科か耳鼻科を受診しておきましょう。

Q 毎朝、必ずせきが出ます
A 朝だけで元気も食欲もあるなら様子を見て

鼻や口から入ったホコリや雑菌は、気管支粘膜の「線毛」がキャッチし、たんとして吐き出されます。夜間にはこの働きが止まるのですが、朝になると再び動き出すため、朝はせきが出やすくなっています。せきが朝だけに限られていて元気で食欲があり、発熱などがなければ、様子を見ていていいでしょう。日中や夜間もせきが出る、発熱などの症状がある場合は受診しましょう。

Q 1才過ぎたのにまだ歩きません
A こわがり屋さんは最初の1歩が出にくいことも

ひとり歩きの時期は、早い子なら10カ月ごろ、遅いと1才半ごろと、7〜8カ月の差があります。体の発達のスピードとともに、性格によるところも大きいようです。大胆な子はたっちができるとすぐに1歩、2歩と踏み出しますが、慎重な子はなかなか最初の1歩が出にくいもの。こわがっているようなら、手をつないでゆっくり歩いてみてください。伝い歩きができているなら、発達上の問題はありません。遊びの中でじょうずに意欲を引き出してあげてください。

Q 何もないところで転びます
A 歩き始めは転ぶのが普通。ケガに注意して見守りましょう

1才ごろからひとり歩きができるようになりますが、よちよち歩きを始めたころは足元がおぼつかず、つまずいたり転んだりするのはごく自然なことです。分娩時にトラブルがなく、これまでの発育発達に特に問題がないのであれば、心配することはありません。転んだときにケガをしないように部屋の環境を整える、動きやすい服装をさせるなどの注意をして見守ってあげてください。

Q 手をつないで歩くと手首の骨がカクカク鳴ります

A 成長に伴いだんだん音がしなくなってきます

手首だけでなく、肩関節、肘関節などがポキポキ鳴る、音がする、という子は珍しくありません。子どもの関節は未熟で、大人にくらべるとゆるいことが多いため、音が鳴りやすくなっています。痛みやはれがないようなら、成長に伴い音はしなくなってきますから心配いりません。やわらかい関節をいためないよう、腕を強く引っぱったりひねったりしないように注意しましょう。

Q よだれが多いのは何かの病気？

A 歯が生える時期はよだれの量が増えることも

よだれの量には個人差がありますが、一般的に1才半ぐらいまでの、ちょうど歯が生えてくる時期によだれが増える赤ちゃんは多いものです。発育や発達の面でほかに心配な症状がなければ、問題はないでしょう。

ただし、食事をいやがったり、食欲が落ちたりしている場合は要注意。口内炎ができていて、そのせいでよだれが増えている可能性があります。口の中をよく観察してみましょう。

Q 健診で「顔色が悪い」と言われました

A 貧血のほか重大な病気が隠れていることも

まぶたの裏やつめが白っぽいなら、離乳食後期から1才過ぎによく見られる鉄欠乏性貧血かもしれません。この時期は血液も筋肉もいちじるしく量が増えるので、鉄分が足りなくなるのです。栄養バランスのよい食事を心がけますが、鉄剤が処方されることもあります。顔色の悪さに加え、あざが多い、頻繁に熱を出すなどの症状は、再生不良性貧血や急性白血病の可能性も。早めに受診しましょう。

Q 意味のある言葉が出てこないのですが

A 大人の言うことを理解しているようなら気長に待って

一般的には1才近くなると「ママ」「ワンワン」など、意味のわかる言葉が出始めます。しかし、言葉の発達は環境や性格に大きく左右されます。「これを持って行って」など大人の指示にこたえる、「ブーブー」と言ったら車のほうを向く、などの様子があるなら、そのうちにお話を始めるでしょう。本人は話したいのに、大人が先回りして行動してしまい、言葉が遅くなることもあります。

Q 休日や夜はずっとテレビがついています。発達に影響する？

A 言葉を覚える時期は特に、つけっぱなしは避けたいもの

テレビがずっとつけっぱなしになっている環境は、赤ちゃんにとっていいものではありません。特に、言葉を覚えて会話が始まるころの赤ちゃんには、周囲との「話しかける」「答える」というやりとりが何よりも大切です。テレビは一方的に情報を流すだけで、言葉のやりとりをすることができません。どの年齢でもつけっぱなしは避けたいですが、特に2才ごろまでは注意したいものです。

Q 寝相が悪いのですが、寝冷えしませんか？

A おなかが出ない工夫をしておくと安心です

夜中に気づくと布団におさまっていない！というのはよくあること。子どもは大人よりも暑がりなことが多いので、そのため、布団をかけすぎていないかどうかチェックしましょう。寝相は、成長とともに変わる子もいれば、変わらない子もいます。心配なら、おなかが出ないようにつなぎのパジャマを着せるなど、体を冷やさない工夫をしておきましょう。

3才以降

Q 指しゃぶりがやめられません

A 大人がそっと指をはずすなど、ソフトなかかわりが○

4～5才になってもまだ指しゃぶりをしていると、少し心配になりますね。指しゃぶりは不安の現れといわれることがありますが、必ずしも不安とは限りません。くやしさ、怒り、喜び、悲しみなど、不安以外の何らかの感情のシグナルである可能性があります。

また、家族とのかかわりが関係するという説もあります。下の子が生まれたなど、最近大きな環境の変化はありませんでしたか?

指しゃぶりは大人になってもしている人はいないので、そのままでもいつかはおさまるでしょう。そばにいる大人がそれとなく注意を促したり、そっと指をはずしたりするなど、ソフトにかかわると案外早くやめられるようです。

Q 左利きを直してもいいですか?

A 無理な矯正はしないほうがいいでしょう

子どもの利き手が決まってくるのは、だいたい3～5才です。それまではどちらが利き手なのかは不明なので、無理に矯正しないほうがいいでしょう。昔と違い、今は小学校でもわざわざ右手に直すことはしていません。

左手で問題なく生活しているのに右手使いを強要するのは、ストレスのもと。本人が右利きにしたいと思ったときに矯正の手伝いをしてあげればいいのです。

Q さしすせその発音がうまくできません

A ほとんどのケースで大人になるまでには直ります

おそらく機能的な問題ではなく、子どもの発音のあやまりでしょう。大人は感じませんが、子どもにとって難しかったり間違えやすかったりする発音があります。大人の話しかけ方でそうした発音を覚えるというわけでもないようです。ほとんどが大人になるまでに直りますが、そのままクセとして残ることもあります。日常生活にさしつかえがなければ、よしとしましょう。

Q 食べることが大好き。太りすぎが心配です

A 子どもの食生活を見直し、よい習慣をつけてあげて

離乳食を食べている間は基本的に問題はありません。しかし、幼稚園や小学校で活発に運動する年ごろになっても太っているのは少し問題です。肥満は生活習慣病と結びついていくからです。

子どもは大人が用意した食事をとっているわけですから、食事内容を健康的なものにするのは大人の責任。間食やジュースを安易に与えるのはやめ、3食よくかんで食べるメニューを工夫しましょう。

Q 会話ができていたのに言葉に詰まるようになりました

A 言葉の発達のプロセスととらえ見守ってあげて

3～4才ごろの子どもは好奇心旺盛で、見たり聞いたり感じたりしたことを早く言葉にしたい気持ちでいっぱい。でも、まだボキャブラリーが少なく、発音もたどたどしいため、言葉に詰まったりどもったりすることがよくあります。

気にして言い直させたりしていると、子どもは自信をなくして萎縮してしまいます。いずれスムーズに話すようになるので、おおらかに見守ってください。

Q 牛乳が嫌いで飲みません。カルシウム不足が心配

A チーズやヨーグルトをとる、牛乳を調理に使うなどの工夫を

牛乳が嫌いで飲まない子に飲ませるのは、難しいですね。でも、乳製品は子どもにとって大切なカルシウムを豊富に含んでいるので、できればとらせたいものです。チーズやヨーグルトなどが食べられるのなら、おやつなどに取り入れましょう。ホワイトソースやスープなど、牛乳を調理に使うのも手。そのままでは飲まなくても、調理されたものなら食べてくれるかもしれません。

Q 夜になると「足が痛い」と言って泣き出します

A 心理的な問題かも。リラックスしておさまるのを待って

骨が成長するときに感じるのが「成長痛」。夜に痛みが起きるのが特徴で、左右両方の足が痛みます。ただ、一般的に成長痛は思春期に起こるもので、幼児期の痛みは心理的な要因が大きいともいわれます。痛みが起きたら、さすったり温湿布したりして、リラックスしながら痛みが引くのを待ちましょう。昼間も痛む、どちらか片方だけが強く痛むなどなら、念のために受診したほうがいいでしょう。

Q いびきと歯ぎしりがひどいのですが

A 副鼻腔炎や扁桃肥大などの可能性も

子どものいびきは、鼻やのどに病気がある可能性があります。周囲が気になって眠れないほどひどいいびきをかくようなら、一度耳鼻科を受診しましょう。副鼻腔炎、アデノイド、扁桃肥大などの可能性があります。

歯ぎしりは、する人としない人がはっきり分かれていて、する人は子ども時代からずっと続きます。体調やストレスにはあまり関係がないようです。

Q 昼間、しょっちゅうトイレに行きますが病気でしょうか？

A 心因性の頻尿の可能性があります

「頻尿」の原因の多くは、心因性のものです。子どもの性格にもよりますが、トイレトレーニングが厳しすぎたり、下の子が生まれるなど環境が大きく変わったりすると、心理的な負担が大きくなってしまうのです。そうなると神経が緊張し、膀胱に少し尿がたまっただけでおしっこがしたくなってしまいます。原因となる不安や緊張のもとをつきとめ、それを解消してあげることが必要です。

Q 夜中に急に起きて歩き回り、大声を出します

A あまり頻繁なようなら不安や恐怖の原因をつきとめる必要が

これは「夜驚症」といわれるもので、睡眠のパターンが大人に近づく3〜6才に多く見られます。起こそうとしても目は覚まさず、返事はするのに本人に記憶はありません。心配事や体調不良が引き金になりますが、たまに起きる程度ならほうっておいてもじきにおさまります。あまりにも頻繁なら、不安や恐怖を感じるもの、緊張を強いられる要因をつきとめ、解消するように努めてください。

Q しょっちゅうおちんちんをいじっています

A やみくもにしからず、別の興味を持つように仕向けましょう

単なる好奇心ではなく、退屈や不安をまぎらわせようとしているようなら、日常生活を見直してみましょう。子どもは本来、活発に活動し、退屈や不安を感じるひまはないはずです。親が率先して遊び相手になるなど、子どもの関心が別に向くように仕向けてみて。そして、性器いじりをやみくもにしからないこと。かえって意地になったり、性への罪悪感を持ったりすることがあるからです。

PART 4

予防接種と定期健診

子どものすこやかな成長に欠かせないのが、予防接種と健診です。
内容をきちんと把握して、ぜひ積極的に受けましょう。
多くのママ＆パパが不安に感じる疑問も解消します。

※予防接種の内容は、2020年10月現在の情報に基づいています。

予防接種の基礎知識

予防接種は種類が多く、接種時期や回数、受け方もさまざま。
しっかりと基本を理解して、赤ちゃんをこわい病気から守りましょう。

赤ちゃんがかかると重くなる病気を防ぎます

赤ちゃん時代には、かかりやすい病気がたくさんあり、その中にはかかると症状が重くなって深刻な後遺症を残したり、命にかかわるようなものがあります。予防接種は、こうした病気に赤ちゃんが感染しないように、たとえかかったとしても軽くすむようにという目的で作られました。病原体の毒性を弱めたりなくしした状態にしたワクチンを体内に入れ、病気に軽くかかった状態をつくって、病気に対する抗体を体の中につくるのが、予防接種のしくみです。

6才までに11種類の予防接種を受けておきたい

6才までの子どもが受けておきたい予防接種は、全部で11種類（P.161の表参照）。防ぐ病気は、11種類以上です。予防接種がある病気の中には、今はかかる人がほとんどいない病気もありますが、それはみんなが予防接種を受けて、発生が抑えられているから。病原体自体はなくなっていないので、予防接種を受けない人が増えると、その病気がまた流行する可能性があります。予防接種は赤ちゃんの健康を守るだけでなく、社会全体の人々も守っているのです。

0才代に受けたい予防接種は6種類（+インフルエンザ）

B型肝炎	計3回
ロタウイルス	計2回または3回
ヒブ	計3回
肺炎球菌	計3回
四種混合	計3回
BCG	計1回

計15回（または16回）

インフルエンザを受ける場合は
計17回（または18回）

1才代に受けたい予防接種は6種類（+インフルエンザ）

ヒブ	追加接種1回
肺炎球菌	追加接種1回
四種混合	追加接種1回
MR（麻疹風疹混合）	計1回
水ぼうそう	計2回
おたふくかぜ（任意）	計1回

計7回

インフルエンザを受ける場合は
計9回

おおまかな流れをつかもう

2才までの接種スケジュールのイメージ図

月齢 1 2 3 4 5 6 7 8 9 10 11 1才 1 2 3 4 5 6 7 8 9 10 11 2才

接種集中期1

６カ月までの集中期を逃さないのがポイント

同時接種を取り入れながら、規定回数を接種

- B型肝炎2回
- ロタウイルス 2回または3回
- ヒブ3回
- 肺炎球菌3回
- 四種混合3回
- BCG1回

●B型肝炎追加接種

接種集中期2

１才過ぎたらなるべく早く

- MR
- 水ぼうそう
- おたふくかぜ

忘れずに追加接種

- ヒブ
- 肺炎球菌
- 四種混合

●インフルエンザ（流行期に２回接種）

これはイメージ図なので、個々の事情により変わってくるでしょうが、集中期は２回。生後６カ月ぐらいまでと、１才を過ぎて間もなくです。０才代の集中期は同時接種を取り入れないと、すべて受けるのは難しい回数です。

予防接種って

本当に効果があるの？

根拠その１ 予防接種の普及で病気が激減

病名	1950年前後の年平均死亡者数	最近数年間の年平均死亡者数
百日ぜき	1万～1万7000人	0～3人
ジフテリア	2000～3800人	0人
破傷風	2000人	5～10人
ポリオ	数百～1000人	0人
はしか	数千～2万人	0～5人
日本脳炎	2000人前後	0～2人

※「国民衛生の動向」ほかより

約60年前には、予防接種の制度が不十分だったため、表のような病気で亡くなる人が多数いました。予防接種を受ける人が増えるにつれ、病気にかかる人は減少。近年、これらの病気で亡くなる人は激減しています。

根拠その２ 定期接種化されたヒブや肺炎球菌の感染症が減少

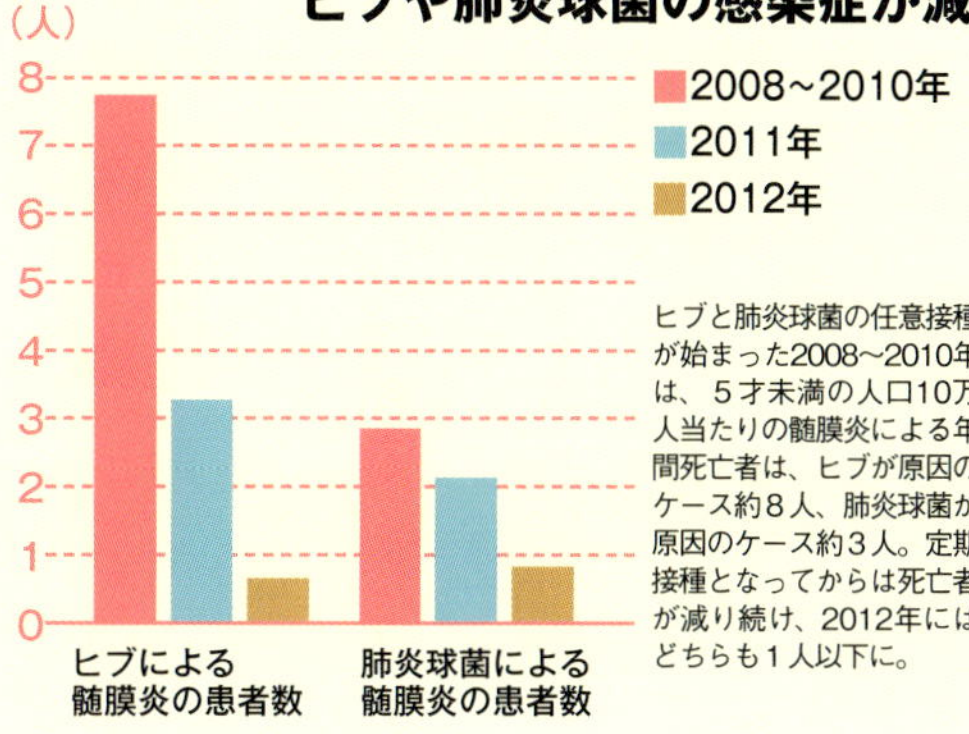

ヒブと肺炎球菌の任意接種が始まった2008～2010年は、５才未満の人口10万人当たりの髄膜炎による年間死亡者は、ヒブが原因のケース約８人、肺炎球菌が原因のケース約３人。定期接種となってからは死亡者が減り続け、2012年にはどちらも１人以下に。

じょうずな受け方　３つのポイント

1 スケジュールはかかりつけ医と相談

スケジュールの組み方や日程の変更方法、スケジュールが狂ったときの立て直し方などは、小児科で相談を。赤ちゃんの健康状態や体質を知っているかかりつけ医なら、的確にアドバイスをしてくれるでしょう。

2 集団接種を逃さない

多くの自治体で集団接種が行われているのは、主にBCG。その接種日程を確認し、逃さないようにしましょう。定期健診の際に、集団接種が行われることが多いようです。

3 同時接種を取り入れる

同時接種とは、同じ日に複数のワクチンを接種すること。特に1才までは受ける予防接種が多いので、効率的に予防接種を受けるためにも同時接種をうまく取り入れましょう。かかりつけ医によく相談して。

こんな点にも注意！

予防接種をじょうずに受けるには、重症化しやすい病気やそのとき流行している病気を優先することも大切。また、ワクチンの種類により、次の接種までの間隔が違うので、しっかり確認して効率よく受けましょう。

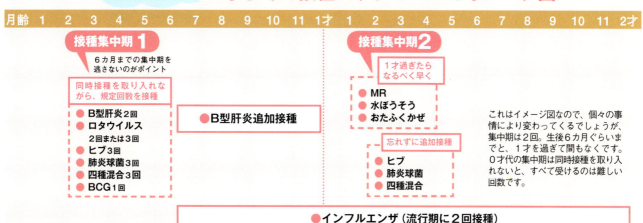

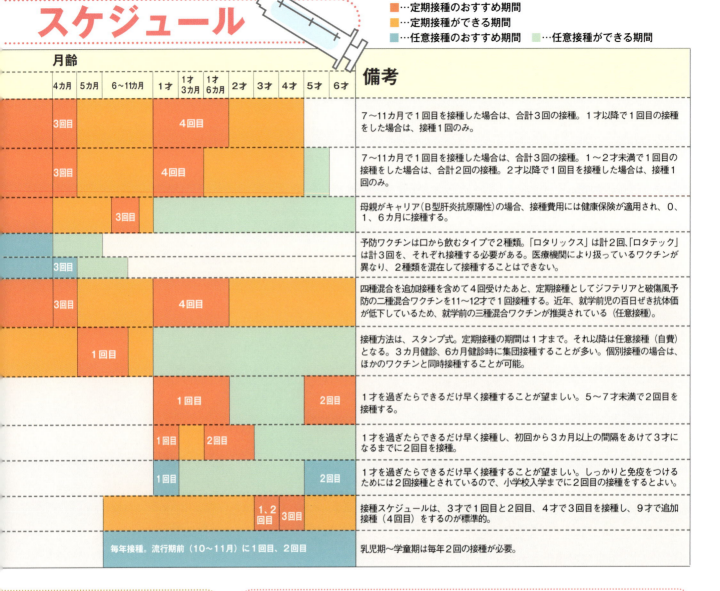

スケジュール

■…定期接種のおすすめ期間
■…定期接種ができる期間
■…任意接種のおすすめ期間　■…任意接種ができる期間

月齢	4カ月	5カ月	6～11カ月	1才	1才 3カ月	1才 6カ月	2才	3才	4才	5才	6才	備考
	3回目				4回目							7～11カ月で1回目を接種した場合は、合計3回の接種。1才以降で1回目の接種をした場合は、接種1回のみ。
	3回目			4回目								7～11カ月で1回目を接種した場合は、合計3回の接種。1～2才未満で1回目の接種をした場合は、合計2回の接種。2才以降で1回目を接種した場合は、接種1回のみ。
			3回目									母親がキャリア（B型肝炎抗原陽性）の場合、接種費用には健康保険が適用され、0、1、6カ月に接種する。
												予防ワクチンは口から飲むタイプで2種類。「ロタリックス」は計2回、「ロタテック」は計3回を、それぞれ接種する必要がある。医療機関により扱っているワクチンが異なり、2種類を混在して接種することはできない。
	3回目											
	3回目				4回目							四種混合を追加接種を含めて4回受けたあと、定期接種としてジフテリアと破傷風予防の二種混合ワクチンを11～12才で1回接種する。近年、就学前児の百日ぜき抗体価が低下しているため、就学前の三種混合ワクチンが推奨されている（任意接種）。
		1回目										接種方法は、スタンプ式。定期接種の期間は1才まで。それ以降は任意接種（自費）となる。3カ月健診、6カ月健診時に集団接種することが多い。個別接種の場合は、ほかのワクチンと同時接種することが可能。
				1回目						2回目		1才を過ぎたらできるだけ早く接種することが望ましい。5～7才未満で2回目を接種する。
				1回目		2回目						1才を過ぎたらできるだけ早く接種し、初回から3カ月以上の間隔をあけて3才になるまでに2回目を接種。
				1回目						2回目		1才を過ぎたらできるだけ早く接種することが望ましい。しっかりと免疫をつけるためには2回接種とされているので、小学校入学までに2回目の接種をするとよい。
								1、2回目	3回目			接種スケジュールは、3才で1回目と2回目、4才で3回目を接種し、9才で追加接種（4回目）をするのが標準的。
			毎年接種。流行期前（10～11月）に1回目、2回目									乳児期～学童期は毎年2回の接種が必要。

予防接種の種類

定期接種

国が接種をすすめ、万一の事故の際には予防接種法による救済措置がとられるもの。現行ではB型肝炎、ヒブ、肺炎球菌、ロタウイルス、四種混合、BCG、MR（麻疹風疹混合）、水ぼうそう、日本脳炎がこれに当たります。決められた期間内なら無料で受けられます。

任意接種

定期接種以外のワクチン。おたふくかぜ、インフルエンザがこれに当たります。日本では任意接種ですが、海外では定期接種の扱いになっているものが少なくありません。任意接種は自費で受けますが、自治体によっては補助制度を設けています。

ワクチンの種類

生ワクチン

病原体の毒性を弱めたもので、十分

6才までの接種時期がひと目でわかる 予防接種

■…定期接種
■…任意接種

ワクチン名（予防する病気）	ワクチンの種類	必要な接種回数	6週	2カ月	3カ月
ヒブ（細菌性髄膜炎などのヒブ感染症）	不活化	3回＋追加1回		1回目	2回目
肺炎球菌（細菌性髄膜炎などの肺炎球菌感染症）	不活化	3回＋追加1回		1回目	2回目
B型肝炎	不活化	3回		1回目	2回目
ロタウイルス（ロタウイルス性胃腸炎）	生	2回		1回目	2回目
	生	3回		1回目	2回目
四種混合（ジフテリア、百日ぜき、破傷風、ポリオ）	不活化／トキソイド	3回＋追加1回		1回目	2回目
BCG（結核）	生	1回			
MR（はしか、風疹）	生	2回			
水ぼうそう	生	2回			
おたふくかぜ	生	1回（2回）			
日本脳炎	不活化	4回			
インフルエンザ	不活化	毎年2回			

な抗体ができるのに約1カ月かかります。生ワクチンの注射どうしの間隔は4週間あける必要があります。

不活化ワクチン
病原体の毒性をなくし、免疫をつけるのに必要な成分だけを取り出したワクチン。十分な免疫を得るには、何回か受ける必要があります。

トキソイド
病原体の毒素を取り出し、毒性をなくしたもの。十分な免疫を得るには、何回か受ける必要があります。

予防接種の受け方とワクチン一覧

予防接種は、赤ちゃんの健康に直接かかわること。種類や内容、受け方などをチェックし、準備を整えて受けましょう。

1 接種日を決める

★ かかりつけ医に予約

受けたいワクチンと希望の時期を伝えて、スケジュールを相談します。かかりつけの小児科で、健診のときなどに相談しましょう。

★ 集団接種の場合は

接種は、決まった日程で行われます。予備日を含めた日程が事前に知らされるはずですが、わからなければ、保健センターなどに確認を。

2 ワクチンの内容を理解する

前もってワクチンの説明や、接種時の注意書きなどが配布されます。内容をよく読み、疑問点や不明点は、しっかり確認し、わからなければ保健センターなどに聞きましょう。

3 当日は事前に予診票に記入し、体調チェック

予診票は、前もって記入をすませておきます。当日は書きもれがないか確認し、赤ちゃんに変わったところはないか、体調をよく見ておきます。念のため、家でも検温を。

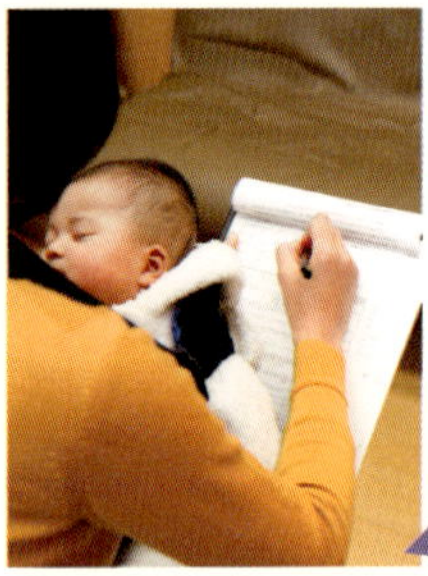

4 会場で検温と問診

受け付けのあと、検温します。37.4度以下なら問診へ。37.5度以上の場合は、医師に相談します。医師は予診票を参考に質問して診察し、接種できるかどうかを判断します。

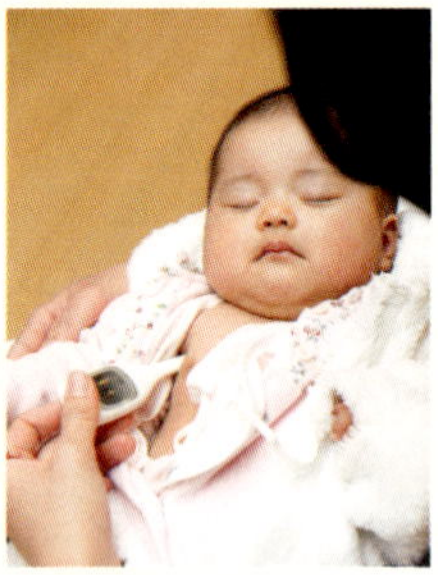

5 接種

問診と診察で体調に問題がないとわかったら、いよいよ接種。ほとんどの予防接種は注射ですが、BCGは腕にスタンプを押しつけ、ロタウイルスはワクチン液を飲み込ませます。

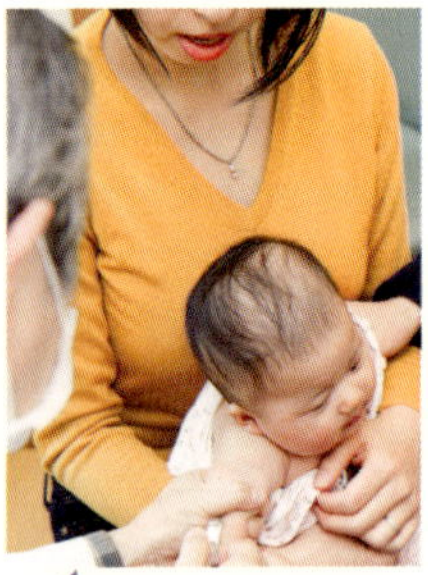

6 しばらく接種場所で様子を見る

接種後、たいていは30分ほど会場で過ごすように言われます。これは、急な副反応が起きないかどうかを見るためです。

帰宅後は

接種後の生活は、いつもどおりでOK。お風呂も入れますが、激しい運動は避け、ゆったり過ごしましょう。母子健康手帳で予防接種記録や次の予定を確認しましょう。

定期
肺炎球菌

予防する病気

細菌性髄膜炎などの肺炎球菌感染症

回数

３回＋追加１回

接種時期の目安

２カ月から27日以上の間隔をあけて３回接種。その後60日以上あけて、１才～１才３カ月で追加を１回接種

副反応

約30％に38度以上の熱が出ることが。ただし、ほかのワクチンとの同時接種が原因で副反応が起きやすくなるわけではありません。38度以上の熱が続いたり、高熱でぐったりするようなときは、病院へ。

ヒブと同時接種で、２カ月から受けるのが理想

肺炎球菌が引き起こす細菌性髄膜炎などの病気は、月齢が低い赤ちゃんがかかるほど重くなるので、早めの接種がおすすめです。２カ月から１才までに３回接種するため、ヒブや四種混合などと同時接種で受けると効率的。ヒブと同じく、接種開始が「７カ月以上１才未満」「１才以上２才未満」「２才以上」のときは、それぞれ合計の接種回数が違ってくるので、該当する場合は確認しておきましょう。

２才以下でかかると重症化しやすい

肺炎球菌が入り込んだ場所により、細菌性髄膜炎、肺炎、中耳炎、菌血症などを引き起こし、２才ごろまでの乳幼児がかかりやすい病気。特に、赤ちゃんがかかると重症になるのが細菌性髄膜炎です。かかる頻度はヒブより低いものの、肺炎球菌が原因の細菌性髄膜炎は、死亡率も後遺症が残る確率もヒブより高め。早めの接種で予防し、赤ちゃんを守ることが大切です。

定期
インフルエンザ菌ｂ型（ヒブ）

予防する病気

細菌性髄膜炎などのヒブ感染症

回数

３回＋追加１回

接種時期の目安

２カ月から４～８週の間隔をあけて３回接種。その後７～13カ月あけて、１才を超えたら追加を１回接種

副反応

接種した２日後までに、数％の割合で発熱したり、接種部位にはれやしこりが出ることがあります。

２カ月から接種でき、１才までに３回受けます

ヒブワクチンは、ヒブが引き起こす細菌性髄膜炎などを予防します。０～１才の赤ちゃんがかかりやすいので、接種時期の２カ月になったらできるだけ早めに接種を開始し、１才までに３回受けておくことが大切。ほかの予防接種と同時接種で、効率よく３回受け終えるのが理想です。ただ、接種開始が「生後７カ月以上１才未満」「１才以降」の場合は、それぞれ接種回数が違うので、要注意！

細菌性髄膜炎にかかると、命にかかわることも

冬に流行する「インフルエンザ」と名前は似ていますが、ヒブは全く別の細菌。赤ちゃんがかかると重症化しやすく、命にかかわる症状を引き起こします。特にこわいのが髄膜炎。約５％が死亡し、25％に後遺症が残るといわれています。喉頭蓋炎を引き起こすこともあり、ほとんどせきが出ないほど状態が悪化し、高熱でぐったりします。早めの接種で予防したい病気です。

定期

四種混合

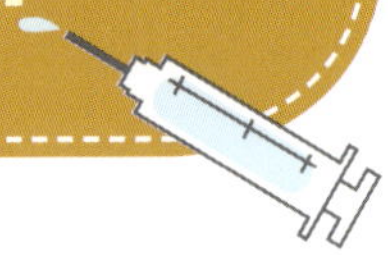

予防する病気

ジフテリア、百日ぜき、破傷風、ポリオ

回数

3回＋追加1回

接種時期の目安

2カ月から3～8週の間隔をあけて3回接種。
3回目終了後12～18カ月の間に
追加を1回接種

副反応

接種部位が赤くはれたり、しこりのようになることがあります。回数を重ねるごとに副反応が出やすくなる傾向も。発熱は数%に見られますが、1日以上続くようなら、念のため受診して。

低月齢でもかかる4つの病気をまとめて予防

四種混合は、ジフテリア、百日ぜき、破傷風、ポリオを予防します。以前は、三種混合ワクチンと、ポリオの生ワクチンが使われていました。ポリオの生ワクチンは、副反応のまひが問題になり、不活化ワクチンが導入されたのを機に、三種混合ワクチンとポリオの不活化ワクチンで四種混合ワクチンが作られました。三種混合ワクチンは、年長児での任意接種が勧められています。

どの病気も赤ちゃんがかかると重症に

ジフテリアは、ジフテリア菌がのどや鼻、目などの粘膜に感染して起こり、呼吸困難、神経まひや心筋炎などが起き、亡くなることも。百日ぜきは百日ぜき菌によって起こり、月齢が低いほど重くなって、合併症も起こしやすい病気。破傷風は、破傷風菌が出す毒素のため、けいれんや筋肉の硬直などが起こり、死に至ることも。小児まひ（急性灰白髄炎）は、ポリオウイルスが口から入って感染し、かかった人の0.1～2%に手足のまひが起こり、亡くなる人もいます。

定期

BCG

予防する病気

結核

回数

1回

接種時期の目安

1才になるまでに接種する
標準的には5～8カ月

副反応

接種部位が赤くなったりウミを持つことがあります。100人に1人は、接種後1～3カ月して接種した腕のつけ根のリンパ節がはれることもありますが、数カ月で治ります。接種後10日以内に接種部位が赤くはれたときは、すぐに予防接種を受けた医療機関か市区町村に報告を。

5～8カ月を目標に接種しましょう

結核の予防接種は、針のついたスタンプを腕に押しつけ、ワクチンを皮下に押し込みます。以前は、接種前にツベルクリン反応検査を行っていましたが、今は結核菌に感染している赤ちゃんがほぼいないため、全員接種が原則。1才まで公費接種ができるので、かかると重症化しやすいヒブと肺炎球菌を2カ月から接種し、BCGは5～8カ月で受けることがすすめられています。

感染した大人から赤ちゃんにうつることが

結核菌に感染すると、原因不明の発熱が数週間続く、顔色が悪くなる、食欲が落ちるなどの症状が見られます。進行すると、重症の粟粒結核になり、結核性髄膜炎を併発することも。結核の予防接種は普及していますが、毎年約2万人もの人が結核にかかっています。赤ちゃんは、結核に感染した大人からうつされることがほとんどなので、感染予防のためにBCGをきちんと受けておきましょう。

定期

ロタウイルス

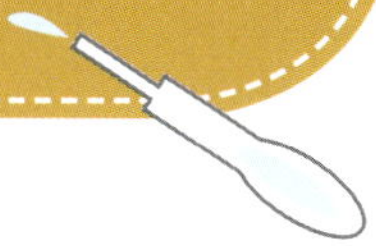

予防する病気

ロタウイルス感染症（主に嘔吐と下痢）

回数

ロタリックスは２回、
ロタテックは３回

接種時期の目安

ロタリックスは生後24週までに２回。
ロタテックは生後32週
初回は生後14週６日までに接種する。

副反応

下痢症状の見られることがあります。ごくまれに、接種後１週間以内に腸重積症を起こすことが。くり返すおう吐や血便があったら、すぐに受診を。

低月齢ほど重症化するので、２カ月から受けたい

ロタウイルスの予防接種は、生ワクチンを飲みます。ロタリックスは２回、ロタテックは３回と飲む回数が違い、どちらか１種類を接種することに。ロタウイルス感染症は、はじめてかかったときの症状が一番重く、低月齢でかかると重症化しやすい、などの特徴があるので、とにかく早めに予防を。接種期間が短いため同時接種でスケジュールを組み、２カ月からの接種がすすめられます。

感染力が強く、激しい嘔吐・下痢を起こす

ロタウイルスが原因で、冬から春先にはやる急性の胃腸炎。発熱と嘔吐から始まり、その後、激しい下痢が起こります。ピーク時には、便は水のようにゆるく白っぽくなって、回数は１日10回以上も。赤ちゃんは脱水症を起こす危険があるので、こまめな水分補給が必要です。また、重症になると、脳症によるけいれんなどの合併症を引き起こすことも。

定期

B型肝炎

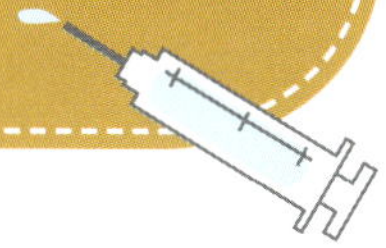

予防する病気

B型肝炎

回数

３回

接種時期の目安

母子感染予防の場合は健康保険が適用され、生後０、１、６カ月の計３回接種。それ以外は、２～３カ月ごろ４週以上の間隔で２回、初回から20週以上あけて１回の計３回接種する

副反応

まれに接種部位がはれることがありますが、受診が必要なほどの副反応はほとんど見られません。

ママがキャリアの場合には、生後すぐに接種

キャリア（血液中にウイルスを無症状で持っている人）のママから生まれた赤ちゃんは、予防のため生後すぐに免疫グロブリンの投与やB型肝炎ワクチンの接種が必要。この場合は、健康保険が適用されます。ママがキャリアでない場合も、希望すれば生まれてすぐから接種できます。接種スケジュールはかかりつけの医師と相談し、ほかの定期接種とのかねあいで決めましょう。

集団生活でうつる可能性もあります

B型肝炎ウイルスにより肝炎が起こり、肝硬変や肝臓がんにつながることもある病気。キャリアのママが出産すると、赤ちゃんに感染する可能性が高くなるので、出生後すぐに予防します。最近はパパからうつったり、保育園などの集団生活でうつったという報告も。そのため、WHO（世界保健機関）では、ママがキャリアであってもなくても、乳児全員が予防接種を受けるようすすめています。

定期

水ぼうそう

予防する病気

水ぼうそう

回数

2回

接種時期の目安

１才過ぎたら１才３カ月までに
１回目を接種。その後３カ月以上あけて、
２回目を接種

副反応

ごくまれに、発疹の出ることがある程度。

2014年から定期接種に。水ぼうそうと帯状疱疹を予防

水ぼうそうを予防するワクチンは、2014年から定期接種になりました。以前の接種回数は１回が標準でしたが、確実に免疫をつけるため、定期接種では２回に。接種期間は、１才以上３才未満。水ぼうそうは感染力がとても強いので、１才になったらすぐ１回目を受け、２回目も早めに受けたいものです。なお、このワクチンは、水ぼうそうに自然感染したあとで起こる帯状疱疹も予防します。

感染力が強く、大人や免疫力の落ちた人がかかると重症化します

水ぼうそうの原因は水痘帯状疱疹ウイルスで、新生児でもかかります。全身に水疱のある発疹が出て、完治までは１～２週間。子どもより大人がかかると重くなりやすく、また、他の病気で免疫力の落ちた人がかかると重症化して亡くなることもあります。健康な人でも、水ぼうそうが治った後はウイルスが神経節にひそむので、過労やストレスなどで抵抗力が落ちたときに帯状疱疹が出ることもあります。

定期

MR

予防する病気

はしか（麻疹）、風疹

回数

2回

接種時期の目安

１才過ぎたら１才３カ月までに１回目を接種。その後６～12カ月あけて２回目を接種

副反応

接種後７～10日ぐらいで、５～20%の子が軽く熱を出すことがあります。発疹が出たりリンパ節がはれることも。熱が続いたり全身に発疹が出たとき、熱性けいれんを起こしたときには受診。

１才になったら最優先で受けましょう

MRは、はしかと風疹を同時に予防するワクチンです。どちらの病気も感染力が強いのですが、特にはしかは今でも流行することがあり、かかると重くなって命を落とすこともあります。風疹も、かかると合併症の心配がある病気。公費で受けられる１才になったら、すぐ接種しましょう。また、免疫を確実につけるため、小学校入学前の１年間に、２回目も忘れずに受けることが必要です。

はしかは重症化しやすく、風疹は合併症が心配

はしかは、麻疹ウイルスが原因で、高熱が続き全身に発疹が出ます。また、中耳炎、気管支炎、肺炎、脳炎などを併発して、後遺症を残したり命を落とすこともある重い病気です。風疹は、風疹ウイルスが原因で、首のリンパ節がはれ、発熱、発疹が見られます。症状ははしかほど重くないものの、脳炎を併発したり、妊娠初期にかかると、先天性風疹症候群の赤ちゃんが生まれるおそれがあります。

定期 日本脳炎

予防する病気	回数
日本脳炎	4回

接種時期の目安

3才で2回、4才と9才で1回ずつ接種

副反応

ほとんどないものの、約10%は接種部位が赤くなったり軽くはれることがあります。ごくまれに、発熱や発疹が出ることも。

高熱や頭痛を伴う脳炎。防げるのは予防接種だけ

日本脳炎の予防接種を受けて脳症が起きたとして、接種が一時的に控えられていましたが、現在は安全な新しいワクチンが使われています。日本脳炎は、蚊が運ぶウイルスによって感染します。感染しても症状が出ないことが多いですが、100～1000人に1人は発症し、かかった人の死亡率や後遺症が残る確率はかなり高いのです。

任意 インフルエンザ

予防する病気	回数
インフルエンザ	毎シーズン2回

接種時期の目安

毎年、流行する前の10～11月に接種しておく

副反応

まれに接種部位が赤くはれたり熱が出たりしますが、2～3日で治ります。ごくまれに、接種後に強いアレルギー反応が起きることが。接種後30分は病院で様子を見て。

赤ちゃんがかかると重くなるので、流行前に接種を

インフルエンザは、ウイルスがくしゃみなどで飛び散ることで感染。冬から春先まで流行し、高熱や頭痛、関節痛などの全身症状が特徴です。インフルエンザのワクチンは、翌年の流行を予測して作られます。予防接種をしても、特に子どもはウイルスに感染することがありますが、症状は自然感染よりも軽くすむことが多いようです。

任意 おたふくかぜ

予防する病気

おたふくかぜ

回数

1回(2回)

接種時期の目安

1才過ぎたら早めに受ける

副反応

接種後2～3週間して耳の下がはれたり発熱することがあります。1000～2000人に1人の割合で起こる無菌性髄膜炎は、後遺症の心配はありません。発熱、嘔吐、頭痛など様子がおかしいと思ったら急いで受診しましょう。

予防接種を受けて、合併症も予防したい

おたふくかぜは、合併症がこわい病気。任意接種ですが、合併症予防のためにも、1才過ぎたら接種を考えましょう。副反応が心配かもしれませんが、ワクチン接種で無菌性髄膜炎が起こるのは、1000～2000人に1人の割合。軽くすみ、後遺症も残りません。自然感染すると、約10%とぐんと高い割合で無菌性髄膜炎を発症します。確実な予防のために、5～7才で追加接種をすることが推奨されています。

合併症の難聴や髄膜炎がこわい病気

ムンプスウイルスが原因。熱が出たり、耳の下の耳下腺が炎症を起こしてはれ、おたふくのような顔になります。心配なのは、さまざまな合併症を起こすこと。無菌性髄膜炎や脳炎のほか、1000人に1人は後遺症で難聴になり、一生治りません。思春期以降にかかると、精巣炎や卵巣炎を起こすこともあります。

予防接種の疑問Q&A

予防接種については、「よくわからない！」というママも多いようです。ソボクな疑問や小さな不安を、この際クリアにしておきましょう！

任意接種は何を優先する？

基本はすべて接種してください。

大前提として、「任意接種は受けなくてもいい」とは考えないこと。ロタが定期接種になったので現在任意接種なのはおたふくかぜとインフルエンザのみですが、ムンプス難聴やインフルエンザ脳症など、深刻な後遺症が残ったり、命にかかわることがあります。何を優先するかより、どうしたら効率的に受けられるかを考えましょう。

Q ロタウイルスを受けられる期間がほかの予防接種にくらべて短いのはなぜ？

A 高月齢では、腸重積を起こしやすくなるから

月齢が高くなってからロタウイルスワクチンを接種すると、副反応で「腸重積」を起こす可能性が高まるといわれています。腸重積は、腸の一部が腸の中に折り重なるように入り込み、腸閉塞を起こす病気。腸重積が起こる可能性が低い時期に接種を終えられるよう、受けられる期間が短くなっているわけです。

Q ロタウイルスにはなぜ２回接種のワクチンと３回接種のワクチンがあるの？

A ワクチンごとに、有効な接種回数が違うのです

日本では、２種類のロタウイルスワクチンが認可されています。「ロタリックス」は１種類のロタの抗原をもとに作られ（接種回数は2回）、「ロタテック」は５種類の抗原をもとに作られています（同３回）。どちらも予防効果はほぼ同じとされています。

Q なぜ医療機関によってワクチンの値段が違うの？

A 自治体の助成金額の違いなどが、ワクチンの値段差に

ワクチンの値段には、自治体の助成金額や、医療機関が独自に決める「接種技術料」などが反映されます。それにより、たとえばおたふくかぜは、医療機関によって１回6000円前後から１万円近くと大きな差が。とはいっても、「値段が安い＝安いワクチンを使っている」わけではありません。

同時接種は小さな体に負担が大きいのでは？

負担も副反応が出る頻度も、単独接種と変わりません

同時接種は、何種類かのワクチ

Q 自然感染させたほうがいい病気があると聞いたけど……

自然感染すると重症化しやすく、後遺症を残したり合併症を併発したりして、命にかかわるおそれがあります。予防接種をしても、ワクチンによっては病気にかかることがありますが、それでも自然にかかるよりもずっと軽くすみます。

Q 小さく生まれた赤ちゃんの接種はどうする？

小さく生まれても、予防接種は出生日から数えて、接種できる月齢になったら受けられます。小さく生まれた赤ちゃんは体内の免疫が不十分で、病気にかかると重くなりがち。積極的に予防接種を受けて、病気を防いであげましょう。

Q 熱性けいれんを起こしたことのある子の接種は？

熱性けいれんを起こした子も、多くは予防接種が受けられます。けいれんを起こす可能性のある病気は、早めに予防すべきと考えられているからです。実際にけいれんを起こしたあとの予防接種については、かかりつけ医に相談を。

Q スケジュールが狂ってしまったら、何を優先すればいい？

集団接種を受けそびれたときは、決まっている次回の日程を確認してスケジュールを組み直します。個別接種の場合は、

ンを一度に打つため、赤ちゃんの体への負担が心配になる人もいるようですね。でも、同時接種は多くの先進国で、ごく一般的な方法です。同時接種をしないと、限られた期間に多くの回数を接種することは難しくなります。厚生労働省は「一度に何本打ってもいい」としており、日本小児科学会は「同時接種と単独接種で副反応の起こる頻度に差はない」と認めているので、安心して。

副反応が心配です。重大なトラブルが起きることはないですか？

予防接種による重大な副反応は、近年、報告されていません

予防接種後は、しばらく病院にとどまるよう言われます。これは、副反応のアレルギー反応・アナフィラキシーショックを起こさないか様子を見るため。といっても、近年、予防接種による深刻な副反応の報告はありません。心配のない副反応で多いのは、接種部位がはれたり、ワクチンによっては熱が出ること。はれの範囲が前腕まで及ぶほど広い、38度以上の熱が2日以上続く、などのときには、念のため受診しましょう。

Q 生ワクチンは1カ月、次の接種まで間をあけるように言われるのに、なぜ同時に接種できるの？

A 同時に打てば、ワクチン同士が影響しないため

ワクチンが体内に入って、免疫反応が起こり始めるのは、接種後数時間たってからです。同時接種で何本かを数分以内に打つのなら、ワクチン同士が影響することなく必要な抗体のできることがわかっています。ただし、同じ日の接種でも、午前と午後など、時間をあけてしまうと接種はできません。

Q ワクチンによって副反応に違いがあるの？

A ワクチンにより、多少違いがあります

ワクチンは、予防する病気の病原体を使って作られているため、副反応としてそれぞれの病気の症状が軽く出ることがあります。また、ワクチンによっては、はれや熱の出方、副反応の起こる頻度などにも違いが。各ワクチンの副反応について、どのようなものがあるのか知っておくことが大切です。

Q 接種した日のお風呂はぬるめ？　はれたら冷やすほうがいいの？

A 湯温はいつもどおりで。特にぬるめでなくてもOK

予防接種の当日でも、お風呂はいつもどおり入ってかまいません。お湯の温度も、特にぬるめにしなくて大丈夫。接種部位はゴシゴシこすらないよう、洗い方は注意して。接種部位がはれて赤いときは、冷やすと気持ちがいいはずです。ただ、赤ちゃんがいやがったら、無理に冷やさなくても。

Q かぜをひいたあと、どんな状態になったら予防接種を受けられる？

A 元気があり体温が37.4度以下なら、接種できます

赤ちゃんは、体温が37.5度以上になると体調が黄信号。かぜぎみでも元気で体温が37.4度以下なら、予防接種を受けても問題ないでしょう。ただし、明らかに平熱より高ければやめたほうがいいでしょう。せきも重いようなら見合わせます。体調には個人差があるので、心配な場合は医師に相談し、判断してもらいましょう。

Q 同時に接種できるのは何本まで？

A 同時接種の本数は、特に制限はありません

厚生労働省も日本小児科学会も、同時接種で一度に打つ本数は、特に制限していません。何本打っても問題ありませんし、ワクチンをどのように組み合わせてもOK。生ワクチンと不活化ワクチンを、同時接種することもできます。

Q 右に打ったり左に打ったり、接種の場所を替えるのはなぜ？

A 接種部位を確実に離し、はれが出にくくなるように

同時接種をするときには、接種部位を数cm以上離すよう決められています。そこで、確実に離すため、左右の腕に打ち分けることがあります。また、接種部位を離すと、はれが出にくくなるともいわれています。本数が多いときは同じ腕に打つこともあります。

ヒブ、肺炎球菌など、かかったら重症化しやすい病気の予防接種を優先。迷ったときは、かかりつけ医に相談しましょう。

Q 卵アレルギーがあると、受けられないワクチンがある？

インフルエンザワクチンは、ウイルスを培養するときに鶏卵を使いますが、精製するときに卵の成分はほとんど除かれます。卵アレルギーが心配なら、かかりつけ医に相談し、アレルギーテストを受けるなどしてから接種すると安心です。

Q 予防接種の効果はどれくらい続くの？

現在、日本で実施されている予防接種のほとんどに、永久的な効果はありません。ワクチンによっては、何年も効果が続くものもありますが、インフルエンザのように、毎年含まれるウイルスが変わり、ワンシーズンしか効果がないものもあります。

Q 接種数日前に下痢や発熱があっても受けられる？

発熱の場合は、原因は何か、発熱時の赤ちゃんの様子はどうだったか、そのときに流行していた病気があるか、などを考慮して、医師が判断します。下痢の場合は症状が軽く熱もないなら、接種しても大丈夫でしょうが、ロタウイルスの接種は見合わせることも。

Q 複数回受けるワクチンを途中でやめたらどうなる？

ワクチンは、規定回数を受けてはじめて、病気の予防に必要な抗体ができるよう作られています。規定回数を受けなくても、1回でも受ければ多少は効果がある、と思いがちですが、確実な予防効果は期待できません。多少間があいても、決められた回数をきちんと受けましょう。

定期健診 節目ごとに成長をチェック

赤ちゃんの発育状態などをチェックするのが、乳幼児定期健診。心配や不安に対するアドバイスが得られる場でもあります。

赤ちゃんの発育を観察し、順調かどうかを確認します

定期健診が実施されるのは、「キー・エイジ」といわれる発達の節目にあたる月齢です。発達の遅れや病気のサインを見逃さないためにも、きちんと受けましょう。特に、1カ月健診と3～4カ月健診は、先天性の病気が隠れていないかどうかを見きわめる大切な健診ですから、受けそびれないで。

健診は、育児のさまざまな不安を解消する場でもあります。心配なことはメモに書いて持って行き、健診の場で解消しましょう。

健診で「様子を見ましょう」と言われたら

健診で「様子を見ましょう」と言われることがあります。これは、
①その時点では問題があるかどうかの判断がつかない、
②正常だと思うが念のため経過観察をしたい、
③時間がたてば治る可能性が高い、
という3つのケースに分けられます。緊急を要する状態ではありませんから、次回の健診時に改めて確認しましょう。

健診は赤ちゃんのテストの場ではありません。家ではできるのに健診ではできない、ということもよくあります。赤ちゃんの普段の様子をよく知っている人が行きましょう。

健診を実施する月齢は自治体によって異なります

市区町村が実施している健診は、乳幼児期に2～3回と1才6カ月、3才が基本です。

集団健診と個別健診があり、集団健診は保健所や保健センターなどで受けます。ＢＣＧの予防接種が同時に行われることも多いです。個別健診は、市区町村から事前に配布された受診票を持って、かかりつけ医で受けます。いずれも公費負担で無料ですが、時期や受け方は地域によって異なるので、通知や広報をよく確認して。

月齢ごとにこんなことが気になります

ママたちが「健診で質問したこと」TOP3

3～4カ月健診
1. 母乳やミルクが足りているのかどうかがわかりません
2. 乳児湿疹がよくなりません
3. 首がすわっているのかどうかがわかりません

6～7カ月健診
1. 離乳食の進め方がわかりません
2. 離乳食を食べてくれません
3. 体重が増えなくて心配です

9～10カ月健診
1. 離乳食を食べてくれません
2. 歯がまだ生えてきません
3. はいはいをしません

1才健診
1. おっぱいはそろそろやめたほうがいいのでしょうか
2. 歯がまだ生えてきません
3. 激しい人見知りはいつまで続きますか

1才半健診
1. 卒乳したいのにやめどきがわかりません
2. 野菜が嫌いなど偏食が心配です
3. 牛乳を飲みたがりません

健診会場に持って行きたいものリスト

健診では、慣れない場所で赤ちゃんがグズって泣き出すことがよくあります。できるだけスムーズに健診が受けられるように、事前の準備をしっかりと。

おくるみ
会場では裸で移動することがあります。サッと赤ちゃんをくるんで抱っこできるおくるみを。

ガーゼやタオル
人がたくさんいると室内がムッとして汗をかくことがあります。よだれふきとしても使えます。

おむつ
最低でも2～3枚は持って行きましょう。普段は布おむつでも、健診のときは紙おむつが便利。

着替え
ミルクを吐いたり、汗をかいたりしたときのために、上下1セットを用意しておきましょう。

おもちゃ
待ち時間対策になります。小さな絵本もおすすめ。ただし、音が出るおもちゃはやめましょう。

飲み物
乾燥している会場もあります。健診がすんだあとに飲ませられるように、麦茶や白湯などを。

メモ帳
医師に聞きたいことはメモ帳にまとめておくとあわてません。医師からのアドバイスも書きとめて。

必要な書類と母子健康手帳
健診には問診票と、母子健康手帳、健康保険証が必要です。ひとまとめにして用意しておきましょう。

★服装は？
前あきで、脱ぎ着がしやすい服装で

聴診や触診はどの月齢でも行われます。脱がせたり着せたりするのに時間がかかるような服装は避けましょう。手間取ると、赤ちゃんがグズるきっかけにもなってしまいます。

★授乳は？
健診前に飲食はさせない

飲んだり食べたりしたすぐあとは、うつぶせにしたときに吐いてしまうことがあります。健診開始の30分前から飲食は控えて。授乳は健診時間から逆算して、早めにすませておきましょう。

どの月齢でも行う検査

聴診

聴診器で呼吸器の異常や心雑音がないかどうかを調べます。心雑音は成長とともに消えることが多いので、定期健診で様子を見ます。

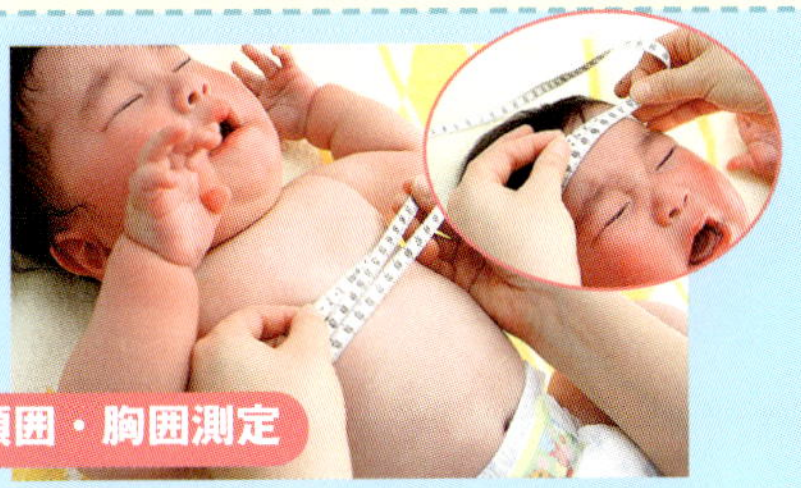

頭囲・胸囲測定

頭囲は脳の成長を見る目安に、胸囲は筋肉や脂肪がついてきているかどうかの確認に。極端な変化がなければ問題ありません。

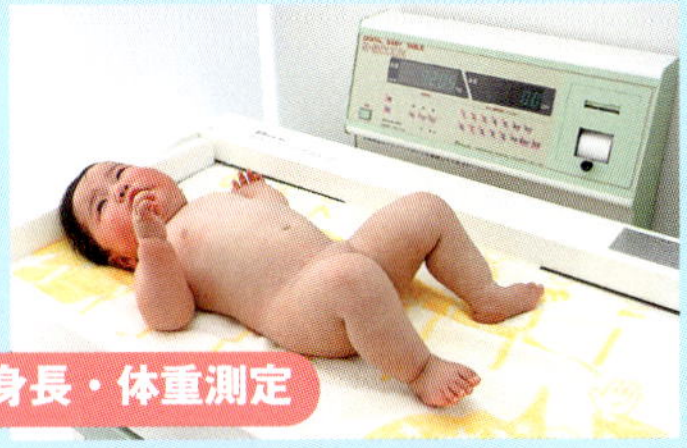

身長・体重測定

身長と体重は順調な発育を確認するための重要な目安。動いてしまう赤ちゃんが多く、身長には多少の誤差が生じる場合もあります。

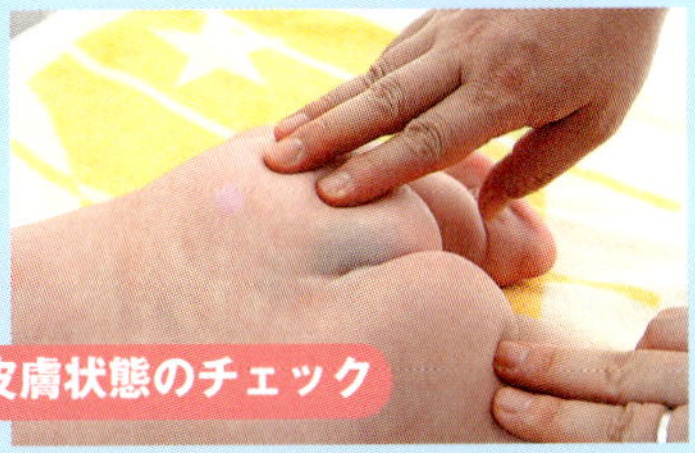

皮膚状態のチェック

湿疹やかぶれ、あざ、ケガなどがないかどうかを見ます。BCG接種のあとが炎症を起こしていないかどうかの確認も行います。

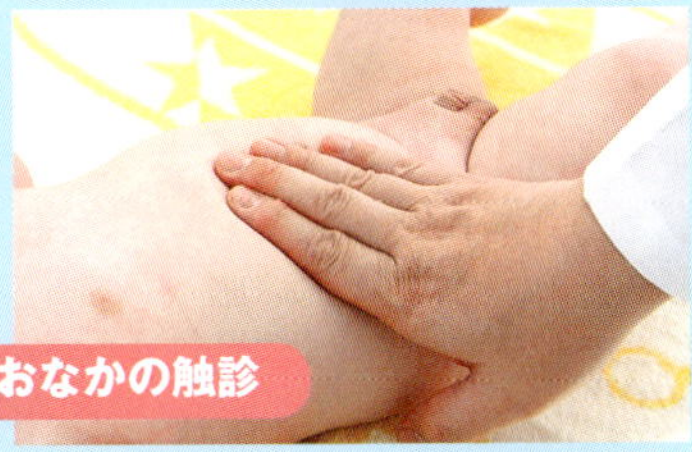

おなかの触診

おなかにしこりがないか、肝臓や脾臓にはれがないかなどをチェック。吐くことがあるので触診前30分はミルクを飲ませないで。

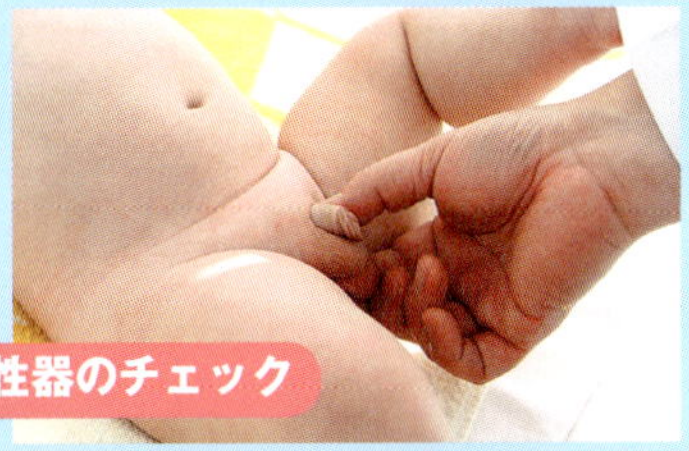

性器のチェック

男の子は陰嚢を調べ、停留精巣や陰嚢水腫などがないかどうかを調べます。女の子は外陰部を見てトラブルの有無を確認します。

1カ月健診

生まれてからの環境への適応ぶりをチェックします

1カ月健診は、ママの胎内から出てからの環境への適応ぶりを見るのが目的です。ポイントは発育状態。身長や体重、胸囲、頭囲、おっぱいを飲む力の強さや筋肉の張りなどを見ます。視覚、聴覚なども問診や全身の様子で医師が判断します。さらに、原始反射の反応を見て、中枢神経が発達しているかどうかを確認します。おへその状態や脂漏性湿疹、おしりのかぶれなどの皮膚の状態も見ます。地域によっては、ビタミンK_2シロップの投与も行います。

赤ちゃんとママ、パパとの関係づくりもチェックし、育児相談にも乗ってくれます。

首

しこりなどがないことを確認

首回りをさわり、しこりがないかを見ます。しこりがあると、斜頸の可能性が。斜頸は自然治癒することが多いので経過観察します。

大泉門

ふくらみをチェック

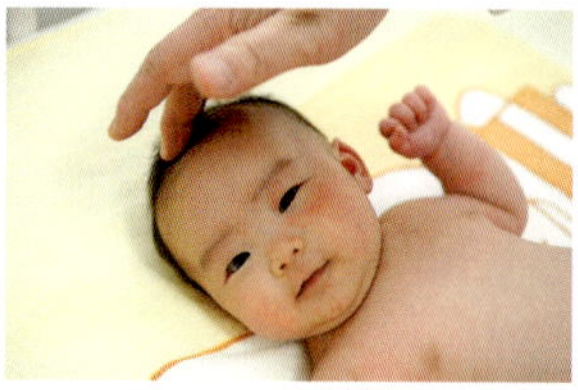

赤ちゃんの頭頂部にある大泉門は、成長に従って閉じていきます。1カ月健診では、ふくらみの状態をチェックします。

へそ

へその緒が取れたあとを確認

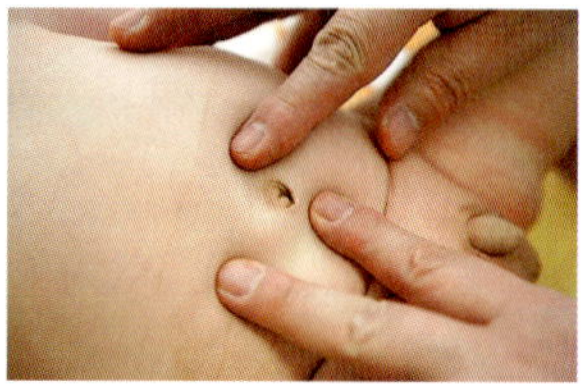

へその緒が取れたあと、乾き具合はどうかを見ます。炎症が起きている、出血があるなどの場合は処置をし、ホームケアを指導します。

首すわりの様子

うつぶせにしてチェック

うつぶせにしたときに、頭が上がるかどうかを見ます。写真の赤ちゃんは、1カ月児としてはかなり頭が上がっています。

K_2シロップの投与

病気予防のために

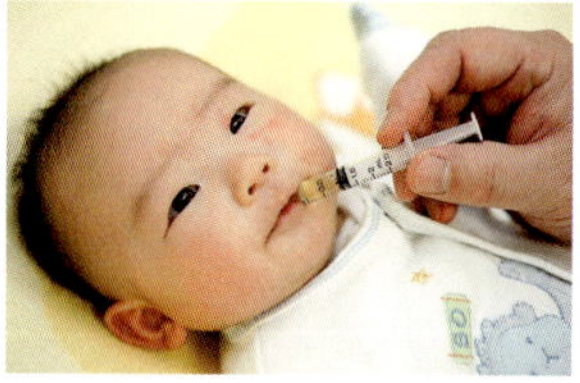

頭蓋内出血のほか、消化管出血を起こす「新生児メレナ」という病気を予防するために、ビタミンK_2シロップを投与します。

1カ月健診のポイント

赤ちゃんだけでなくママの心のケアも

1カ月健診の第一の目的は、赤ちゃんの発育・発達を見ること。さらに、ママの育児不安にこたえることも重要なポイントです。赤ちゃんとの生活の中で不安や気がかりなことがあったら、この場で遠慮なく相談しましょう。

原始反射のチェック

原始歩行

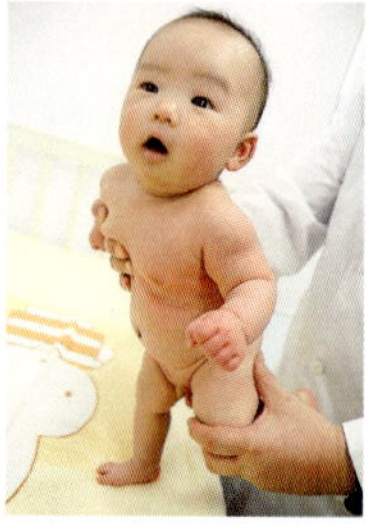

赤ちゃんを支えながら足の裏を床につけると、足を交互に出して歩くような動作をします。生後1カ月ごろまで見られる原始反射です。

把握反射

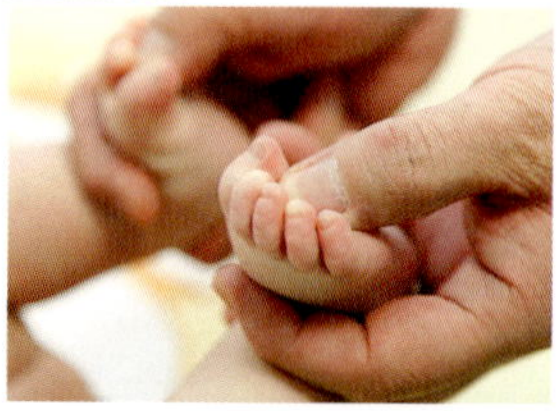

手のひらや足の指をつついたとき、指全体をギュッと曲げ、つかむようにする動作。外からの刺激に無意識に指が動いています。

吸てつ反射

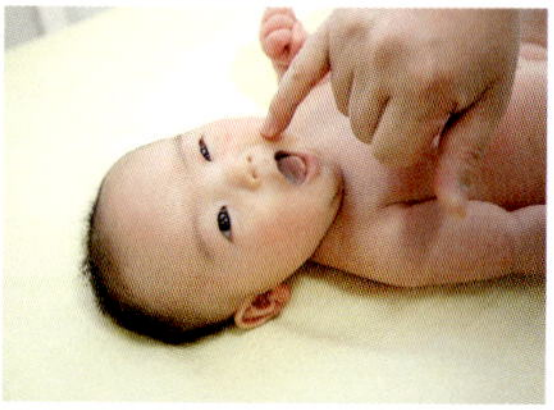

口元をさわると、パクパクさせておっぱいを吸うような動作をします。口元にふれたものに吸いつこうとする原始反射です。

母子健康手帳の項目もチェック

- [ ] 大きな音にビクッと手足を伸ばしたり、泣き出すことがありますか？
- [ ] 薄い黄色、クリーム色、灰白色の便が続いていますか？

3～4カ月健診

首のすわり具合をチェックして発育状態を見ます

発達のポイントは首すわりです。3カ月では完全にすわるわけではなく、うつぶせにしたときに首を持ち上げるか、引き起こしたときはどうかをチェックします。

赤ちゃんの目の前でガラガラを振ったり、家庭での様子を聞いたりして、見えているか、聞こえているかも判断します。このほか、喃語の出方や筋肉の様子などで、発達や病気の有無を総合的に判断します。

発育性形成不全の治療は、このころに開始するのが望ましいので、大事なチェックポイントになります。

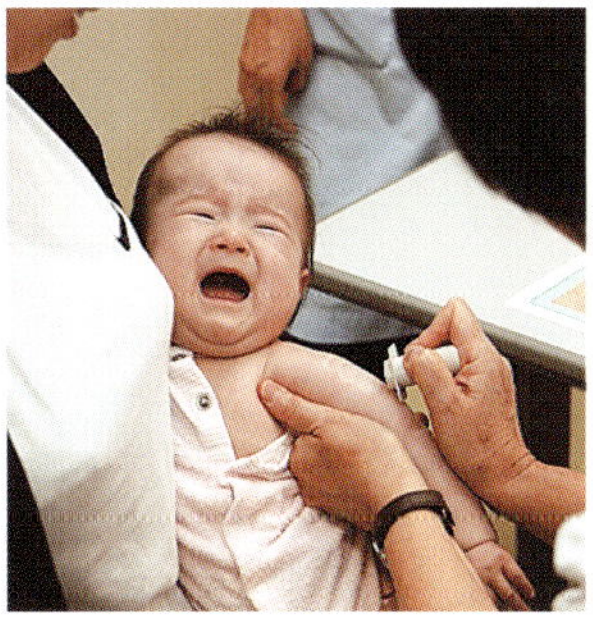

BCGの接種を兼ねる場合も。受けそびれないよう、体調を整えておきましょう。

音の聞こえ

音や声への反応を見る

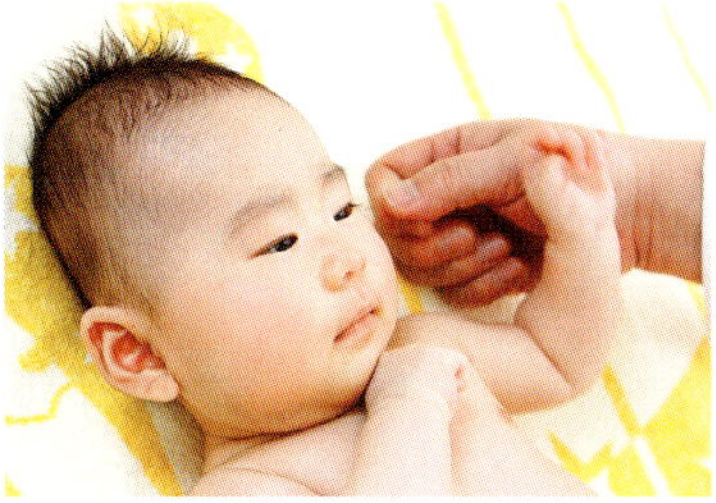

聴覚の発達を確認します。指を鳴らしたり、声をかけたりして、赤ちゃんがそちらのほうを見るかどうかを確認。びっくりして泣き出す子もいますが、それも聞こえている証拠です。

追視

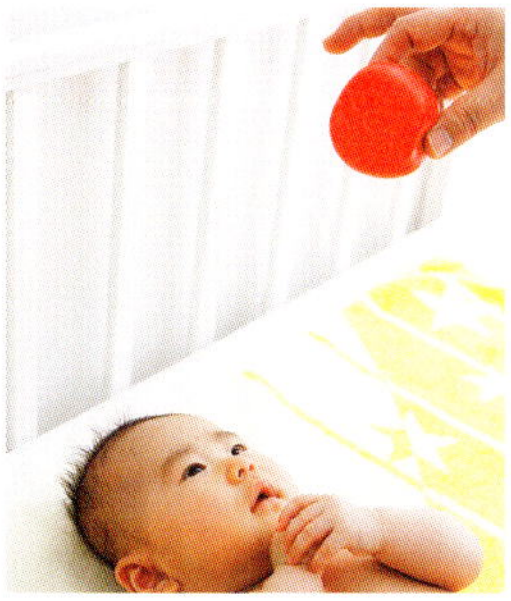

動くものを目で追えるか

視覚の発達を見ます。20～30㎝離れた場所でカラフルなおもちゃを見せ、ゆっくり動かしたときに視線がついてくるかどうかを確認します。

3～4カ月健診のポイント

首がグラグラしていても大丈夫

まだ首がふらついている赤ちゃんが多いですが、この時期の健診では、3カ月なりに首がすわってきつつあるかどうかがわかればいいので安心して。追視と音への反応が健診のときにできない場合は、ママへの問診で確認します。

股関節の開き具合

ひざの高さをチェック

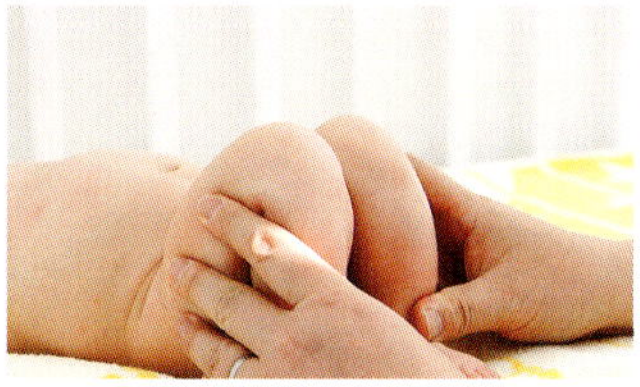

これも発育性股関節形成不全のチェックです。あおむけに寝たときに、ひざの高さがそろっていないと、脱臼を起こしている可能性が。

股関節を開いてチェック

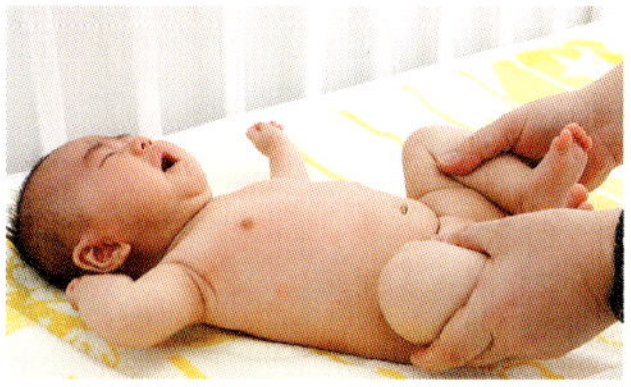

股の開きがかたくないか、あおむけにしてゆっくりと股関節を開いて、発育性股関節形成不全（p103）の有無を調べます。

母子健康手帳の項目もチェック

- [ ] あやすとよく笑いますか？
- [ ] 目つきや目の動きがおかしいのではないかと気になりますか？
- [ ] 見えない方向から声をかけてみると、そちらのほうを見ようとしますか？
- [ ] 外気浴をしていますか？

首すわりの様子

引き起こしたとき、うつぶせにしたときをチェック

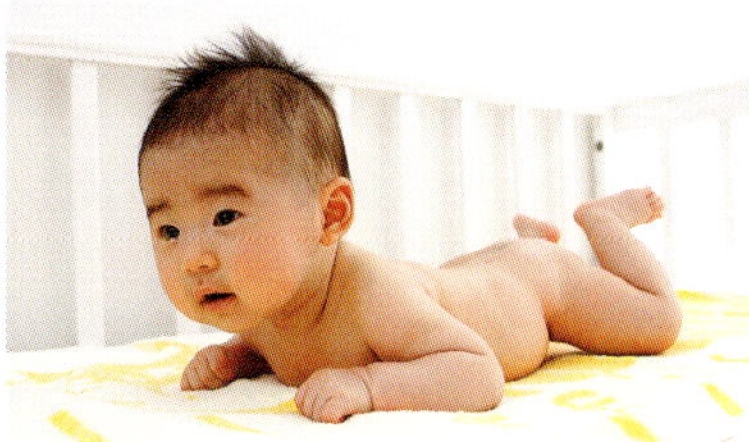

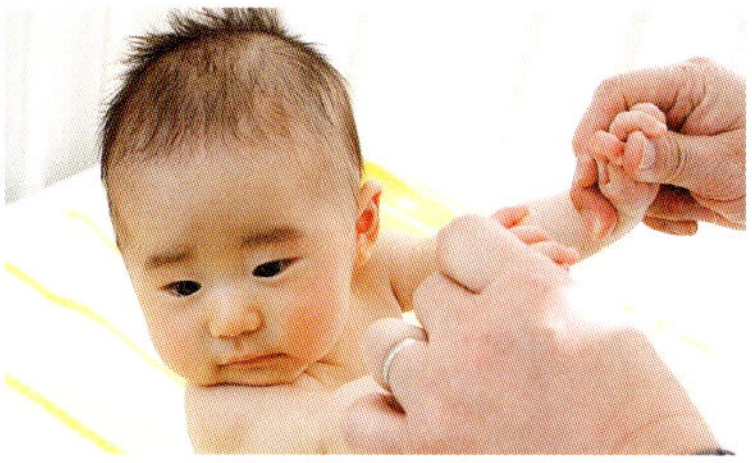

両手を持って引き起こし、首がついてくるかどうかを見ます。また、うつぶせにして頭が少し上がるかどうかも確認。

6～7カ月健診

発達の個人差が大きい時期。離乳食の進め方なども相談できます

発達ではおすわりができるかどうかがポイントになります。ただし、6カ月ではまだ手を前に出して支える姿勢で、ときどきコロンと倒れてしまうことも。完璧にできなくても心配いりません（おすわりが完成するのは、多くの場合7カ月ごろです）。

6～7カ月健診ではこのほかに、立たせると足を突っ張るか、手の機能に問題はないか、脳と手の連携がとれるようになっているかなど、体の発達を総合的に見ます。発達の個人差が大きい時期ですが、その子なりの発達をしているかどうかを確認します。

また、大人が赤ちゃんをあやしたときの様子や声の出し方、人見知りのあるなしなど、家での様子を聞きながら、心の発達ぶりもチェックします。

離乳食の進め方、1回食から2回食への増やし方、母乳・ミルクとのバランスなどの栄養アドバイスも受けられます。

顔の上にかかったものを取り除くか

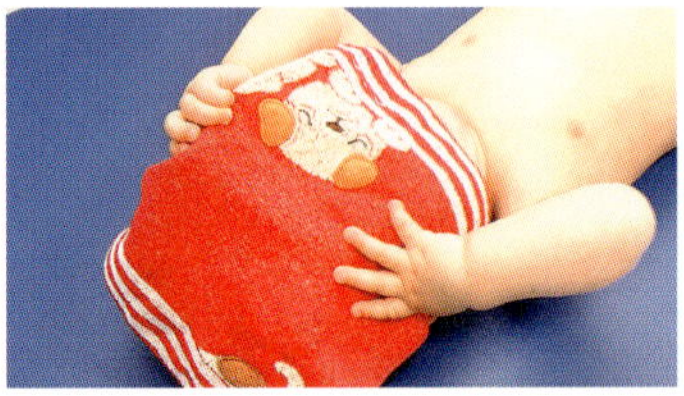

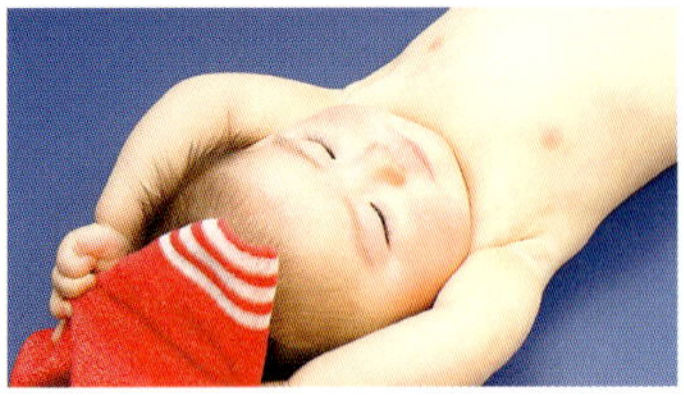

顔にタオルをかけてチェック

顔に薄いタオルをかけ、自分で払いのけられるかどうかをチェック。脳と神経の連動ができているか、意思どおりに手を動かせるか、ものをつかめるか、などを見ています。

寝返りの様子

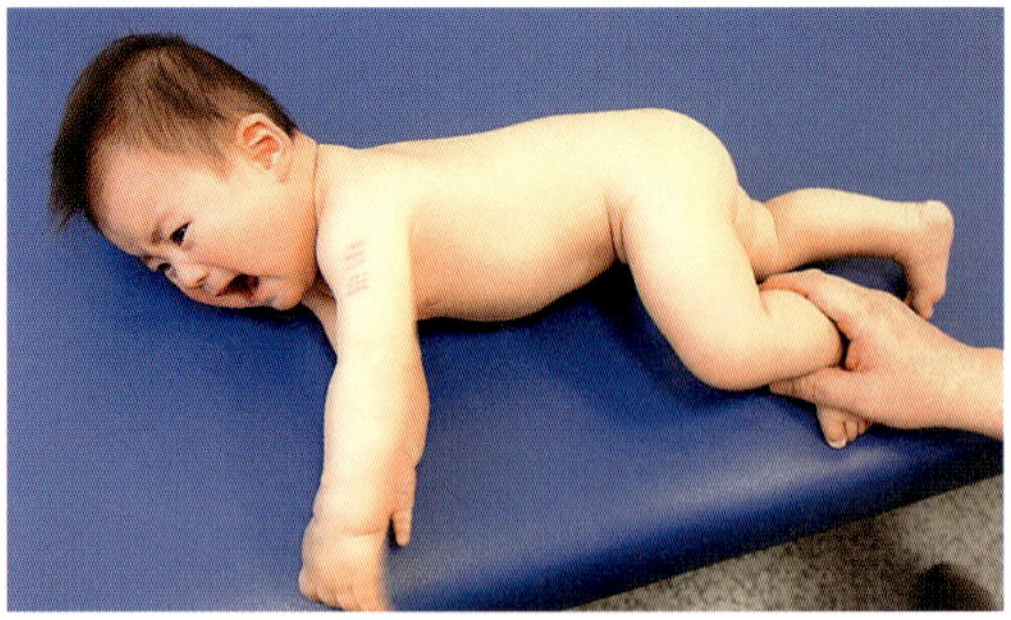

自分で、または人の手を借りて体をねじれるか

体をねじって寝返りができるかどうかを確認。足を交差させるところまで大人が手助けして、体をねじれば寝返りと判断します。

6～7カ月健診のポイント

発達に個人差が出てきます

発達の個人差が目立ち始める時期です。特に寝返りは、3カ月でする子もいれば、6カ月で全くしない子もいます。発達は個人差があって当たり前。その子のペースで育っているのなら心配いりません。ほかの子とくらべて不安がらないことが大事です。

欲しいものに手を伸ばすか

腕の力と心の発達を確認

うつぶせやおすわりで、おもちゃに手を伸ばすかどうかを見ます。両腕で上半身を支えられるか、欲しいものに手を伸ばすかという体の機能と心の発達を確認。

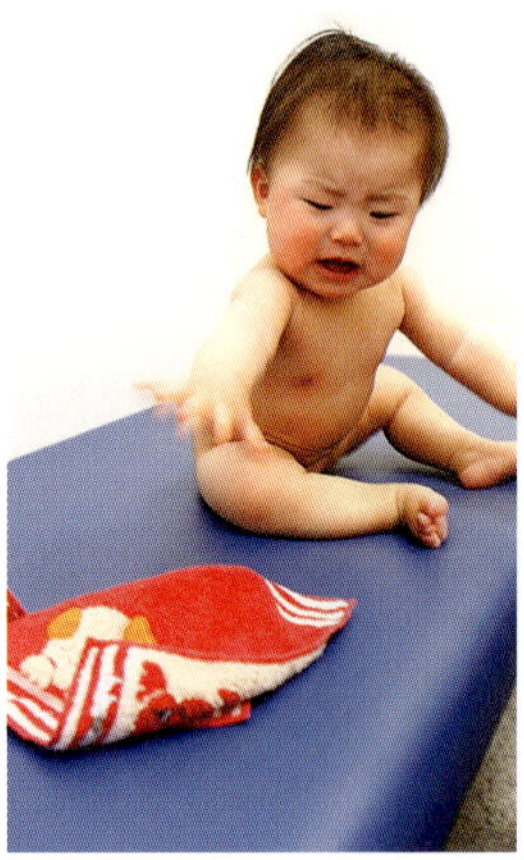

おすわりの様子

まだしっかりとすわれなくても大丈夫

グラついていても、前に手をついてもOKです。医師が赤ちゃんのわきを支え、おすわりの形にしてから手を離して姿勢を見ます。

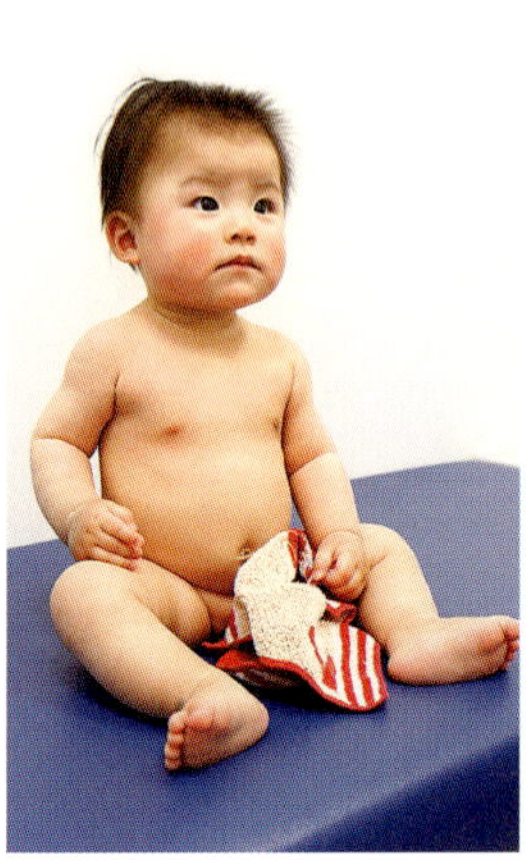

母子健康手帳の項目もチェック

- □ 家族といっしょにいるとき、話しかけるような声を出しますか？
- □ テレビやラジオの音がし始めると、すぐにそちらを見ますか？
- □ ひとみが白く見えたり、黄緑色に光って見えたりすることがありますか？

9～10カ月健診

運動面での発達と心の発達の両方を確認します

おすわりが完成し、それと前後してはいはいを始める赤ちゃんが増えてきます。10カ月になると、早い子ではつかまり立ちをすることも。こうした運動面での発達が1つのポイントです。

健診では、赤ちゃんを立たせて前後左右に倒したときの足の動きを見たり、頭から倒れるような状態にしたときに手が前に出るかどうか（パラシュート反射）などを見ます。また、おもちゃやタオルをつかませて手指の発達の様子もチェックします。

このころ急に成長する心の発達も大きなポイントです。気に入らないことには泣いたり怒ったりするなど、自己主張が出てくる時期。「バイバイ」や「ちょうだい」など大人の言うことをなんとなく理解し、まねをするかどうかもチェックポイントです。

つかまり立ちの様子

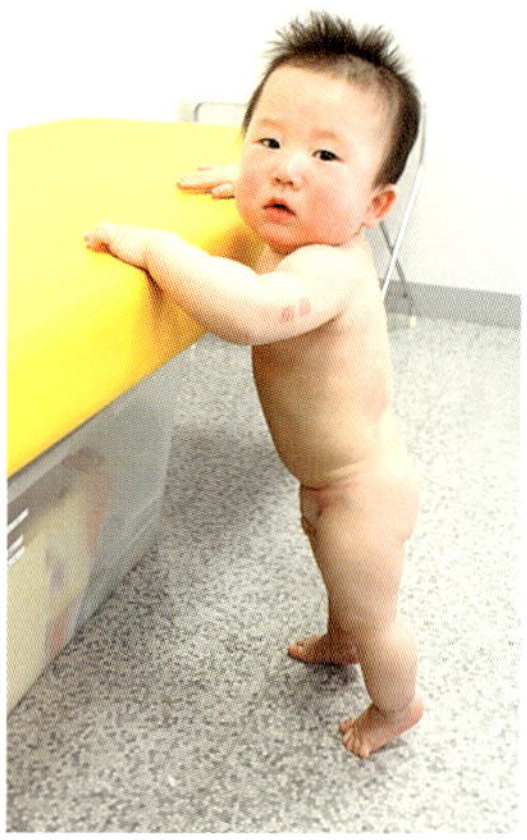

上半身や足の筋肉をコントロールできているか

上半身のバランスをとり、足の筋肉をコントロールするといった高度な動作が必要なつかまり立ち。この月齢では、まだできなくても心配ありません。

手指の動き

小さなものを指先でつまめるか

親指と人さし指で、小さなものをつまめるかどうかを見ます。つまめるということは、指先の末梢神経が働いている証拠です。

9～10カ月健診のポイント

その子のペースで成長していればOK

9～10カ月は、体の発達と、急激に成長する心の発達を見ます。はいはいやつかまり立ちができる時期には個人差があり、スタイルもさまざまです。きょうだいでもできる時期には違いがあります。その子なりのペースで発達していれば問題ありません。

母子健康手帳の項目もチェック

- □ そっと近づいて、ささやき声で呼びかけると振り向きますか？
- □ あと追いをしますか？
- □ 歯の生え方、形、色、歯肉などについて、気になることがありますか？

パラシュート反射が出るか

体が前に傾いたとき、両手が出るか

転びそうになったときに、両手を前に出して支えようとする反射です。ひとり歩きの準備が整ってきた証でもあります。

はいはいの様子

はいはいでの移動をチェック

ずりばいや高ばいなど、赤ちゃんによっていろいろな姿勢があるので、どんな形でも心配ありません。なかには、はいはいをせずにつかまり立ちをする子も。

1才健診

あんよの時期は性格によって違いが出ることも

1才健診のポイントは、ひとり立ち、または伝い歩きです。なかにはあんよができる子もいます。この時期になると、その子の性格がはっきり出てきます。慎重な性格の子は、なかなかあんよをしないこともあります。伝い歩きができていればいつか手を離すときがくるので、じっくり待ってあげて。

また1才になると、MR（麻疹風疹混合ワクチン）や水ぼうそう、おたふくかぜの予防接種ができるので、健診といっしょにすませてもいいでしょう。

1才健診のポイント

自治体によっては省略するところも

1才健診は、自治体によっては行っていないところもあります。でも、あんよや言葉の発達など、個人差がさらに大きくなってくるので、ママやパパにとっては育児の不安が多い時期でもあります。自己負担ですが、かかりつけ医で健診してもらっても。

予防接種の確認

これまでに受けた予防接種を確認

これまでに受けてきた予防接種をチェック。接種の種類や受ける時期などがよくわからないときは疑問点を質問し、スケジュールを立て直しましょう。

母子健康手帳の項目もチェック

- □ バイバイ、こんにちは、などの身振りをしますか？
- □ 大人の言う簡単な言葉がわかりますか？
- □ 相手になって遊んでやると喜びますか？
- □ 食事を３回、喜んで食べていますか？

声をかけると返事をするか

名前を呼ばれたときの反応を見る

名前を呼んだときに振り向いて返事をするかどうかで、言葉を理解していることを確認します。健診時にしなくても、ママへの問診で判断します。

たっちの様子

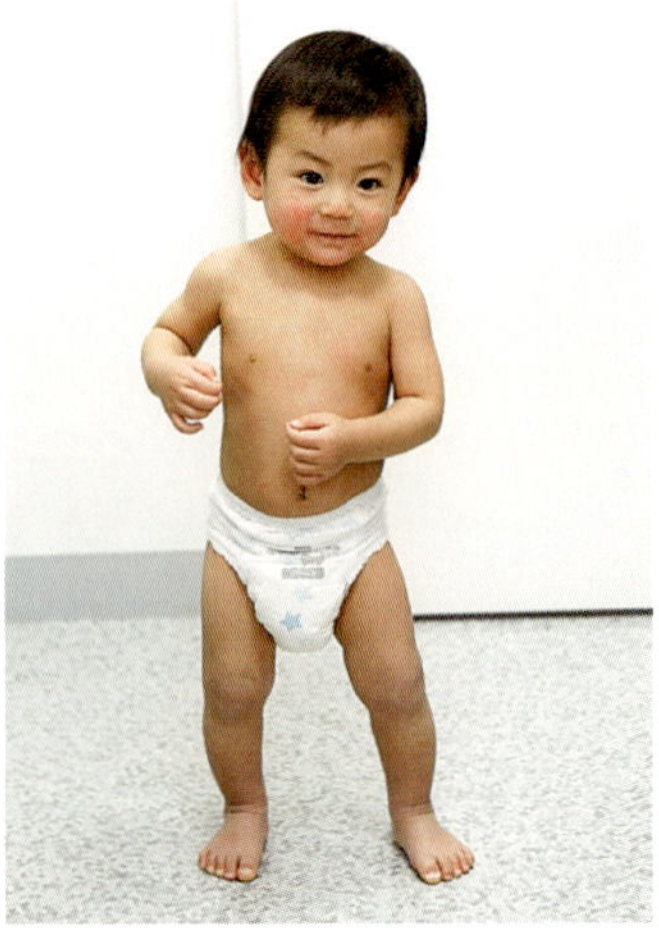

自分の足で体を支えられるか

２本の足で体を支えられるかどうかを見ますが、まだつかまり立ちの子もいます。多少ふらついても、足を地面につけて体を支えられていれば問題なし。

足の様子

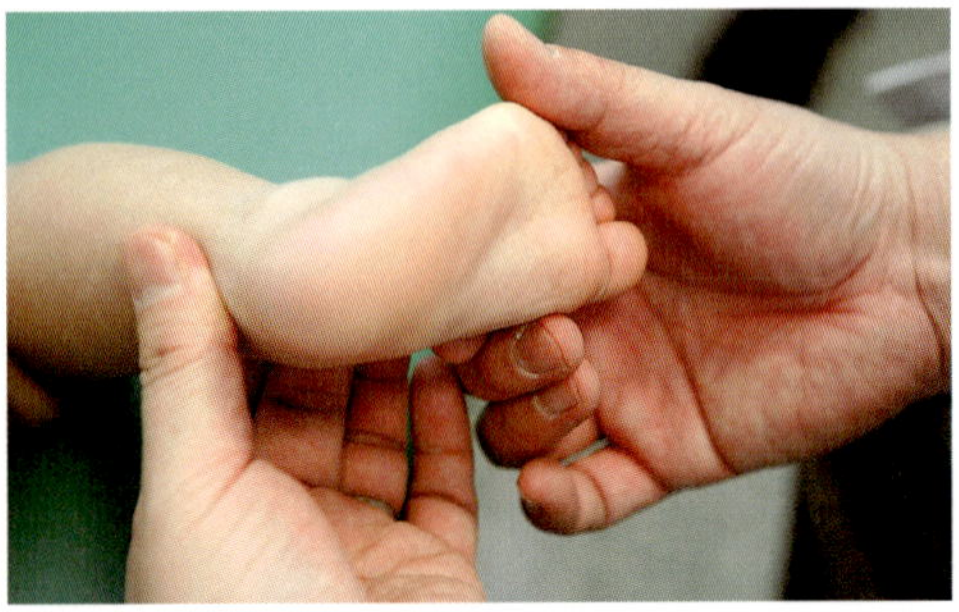

あんよの準備ができているかどうか

あんよが始まる時期。足はしっかりしているか、土踏まずの様子はどうかなどをチェック。外遊びや散歩の機会を積極的につくって歩く習慣をつけましょう。

歯の生え具合

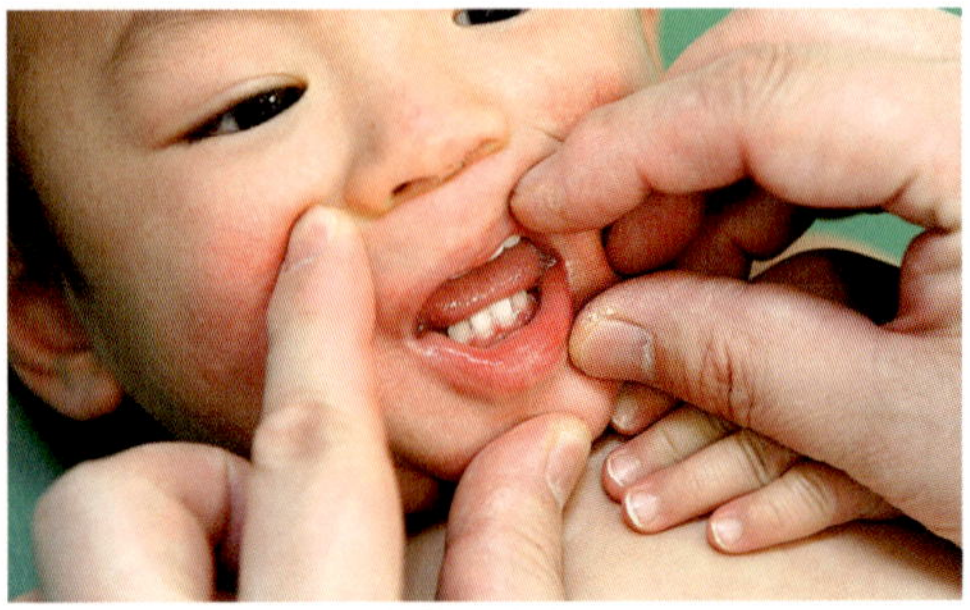

生えている本数と虫歯の有無

この時点では、歯並びや生えている本数を気にする必要はありません。虫歯のチェックもします。

1才半健診

ひとり歩きが始まり 言葉の理解が どんどん進む時期

この時期になるとひとりで歩けるようになり、運動量がぐんと増えます。そのため、赤ちゃん体型から幼児体型へと少しずつ変化していきます。

ますます目が離せなくなるのもこのころ。お散歩や外遊びの際、ふいに飛び出したり、人や物にぶつかったりすることがあるので、気をつけましょう。

言葉の理解もどんどん進みます。とはいえ、言葉が出るかどうかには個人差があります。女の子は比較的早く、男の子はやや遅めという説もあります。

なかなか言葉が出なかったのに、あるときを境にして急に話し始めて、まわりを驚かせる子もいます。「おいで」と言われると近づいてくるなど、ママやパパが言うことを理解している様子なら心配いりません。

健診では、あんよの様子や言葉の理解などを確認します。歯の様子のチェック、栄養相談などが行われることもあります。

あんよの様子

自分の足で体を支えられるか

大人に支えてもらいながら、階段をおりてみます。自分の足で体を支え、バランスをとることができるかを確認しています。

ひとりで歩けるか

少し離れたところから大人が名前を呼び、そちらに向かって歩く様子をチェックします。ヨチヨチの子、小走りできる子などさまざま。

1才半健診のポイント

日ごろからの働きかけが重要です

周囲への関心の度合いや、言葉の理解の進み方を中心に観察します。言葉は話せなくても、大人の言うことが理解できていれば大丈夫。普段からの働きかけでグンと成長することもあるので、たくさん話しかけ、さまざまな刺激を与えてあげましょう。

母子健康手帳の項目もチェック

- □ 哺乳びんを使っていますか？
- □ 食事やおやつの時間はだいたい決まっていますか？
- □ 保護者が歯の仕上げみがきをしてあげていますか？

コップが使えるか

コップで飲み物を飲めるかどうかをチェック

コップを使って飲めるかどうかを見ます。哺乳びんからコップに移行させたい時期なので、できない子はコップで飲む練習をスタートするよう指導されることも。

言葉の理解

絵を指さし、物と言葉が結びついているか

絵を見せて「ワンワンは？」などと医師が聞きます。聞かれたものの絵をさすかどうかで、言葉と物とが結びついているかどうかを見ます。

3才健診

乳幼児期の最後の定期健診です

3才健診は、自治体が行う乳幼児の定期健診の最後のものになります。このあとは就学前健診まで、自治体による健診は行われません。項目の多くが、自宅で事前にチェックして健診を受けるシステムです。やり方がわからない場合は確認を。

視力チェック

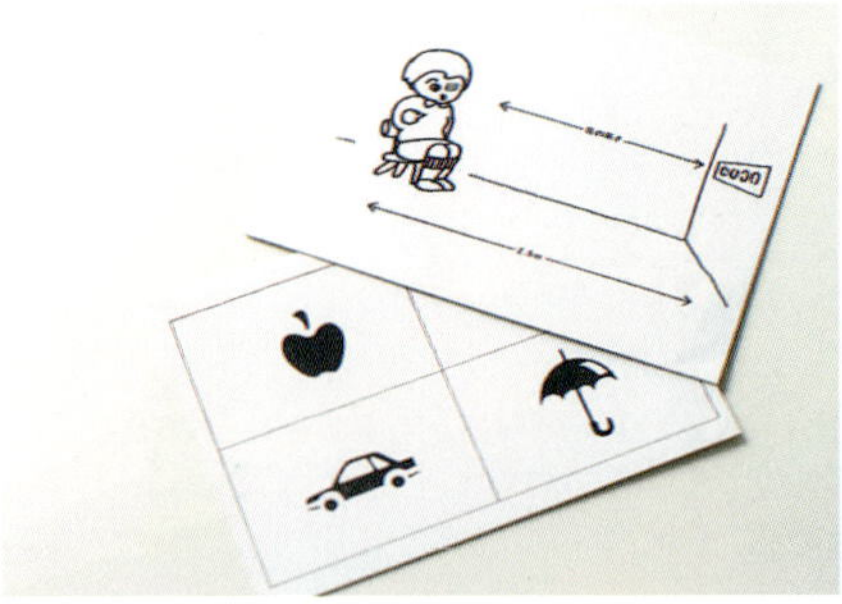

自宅で片目ずつ見え方をチェック

片目でりんごや傘などのマークが見えるかどうかを自宅でチェックし、問診票に記入して会場に持参します。写真は、東京都千代田区の健診対象者に送られるセットの一部。

聴力チェック

小声に対する反応を自宅でチェック

「ぞう」「いぬ」などとささやいたときにその絵を示せるかどうかを自宅でチェックし、問診票に記入して会場に。写真は、東京都千代田区の健診対象者に送られるセットの一部。

言葉の理解

気になる場合は個別相談も

自分の名前を言えるか、会話ができるかをチェック。言葉の相談窓口がある自治体も。

検尿

尿に異常がないかどうかを確認

尿に糖やたんぱくが出ていないか、潜血がないかを確認します。自宅で採尿して持参。

歯のチェック

虫歯や歯ぐきの状態をチェック

乳歯が生えそろう時期。歯みがき習慣や虫歯の有無を確認。おやつの与え方の指導も。

栄養相談

食事で気になることがあったら相談

偏食が多い、かまずに飲み込むなど、気になることがあったら相談しましょう。

就学前健診

小学校入学に際して病気の有無をチェック

就学前健診は、小学校入学前に行われるもの。入学予定の公立小学校が会場になることが多いようです。国立・私立小学校に通うため地域の学校に入学しない子どもも、対象となります。入学前年の秋ごろに行われますが、時期は地域によってばらつきがあります。

健診の内容は内科、眼科、歯科、耳鼻科など。小学校入学に際して援助や配慮が必要な疾患がないかどうかを確認します。鼻炎や虫歯などが見つかった場合は、入学前までに治療しておきましょう。また、予防接種の接種状況を確認し、受けそびれているものは接種するように指導されることもあります。

就学前診断の流れ（例）

受付　事前に送られてきた健康調査書を提出し、受付番号を受け取ります。

↓

健診　親は別室で待機する場合もあります。

内科健診／視力検査／眼科検査
歯科検査／耳鼻科検査
学習適応検査　など

↓

面接　入学にあたって相談したいことなどはここで。その学校への入学の意思を確認されることもあります。

健診の前に、こうした調査票が送られてきます。必要事項を記入して当日持参。

小学校入学はひとつの区切り。ここまで元気に成長してきたことにホッと一息つきそうです。

PART 5

事故予防と救急ケア

気をつけていても「事故は起こる」もの。
その前提で予防策を考えましょう。
いざというときには適切な対応ができるように、
救急ケアの基礎知識もぜひ知っておいてください。

事故早見表

ねんねのころでも事故は起こるので油断大敵

成長に応じて、起こりやすい事故は変化します。ただ寝ているだけの0カ月のときでも、事故は起こりえます。昨日できなかったことが今日はできるようになるのが、赤ちゃんです。できる限り危険を事前に排除し、不慮の事故が起こらないように注意してください。

7カ月　6カ月　5カ月　4カ月　3カ月　0カ月

発達の目安

首すわり

寝返り

チャイルドシートの装着は法律で義務づけられています

交通事故

チャイルドシート未使用による事故や死亡

車内で熱中症に

誤飲・窒息

枕や、やわらかい布団による窒息

スタイのひもなどが首にからまる

やけど

大人が熱い飲み物をこぼしてかける

熱いお風呂に入れてしまう

熱い飲み物やスープに手を入れる

転倒・転落

抱いていた赤ちゃんを落とす

ベッドやソファから寝返りして落ちる

水の事故

手をすべらせて赤ちゃんをお湯の中に落とす

時期別・起こりやすい事故早見表

時期別 起こりやすい

2才代　1才代　12カ月　11カ月　10カ月　9カ月　8カ月

ジャンプする

ひとり歩き

階段を上る

ひとりですわる

はいはい

つかまり立ち

大人との自転車の2人乗りによる事故

散歩中の事故

ナッツや豆類を鼻の穴や気管に詰まらせる

手の届くものを何でも口に入れることによる誤飲（タバコ、ボタン、化粧品、医薬品など）

低い場所にポットを置くのは厳禁

ポット、アイロン、炊飯器、ストーブ、ヒーターなどをさわる

テーブルの上の熱いものをひっくり返してかぶる

指はさみ防止のグッズもあります

窓やベランダ、階段から落ちる

ドアに手をはさむ

家の中で転ぶ、テーブルの角に頭をぶつける

風呂場、残し湯、ビニールプールなどでおぼれる

お風呂では絶対にひとりにしないで

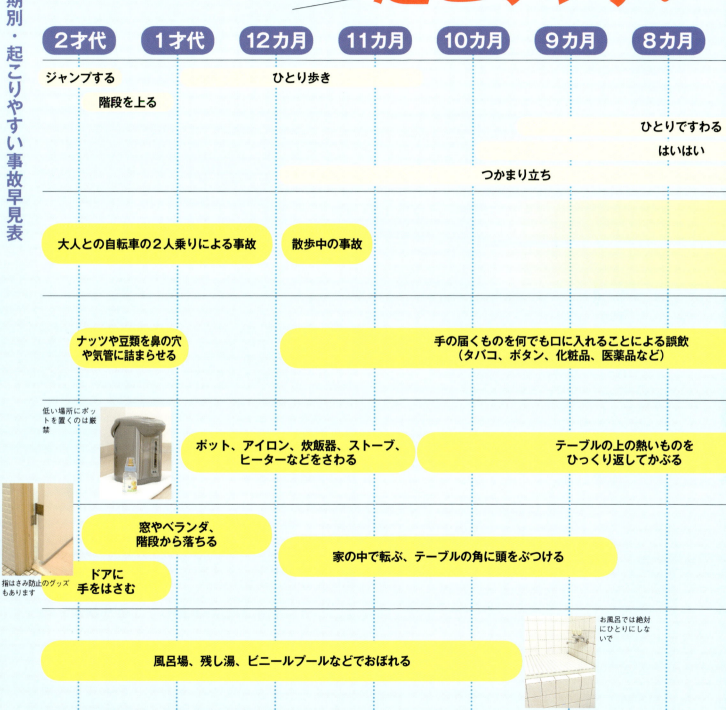

予防&対応マニュアル

誤飲 ほぼ100%の子どもが経験する

家庭内での発生率が最も高い事故

赤ちゃんの事故で発生件数が一番多く、ほとんどの赤ちゃんが一度は経験するのが誤飲。飲み込んだものの大きさによっては窒息することも。常に気をつけたい事故です。誤飲に気づいたら、まず何を飲み込んだか確認を。吐かせるとかえって危ないものもあります。

「何か飲み込んだ!」と思ったらチェック

1 何を飲んだのか

ちょっと目を離したら、赤ちゃんの様子がおかしくなった。呼吸が苦しそうなど明らかな異変ではなくても、「何かおかしい」と感じたら、誤飲を疑って口の中を確認しましょう。飲み込んだものによって、吐かせたほうがいい場合とそうでない場合があります。口の中に見当たらなかったら、何かなくなっていないかを確認。

2 どのくらい飲んだのか

飲んだ量によって対応も違います。タバコの場合は2cm以上飲み込んだ、またはニコチンが溶け出した水を飲んだ場合、指を入れて吐かせてから即病院へ連れて行く必要が。一方で、少量なら様子を見てかまわないものもあります。赤ちゃんの手の届くところに危険なものを置かないのが鉄則です。

3 本当に飲んだのか

「何かおかしい」と感じたけれど、その後赤ちゃんの様子に変化がなく、機嫌よく過ごしている場合、誤飲ではない可能性も。なくなっていると思ったものが本当にそこにあったのかどうか、家中を探して確認を。何も飲んでいないのに、口の中に指を突っ込んだり、大量に水を飲ませたりするのはかえって危険です。

ワースト1はタバコ

タバコ1本のニコチン量は乳児2人の致死量に相当します。赤ちゃんにとっては劇薬中の劇薬です。タバコや、吸い殻を入れた水を飲んだら、吐かせてから、大至急病院へ。

灰皿は赤ちゃんの手の届かないところへ。空き缶に水を入れて灰皿かわりにするのも大変危険です。

予防のポイント

- □薬品類、洗剤類、化粧品類は高い場所、子どもが開けられない扉のある棚などにしまう
- □「出したらしまう」を習慣にする
- □きょうだいのおもちゃや小物に注意する
- □空き缶を灰皿がわりにしない。タバコは部屋で吸わない。禁煙する
- □電子機器のリモコン、電池で動くおもちゃのフタなどは、ビニールテープで留めて開かないようにする

30分で食道がただれる!? ボタン電池に要注意

薄く平らなボタン電池。誤飲すると大事に至る場合が。

人間の粘膜に近い魚肉ソーセージに電池をはさんでみると……。

10分後

30分後

1時間後

最近のボタン電池は昔にくらべて薄く、サイズが大きいため、飲み込むと食道にペタリとはりつくことがあります。するととどまった場所で電気が流れ、粘膜がただれてしまいます。飲み込むとせきが出ますが、飲み込んだことに親が気づかなければ、受診してもX線写真を撮ることはなく、かぜと診断されることも。魚肉ソーセージにはさんだ実験では、10分未満で肉が焼け始めました。これが赤ちゃんの体の中で起きる危険性があるのです。古い電池を取り替えるときに、うっかり置き忘れたりしないように注意して。

のどに詰まったものを吐かせるとき

0才代

うつぶせにし、体の下に腕を通して指であごを支え、頭を少し下げます。手のつけ根で肩甲骨の間をすばやく5回たたきます。

1才以上

あごに手を添えてそらし、いすや太ももで支えて体を斜めにします。手のつけ根で肩甲骨の間をすばやく5回たたきます。

この大きさのものは赤ちゃんの口に入ります

直径4cm

赤ちゃんの口に入る可能性があるのは直径4cm以下のもの。かなり大きいものまで誤飲する可能性があります。

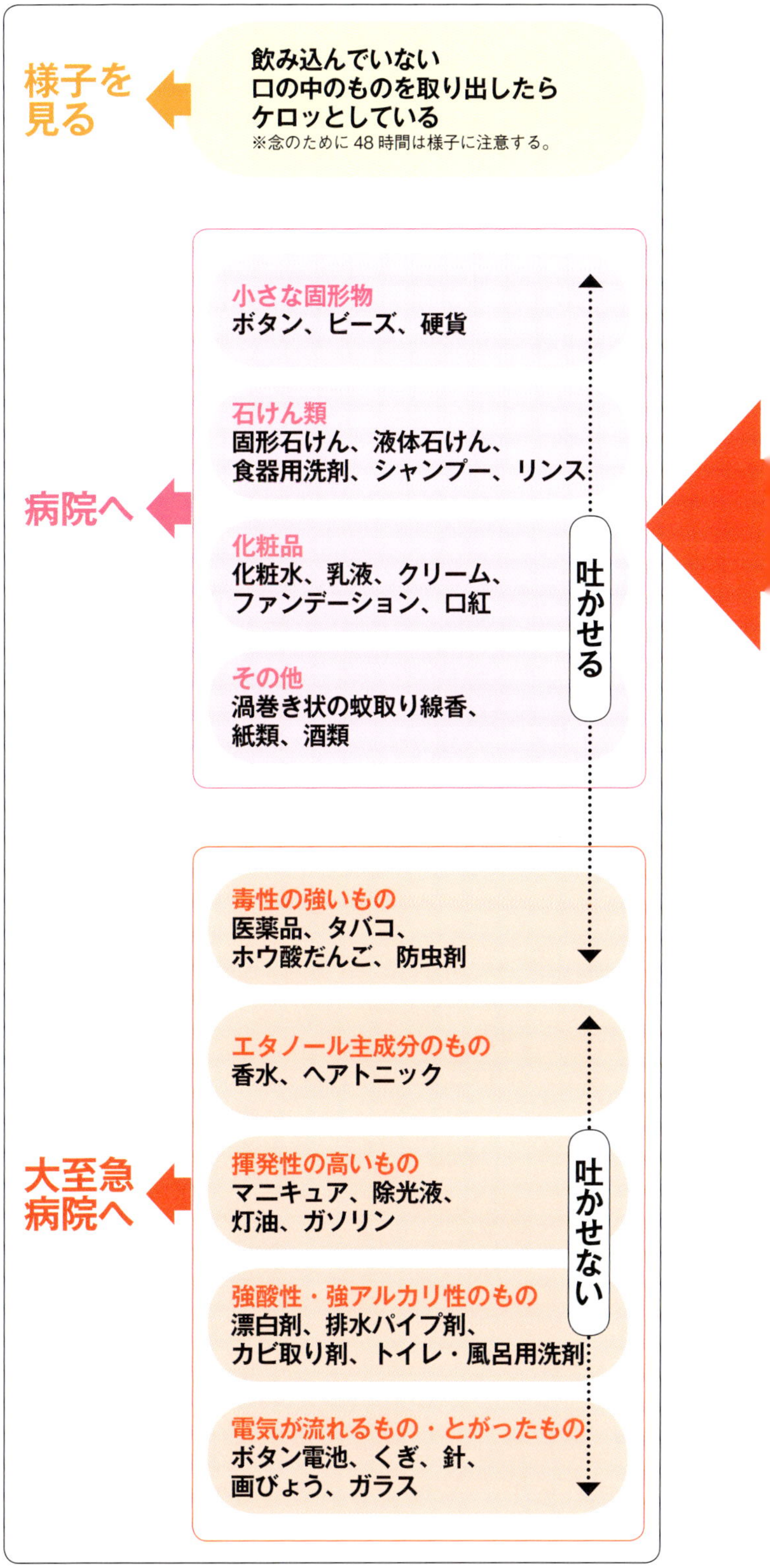

対処に困ったら中毒110番へ!!

●中毒110番 ㈶日本中毒情報センター

大阪中毒110番 ☎072-727-2499（24時間365日対応）

つくば中毒110番 ☎029-852-9999（9～21時365日対応）

たばこ専用応答電話 ☎072-726-9922（24時間365日対応※テープ方式）

\相談のポイント/

1. 赤ちゃんの月齢
2. いつ
3. 何を
4. どのくらいの量飲んだのか
5. 現在の状況

※「中毒110番」は化学物質（タバコ・家庭用品など）、医薬品、動植物の毒などによって起こる急性の中毒について情報提供・相談を実施しています。異物（小石・ビー玉など）を飲み込んでしまったときや、食中毒、常用薬での医薬品の副作用については受けつけていません。

予防＆対応マニュアル

転倒・転落

打ちどころによっては大事になることも

「アッという間」は0・5秒。先回りの対策を

赤ちゃんは、頭が重くバランスが悪いため、とてもよく転びます。しかも「危ない!」と思ってから事故が起こるまでの時間は、わずか0・5秒程度。とても助けることはできません。危険な場所に近寄らせないよう柵を設置するなど、事故は起こるものだという前提で、安全対策をしましょう。

家で様子見 ←

泣いたあとケロッとしている
こぶや打ち身以外に
変わった様子がない
→特に何もする必要はないが、念のために48時間は様子に注意する

病院へ ←

機嫌が悪い
顔色が悪い
なんとなくいつもと様子が違う
→できるだけ早く病院を受診

大至急病院へ ←

意識がない
顔色が悪くぐったりしている
吐く
けいれんを起こしている
耳や鼻から血や液体が出ている
呼吸がおかしい
目の動きがおかしい
頭が陥没している
見るからに苦しそう
一刻も早く病院へ。
ゆすったり動かしたりしてはいけない

予防のポイント

- □ベビーベッドの柵は必ず上げておく
- □添い寝をする場合、赤ちゃんは壁側に寝かせる
- □転落すると危険なベッド下やタタキなどにマットを敷く
- □家具の角には保護カバーをつける
- □すべり防止のため室内では裸足で過ごす
- □カーペットの段差に注意。数mmの段差でもつまずくことがある
- □敷物はすべらないようにすべり止めをつける
- □歯ブラシなど棒状のものを持ったまま歩かせない

歯ブラシ、はし、スプーン……。棒状のものを口に入れて歩き回るのは危険！

月齢によって変わる転倒・転落の状況

← **高月齢**

寝返りでベッドやソファから転落する
比較的低月齢で起きやすい事故。寝返りだけでなく、足を動かしているうちに体の位置がずれて転落することも。

おすわりの練習中に転倒する
おすわりがまだ不安定な時期は、前後左右に倒れて頭をぶつける事故が多発。倒れても大丈夫な場所で練習を。

ベビーチェアやベビーカーから転落する
狭いところから脱出しようとして転落します。ベビーカーやベビーチェアに乗せるときは必ずベルトを装着。

はいはいで玄関のタタキに転落する
はいはいで移動ができるようになると行動範囲が一気に広がります。玄関や階段などには柵を置いてガードを。

つかまり立ちや伝い歩き中に転倒する
何かにつかまろうとしてつかみ損ねて転倒することが。伝い歩きでテーブルの角にぶつかる事故もよく起こります。

あんよ中に転ぶ、すべる
大人が脱いだスリッパにつまずいたり、紙の上ですべったり。あんよに慣れたころは勢いもあるので注意が必要。

予防&対応マニュアル

水の事故 家庭の風呂での事故が多い

圧倒的に多いお風呂での事故

2才未満の溺死事故は、約8割が浴槽で起こっています。なかでも、親がシャンプー中にという事例が多発。洗い場から浴槽までの高さが50㎝未満の場合、赤ちゃんが転落しておぼれる危険が高まります。入浴中は目を離さないこと。また、つかまり立ちができるようになったら、風呂場に入れないように、鍵を取りつけるなどの工夫を。

床から浴槽のふちまでが50㎝あると、転落の危険性がやや少なくなります。もちろん、だからといって安全なわけではありません。風呂場ではひとりにさせず、残り湯は必ず抜いて。

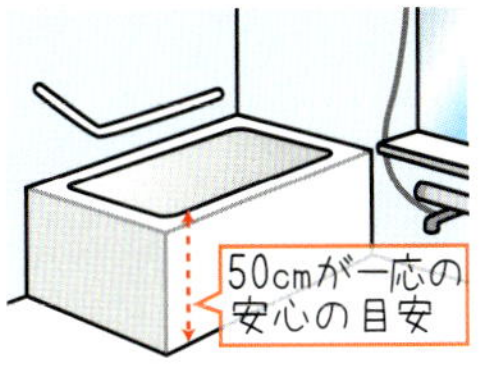

予防のポイント

- □入浴時、赤ちゃんは「あと入れ・先出し」
- □子どもを浴槽のふたの上に乗せない
- □子どもを浴槽内でひとりにしない
- □入浴中、きょうだいに赤ちゃんの監視をさせない
- □入浴後、お風呂の栓は抜く
- □風呂場のドアが子どもに開けられないように鍵などをつける
- □洗濯機のそばに踏み台になるものを置かない

赤ちゃんは便器の水でもおぼれます。トイレのドアは閉めて。

洗濯機の前に台になるものを置かないこと。

水の事故「まさか!」の現実

10㎝でもおぼれる

赤ちゃんは水深10㎝でもおぼれます。水が残ったビニールプールやお湯をくんだ洗面器も置きっぱなしは×。

1分でもおぼれる

脱衣所にタオルを取りに行くだけの、わずかな時間でもおぼれます。1分あれば十分に事故が起こります。

静かにおぼれる

おぼれてもバタバタと暴れるとは限りません。水に沈んだ一瞬で驚いて静かになり、そのままおぼれることも。

家で様子見

水から引き上げられて泣いたあとケロッとしている
特にいつもと違う様子がない
→特に何もする必要はないが、念のために48時間は様子に注意する

病院へ

機嫌が悪い
顔色が悪い
なんとなくいつもと様子が違う
水をたくさん飲んだ
→できるだけ早く病院を受診

大至急病院へ

意識がない
呼びかけても反応がない
顔色が悪くぐったりしている
呼吸がおかしい
脈はあるが呼吸をしていない
一刻も早く病院へ。
ゆすったり動かしたりしてはいけない

気がつきにくい盲点リスト

／赤ちゃん＆子どもの事故原因／

ビニール袋
ねんね期～学童期

カサカサと音が鳴るので興味を持ちやすいのですが、頭にかぶって窒息することが。学童期に入っても、ふざけてかぶることがあります。きちんとしまって。

やわらかすぎる布団
ねんね期

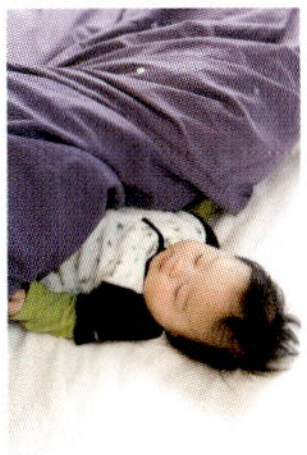

やわらかすぎる掛け布団が顔にかぶさってしまい、窒息することがあります。布団をかけるときは、口元まで引き上げないように注意して。

スタイのつけっぱなし
ねんね期

スタイをつけっぱなしにするのは危険。何かの拍子にひもが首に巻きついたり、スタイが顔にかかって窒息することも。

クーファンの落下事故
ねんね期

赤ちゃんを寝かせた状態でクーファンを持ち歩くとき、バランスをくずして落としてしまうことが。カーペットの段差のつまずきなどにも注意。

予防&対応マニュアル

やけど

うっかりやけどに注意

電気ケトルや床に置いた炊飯器などの湯気に注意

最近増えているのが、電気ケトルによるやけど。低い位置に置いていて、はいはいの赤ちゃんが倒す事故が目立ちます。赤ちゃんはこぼれたお湯の中にうつぶせでジッとしている状態になり、やけどが重症化するケースがあります。湯気が出る電化製品も危険です。キッチンの引き出し棚が低い位置にある場合、炊飯器を置くのはしばらく避けて。

熱いお茶を飲むときは、赤ちゃんから離れたところで。

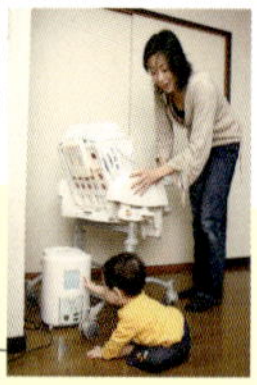
加湿器などもやけどの原因に。手の届く場所には置かないこと。

予防のポイント

- □子どもを抱っこしたまま飲んだり食べたりしない
- □電気ケトルや炊飯器など、熱を持つ調理器具を床に近いところに置かない
- □テーブルクロスを使わない
- □鍋料理や焼き肉料理は食卓では取り分けない
- □タバコは部屋で吸わない、禁煙する

家で様子見 ← **やけどの範囲が1円玉大以下で、うっすら赤くなった程度**
→流水や冷たいタオルなどでできるだけ長時間冷やす（20分以上）。
自己判断で油やアロエなどを塗らないこと

病院へ ← **やけどの範囲が赤ちゃんの手のひら大以上**
低温やけどをした範囲は狭いが水ぶくれができたり皮膚が白や黒に変色している
→できるだけ冷やして早めに病院へ

大至急病院へ ← **やけどの範囲が腕や片足など体の一部分すべて、またはそれ以上範囲が広く、皮膚が黒っぽくなっている**
→救急車を呼び一刻も早く病院へ。
ぬれたバスタオルなどで全身をくるみ、冷やし続ける。衣服は脱がせない

気がつきにくい「うっかりやけど」の原因

低い位置にある引き出し棚
炊飯器を置いたキッチンボード。湯気を逃がすためにスライドさせておくと、赤ちゃんは興味津々で突進。

熱くなった金属製品
盛夏の太陽の下、チャイルドシートの金属部分やママチャリの子ども椅子の金属部分などが高温に。

低温やけど
ホットカーペットや湯たんぽで低温やけどを起こすケースも。自分で動けない低月齢の赤ちゃんは特に注意して。

赤ちゃん&子どもの事故原因 気がつきにくい盲点リスト

ベランダ柵近くに置いたもの
あんよ期～学童期

あんよができるようになるとどこでもよじ登るように。転落事故を避けるため、ベランダ柵のそばに足場になるものは置かないこと。

観葉植物
はいはい期～1才代

いじって土や肥料、葉などを食べることがあります。ものによっては毒性の強い場合が。

ティッシュペーパー
おすわり期～1才代

ティッシュペーパーが好きな赤ちゃんは多いもの。何でも口に入れる時期には窒息事故の危険が。おもちゃがわりにするのはやめましょう。

過重なベビーカー
おすわり期～1才代

ベビーカーに取りつけたフックに大量の荷物をかけると、重みで後ろに倒れることが。道路に倒れたら大事に。

救急車レベルの事故が起きてしまったら

1 119番に電話する

「火事ですか？　救急ですか？」

↓

「救急です」

2 聞かれたことに落ち着いて答えましょう

事故の状況や子どもの様子、住所など、救急隊員が必要な情報を尋ねてきます。それらにできるだけ正確に答えることだけを考えて。

3 必要なことは電話で指示されます

救急車が到着するまで何をするべきか、何をしてはいけないのかは電話で指示されます。生半可な知識で勝手な処置をしないようにしましょう。

4 到着までの全国平均時間は7分。10分以内には助けが来ます

ほとんどの場合、10分以内には助けが来ます。できるだけ落ち着いて救急車の到着を待ちましょう。余裕があれば、健康保険証、母子健康手帳、財布を用意。

救急車を待つ間

5 意識があるかを確認

赤ちゃんのひたいに手を当て、もう片方の手で足の裏をつまんだり、軽くたたいたりして刺激を与えます。名前を大声で呼び、それに反応して声を出すか、まぶたをピクピクさせるかを観察します。

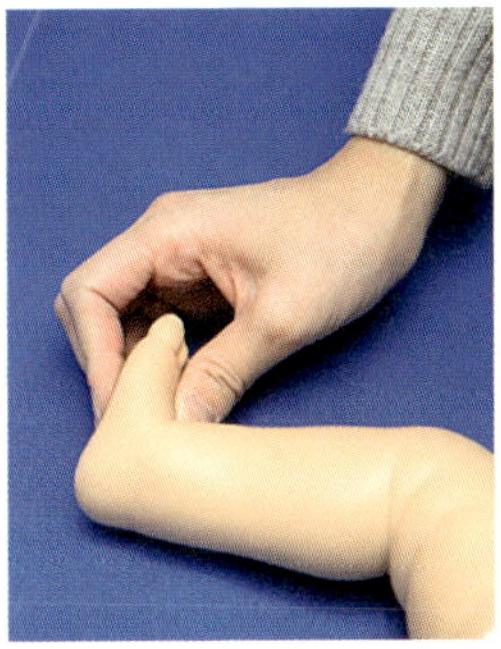

6 意識がないときは心臓マッサージ（胸骨圧迫）を

圧迫する場所を決めます。片手の人さし指を赤ちゃんのどちらかの乳首に当て、中指と薬指を曲げた場所が圧迫ポイント。

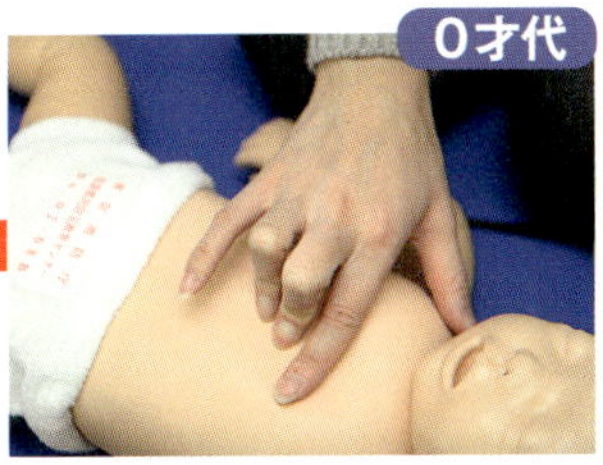

中指と薬指をまっすぐに立てます。つめが伸びていても指をまっすぐにするのが、確実なマッサージのためのコツです。

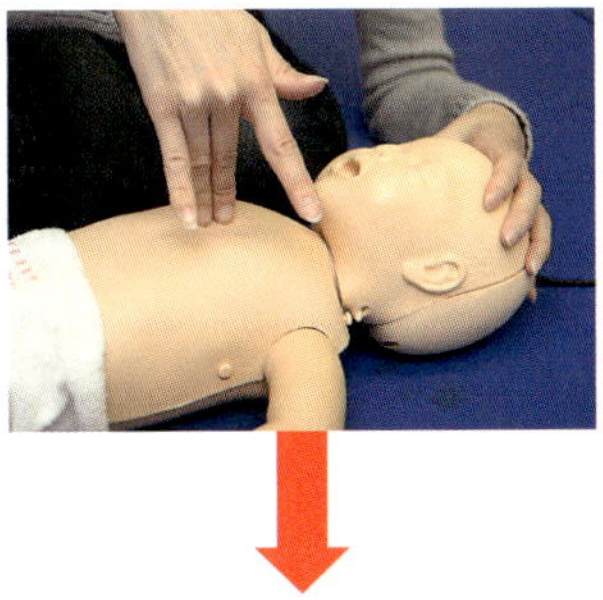

胸骨の下半分に手のつけ根を押し当てます。体の大きさに合わせて両手、または片手を使いましょう。押す場所は胸の真ん中を目安に。

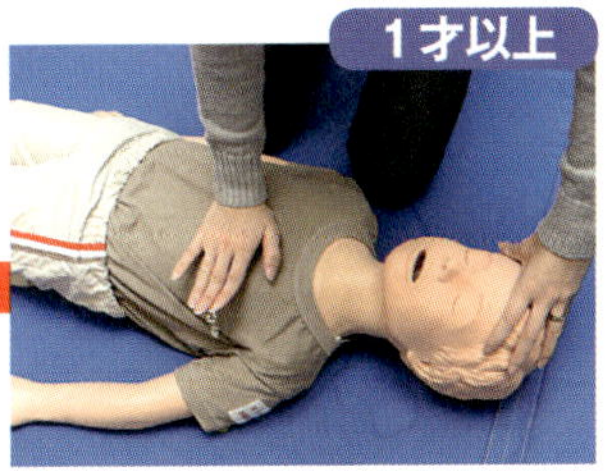

1秒に2回ぐらいのテンポ
胸の厚み1/3が
沈むぐらいの速さで
絶え間なく押す

心肺蘇生法をマスターしている人は

意識がない場合、親は動転していると思いますが、救急車が来るまでに⑥の心臓マッサージ（胸骨圧迫）だけはぜひやってもらいたいのです。救命法の講習会を受けるなどして心肺蘇生法をマスターしている人は、これに加えて気道確保（気道をふさがないようにあごの位置を調節）や人工呼吸（気道に空気を送り込む）も行いましょう。心臓マッサージにプラスして行うことで、救命効果がさらにアップします。

0~6才　病気とホームケア　索引